精通 MATLAB 科学计算与数据统计应用

赵 彬 陈 明 邹风山 孙若怀 张 铮◎编著

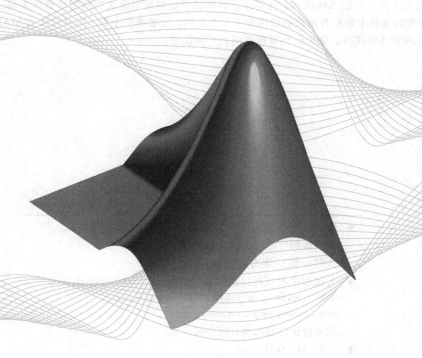

人民邮电出版社

北京

图书在版编目（CIP）数据

精通MATLAB科学计算与数据统计应用 / 赵彬等编著
. -- 北京：人民邮电出版社，2017.9（2019.9重印）
ISBN 978-7-115-44187-4

Ⅰ．①精… Ⅱ．①赵… Ⅲ．①Matlab软件—应用—统计分析 Ⅳ．①C819

中国版本图书馆CIP数据核字(2017)第312207号

内 容 提 要

在各行各业的工程实践中，有大量的科学计算工作需要完成。传统的计算方式一般需要较长的周期，相比之下开发效率极高的MATLAB是一个更好的选择。在MATLAB中，编程细节被简化，繁琐的实现过程也被略去，用户可以将更多精力集中于所需要处理的核心问题上。

MATLAB 科学计算涉及数学、机械、电子、控制和金融等多个领域。本书以 MATLAB 科学工程计算为立足点，介绍 MATLAB 在科学计算领域中如何运用庞大的科学函数库来解决一些实际问题。在函数的选择上兼顾各函数的使用频率和专业性，力求典型全面。本书可作为 MATLAB 课程的教学用书或者线性代数、概率统计等课程的教学辅助书。

◆ 编　著　赵　彬　陈　明　邹凤山　孙若怀　张　铮
　　责任编辑　张　涛
　　责任印制　焦志炜

◆ 人民邮电出版社出版发行　北京市丰台区成寿寺路11号
　　邮编　100164　电子邮件　315@ptpress.com.cn
　　网址　http://www.ptpress.com.cn
　　北京捷迅佳彩印刷有限公司印刷

◆ 开本：787×1092　1/16
　　印张：26.25
　　字数：727千字　　　　　　　　2017年9月第1版
　　印数：2 601－2 900册　　　　 2019年9月北京第4次印刷

定价：79.00元

读者服务热线：(010)81055410　印装质量热线：(010)81055316
反盗版热线：(010)81055315
广告经营许可证：京东工商广登字20170147号

前 言

自从美国 MathWorks 公司推出数学软件 MATLAB 以来,其凭借强大的计算功能,在许多行业得以应用,成为三大数学软件之一。在 MATLAB 中,用户只需以数学公式的描述方式给出要计算的问题,而无需考虑其实现细节就能解决大部分实际工程的计算问题。另外,MATLAB 自带了大量优秀的函数库,实现了大部分常见的算法,用户可以轻松调用而无需自己实现一遍。

在所有的编程语言中,MATLAB 也许是完成同一功能时所需代码量相对较少的。MATLAB 拥有类似 C 语言的语法风格,这使得它上手容易。矩阵式的运算,除了带来处理效率的提高以外,也大大简化了编程负担。在 C 语言中需要定义多维数组才能实现的功能,MATLAB 都可以用矩阵做到。这一切都使得 MATLAB 成为一个工程计算的利器,这就是 MATLAB 风靡全球的原因。

当我们能够灵活使用预定义函数完成各项任务时,我们才会惊喜地发现,MATLAB 比我们想象的都要优秀。

本书的编写宗旨是在向读者介绍知识的同时,培养读者的思维方法,使读者知其然还要知其所以然,并在解决实际问题中能有自己的想法。

1. 内容安排

全书共分 14 章,具体内容安排如下。

第 1 章介绍 MATLAB 的入门知识,为读者使用 MATLAB 进行科学计算打好坚实的基础。本章的知识结构:MATLAB 基本简介,MATLAB 与科学计算之间的联系,以及 MATLAB 窗口简介和 MATLAB 程序及其帮助系统。

第 2 章介绍 MATLAB 中程序设计的相关内容,包括基本语法、文件 I/O 和一些实用的编程技巧。MATLAB 不仅是一个科学计算的工具,也是一门简易的计算机语言。程序设计是使用 MATLAB 进行科学计算的基础。

第 3 章介绍 MATLAB 中可视化编程的内容。MATLAB 可以绘制数据的二维、三维,甚至更多维的图形。本章将全面介绍 MATLAB 的强大可视化编程方法,其中将介绍二维图形的绘制、三维图形的绘制、图形用户界面工具和一些综合实例。

第 4 章介绍 MATLAB 中求微分与积分的方法。微分与积分是大学的必修课程,也是工程实践和科学计算最为基本的工具。本章介绍了极限、微分、积分、梯度、多项式的微分、梯形法求积分、自适应辛普森(Simpleson)积分法、自适应 Lobatto 积分法和一些综合实例。

第 5 章介绍 MATLAB 中插值计算的方法,包括一维函数和二维函数的插值计算。一维插值包括拉格朗日插值、牛顿插值、埃尔米特(Hermite)插值、分段线性插值、分段埃尔米特(Hermite)插值和三次样条插值。二维差值包括最近邻插值、线性插值、双三次插值和散乱节点插值。本章在给出主要插值算法原理的同时,使用 MATLAB 实现了插值算法。通过本章的学习,读者能灵活使用常见的插值算法解决一维和二维函数的插值问题。

第 6 章介绍 MATLAB 中函数逼近的内容,包括泰勒逼近、切比雪夫逼近、勒让德逼近、帕德逼近、傅里叶逼近和综合实例。通过本章的学习,读者能够使用一些逼近函数来解决未知函数曲线的工程问题。

第 7 章介绍 MATLAB 中曲线拟合的内容,包括多项式拟合、最小二乘拟合、正交多项式最小二乘拟合、拟合工具箱和综合实例。通过本章的学习,读者能够处理一些有规律的数据,并将数据拟合成为一条已知曲线。

第 8 章介绍 MATLAB 中求解线性方程组的内容,包括求逆法、矩阵分解法、迭代法和综合实例。在自然科学和工程技术中，可以利用相关函数直接求解一些简单的线性方程组，而且可以通过简单的编程来求解一些复杂的线性方程组。通过本章的介绍，读者既能应用 MATLAB 中相应的函数求解线性方程组，又能通过编程，灵活使用迭代法和其他的特殊解法来求解线性方程组。

第 9 章介绍 MATLAB 中求解非线性方程组的内容。非线性方程的解法大体上有：搜索法、二分法、简单迭代法、牛顿迭代法、弦截法和多项式方程求根。通过本章的学习，读者能够熟练掌握 MATLAB 中可求解非线性方程的相关函数，而且能通过编程实现多种求解非线性方程的数值算法。

第 10 章介绍 MATLAB 中概率统计的随机数生成、随机变量的统计值、参数估计、假设检验和回归等。MATLAB 中的统计工具箱（Statistics Toolbox）包含了 200 多个用于概率统计方面的功能函数，且具有简单的接口操作。通过本章的学习，读者能够利用 MATLAB 的强大工具箱来解决概率统计问题，这无论是对理论研究还是对科学工程实施都是非常重要的。

第 11 章介绍 MATLAB 中求解微分方程组的内容，包括常微分方程、偏微分方程——有限差分法、PDE 工具箱和综合实例。常微分方程作为微分方程的基本类型之一，在自然科学界与工程界有很广泛的应用。通过本章的学习，读者能够熟练使用 MATLAB 的求解函数和求解器，以及通过编程进行常微分方程的求解。

第 12 章介绍 MATLAB 中优化计算的内容，主要介绍了一些常见线性规划、整数规划、贪心算法、遗传算法、模拟退火算法、粒子群算法、MATLAB 优化工具箱和神经网络的最优化问题，从而使得用户面对各种不同的复杂问题时可以有更多的选择。通过本章的学习，读者不仅能使用 MATLAB 最优化工具箱来快速解决最优化的实际问题，而且能学会分析优化算法，从而提高分析和解决问题的能力。

第 13 章介绍 MATLAB 中 C/C++ 与 MATLAB 混合编程的内容，包括 MATLAB 调用 C/C++、C/C++ 调用 MATLAB、使用动态链接库和一些综合实例。这些技术的出现，扩展了 MATLAB 的应用范围，不仅给开发人员提供了方便，而且也提高了 MATLAB 的竞争力。

第 14 章介绍 MATLAB 中工程计算案例精粹，包括零件参数的最优化设计、柴油机故障诊断、街头抽奖游戏解谜和 Delta 并联机器人建模。通过 MATLAB 工程计算案例，读者能对 MATLAB 软件平台、工具箱、高效率的数值运算及符号运算功能有更好的了解。

2. 读者对象

- 大中专院校相关专业的本科生、研究生。
- MATLAB 初学者。
- 长期使用 MATLAB 开展工作的科研人员和工程技术人员。

3. 在阅读本书之前，读者最好具有如下的预备知识

读者应具备一定的数学基础，包括主要的高等数学知识、少量的线性代数基本概念、对于概率理论主要思想的理解。

4. 在线支持和读者反馈

本书所有 MATLAB 实例的源代码均可从 box.ptpress.com/y/44187 下载。虽然本书中的所有例子都已经在 Windows XP、Windows 7 和 Windows 8 等操作系统下的 MATLAB 2006 到 MATLAB R2014a 的各个版本中测试通过，但由于笔者水平的局限，也有存在 Bug 的可能，或很可能存在更加优化的算法或更加合理的程序结构没有提出。如发现任何上述问题，请您不吝告知本书的作者（zhangtao@ptpress.com.cn），以便我们进行改进。

5. 致谢

首先要感谢我的授业恩师——沈阳新松机器人自动化股份有限公司的邹风山院长和沈阳工业

大学的刘振宇教授，是他们引导我进入了机器人科学研究的领域。笔者自从学会 MATLAB 之日起，就借助 MATLAB 解决了很多与机器人相关的实际工程性问题。

感谢我的同事：甘戈、张中泰、孙若怀和张鹏。在业余时间帮我校对此书、验证程序、编写代码。感谢我的领导为本书的编写提出了很多宝贵意见。能够完成此书，离不开我的父母、妻子赵雪和儿子赵梓辰给我的支持和鼓励，在此向他们表示由衷的感谢。

最后还要衷心地感谢关心和喜欢本书的读者们。热爱 MATLAB 是我撰写此书的最初动力，能让大家学习到其内容和知识也是不断完善该书的核心源泉。由于作者的水平有限，书中的内容有些需要完善，希望读者来信，让我从反馈中得到创作的灵感。

本书旨在推广 MATLAB 软件在科学计算中的应用，倘若读者能够从本书中有所收获，实属笔者之幸。

作　者

目 录

第1章 MATLAB 入门 ... 1
1.1 MATLAB 简介 ... 1
- 1.1.1 MATLAB 的产生和发展 ... 1
- 1.1.2 MATLAB 的产品构成与特点 ... 2
- 1.1.3 MATLAB 与科学计算 ... 4

1.2 MATLAB 的安装开发环境、窗口简介 ... 4
- 1.2.1 MATLAB 的安装 ... 4
- 1.2.2 MATLAB 的集成开发环境 ... 9
- 1.2.3 MATLAB 的窗口 ... 10

1.3 MATLAB 程序及其帮助系统 ... 13
- 1.3.1 搜索路径 ... 13
- 1.3.2 M 文件 ... 14
- 1.3.3 帮助系统 ... 16
- 1.3.4 学习 MATLAB 的方法 ... 19

第2章 MATLAB 程序设计 ... 21
2.1 基本语法 ... 21
- 2.1.1 标识符 ... 21
- 2.1.2 数据类型 ... 23
- 2.1.3 运算符 ... 35
- 2.1.4 流程控制语句 ... 37
- 2.1.5 矩阵与数组 ... 41
- 2.1.6 脚本与函数 ... 43

2.2 文件 I/O ... 44
- 2.2.1 使用 load/save ... 44
- 2.2.2 读写文本文件 ... 45
- 2.2.3 读写图像文件 ... 47

2.3 MATLAB 编程技巧 ... 49
- 2.3.1 高效开发技巧 ... 49
- 2.3.2 提高代码效率 ... 49
- 2.3.3 向量化编程 ... 50
- 2.3.4 并行计算 ... 50
- 2.3.5 稀疏矩阵 ... 51

2.4 综合实例 ... 56

第3章 可视化编程 ... 58
3.1 绘制二维图形 ... 58
- 3.1.1 常用绘图函数 ... 58
- 3.1.2 图形设置 ... 60
- 3.1.3 特殊图形 ... 62
- 3.1.4 特殊坐标系函数 ... 64

3.2 绘制三维图形 ... 65
3.3 GUIDE 工具 ... 69
- 3.3.1 设计工具 ... 69
- 3.3.2 句柄图形对象 ... 70
- 3.3.3 GUIDE 简介 ... 72
- 3.3.4 创建 GUIDE ... 74
- 3.3.5 GUI 的编程 ... 78
- 3.3.6 CallBack 函数 ... 80

3.4 综合实例 ... 81

第4章 MATLAB 求微分与积分 ... 89
4.1 极限 ... 89
4.2 数值积分 ... 92
- 4.2.1 Int 求积分 ... 92
- 4.2.2 梯形法求积分 ... 96
- 4.2.3 辛普森（Simpleson）积分法 ... 98
- 4.2.4 重积分辛普森（Simpleson）法 ... 101
- 4.2.5 多重数值积分法 ... 103
- 4.2.6 积分变换 ... 104

4.3 数值微分 ... 107
- 4.3.1 Diff 求微分 ... 107
- 4.3.2 梯度 ... 109
- 4.3.3 jacobian 函数 ... 110
- 4.3.4 中点公式 ... 112
- 4.3.5 三点公式法和五点公式法 ... 113
- 4.3.6 样条函数法 ... 116
- 4.3.7 辛普森（Simpleson）

		微分法 ·········	117
	4.3.8	多项式的微分 ·········	121
4.4	综合实例 ·········		123

第5章 MATLAB 插值计算 ········· 124

5.1	一维插值 ·········		124
	5.1.1	拉格朗日插值 ·········	124
	5.1.2	牛顿插值 ·········	129
	5.1.3	埃尔米特插值 ·········	131
	5.1.4	分段低次插值 ·········	135
	5.1.5	三次样条插值 ·········	138
5.2	二维插值 ·········		140
	5.2.1	最近邻插值 ·········	141
	5.2.2	分片线性插值 ·········	141
	5.2.3	双线性插值 ·········	142
	5.2.4	双三次插值 ·········	143
	5.2.5	散乱节点插值 ·········	147
5.3	综合实例 ·········		149

第6章 MATLAB 函数逼近 ········· 152

6.1	泰勒逼近 ·········		152
6.2	最佳平方逼近 ·········		156
	6.2.1	最佳平方逼近的原理 ·········	156
	6.2.2	正交多项式 ·········	162
	6.2.3	切比雪夫多项式 ·········	163
	6.2.4	勒让德多项式 ·········	170
6.3	最佳一致逼近 ·········		175
6.4	综合实例——泰勒展开式的降次 ·········		182

第7章 MATLAB 曲线与曲面拟合 ········· 185

7.1	最小二乘拟合 ·········		185
7.2	MATLAB 拟合函数 ·········		191
	7.2.1	多元线性拟合——lsqlin、regress ·········	191
	7.2.2	一元多项式拟合 ·········	194
	7.2.3	非线性拟合 ·········	198
7.3	MATLAB 拟合工具箱 ·········		203
7.4	综合实例——临床药物注射问题 ·········		213

第8章 MATLAB 求解线性方程组 ········· 216

8.1	线性方程组 ·········		216
8.2	符号解法 ·········		217
8.3	求逆法 ·········		221
8.4	矩阵分解法 ·········		223
	8.4.1	Cholesky 分解 ·········	223
	8.4.2	LU 分解 ·········	225
	8.4.3	QR 分解 ·········	227
8.5	迭代法 ·········		228
	8.5.1	Gauss-Seidel 迭代法 ·········	229
	8.5.2	SOR 超松弛迭代法 ·········	231
	8.5.3	Jacobi 迭代法 ·········	234
	8.5.4	Bicg 迭代法 ·········	236
8.6	综合实例 ·········		238

第9章 MATLAB 求解非线性方程组 ········· 242

9.1	二分法 ·········		242
9.2	迭代法 ·········		244
	9.2.1	牛顿法 ·········	246
	9.2.2	简化牛顿法 ·········	248
	9.2.3	割线迭代法 ·········	249
	9.2.4	黄金分割法 ·········	250
	9.2.5	抛物线法 ·········	252
	9.2.6	不动点迭代法 ·········	254
	9.2.7	牛顿下山法 ·········	256
9.3	综合实例 ·········		257

第10章 MATLAB 概率统计 ········· 261

10.1	概率统计工具箱 ·········		261
10.2	随机数生成 ·········		262
	10.2.1	生成均匀分布随机数 ·········	264
	10.2.2	生成正态分布随机数 ·········	266
10.3	随机变量的统计值 ·········		267
	10.3.1	求期望 ·········	267
	10.3.2	求方差 ·········	269
	10.3.3	求标准差 ·········	270
	10.3.4	矩 ·········	272
	10.3.5	几何平均数 ·········	273
	10.3.6	算术平均数 ·········	274
	10.3.7	中位数 ·········	274
	10.3.8	最大值与最小值差 ·········	275
	10.3.9	调和平均数 ·········	276
	10.3.10	样本的偏斜度 ·········	277
	10.3.11	协方差 ·········	278
	10.3.12	相关系数 ·········	279
	10.3.13	其他数字特征 ·········	281

10.4 参数估计 ································ 281
    10.4.1 均匀分布的参数估计 ········ 282
    10.4.2 正态分布的参数估计 ········ 283
    10.4.3 二项分布的参数估计 ········ 284
    10.4.4 mle——指定分布的
           参数估计 ······················ 285
10.5 假设检验 ································ 286
    10.5.1 t 检验法 ························ 287
    10.5.2 u 检验法 ························ 288
    10.5.3 秩和检验 ······················ 289
    10.5.4 符号秩检验 ··················· 290
10.6 回归 ······································ 291
    10.6.1 线性回归 ······················ 291
    10.6.2 非线性回归 ··················· 292
10.7 综合实例 ································ 293

第 11 章 MATLAB 求解微分方程组 ······ 298
11.1 常微分方程 ····························· 298
    11.1.1 微分方程组的符号解 ········ 298
    11.1.2 欧拉法 ·························· 299
    11.1.3 改进的欧拉法 ················ 301
    11.1.4 龙格—库塔法 ················ 303
    11.1.5 亚当斯（Adams）
           外插法 ·························· 307
    11.1.6 亚当斯（Adams）
           内插法 ·························· 308
11.2 偏微分方程——有限差分法 ····· 309
    11.2.1 网格剖分 ······················ 309
    11.2.2 数值微分 ······················ 310
11.3 PDE 工具箱 ····························· 311
    11.3.1 PDE 支持的方程 ············· 311
    11.3.2 PDE 使用说明 ················ 312
11.4 综合实例 ································ 315

第 12 章 MATLAB 优化计算 ················ 320
12.1 MATLAB 优化工具箱的
      最优化函数 ····························· 320
    12.1.1 优化工具箱 ··················· 321
    12.1.2 无约束最优化函数 ·········· 322
    12.1.3 约束最优化函数 ············· 326

12.2 线性规划 ································ 329
12.3 0-1 整数规划 ·························· 333
12.4 二次规划 ································ 334
12.5 多目标规划 ····························· 337
12.6 贪心算法 ································ 339
12.7 遗传算法 ································ 341
12.8 模拟退火算法 ························· 345
12.9 粒子群算法 ····························· 347
12.10 综合实例 ······························· 347
    12.10.1 无约束最优化 ·············· 347
    12.10.2 约束最优化 ················· 348

第 13 章 C/C++与 MATLAB 混合编程 ··· 353
13.1 C/C++与 MATLAB 混合调用
      的方法 ···································· 353
13.2 MATLAB 调用 C/C++ ··············· 354
    13.2.1 MATLAB 的 MEX 文件 ···· 355
    13.2.2 C-MEX 文件的使用 ········· 356
13.3 C/C++调用 MATLAB ················ 357
    13.3.1 C/C++调用引擎 ·············· 357
    13.3.2 C/C++调用 Matcom ········· 363
    13.3.3 C/C++调用 COM ············ 370
    13.3.4 C/C++调用动态链接库 ···· 376
13.4 综合实例 ································ 381

第 14 章 MATLAB 工程计算案例精粹 ··· 387
14.1 Delta 并联机器人建模 ············· 387
    14.1.1 背景介绍 ······················ 387
    14.1.2 问题阐述 ······················ 388
    14.1.3 实验例程 ······················ 390
14.2 柴油机故障诊断 ······················ 394
    14.2.1 问题阐述 ······················ 394
    14.2.2 实验例程 ······················ 395
14.3 街头抽奖游戏解谜 ··················· 398
    14.3.1 问题阐述 ······················ 398
    14.3.2 实验例程 ······················ 398
14.4 零件参数的最优化设计 ············ 400
    14.4.1 问题阐述 ······················ 400
    14.4.2 实验例程 ······················ 402

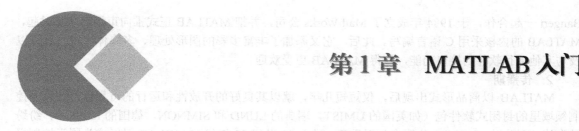

第 1 章 MATLAB 入门

目前，多数高校将 MATLAB 作为本科生和研究生专业技能课程，该课程的重要性不言而喻。MATLAB 在教学过程中包含理论讲授，多媒体演示和实验教学。MATLAB 强大的仿真分析功能作为一种实验辅助手段使学生能够更快速、更准确地完成相关实验内容，不仅能够快速得到实验的结果，而且提高了学习效率。MATLAB 作为一种实用工具激发了学生对工程学科的学习兴趣，使他们有足够的自信和能力来适应其他专业课程的学习。

本书不仅介绍 MATLAB 技术在科学计算领域中的应用，而且向读者展示如何运用该工具去解决经典理论问题和大量现实中的工程实践问题。

本章将介绍 MATLAB 的入门知识，为读者使用 MATLAB 来进行科学计算打好坚实的基础。同时，通过本章的学习，读者能够了解 MATLAB 的基本框架和程序安装方法。

本章的知识结构

- ❏ MATLAB 基本简介，包括 MATLAB 的产生和发展、产品构成与特点，以及 MATLAB 与科学计算之间的联系；
- ❏ MATLAB 的基本的操作，包括 MATLAB 的安装、MATLAB 的集成开发环境、以及 MATLAB 的窗口简介；
- ❏ MATLAB 程序及其帮助系统，包括搜索路径的设置、M 文件以及帮助系统的使用和学习 MATLAB 的最佳方法。

1.1 MATLAB 简介

MATLAB 是"矩阵实验室"的英文简称，其代表了美国 MathWorks 公司出品的商业数学软件。MATLAB 具有算法开发、数据可视化、数据分析以及数值计算等高级计算技术。

MATLAB 将数值分析、矩阵计算、数据可视化以及非线性动态系统的建模和仿真等诸多强大功能集成在一个易于使用的视窗环境中，为科学研究、工程设计、科学计算以及必须进行有效数值计算的众多科学领域提供了一种全面的解决方案，并在很大程度上摆脱了传统非交互式程序设计语言的编辑模式，代表了当今国际科学计算软件的先进水平。

1.1.1 MATLAB 的产生和发展

MATLAB、Mathematica 和 Maple 并称为当今世界的三大数学软件，在各大公司、科研机构和高校中日益普及，得到了广泛应用。MATLAB 是科学计算、符号运算和图形处理等多种功能强有力的实现工具，其自身也因此得到了迅速发展，功能不断扩充，版本不断更新。

1. 起源萌芽期

在 20 世纪 70 年代中期，时任美国新墨西哥大学计算机科学系主任的 Cleve Moler 教授出于减轻学生编程负担的动机，为学生设计了一组调用 LINPACK 和 EISPACK 的 FORTRAN 子程序库。这两个程序库具有"具有通俗易用"的接口，是 MATLAB 的雏形。

经过几年的校际流传，在工程师 John Little 的积极推动下，由 John Little、Cleve Moler 和 Steve

Bangert 一起合作,于 1984 年成立了 MathWorks 公司,并把 MATLAB 正式推向市场。从那时起,MATLAB 的内核采用 C 语言编写。此后,它又添加了丰富多彩的图形处理、多媒体、符号运算以及与其他流行软件的接口功能,使得 MATLAB 更受欢迎。

2. 传播期

MATLAB 以商品形式出现后,仅短短几年,就以其良好的开放性和运行的可靠性,使原先控制领域里的封闭式软件包(如英国的 UMIST,瑞典的 LUND 和 SIMNON,德国的 KEDDC)纷纷被淘汰,而改以 MATLAB 为平台加以重建。进入 20 世纪 80 年代,MATLAB 已经成为国际控制界公认的标准计算软件。

3. 商品化期

在经历了多年的发展后,如今的 MATLAB 已经成为国际最为流行的科学计算和工程应用的软件工具之一,同时它也成为了一种全新的高级编程语言,可以说它是第四代计算机语言。其特点是:拥有更丰富的数据类型和结构、更友善的面向对象特性、更快速精良的图形可视化界面、更广博的数学和数据分析资源以及更多的应用开发工具。就影响力而言,至今仍然没有哪一种计算软件可以与 MATLAB 相匹敌。

4. 蓬勃发展期

自从 20 世纪 90 年代以来,在大学校园里,诸如线性代数、自动控制理论、数理统计、数字信号处理、图像处理、模拟与数字通信、时间序列分析、动态系统仿真等课程的教科书都把 MATLAB 作为主要工具进行介绍。MATLAB 已经是硕士生、博士生必须掌握的基本工具。在国际学术界,MATLAB 已经被确认为准确、可靠的科学计算标准软件。在许多国际一流学术刊物上,都可以看到 MATLAB 的影子。

在设计研究单位和工业部门,MATLAB 被作为进行高效研究、开发的首选软件工具。如美国 National Instruments 公司的信号测量、分析软件 LabVIEW,Cadence 公司的信号和通信分析设计软件 SPW 等,它们或者直接构建在 MATLAB 之上,或者以 MATLAB 为主要支撑。

1.1.2 MATLAB 的产品构成与特点

1. MATLAB 的产品特点

❏ 运算功能强大。

MATLAB 自问世以来,由于其强大的功能而得到广泛使用。MATLAB 作为设计和研发上的首选工具,其应用范围包括科学计算、建模仿真、生物医学、信号与信息处理和自动控制系统等领域。MATLAB 是一种包含大量计算工具和算法的集合,方便用户直接找到想要的各种计算功能。这些函数包括从最基本的函数到诸如矩阵、特征向量、傅里叶变换、符号运算、工程优化工具以及动态仿真建模等。

❏ 扩充能力强。

MATLAB 提供了极其强大和广泛的预定义函数库,这样就使得技术工作变得简单高效,如果没有需要的函数,用户还可进行任意扩充。由于 MATLAB 语言库函数与用户文件的形式相同,用户文件可以像库函数一样被随意调用,所以用户可任意扩充库函数。

❏ 编程效率高。

MATLAB 语言和 C 语言的语法类似,但是比 C 语言更为简便,更加符合科学技术人员的工作方式。这种设计使得即使不懂 C 语言和非计算机专业的人,也能使用该工具进行研发和设计。这也是 MATLAB 为什么这么受欢迎的最重要原因之一。

❏ 实用的程序接口。

MATLAB 不仅可以使用自身的解释器,还可以将用户的 MATLAB 程序自动转换为独立于

MATLAB 运行的 C/C++代码,还允许用户在其他平台中调用 MATLAB 的库函数。另外,MATLAB 还提供了和".NET"、Java 语言的接口,并支持 COM 调用。

❑ 数据可视化。

MATLAB 的图形可视能力在数学软件中是首屈一指的。MATLAB 提供了将工程和科学数据可视化所需的全部图形功能,包括二维和三维绘图可视化函数、用于交互式创建图形的工具以及将结果输出为常用图形格式的功能。

如图 1-1 所示,在 MATLAB 中,不管函数多么复杂,它的图形不需要通过过多复杂的编程就能得到富于感染力的表现。MATLAB 有比较完备的图形标识指令,可以通过添加多个坐标轴,更改线的颜色、粗细和标记,添加批注、LaTeX 和图例,以及绘制形状来对图形进行自定义。

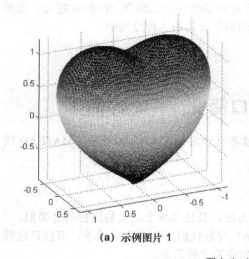
(a) 示例图片 1

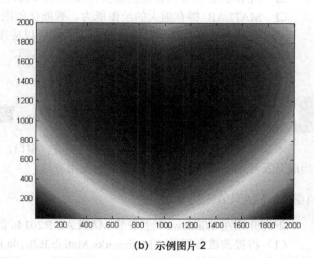
(b) 示例图片 2

图 1-1 MATLAB 的数据可视化能力

2. MATLAB 的工具箱分类

MATLAB 软件包含诸多工具,限于篇幅,这里当然不能把所有工具都一一列出,本节只是从 MATLAB 应用的领域对 MATLAB 的工具箱进行简单的分类。一般来说,MATLAB 的工具箱可以用来完成以下工作:(1)集成数学符号、分析、统计与优化;(2)信号处理与通信;(3)图像处理与计算机视觉;(4)测试与测量;(5)计算金融;(6)并行计算;(7)数据库访问与报告;(8)代码生成和验证。

下面列出与科学计算相关的工具箱。

(1)集成数学符号、分析、统计与优化:

❑ Symbolic Math Toolbox(符号数学工具箱);
❑ Partial Differential Equation Toolbox(偏微分方程工具箱);
❑ Statistics Toolbox(统计工具箱);
❑ Curve Fitting Toolbox(曲线拟合工具箱);
❑ Optimization Toolbox(优化工具箱);
❑ Global Optimization Toolbox(全局优化工具箱)。

(2)并行计算:

❑ Parallel Computing Toolbox(并行计算工具箱);
❑ MATLAB Distributed Computing Server(MATLAB 分布式计算服务器);

(3) 数据库访问与报告：
- Database Toolbox（数据库工具箱）；
- MATLAB Report Generator（MATLAB 报告生成）。

1.1.3 MATLAB 与科学计算

MATLAB 与科学计算相互结合的魅力特点可归为以下几点。
- MATLAB 集成了绝大多数的函数库，这些函数库可以更为方便地为用户解决科学计算的问题。即便没有工程所需要的函数库，用户也可以自己扩展函数库，以满足实际工程的需要。
- MATLAB 具有高性能的数值计算能力，默认使用双精度数组，可以实现更精确的数学计算。
- MATLAB 拥有强大的绘图能力。智能化的图形处理功能包括二维和三维的可视化、图形处理、三维仿真和动画效果，这些均可以应用到科学计算的工程绘图中。
- MATLAB 拥有涵盖各个工程领域的工具箱。
- MATLAB 的语言简单易学。

1.2 MATLAB 的安装开发环境、窗口简介

本章节将介绍 MATLAB 的安装开发环境、窗口，读者可学习 MATLAB 的安装、MATLAB 的集成开发环境、以及 MATLAB 窗口的使用方法。

1.2.1 MATLAB 的安装

下面介绍在 Windows 7 上安装 MATLAB R2014a 的方法，其他系统上的安装过程与之类似。

（1）将提前准备好的"Mathworks.Matlab.R2014a.iso"安装包解压到指定目录下，可任意选择目录，硬盘空间足够即可。解压后，会出现图 1-2 所示的安装文件目录。

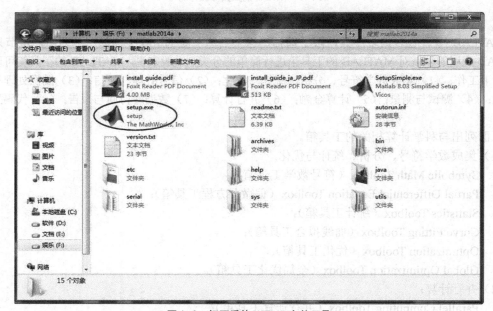

图 1-2 解压后的 MATLAB 文件目录

1.2 MATLAB 的安装开发环境、窗口简介

（2）双击 setup.exe 进行安装，跳过欢迎界面后，出现图 1-3 所示的界面。因为考虑到存在没有网络的情况，安装中选择"使用文件安装密钥"单选项（不需要 Internet 连接），单击"下一步"按钮。

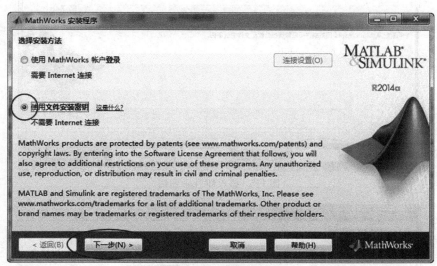

图 1-3　MATLAB 安装界面

（3）进入图 1-4 所示界面，选择"是"单选项以接受许可协议，单击"下一步"按钮。

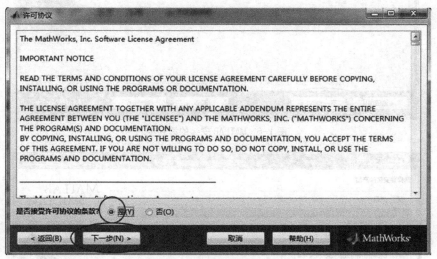

图 1-4　安装协议

（4）如图 1-5 所示，选择"我已有我的许可证的文件安装密钥"单选项并输入安装密钥，单击"下一步"按钮。

（5）如图 1-6 所示，选择安装目录，这里建议选用默认的安装目录。如果想更改安装目录，单击"浏览"按钮，设置其他安装目录，其他安装目录不能有中文。单击"下一步"按钮。

（6）图 1-7 所示界面可以方便用户选择想要安装的产品。当然因为初学者对大部分 MATLAB 产品并不太了解，为了使得 MATLAB 功能完整，请选择默认的安装，单击"下一步"按钮。

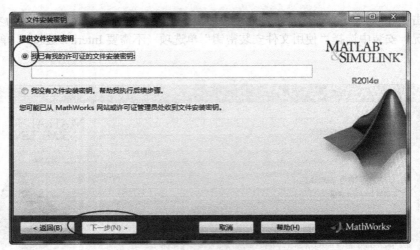

图 1-5　输入 MATLAB 密钥

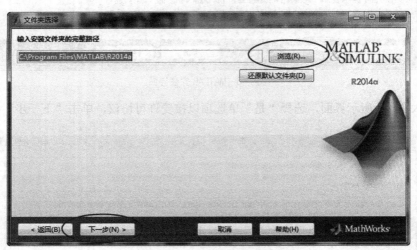

图 1-6　MATLAB 安装的第五步

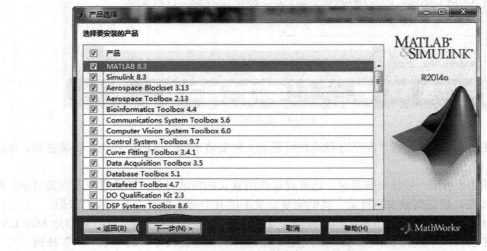

图 1-7　典型安装或者自定义安装

（7）进入图 1-8 所示的界面，选中相应复选框以将快捷方式添加到桌面和"开始"菜单中的"程序"文件夹，单击"下一步"按钮。

图 1-8　建立快捷方式

（8）进入图 1-9 所示的界面，单击"安装"按钮开始安装。

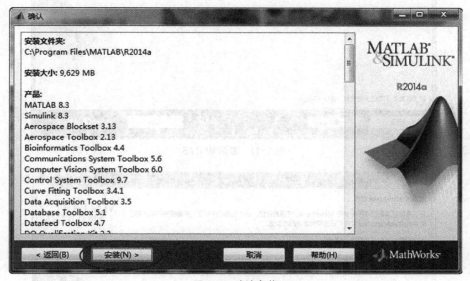

图 1-9　确认安装

（9）安装完成后会进入图 1-10 所示的界面，单击"下一步"按钮。

（10）进入图 1-11 所示的界面，选中"激活 MATLAB"复选框，单击"下一步"按钮。

（11）如图 1-12 所示，由于上面选择的是无网络安装，这里选中"不使用 Internet 手动激活"复选框，单击"下一步"按钮。

（12）如图 1-13 所示，单击"浏览"按钮选择正确的授权文件，单击"下一步"按钮。

（13）如图 1-14 所示，单击"完成"按钮完成安装。

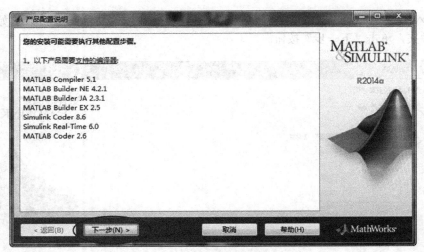

图 1-10 安装完毕确认

图 1-11 激活 MATLAB

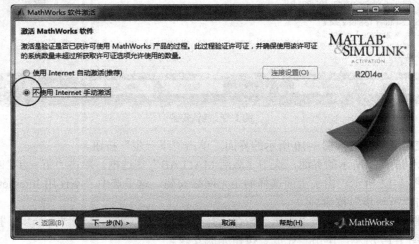

图 1-12 不使用网络激活 MATLAB

1.2 MATLAB 的安装开发环境、窗口简介

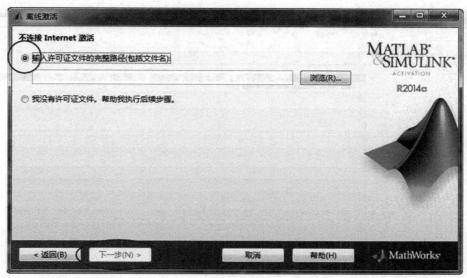

图 1-13 选择许可文件

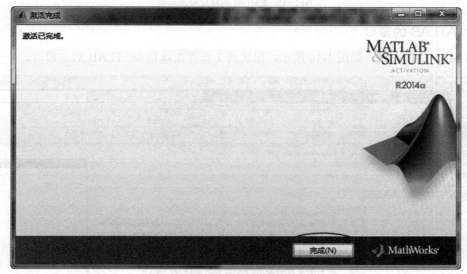

图 1-14 激活 MATLAB

1.2.2 MATLAB 的集成开发环境

1. 启动 MATLAB

双击 MATLAB 的快捷方式,即可启动 MATLAB R2014a,进入 MATLAB 的集成开发环境,如图 1-15 所示。

2. 退出 MATLAB

可通过如下方法退出 MATLAB:
- ❑ 在 MATLAB 主窗口的【文件】菜单中选择退出 MATLAB;
- ❑ 使用 "Ctrl+Q" 快捷键进行退出;
- ❑ 单击 MATLAB 主窗口右上方的 "关闭" 按钮;
- ❑ 在命令窗口中输入 "exit" 或 "quit" 命令。

第 1 章 MATLAB 入门

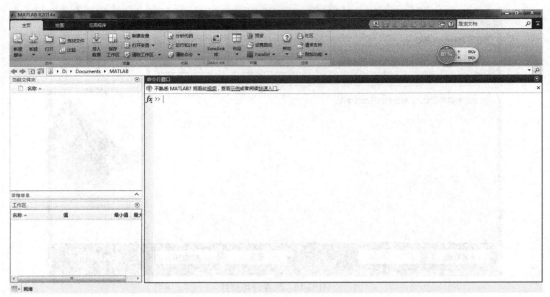

图 1-15 MATLAB 的集成开发环境

1.2.3 MATLAB 的窗口

启动 MATLAB 之后，如图 1-16 所示，出现的工作界面就是 MATLAB 的主窗口。

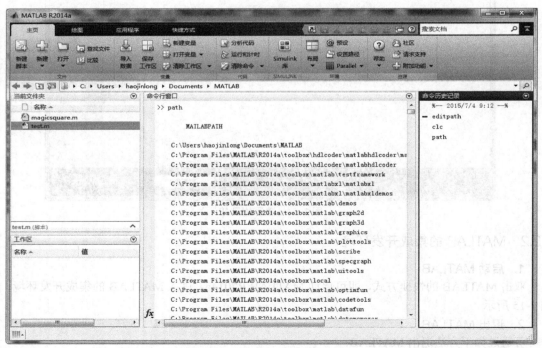

图 1-16 MATLAB 的主窗口

在 MATLAB 的主窗口中，默认打开的子窗口有：（1）命令行窗口（Command Window）；（2）命令历史记录窗口（Command History）；（3）当前文件夹（Current Folder）；（4）工作区（Workspace）；（5）文本编辑器（File Editor）；（6）图形窗口（Figure Window）；（7）帮助窗口（Help）等。

1. 命令行窗口

在默认设置下，命令行窗口自动显示于 MATLAB 工作界面的中部，如图 1-17 所示。命令行窗口是用户和 MATLAB 进行交互的主要场所。MATLAB 命令行窗口的最上面一行是系统初始的提示信息。MATLAB 具有良好的交互性，当在提示符输入一段正确的运算式，只要按回车（Enter）键，命令窗口中就会直接显示运算结果。

图 1-17 命令行窗口（Command Window）

2. 命令历史记录窗口

命令历史记录窗口（Command History）用于记录用户在命令行窗口中的操作，是按逆序排列的。在默认设置下，命令历史记录窗口自动显示在 MATLAB 工作界面的右下侧，如图 1-18 所示。历史命令窗口显示用户在命令窗口中所输入的每条命令，并且标明使用时间，方便用户查阅。如果用户想再次执行某条已经执行过的命令，那么只需要在历史命令窗口中双击该命令。这些命令会一直存在下去，直到它被人为删除。若想要在命令历史记录窗口删除一个或多个命令，可以先选择对象，然后单击右键，这时就有一个弹出菜单出现，选择"Delete Section"命令，即可删除。

3. 当前文件夹窗口

在默认设置下，当前文件夹窗口自动显示于 MATLAB 工作界面的左上侧，如图 1-19 所示。当前文件夹窗口显示着当前用户工作所在的路径，它不仅可以显示当前目录的文件，还可以提供搜索。通过上面的目录选择下拉菜单，用户可以轻松地选择已经访问过的目

图 1-18 命令历史记录窗口

录。单击右侧的按钮，可以打开路径选择对话框，在这里用户可以设置和添加路径，也可以通过此窗口最上面一行的超链接来改变路径。

4. 工作区窗口

在默认设置下，工作区窗口自动显示于 MATLAB 工作界面的左下角，与当前文件夹窗口处于同一列，可以通过按住工作区窗口或当前文件夹窗口进行移动来调整其位置，工作区窗口如图 1-20 所示。

图 1-19　当前文件夹窗口

图 1-20　工作区窗口

5. 文本编辑器窗口

用 MATLAB 编写的程序存储于文件中，称为 M 文件。根据调用方式的不同，M 文件可分为两类：命令文件（Script File）和函数文件（Function File）。图 1-21 所示为文本编辑器窗口，该窗口显示了用户所编辑的程序。

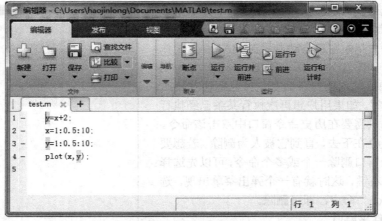
图 1-21　文本编辑器窗口

6. 图形窗口

MATLAB 允许程序员为他们的程序建立一个交互式的用户图形界面。利用 MATLAB 的这种功能，程序员可以设计出能被无经验的用户操作的复杂数据分析程序。图 1-22、图 1-23 所示的图像窗口主要用于显示 MATLAB 图像。它所显示的图像可以是数据的二维或三维坐标图、图片或用户图形接口。

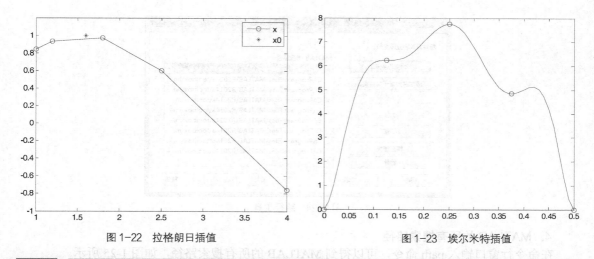

图 1-22 拉格朗日插值　　　　　图 1-23 埃尔米特插值

1.3 MATLAB 程序及其帮助系统

1.3.1 搜索路径

初学者经常把某个自己编写的 M 程序放在当前工作空间的某个子目录下，但执行时 MATLAB 却找不到这个程序，其实这是搜索路径设置的问题。MATLAB 的一切操作都是在它的搜索路径中进行的。

1. 搜索过程

如果用户在 MATLAB 提示符后输入一个名字，那么 MATLAB 将按以下顺序寻找这个名字：
(1) 查看这个名字是否是一个变量名。如果它是一个变量，MATLAB 将会显示出这个变量的值；
(2) 查看它是否是内建函数或命令。如果是，则执行对应的函数或命令；(3) 检查它是不是在当前目录下的一个 M 文件。如果是，则执行对应的函数或命令；(4) 检查它是不是在 MATLAB 搜索路径的所有目录下的一个 M 文件。如果是，则执行对应的函数或命令。

> **注意**　　由于系统首先搜索变量名，如果函数或命令名与某个变量名同名，那么这个函数或命令将变得无法访问。这是初学者易犯的错误之一。

2. 设置搜索对话框

用户可以使用下面的 2 种方法启动图 1-24 所示的"设置路径"对话框，随时检查和修改搜索路径：
- 在命令行窗口中执行 editpath 命令；
- 点击菜单"File"→"Set Path"路径工具。

3. 查找路径

MATLAB 还包括一个特殊的命令——which 命令，它能帮助我们找到正在执行的文件版本和路径，这在检查文件名冲突方面是非常有用的。

这个命令的格式是：which filename。

filename 代表所要加载的函数名。

例如，加载的函数是 perms.m。

```
>> which perms.m      %返回 perms.m 文件所在的路径
C:\Program Files\MATLAB\R2010b\toolbox\matlab\specfun\perms.m
```

第 1 章 MATLAB 入门

图 1-24 路径工具

4. MATLAB 的所有搜索路径

在命令行窗口输入 path 命令，可以得到 MATLAB 的所有搜索路径，如图 1-25 所示。

```
>> path
```

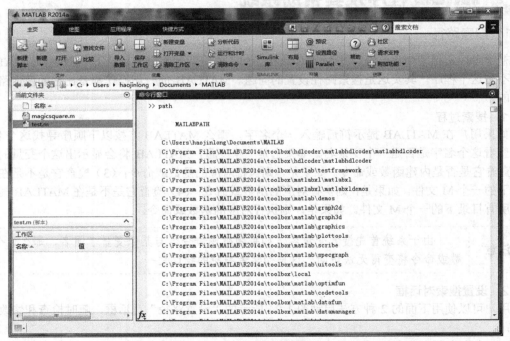

图 1-25 所有搜索路径

1.3.2 M 文件

使用 MATLAB 的时候，可以在命令行窗口内直接书写 MATLAB 命令，也可以将代码保存到 M 文件中，然后运行该文件。使用 MATLAB 主界面菜单"文件"→"新建"→"M-File"可以打开一个文本编辑器编辑 M 文件。

在 M 文件编辑器的菜单中，选取"Debug"→"Run"即可运行 M 文件及 MATLAB 的代码文件。在路径设置正确的情况下，在命令行窗口中直接输入 M 文件的名称可以运行 M 文件中的代码。M 文件的取名要以英文字母开头，用字母和数字组成，不要取中文文件名称，也不要在文件名称中使用特殊字符。M 文件不能和 MATLAB 系统函数重名。

1. 建立 M 文件

启动 MATLAB 文本编辑器建立新的 M 文件有 3 种方法。

- 菜单操作。从 MATLAB 主窗口的文件菜单中选择新建菜单项，再选择"M-file"命令，屏幕上将出现 MATLAB 文本编辑器窗口，输入 M 文件的内容并存盘。
- 命令操作。在 MATLAB 命令行窗口输入命令"edit"，启动 MATLAB 文本编辑器后，输入 M 文件的内容并存盘。
- 命令按钮操作。单击 MATLAB 主窗口工具栏上的 New M-File 命令按钮，启动 MATLAB 文本编辑器后，输入 M 文件的内容并存盘。

2. 打开已有的 M 文件

打开已有的 M 文件也有 3 种方法。

- 菜单操作。从 MATLAB 主窗口的文件菜单中选择打开命令，则屏幕出现打开对话框，在 Open 对话框中选中所需打开的 M 文件。在文档窗口可以对打开的 M 文件进行编辑修改，编辑完成后，将 M 文件存盘。
- 命令操作。在 MATLAB 命令窗口输入命令："edit*.m"，即可打开指定的 M 文件。
- 命令按钮操作。单击 MATLAB 主窗口工具栏上的"打开文件"命令按钮，再从弹出的对话框中选择所需打开的 M 文件。

3. 程序例程

【实例 1.1】用图形窗口形式重新绘制正弦、余弦曲线。

```
>> clear all;   %%清除所有的变量，包括全局变量
>> clc;   %%清除工作窗里的内容
>>x=linspace(0,2*pi,60);   %%将产生从 0 到 2*pi 以 60 点均等分的数组
>>y=sin(x);   %%创建函数关系
>>z=cos(x);
>>H1=figure;   %%控制画图的窗口
>>plot(x,y);   %%二维曲线绘图
>>title('sin(x)');   %%给已经画出的图加一个标题
>>axis([0 2*pi -1 1]);   %%设置轴的样式，包括坐标轴范围、可读比例等
>>H2=figure;   %%控制画图的窗口
>>plot(x,z);   %%二维曲线绘图
>>title('cos(x)');
>>axis([0 2*pi -1 1]);
```

效果如图 1-26、图 1-27 所示。

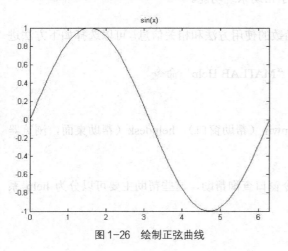

图 1-26 绘制正弦曲线

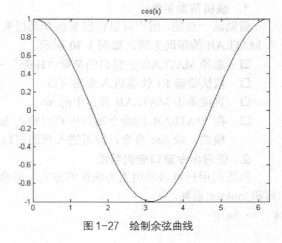

图 1-27 绘制余弦曲线

【实例 1.2】用图形窗口形式重新绘制正切和余切曲线。

```
>> clear all;    %%清除所有的变量,包括全局变量
>> clc;    %%清除工作窗里的内容
>>x=linspace(0,2*pi,60);    %%将产生从 0~2×pi 以 60 点均等分的数组
>>t=sin(x)./(cos(x)+eps);    %%创建函数关系
>>ct=cos(x)./(sin(x)+eps);
>>H3=figure;    %%控制画图的窗口
>>plot(x,t);    %%二维曲线绘图
>>title('tangent(x)');    %%给已经画出的图加一个标题
>>axis([0 2*pi -40 40]);    %%设置轴的样式,包括坐标轴范围、可读比例等
>>H4=figure;    %%控制画图的窗口
>>plot(x,ct);    %%二维曲线绘图
>>title('cotangent(x)');
>>axis([0 2*pi -40 40]);
```

效果如图 1-28、图 1-29 所示。

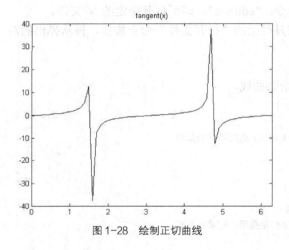

图 1-28　绘制正切曲线

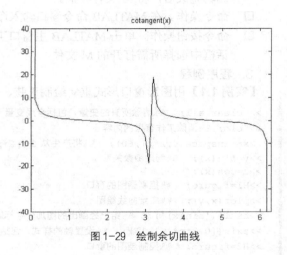

图 1-29　绘制余切曲线

1.3.3　帮助系统

将帮助窗口单独设置为一个小节,可见其重要性。MATLAB 的输入命令和函数极多,有时候很难记住。为了方便用户的使用,MATLAB 提供了帮助系统功能。

1. 联机帮助系统

借助这一功能,用户可以很容易地查询相关函数的使用方法和相关信息。可以选择如下方法进入 MATLAB 的帮助系统,如图 1-30 所示。

- 选择 MATLAB 主窗口的菜单"Help"→"MATLAB Help"命令。
- 按快捷键 F1 快速进入帮助窗口。
- 直接单击 MATLAB 窗口中的 ❓。
- 在 MATLAB 的命令窗口中直接输入 helpwin(帮助窗口)、helpdesk(帮助桌面,浏览器模式)或 doc 命令,即可进入帮助窗口。

2. 使用命令窗口查询帮助

熟练的用户可以使用更为快速的方式,即命令窗口查询帮助,这些帮助主要可以分为 help 系列和 lookfor 系列。

```
>> help
```

1.3 MATLAB 程序及其帮助系统

图 1-31 所示为当前帮助系统所有项目目录名称，该窗口显示了函数说明目录。

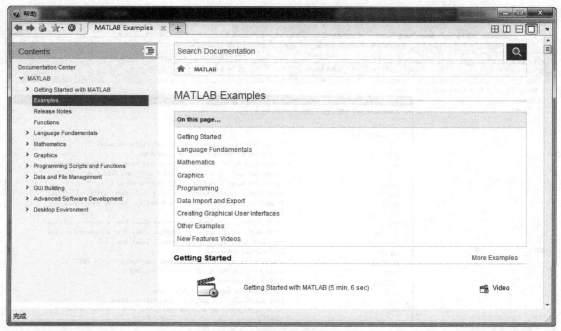

图 1-30　帮助窗口

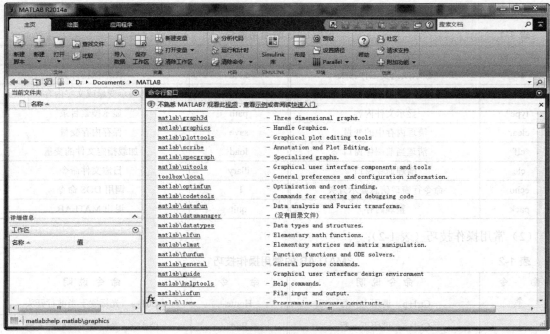

图 1-31　当前帮助系统所有项目目录名称

```
>>lookfor diff
```

图 1-32 所示为输入完命令后显示的帮助窗口。

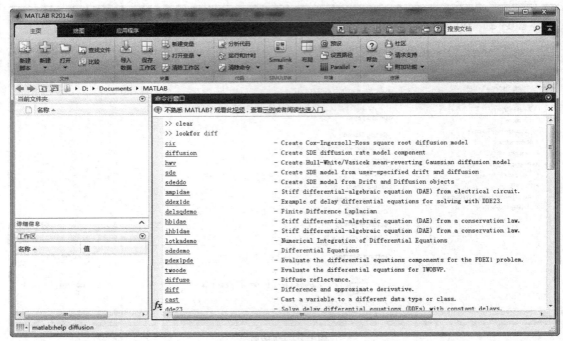

图 1-32 帮助窗口

3. 常用的命令和技巧
（1）通用命令（表 1-1）：

表 1-1　　　　　　　　　　　MATLAB 的通用命令

命　令	命 令 说 明	命　令	命 令 说 明
cd	显示或改变工作目录	hold	图形保持开关
dir	显示目录下内容	disp	显示变量或文字内容
type	显示文件内容	path	显示搜索目录
clear	清理内存中的变量	save	保存内存变量
clf	清理当前图像窗口	load	加载指定文件的变量
clc	清理命令窗口	diary	日志文件命令
echo	命令行窗口信息显示开关	!	调用 DOS 命令
pack	整理内存	quit	退出 MATLAB

（2）常用操作技巧（表 1-2）：

表 1-2　　　　　　　　　　MATLAB 的常用操作技巧

命　令	命 令 说 明	命　令	命 令 说 明
↑	Ctrl+p，调用上一行	Home	Ctrl+a，光标置于当前行开头
↓	Ctrl+n，调用下一行	End	Ctrl+e，光标置于当前行末尾
←	Ctrl+b，光标左移一个字符	Esc	Ctrl+u，清除当前输入行
→	Ctrl+f，光标右移一个字符	Del	Ctrl+d，删除光标处的字符

1.3 MATLAB 程序及其帮助系统

续表

命　　令	命 令 说 明	命　　令	命 令 说 明
Ctrl+←	Ctrl+l，光标左移一个单词	Backspace	Ctrl+h，删除光标前的字符
Ctrl+→	Ctrl+r，光标右移一个单词	Alt+ Backspace	恢复上一次删除

（3）标点（表 1-3）：

表 1-3　　　　　　　　　　MATLAB 的相关标点

标　　点	定　　义	标　　点	定　　义
:	冒号，具有多种功能	.	小数点，小数点及域访问符等
;	分号，行分隔及取消运行显示等	…	续行符
,	逗号，列分隔及函数参数分隔符等	%	百分号，注释标记
()	括号，指定运算过程中的先后次序等	!	惊叹号，调用操作系统
[]	方括号，矩阵定义的标志等	=	等号，赋值标记
{}	大括号，定义单元数组等	' '	单引号，字符串标示及矩阵转置等

1.3.4　学习 MATLAB 的方法

作为一种强大的工具，MATLAB 体现了与它价值相符的优点。MATLAB 编程简单，使用方便，只要入门就很好掌握，即使语法有问题，调试起来也是非常容易的。MATLAB 的矩阵和向量操作功能是其他语言无法比拟的。

在 MATLAB 环境下，数组的操作与数的操作一样简单，基本数据单元是不需要指定维数的，不需要说明数据类型的矩阵，而其数学表达式的表示方式和运算规则与我们日常的使用习惯相同。学习 MATLAB 是有一定方法的，其中最重要的就是基础知识扎实。

1．了解相关行业现状

前面已经介绍了 MATLAB 的应用范围之广，可以应用到多个行业当中去。鉴于此，要想真正学好 MATLAB，需要弄清楚所在行业的相关现状。只有将 MATLAB 的技术应用到该行业当中去，才能使得书本上的知识不过于抽象，不容易理解。只有把理论和实际相互结合，才能把书本上的知识学好。

2．把 MATLAB 当作工具

在学习的过程中，要把 MATLAB 当作一种工具，而不仅仅是一种语言。MATLAB 的编程语言只是 MATLAB 与用户交互的桥梁，认清楚这一点很重要。

3．了解相关科学计算的理论

MATLAB 最主要的应用是科学数值计算和最优化问题，MATLAB 有足够多的工具箱可解决这些问题。但是在使用这些功能强大的工具箱之前，应该首先注意的是对基础理论知识的掌握，这一点在编写程序的过程中是极其重要的。碰到不会或者概念模糊的问题，需要借助帮助系统来确定使用方法是否正确。

4．分解问题，逐一解决

对于较困难的问题，解决的办法是要分解问题，逐一解决。分解就是把实际问题转化为数学模型相关问题。绝大多数问题都可以转化为两类问题：一类是求解问题，一类是最优化问题。这个过程可能很简单，有现成的方法可用；也有可能很复杂，还可能涉及多种转化。

5．程序模块化

工程问题要解决的就是告诉计算机要做什么，该怎么做。所以用户在根本不知道某个问题该怎么解决的时候，就更加无法写出优秀的程序。鉴于此，要想编写优秀的程序，可以把需要重复执行的程序尽量写成函数，便于修改和维护。

6. 断点查错

在编写程序的过程中，如果程序出错了，而又查不到语法的错误，断点是个不错的选择。编程中最可怕的错误不是语法错误，而是逻辑错误，因为逻辑错误是最难被纠正的。一个很有用的工具就是断点，断点应该是纠错中最常用的工具。当程序运行到断点之后就会中断，这时用户就可以输入命令查看内存情况等。一步步地跟踪，直到变量值跟预期的不一样，这时就可以很容易地找到错误在什么地方发生了。

第 2 章 MATLAB 程序设计

MATLAB 不仅是一个科学计算的工具,也是一门简易的计算机语言。程序设计是 MATLAB 进行科学计算的基础。

本章的知识结构

本章将介绍 MATLAB 中程序设计的相关内容:基本语法、文件 I/O 和一些实用的编程技巧。

2.1 基本语法

本节主要介绍与 MATLAB 相关的一些基本语法,用户可以学习到与标识符、数据类型、运算符、流程控制语句、预定义变量、矩阵与数组和脚本与函数等相关的知识。

2.1.1 标识符

标识符是用户编程时使用的名字,也就是代号,用来表示变量和函数。MATLAB 中标识符应该遵循如下规则:

- 由数字、字母和下划线构成,但是必须注意的是一定要以字母开头;
- 区分大小写,例如 MATLAB 和 Matlab 就不是一个变量;
- 不能直接使用 MATLAB 自带的关键字;
- MATLAB 规定标识符不能超过 63 个字符,超过的部分将被忽略掉。

1. 预定义变量

MATLAB 提供了一些预定义变量,如表 2-1 所示。这些预定义变量大部分为常量,或者是在系统中有特殊含义和用途的变量。

表 2-1　　　　　　　　　　常见的预定义变量

预定义变量名	含　义
ans	保存运算结果,用于没有指定运算结果名称时,将结果赋值给 ans
eps	MATLAB 定义的正的最小值,表示精确度
pi	圆周率的值
NaN	Not-a-Number,非数,无法定义的一个数
i/j	虚数单位,sqrt(-1)
nargin	函数的输入参数的个数
nargout	函数的输出参数的个数
realmax	最大的正实数
realmin	最小的正实数
Inf	无穷大

【实例 2.1】 预定义变量的使用。

```
%在命令行窗口输入如下命令
>> clc
>> clear all
>> 0/0        %当分子、分母均为0时，计算结果为NaN
ans =

    NaN

>> 10/0       %当分母为0而分子不为0时，计算结果无穷大
ans =

    Inf

>> pi=10;     %赋予预定义变量新的值
>> 2*pi*4
ans =

    80
>> clear pi
>> pi         %恢复为预定义变量原有的值
ans =

    3.1416
```

2. 变量声明

MATLAB 的语言类似于 C 语言，但是与 C 语言相比又有很大的不同，可以说风格接近 C 语言，但是比 C 语言更为灵活。MATLAB 的语言与 C 语言相比没有那么强的规范。例如，C 语言在使用一个变量时必须先声明该变量，在 MATLAB 中则不必如此，只需要通过赋值语句就可以进行操作，不需要在使用前声明该变量。下面举例说明。

【实例 2.2】 声明一个变量。

```
%在命令行窗口输入如下命令
>> clc
>> clear all
>> sum_11a = 18    %正常声明一个变量并赋值
sum_11a =
    18
>> clc
>> clear all
>> 11a_sum = 20    %非正常声明一个变量（变量名不能以数字开头）并赋值
??? 11a_sum = 20
        |
Error: Unexpected MATLAB expression.
```

【实例 2.3】 声明多个变量。

```
%验证 MATLAB 与 Matlab 不是一个变量名
%在命令行窗口输入如下命令
>> clc
>> clear all
>> MATLAB = 12.55    %正常声明一个变量并赋值
MATLAB =
    12.5500
>> Matlab = -13.444  %正常声明一个变量并赋值
Matlab =
    -13.4440
>> MATLAB
>> MATLAB =
    12.5500
```

```
>> Matlab
>> Matlab =
  -13.4440
```
%可以看出 MATLAB 与 Matlab 不是一个变量名

3. 创建数组或矩阵

数值计算以矩阵为基础是 MATLAB 最大的特点和优势。一般来说，所有的数据都是矩阵或数组，标量可视为 1×1 矩阵，向量可视为 1×N 或 N×1 矩阵。二维数组称为矩阵，二维以上数组称为多维数组，有时矩阵也可以指多维数组。

【**实例 2.4**】计算两个矩阵相加和相减的结果。

```
%在命令行窗口输入如下命令
>> clc
>> clear all
>> A=[1,1,1;1,2,3;1,3,6];
>> B=[8,1,6;3,5,7;4,9,2];
>> sum1=A+B
sum1 =

     9     2     7
     4     7    10
     5    12     8
```

2.1.2 数据类型

MATLAB 是一门计算机语言，它处理的对象是数据。MATLAB 的基本数据类型有十几种，不同的专业工具箱中还具有特殊的数据类型，并且 MATLAB 还支持面向对象的编程技术，支持用户自定义的数据类型，每一种类型的数据都是以矩阵或数组形式存储和表现。MATLAB 的命令和语法也是以基本的矩阵运算及矩阵扩展运算为基础，用户可以建立整型、浮点型、字符、字符串、逻辑型、结构数组和细胞数组等。

1. 整型

整型是 MATLAB 最为基本的数值类型。每种类型表示的数据范围如表 2-2 所示。

表 2-2　　　　　　　　　MATLAB 的数据类型与取值范围

数 据 类 型	表 示 范 围	数 据 类 型	表 示 范 围
int8	$-2^7 \sim 2^7-1$	uint8	$0 \sim 2^8-1$
int16	$-2^{15} \sim 2^{15}-1$	uint16	$0 \sim 2^{16}-1$
int32	$-2^{31} \sim 2^{31}-1$	uint32	$0 \sim 2^{32}-1$
int64	$-2^{63} \sim 2^{63}-1$	uint64	$0 \sim 2^{64}-1$

如下例所示，当数值超出某个数据类型的范围时，MATLAB 将该数据表示成最大或者最小值。

【**实例 2.5**】数据类型超界实例。

```
%在命令行窗口输入如下命令
>> clc
>> clear all
>> int8(-245)     %负数超界
ans =
  -128

>> int8(345)      %正数超界
ans =
   127
```

2. 逻辑型

逻辑型是科学计算经常用到的数据类型之一,所谓逻辑型就是仅仅有"true"和"false"两个数值的一种数据类型。一般来说,逻辑"真"即为"1",逻辑"假"为"0"。逻辑型数据可以用于逻辑运算。表 2-3 所示为常用的逻辑运算符或函数。

表 2-3　　　　　　　　　　　　　　　逻辑运算

运算符或函数	说　明
&&	逻辑与
||	逻辑或
&	元素"与"操作
|	元素"或"操作
~	逻辑"非"操作
xor	逻辑"异或"操作
any	当向量中有非零元素时,返回真
all	当向量中都是非零元素时,返回真
==	关系操作符,等于
~=	关系操作符,不等于
<	关系操作符,小于
>	关系操作符,大于
<=	关系操作符,小于等于
>=	关系操作符,大于等于
所有以 is 开头的函数、cellfun	测试操作
strcmp、strncmp、strmpi、strncmpi	字符串比较函数

虽然逻辑型只有真、假之分,但是参与逻辑运算或者关系运算的不一定必须是逻辑数据。能创建逻辑类型数据、逻辑类型矩阵或者数组的函数主要有以下 3 个:

- logical 函数:可以将任意类型的数据、数组转换成逻辑类型。其中非零元素为真,零元素为假;
- true 函数:产生逻辑真值数组;
- false 函数:产生逻辑假值数组。

> **注意**　参与逻辑运算的操作数不一定必须是逻辑类型的变量或常数,也可以使用其他类型的数据进行逻辑运算,但是运算结果一定是逻辑类型的数据。

【实例 2.6】利用函数将一个整型数据转换为逻辑类型数据。

```
%在命令行窗口输入如下命令
>> clc
>> clear all
>> MATLAB = 12.55     %声明一个变量并赋值
MATLAB =
   12.5500

>> logical (MATLAB)
ans =
    1
```

【实例 2.7】利用函数建立逻辑类型数组示范例程。

```
%在命令行窗口输入如下命令
>> clc
>> clear all
>> A = true(2,3)          %生成 3 行 2 列的逻辑真的矩阵
A =
     1     1     1
     1     1     1
>> B = false(3,2)         %生成 3 行 2 列的逻辑假的矩阵
B =
     0     0
     0     0
     0     0
>> C = eye(3,3)           %产生单位矩阵
C =
     1     0     0
     0     1     0
     0     0     1
>> D = logical(C)         %产生逻辑矩阵 D
D =
     1     0     0
     0     1     0
     0     0     1
```

3. 字符与字符串

MATLAB 中经常会对字符或字符串进行操作。字符串就是一维字符数组,可以通过它的下标对字符串中的任何一个字符进行访问。

字符数组中存放的并非是字符本身,而是字符的 ASCII 码。MATLAB 的字符串处理功能非常强大,提供了许多字符或字符串处理函数,包括字符串的创建、字符串的标识、字符串的比较、字符串的查找以及字符串的转换等。表 2-4 所示为 MATLAB 中常用的字符串操作函数。

表 2-4　　　　　　　　　　　常用的字符串操作函数

函　　数	说　　明
char(S1, S2, …)	利用现有字符串或者单元数组创建字符数组
double(s)	将一个字符串转换成 ASCII 形式
cellstr(S)	利用字符数组创建字符串单元数组
blanks(n)	生成长度为 n 的空字符串
deblanks(n)	删除尾部的空格
eval(S), evalc(S)	求字符串表达式的值
ischar(S)	如果是字符数组,就返回 true
iscellstr(S)	如果是字符串单元数组,就返回 true
isletter(S)	如果是字母,就返回 true
isspace(S)	如果是空格,就返回 true
strcat(S1, S2, …)	将字符串进行水平方向的连接
strvat(S1, S2, …)	将字符串进行垂直方向的连接,忽略空格
strcmp(S1, S2, n)	如果两个字符串相同,就返回 true
strncmp(S1, S2, n)	如果两个字符串的前 n 个字符相同,就返回 true
strcmpi(S1, S2)	如果两个字符串相同,就返回 true,忽略大小写
strncmpi(S1, S2, n)	如果两个字符串的前 n 个字符相同,就返回 true,忽略大小写
findstr(S1, type)	在一个字符串中查找另外一个字符串
strjust(S1, S2)	将一个字符串数组调整为左对齐、右对齐或居中

续表

函　数	说　明
strmatch(S1, S2)	查找符合要求的字符串的下标
strrep(S1, S2, S3)	将字符串 S1 中出现的 S2 用 S3 代替
strtok(S1, D)	查找某个字符最先出现的位置
upper(S)	将一个字符串转换成大写
lower(S)	将一个字符串转换成小写
num2str(x)	将数字转换成字符串
int2str(k)	将整型转换成字符串
mat2str(X)	将矩阵转换成字符串供 eval 使用
str2double(S)	将字符串转换成双精度值
strinum(S)	将字符串数组转换成数值数组
sprint(S)	创建由格式控制指定的字符串
sscanf(s)	按照格式控制指定的格式读取字符串

（1）字符串变量的创建

字符串变量的创建方法是：在命令行窗口中先把待建的字符放在"单引号对"中，再按回车键。（注意，该"单引号对"必须在英文状态下输入，它是 MATLAB 用来识别字符串变量的唯一标识）。

【实例 2.8】字符串变量的创建。

```
%在命令窗口输入如下命令
>> clc
>> clear all
>> msg = 'You are right!'%创建带有单引号对的字符串
msg =

You are right!

>> a = 'This is an example.'%创建带有单引号对的字符串
a =

This is an example.

>> s='matrix laboratory'
s =

matrix laboratory
```

（2）字符串数组的标识

字符串变量的每个字符（英文字母、空格和标点都是平等的）占据一个元素位，在数组中元素所处的位置用自然数标识。例如：

【实例 2.9】提取一个子字符串。

```
>> b=a(1:4)  % 提取一个子字符串
b =
This
```

【实例 2.10】字符串的倒排。

```
>> ra=a(end:-1:1)  % 字符串的倒排
ra =
.elpmaxe na si sihT
```

（3）字符串的 ASCII 码

字符串的存储是用 ASCII 码来实现的。指令 double 可以用来获取字符串数组所对应的 ASCII 码数值数组。指令 char 可把 ASCII 码数组变为字符串数组。例如：

【实例 2.11】 获取字符串数组所对应的 ASCII 码。

```
>> d=double(a)
d =
    84   104   105   115    32   105   115    32    97   110    32   101   120    97   109
   112   108   101    46
```

【实例 2.12】 把 ASCII 码数组变为字符串数组。

```
>> char(d)
ans =
This is an example.
```

（4）字符串数组的运算

【实例 2.13】 连接字符串。

```
%在命令行窗口输入如下命令
>> clc
>> clear all
>> name = strcat('Thomas',' R.',' Lee')   %连接字符串
name =

Thomas R. Lee
```

【实例 2.14】 利用串操作函数创建多行字符串数组。

```
%在命令行窗口输入如下命令
>> clc
>> clear all
>> D=strvcat('Hello','Yes','No','Goodbye')   %利用串操作函数创建多行字符串数组，连接多行字符串，
每行长度可不等，自动把非最长字符串最右边补空格，使之与最长字符串的长度相等，会忽略空字符串。
D =

Hello
Yes
No
Goodbye
```

（5）字符串和数组之间的转换

表 2-5 所示为数值数组和字符串转换函数表。

表 2-5　　　　　　　　　　　数值数组和字符串转换函数表

函　　数	说　　明	函　　数	说　　明
num2str	数字转换为字符串	str2num	字符串转换为数字
int2str	整数转换为字符串	sprintf	将格式数据写为字符串
mat2str	矩阵转换为字符串	sscanf	在格式控制下读字符串

【实例 2.15】 数值数组和字符串转换示例。

```
%在命令行窗口输入如下命令
>> clc
>> clear all
%数字转换为字符串示例
>> x = rand(2,3) * 9999;
>> A = num2str(x, '%10.5e\n')
A =

2.78470e+003
9.57411e+003
```

```
1.57597e+003
5.46827e+003
9.64792e+003
9.70496e+003
%将格式数据写为字符串示例
>> N = sprintf('%6d', [123456])
N =

123456
```

(6) 字符串替换和查找
- strrep：进行字符串替换，区分大小写；
- trrep(str1,str2,str3)：把 str1 中所有的 str2 字串用 str3 来替换；
- strfind(str,patten)：查找 str 中是否有 patten，返回出现的位置；没有出现，返回空数组；
- findstr(str1,str2)：查找 str1 和 str2 中，较短字符串在较长字符串中出现的位置；没有出现，返回空数组；
- strmatch(patten,str)：检查 patten 是否和 str 最左侧部分一致；
- strtok(str,char)：返回 str 中由 char 指定的字符串前的部分和之后的部分。

【实例 2.16】进行字符串替换。

```
%在命令行窗口输入如下命令
>> clc
>> clear all
>> claim = 'This is a good example.';
>> new_claim = strrep(claim, 'good', 'great')

new_claim =

This is a great example.
```

【实例 2.17】查找 str 中是否有要查找的字符串，返回出现的位置。

```
%在命令行窗口输入如下命令
>> clc
>> clear all
>> S = 'Find the starting indices of the pattern string';
>> strfind(S, 'in')

ans =

     2    15    19    45

>> strfind(S, 'In')

ans =

     []

>> strfind(S, ' ')

ans =

     5    9    18    26    29    33    41
```

(7) 常用字符串操作函数
- blanks(n)：创建由 n 个空格组成的字符串；
- deblank(str)：删除字符串的尾部空格；
- strtrim(str)：删除字符串的开头和尾部的空格、制表、回车符；
- lower(str)：将字符串中的字母转换成小写；
- upper(str)：将字符串中的字母转换成大写；

- sort(str)：按照字符的 ASCII 值对字符串排序；
- str2num：将字符串转换为数字；

【实例 2.18】创建由 20 个空格组成的字符串。

```
%在命令行窗口输入如下命令
>> clc
>> clear all
>> disp(['xxx' blanks(20) 'yyy'])
```

xxx   yyy

（8）其他字符串操作函数
- strcmp：比较两个字符串是否完全相等，是，返回"真"，否则，返回"假"；
- strncmp：比较两个字符串前 *n* 个字符是否相等，是，返回"真"，否则，返回"假"；
- strcmpi：比较两个字符串是否完全相等，忽略字母大小写；
- strncmpi：比较两个字符串前 *n* 个字符是否相等，忽略字母大小写；
- isletter：检查字符串中每个字符是否属于英文字母；
- isspace：检查字符串中每个字符是否属于格式字符（空格、回车、制表符、换行符等）；
- isstrprop：检查字符串中每一个字符是否属于指定的范围。

【实例 2.19】比较两个字符串是否完全相等。

```
%在命令行窗口输入如下命令
>> clc
>> clear all
>> strcmp('Yes', 'No')
ans =
     0
>> strcmp('Yes', 'Yes')
ans =
     1
```

（9）字符串的显示和打印

【实例 2.20】字符串的显示和打印。

```
%在命令行窗口输入如下命令
>> clc
>> clear all
>> g= 'abcd';
>> disp(g)    %显示变量存储的字符串
abcd

>> h=rand(2,2);  %产生 2*2 随机矩阵
>>s=num2str(h)   %把数值数组转换为字符串数组

s =

0.63236    0.2785
0.09754    0.54688
```

4. 结构数组

结构数组的创建可以使用两种方法，一种是直接赋值法，另外一种是利用 **struct** 函数创建。结构数组可以将一组彼此相关、数据结构相同但类型不同的数据组织在一起。在使用结构数组时，需要注意：
- 结构数组名（Structure）；结构数组元素；域名（Filed）；
- 结构数组名与域名之间以圆点"."间隔，如"student.name"；
- 不同域的维数、类型可以不同，用以存储不同类型的数据。

用户可以直接使用 struct 函数创建结构数组，struct 函数可以根据指定域及其相应的值创建结构数组，此函数的一般格式为：

```
str_array=struct('filed1',{val1},'filed2', {val2}…)
str_array=struct('filed1',val1,'filed2', val2…)
```

- 参数"filed1"为域名。
- "val1"为该域的值，可能是一个标量或细胞数组，而使用的细胞数组必须具有相同的大小。

【实例 2.21】创建如图 2-1 所示的结构数组。

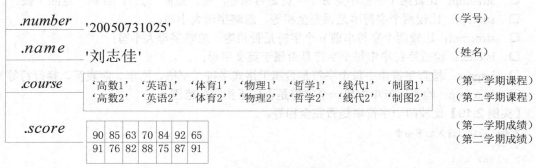

图 2-1　在校学生结构数组

```
%在命令窗口输入如下命令
>> clc
>> clear all
>> student.number='20050731025';
>> student.name='刘志佳';
>> student.course={'高数1' '英语1' '体育1' '物理1' '哲学1' '线代1' '制图1';'高数2' '英语2' '体育2' '物理2' '哲学2' '线代2' '制图2'};
>> student.score=[90 85 63 70 84 92 65;91 76 82 88 75 87 91];
>> student

student = 

    number: '20050731025'
      name: '刘志佳'
    course: {2x7 cell}
     score: [2x7 double]

>> size(student)
ans =
     1     1
```

【实例 2.22】直接赋值法创建结构数组示例。根据上面例题，以结构数组保存员工资料数据。

```
%在命令行窗口输入如下命令
>> clc
>> clear all
>> employee.name='henry';
>> employee.sex='male';
>> employee.age='25';
>> employee.number='123456789';
>> employee

employee =
```

```
       name: 'henry'
        sex: 'male'
        age: '25'
     number: '123456789'
```

```
%在上面结构数组中再扩展一个结构数组
>> employee(2).name='lee';
>> employee(2).sex='female';
>> employee(2).age='23';
>> employee(2).number='987654321';
>> employee
employee =

1x2 struct array with fields:
    name
    sex
    age
    number
```

【实例 2.23】使用 struct 函数创建结构数组示例。

```
%在命令行窗口输入如下命令
>> clc
>> clear all
%范例1
>> student=struct('name','henry','age',25,'grade',uint16(1))
student =

    name: 'henry'
     age: 25
   grade: 1
>> whos
  Name         Size          Bytes  Class      Attributes

  Student      1x1             388  struct
%范例2
>> student=struct('name',{'richard','jackson'},'age',{25,24},'grade',{2,3})
student =

1x2 struct array with fields:
    name
    age
    grade

>> whos
  Name         Size          Bytes  Class      Attributes

  Student      1x2             612  struct
```

5. 细胞数组类型

细胞数组是 MATLAB 特有的一种数据类型，组成它的元素是细胞，细胞是用来存储不同类型数据的单元。图 2-2 所示的是 2×2 细胞数组结构图。细胞数组中每个细胞存储一种类型的 MATLAB 数组，此数组中的数据可以是任何一种 MATLAB 数据类型或用户自定义的类型，其大小也可以是任意的。相同数组的第二个细胞的类型与大小可以和第一个细胞完全不同。细胞数组有如下特点。

- ❑ 可把一组类型、维数不同的数据组织在一起，存储在细胞数组中；
- ❑ 与结构数组不同的是，细胞数组中的元素有域和域名；
- ❑ 对数组元素数据的访问是通过域名实现的；
- ❑ 细胞数组的基本元素是细胞（cell）；

❑ 每个细胞可以存储不同类型、不同维数的数据，通过下标区分不同的细胞。

（1）细胞数组的创建：

【实例 2.24】 创建细胞数组示例。

```
%在命令行窗口输入如下命令
>> clc
>> clear all
>> A={[1 4 3;0 5 8;7 2 9], 'Anne Smith';3+7i,-pi:pi/4:pi}

A =

        [3x3 double]      'Anne Smith'
    [3.0000 + 7.0000i]    [1x9 double]

>> whos A
  Name      Size              Bytes  Class    Attributes

  A         2x2                 420  cell
```

【实例 2.25】 依次创建细胞数组示例。

```
%在命令行窗口输入如下命令
>> clc
>> clear all
>> A(1,1)={[1 4 3;0 5 3;7 2 9]};
>> A(1,2)={'Anne Smith'};
>> A(2,1)={3+7i};
>> A(2,2)={-pi:pi/4:pi};
>> A
A =

        [3x3 double]      'Anne Smith'
    [3.0000 + 7.0000i]    [1x9 double]
>> whos A
  Name      Size              Bytes  Class    Attributes

  A         2x2                 420  cell
```

【实例 2.26】 如图 2-2 是细胞数组的结构示意图，cell(1,1)是字符数组，cell(1,2)、cell(2,1)、cell(2,2)本身也是细胞数组，创建 2×2 的细胞数组。

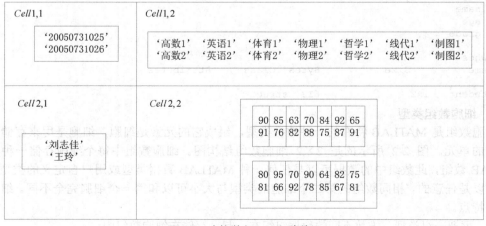

图 2-2 在校学生 2×2 细胞数组

```
%在命令窗口输入如下命令
>> clc
>> clear all
```

```
>> student{1,1}=['20050731025';'20050731026'];
>> student{2,1}={'刘志佳';'王玲'};
>> student{1,2}={'高数 1' '英语 1' '体育 1' '物理 1' '哲学 1' '线代 1' '制图 1'; '高数 2' '英语
2' '体育 2' '物理 2' '哲学 2' '线代 2' '制图 2'};
>> student{2,2}={[90 85 63 70 84 92 65; 91 76 82 88 75 87 91]; [80 95 70 90 64 82 75; 81
66 92 78 85 67 81]};
>> student
student =
    [2x11 char]     {2x7 cell}
    {2x1 cell}      {2x1 cell}
>> whos student
  Name           Size          Bytes  Class     Attributes

  student        2x2            1670  cell
```

（2）细胞数组的寻访：

细胞数组的寻访和一般数组的寻访类似，对于二维数组 A 来说，A(2,4)表示的就是数组第 2 行第 4 列上的元素。MATLAB 设计两种不同的操作：细胞外标识和细胞内编址。

【实例 2.27】细胞数组的寻访示例。

```
%在命令行窗口输入如下命令
>> clc
>> clear all
>> A={20,'matlab';ones(2,3),1:3}
A =

    [         20]    'matlab'
    [2x3 double]    [1x3 double]

>> str=A{1,2}       %返回对应细胞内容
str =

matlab

>> class(str)       %返回 str 的数据类型
ans =

char

>> str2=A(1,2)      %返回对应细胞数组的一个细胞
str2 =

    'matlab'
>> class(str2)      %返回 str2 的数据类型
ans =

cell
```

（3）细胞数组的操作函数：

如表 2-6 所示，和其他数组一样，MATLAB 也为细胞数组提供一系列的操作函数。

表 2-6　　　　　　　　　　　　　　细胞数组中的操作函数

函　　数	说　　明	函　　数	说　　明
cell	创建空的细胞数组	num2cell	将数值数组转换为细胞数组
cellfun	对细胞数组的每个细胞执行指定的函数	deal	将输入参数赋值给输出
celldisp	显示所有细胞的内容	cell2struct	将细胞数组转换为结构

续表

函　数	说　　明	函　数	说　　明
cellplot	利用图形方式显示细胞数组	struct2cell	将结构转换为细胞数组
cell2mat	将细胞数组转换为普通的矩阵	iscell	判断输入是否为细胞数组
mat2cell	将数组矩阵转换为细胞数组		

【实例 2.28】cellfun 函数使用示例。

```
%在命令行窗口输入如下命令
>> clc
>> clear all
%计算几个数据集的平均值
>> C = {1:10, [2; 4; 6], []};
>> Cmeans = cellfun(@mean, C)
Cmeans =

    5.5000    4.0000       NaN

%计算这些数据集的大小
>> [Cnrows, Cncols] = cellfun(@size, C)
Cnrows =
     1     3     0
Cncols =
    10     1     0

%再次计算大小，但将 UniformOutput 设置为 false
>> Csize = cellfun(@size, C, 'UniformOutput', false)
Csize = 
    [1x2 double]    [1x2 double]    [1x2 double]

>> Csize{:}
ans =
     1    10
ans =
     3     1
ans =
     0     0

%在多数据集中找到正值
>> C = {randn(10,1), randn(20,1), randn(30,1)};

>> Cpositives = cellfun(@(x) x(x>0), C, 'UniformOutput',false)
Cpositives = 
    [6x1 double]    [11x1 double]    [15x1 double]

>> Cpositives{:}
ans =
    0.1253
    0.2877
    1.1909
     etc.

ans =
    0.7258
    2.1832
    0.1139
     etc.

ans =
    0.6900
    0.8156
    0.7119
     etc.
```

```
% 计算一些数据集中的协方差:
>> C = {randn(10,1), randn(20,1), randn(30,1)};
>> D = {randn(10,1), randn(20,1), randn(30,1)};
>> CDcovs = cellfun(@cov, C, D, 'UniformOutput', false)
CDcovs =
    [2x2 double]    [2x2 double]    [2x2 double]
>> CDcovs{:}

ans =

    0.8174    0.4885
    0.4885    1.9389


ans =

    1.4762   -0.0664
   -0.0664    0.6126


ans =

    1.0139    0.1562
    0.1562    1.0054
```

2.1.3 运算符

MATLAB 中主要的运算符包括:算术运算符、关系运算符、逻辑运算符和其他运算符。

1. 算术运算符(见表 2-7)

算术运算符可以分为矩阵运算符和数组运算符两大类。矩阵运算符遵照线性代数的规则进行运算。数组运算符则遵照对应的元素之间进行运算操作。

表 2-7   算术运算符

运算符	运算符类型	功能	运算符	运算符类型	功能
+ -	矩阵运算	矩阵加减运算	+ -	数组运算	数组元素的加减运算
*	矩阵运算	矩阵相乘	.*	数组运算	矩阵或数组中的对应元素相乘
/	矩阵运算	矩阵相除	./	数组运算	矩阵或数组中的对应元素相除
\	矩阵运算	矩阵左除,左边为除数	.\	数组运算	矩阵或数组中的对应元素左乘
^	矩阵运算	矩阵的乘方	.^	数组运算	矩阵或数组中所有元素的乘方
'	矩阵运算	取转置	.'	数组运算	取转置

2. 关系运算符

关系运算是同类型数组对应元素之间进行的运算,其运算结果是一个同类型的逻辑数组。关系运算符如表 2-8 所示。

表 2-8   关系运算符

运算符	功能	运算符	功能
<	小于	>=	大于等于
<=	小于等于	==	等于
>	大于	~=	不等于

当数值超出该类型的取值范围时,MATLAB 将该数据表示成最大或者最小值。

3. 逻辑运算符

元素级（Element-Wise）的逻辑运算符则用于对标量或矩阵元素进行逻辑运算，得到一个结果标量或结果矩阵。MATLAB 的逻辑运算符如表 2-9 所示。

表 2-9　　　　　　　　　　　　　　　逻辑运算符

运　算　符	功　　能	运　算　符	功　　能
&	逻辑与	xor	逻辑异或
|	逻辑或	&&	逻辑与
~	逻辑非	||	逻辑或

假设操作数为 a 和 b，则元素级逻辑运算符包括：
- a&b："与"运算，两个标量或两个元素均非 0 则返回 1，否则返回 0；
- a|b："或"运算，两个标量或者两个元素至少有一个是非 0 则返回 1，否则返回 0；
- ~a："非"运算，对作用的标量或矩阵元素求补，如果标量或者矩阵元素为 0 则结果为 1，如果标量或矩阵元素不为 0 则结果为 0；
- xor(a,b)："异或"运算，两个标量或两个元素均非 0 或均为 0 则返回 0，否则返回 1。

4. 其他运算符

MATLAB 的其他运算符如表 2-10 所示。

表 2-10　　　　　　　　　　　　　　　其他运算符

运　算　符	功　　能
[]	生成向量或矩阵
{}	生成细胞数组
...	续行符
=	赋值
'	字符串的标记
.	结构数组的域访问
%	注释
@	函数句柄
;	禁止命令窗口显示结果

5. 运算符优先级

MATLAB 表达式可以使用任何组合的算术运算符、关系运算符和逻辑运算符等，他们的优先级确定 MATLAB 表达式的运算顺序。如果两个运算符的优先级相同，则从左向右运算。MATLAB 的运算符的优先级从最高到最低如下：
- 括号运算；
- 转置运算，幂运算，复数共轭转置运算，矩阵幂运算；
- 正号，负号，逻辑"非"运算；
- 点乘法，点除法，矩阵乘法、矩阵除法；
- 加法，减法；
- 冒号运算；
- 小于，小于等于，大于，大于等于，恒等于，不等于；
- 逻辑"与"；
- 逻辑"或"；

- 短路逻辑"与";
- 短路逻辑"或"。

6. 运算符运用实例

【实例 2.29】运算符运用实例。

```
%在命令行窗口输入如下命令
>> clc
>> clear all
%数值变量的运算
>> 256*233
ans =

    59648
```

【实例 2.30】要求计算水在温度 0℃、20℃、40℃、60℃、80℃时的黏度,已知水的黏度随温度变化的公式为:

$$\mu = \frac{\mu_0}{1+at+bt^2}$$,其中当 μ_0 为 0℃时,水的黏度值为 1.785×10^{-3} Pa·s。

```
%在命令行窗口输入如下命令
>> clc
>> clear all
>> muw0=1.785e-3;    % 定义 0℃时的黏度值
>> a=0.03368;     %定义两个常数
>> b=0.000221;
>> t=0:20:80;    %定义摄氏温度变量
>> muw=muw0./(1+a*t+b*t.^2)  %计算摄氏温度对应黏度值

muw =

    0.0018    0.0010    0.0007    0.0005    0.0003
```

2.1.4 流程控制语句

MATLAB 作为一种高级程序设计语言,提供了经典的循环结构(for 循环和 while 循环)、选择结构(if)和流程控制语句。用户可以应用这些流程控制语句编写 MATLAB 程序,实现多种功能。

结构化程序设计包含 3 种结构:顺序结构、选择结构和循环结构。与 C 语言类似,MATLAB 也采用 if、else、switch 和 for 等关键字来实现选择结构和循环结构。不同的是 C 语言使用"{}"来标记一个语言块,而 MATLAB 则使用 end 关键字来标记语言块。

1. 顺序结构

顺序结构是最简单的程序结构,系统在编译程序时,按照程序的顺序执行。虽然这种程序容易编写,但是结构单一,能够实现的功能有限。

【实例 2.31】顺序结构示例。

```
%在命令行窗口输入如下命令
>> clc
>> clear all
>> r=1;
>> h=1;
>> s=2*r*pi*h + 2*pi*r^2;  %立柱的表面积
>> v=pi*r^2*h;     %立柱的体积
>> disp('The surface area of the colume is:'),disp(s);
The surface area of the colume is:
   12.5664
```

```
>> disp('The volume of the colume is:'),disp(v);
The volume of the colume is:
3.1416
```

2. 选择结构

MATLAB 中的选择结构可以用 if、else 和 switch 等关键字来实现。if 语句是最常用的,格式比较整齐,便于理解。if 关键字的格式如下:

```
if    expression
      do    task
end

if    expression_1
      do    task_1
else
      do    task_2
end

if    expression_1
      do    task_1
elseif expression_2
      do    task_2
elseif expression_3
      do    task_3
end
```

【实例 2.32】判断输入的两个参数是否都大于 0,是则打印"a and b are both larger than 0",否则不打印,程序最后返回"Done"。

```
%在命令行窗口输入如下命令
>> clc
>> clear all
>> a=input('a=');
a=10
>> b=input('b=');
b=15
>> if a > 0 & b>0
disp('a and b are both larger than 0');
end
disp('Done');
a and b are both larger than 0
Done
```

【实例 2.33】计算分段函数的值。

```
%在命令行窗口输入如下命令
>> clc
>> clear all
>> x=input('请输入 x 的值:');
请输入 x 的值:11
>> if x<=0
y= (x+sqrt(pi))/exp(2)
else
y=log(x+sqrt(1+x*x))/2
end

y =
    1.5466
```

【实例 2.34】判断输入的学生成绩的所属等级:60 以下为不合格,60~89 为中等,90 以上为优秀。

```
%在命令行窗口输入如下命令
>> clc
>> clear all
```

```
>> n=input('input the score:')
input the score:98
n =

    98
>> if n>=0 & n<60
    A='不合格'
elseif n>=60 & n<89
    A='中等'
elseif n>=90 &n<100
    A='优秀'
else
    A='输入错误'
end

A =

优秀
```

3. 分支结构

MATLAB 中的另一种多选择语句为分支语句。分支语句的结构为：

```
Switch    分支语句
   case    条件语句
       执行代码块
   case  {条件语句1，条件语句2，条件语句3,…}
       执行代码块
   otherwise
       执行代码块
end
```

其中的分支语句为一个变量，可以是数值变量或者字符串变量，如果该变量的值与某一条件相符，则执行相应的语句，否则，执行 otherwise 后面的语句。在每一个条件中，可以包含一个条件语句，也可以包含多个条件，当包含多个条件时，将条件以单元数组的形式表示。

【实例 2.35】任意底对数的实现。

```
%在命令行窗口输入如下命令
>> clc
>> clear all
>> a=input('输入底');
输入底 10
>> b=input('输入取对数的值');
输入取对数的值 22
>> switch a
    case exp(1)
        y = log(b)
    case 2
        y = log2(b)
    case 10
        y = log10(b)
    otherwise
        y = log(b)/log(a)
end

y =

    1.3424
```

【实例 2.36】某商场对顾客所购买的商品实行打折销售，标准如表 2-11 所示（商品价格用 *price* 来表示）。

表 2-11　　　　　　　　　　　　　　　打折价格

条　件	折　扣	条　件	折　扣
price < 200	没有折扣	1000 <= *price* < 2500	8%折扣
200 <= *price* < 300	3%折扣	2500 <= *price* < 5000	10%折扣
5000 <= *price* < 1000	5%折扣	5000 <= *price*	14%折扣

输入所售商品的价格，求其实际销售价格。

```
%在命令行窗口输入如下命令
>> clc
>> clear all
>> price=input('请输入商品价格');
请输入商品价格 300
>> switch fix(price/100)
    case {0,1}                  %价格小于 200
        rate=0;
    case {2,3,4}                %价格大于等于 200 但小于 500
        rate=3/100;
    case num2cell(5:9)          %价格大于等于 500 但小于 1000
        rate=5/100;
    case num2cell(10:24)        %价格大于等于 1000 但小于 2500
        rate=8/100;
    case num2cell(25:49)        %价格大于等于 2500 但小于 5000
        rate=10/100;
    otherwise                   %价格大于等于 5000
        rate=14/100;
end
price=price*(1-rate)            %输出商品实际销售价格

price =

   291
```

4. 循环结构

与 C 语言类似，MATLAB 中有两种循环结构的语句：for 循环和 while 循环。这里面有一点不同的是，MATLAB 不含 do-while 语句。for 关键字的格式如下：

```
for    expression
    do    task
end
```

while 关键字的格式如下：

```
while    expression
    do    task
end
```

【实例 2.37】用循环结构求解 1+2+…+99+100。

```
%在命令行窗口输入如下命令
>> clc
>> clear all
>> s=0;
>> for i=1:100
       s=s+i;
   end
>> s

s =

5050
```

【实例 2.38】 用循环结构求解最小的 m，使其满足 $\sum_{i=1}^{m} i > 10000$。

```
%在命令行窗口输入如下命令
>> clc
>> clear all
>> s=0;
>> m=0;
>> while (s<=10000)
    m=m+1;
    s=s+m;
   end
>> s
s =
    10011
```

5. 程序流控制结构

除了之前介绍的几种结构语句外，MATLAB 还有一些可以影响程序流程的语句，称为程序流控制语句。

- break 语句：可以从本次循环中跳出循环体，执行结束语句 end 的下一条语句；
- return 语句：终止被调用函数的运行，返回到调用函数；
- pause 语句：其调用格式为"pause"暂停程序运行，按任意键继续；调用格式为"pause(n)"：程序暂停运行 n 秒后继续；调用格式为"pause on/off"允许/禁止其后的程序暂停；
- continue 语句：可以结束本次循环，将跳过其后的循环体语句，进行下一次循环。

2.1.5 矩阵与数组

矩阵是 MATLAB 中最基本的数据结构，用户开始定义一个变量时，首先想到的就是定义一个矩阵。用一个矩阵可以表示多种数据结构，当矩阵是 1 维时，它表示一个标量；当矩阵只有一行或只有一列时，它表示一个向量。一个二维矩阵能够存储多种数据元素，这些数据元素可以是数值类型、字符串、逻辑类型或者其他 MATLAB 结构类型。MATLAB 为矩阵提供多种运算，这些运算可以提高 MATLAB 的运算效率。本小节主要首先介绍如何建立一个矩阵，其次介绍矩阵的操作有哪些，最后介绍一些 MATLAB 中与矩阵相关的常用函数。MATLAB 用于创建数组和矩阵的部分函数如表 2-12 所示。

表 2-12 部分用于创建数组和矩阵的函数

函 数 名	功 能
zeros(m, n)	创建 m 行 n 列的零矩阵
ones(m, n)	创建 m 行 n 列的全 1 矩阵
eye(m, n)	创建 m 行 n 列的单位矩阵
rand(m, n)	创建 m 行 n 列服从 0～1 均匀分布的随机矩阵
randn(m, n)	创建 m 行 n 列服从标准正态分布的随机矩阵
magic(n)	创建 n 阶魔方矩阵
linespace(x1, x2, n)	创建线性等分向量
linespace(x1, x2, n)	创建对数等分向量
diag	创建对角矩阵

zeros 零矩阵生成函数的一般格式为：

```
B=zeros(n)      %生成 n×n 全零矩阵
```

```
B=zeros(m, n)         %生成m×n全零矩阵
B=zeros(d1, d2, d3…)  %生成d1×d2×d3×…全零矩阵或数组
```

【实例2.39】 用 zeros 生成 2×3 和 3×3 的零矩阵。

```
%在命令行窗口输入如下命令
>> clc
>> clear all
>> A=zeros(2,3)
A =

     0     0     0
     0     0     0

>> B=zeros(3)
B =

     0     0     0
     0     0     0
     0     0     0
```

【实例2.40】 用 eye 生成单位矩阵。

```
%在命令行窗口输入如下命令
%示例1
>> clc
>> clear all
>> n=3;
>> test1=eye(n)
test1 =

     1     0     0
     0     1     0
     0     0     1
%示例2
>> A=[1,3,2;4,6,7;7,3,8]
A =

     1     3     2
     4     6     7
     7     3     8
>> test2=eye(size(A))
test2 =

     1     0     0
     0     1     0
     0     0     1
```

ones 全 1 矩阵生成函数的一般格式为：

```
Y=ones(n)          %生成n×n全1矩阵
Y=ones(m, n)       %生成m×n全1矩阵
Y=ones(d1, d2, d3…)  %生成d1×d2×d3×…全1矩阵
Y=ones(size(A))    %生成与矩阵A相同大小的全1矩阵
```

- 参数 n 为矩阵的阶数；
- 参数 m、n 为矩阵的行数和列数。

【实例2.41】 用 ones 生成全 1 矩阵。

```
%在命令行窗口输入如下命令
%示例1
>> clc
>> clear all
```

```
>> n=3;
>> test1=ones(n)
test1 =
     1     1     1
     1     1     1
     1     1     1
%示例 2
>> a=magic(3)
a =
     8     1     6
     3     5     7
     4     9     2
>> b=ones(size(a))
b =
     1     1     1
     1     1     1
     1     1     1
```

randn 生成正态分布随机函数的一般格式为：

```
Y=randn(n)           %生成 n×n 正态分布随机矩阵
Y= randn(m, n)       %生成 m×n 正态分布随机矩阵
Y= randn(d1, d2, d3…)    %生成 d1×d2×d3×…正态分布随机矩阵
Y= randn(size(A))    %生成与矩阵 A 相同大小的正态分布随机矩阵
```

- 参数 *n* 为矩阵的阶数；
- 参数 *m*、*n* 为矩阵的行数和列数。

【实例 2.42】 产生均值为 0.6，方差为 0.1 的四阶矩阵。

```
%在命令行窗口输入如下命令
>> clc
>> clear all
>> mu=0.6;
>> sigma=0.1;
>> test=mu+sqrt(sigma)*randn(4)

test =

    0.1826    1.0545    0.8091    0.4419
    0.5134    0.5913    1.2057    0.8266
    0.6860    0.8922    0.6496    1.0229
    1.0710    0.4984    0.5050    1.2722
```

2.1.6 脚本与函数

MATALB 的 M 文件分为两种，一种是脚本文件，一种是函数文件。

- ❑ 脚本文件不接受输入参数，也不返回输出参数，文件执行过程中产生的所有变量都存储在工作空间中。
- ❑ 函数文件可以接受输入参数，也可以有返回值，文件执行过程中产生的局部变量在文件执行完毕后自动释放，不保存在工作空间中。
- ❑ 脚本文件运行后，所产生的所有变量都驻留在 MATLAB 基本工作空间（Base Workspace）中。
- ❑ 函数文件运行时，MATLAB 会专门开辟一个临时工作区间，称为函数工作区间；函数工作空间伴随函数的被调用而产生，随调用结束而删除。
- ❑ 如果在 M 函数中调用某个 M 脚本文件，那么该脚本文件运行时产生的所有变量都存放于该函数工作空间中，而不是存放在基本工作空间。

函数句柄

函数句柄是一个可被调用的 MATLAB 函数的关联，基于这种关联，用户在任何情况下都可以通过函数句柄调用 MATLAB 函数，即使是超出函数正常的调用范围仍然可以。函数句柄主要有以下四个用途。

- 可以将一个函数传递给另一个函数；
- 可以捕获一个函数的数值供下一次使用；
- 可以在正常范围外调用函数；
- 可以将函数句柄以".mat"文件类型保存，供下一次 MATLAB 运行时使用。

函数句柄（Function Handle）是 MATLAB 的一种数据类型。引入函数句柄是为了使 feval 及借助于它的泛函指令工作得更可靠。特别在反复调用的情况下更显效率，使"函数调用"像"变量调用"一样方便灵活，提高函数调用的速度，提高软件的可重用性，扩大子函数和私用函数的可调用范围，迅速获得同名重载函数的位置、类型信息。

MATLAB 中函数句柄的使用使得函数也可以成为输入变量，并且能很方便地调用，提高了函数的可用性和独立性。例如：

【实例 2.43】函数句柄实例。

建立 M 文件 f1。

```
function y=f1(X)
x1=X(1);x2=X(2);
y=X.*2;
```

建立 M 文件 ftest。

```
function Y=ftest(f,X)
x1=X(1)
x2=X(2)
F=f([x1,x2])
Y=F.*3;

%在MATLAB 窗口输入：
>> Y=ftest(@f1,[2,1])
%得到以下输出：
x1 =
     2
x2 =
     1
F =
     4     2
Y =
     12    6
```

2.2 文件 I/O

为了实现 MATLAB 和其他格式文件的信息交互，同时实现 MATLAB 计算结果的保存，加强 MATALB 的应用功能，MATLAB 提供了许多关于文件输入输出的函数，使用这些函数可以方便地实现各种格式文件的读写。

2.2.1 使用 load/save

1. 使用 load

load 命令的格式如下：

```
S = load(filename)
S = load(filename, variables)
S = load(filename, '-mat', variables)
S = load(filename, '-ascii')
```

- 参数 filename 为文件名；
- 参数 variables 为从 MAT-file 加载指定的变量；
- 参数 "-ascii" 为强制将文件作为一个 ASCII 文件加载。

【实例 2.44】 把一个 4 列矩阵保存为一个 ASCII 文件，然后把数据重新载入。

```
%在命令行窗口输入如下命令
>> clc
>> clear all
>> a = magic(4);
>> b = ones(2, 4) * -5.7;
>> c = [8 6 4 2];
>> save -ascii mydata.dat a b c
>> clear a b c
>> load mydata.dat  127
```

2. 使用 save

save 命令的格式如下：

```
save(filename)
save(filename, variables)
save(filename, '-struct', structName, fieldNames)
save(filename,…, '-append')
save(filename, …, format)
save(filename, …, version)
```

- 参数 filename 为文件名；
- 参数 variables 为从 MAT-file 加载指定的变量。

【实例 2.45】 把一个 4 列矩阵保存为一个 ASCII 文件。

```
%在命令行窗口输入如下命令
>> clc
>> clear all
>> savefile = 'pqfile.mat';
>> p = rand(1, 10);
>> q = ones(10);
>> save(savefile, 'p', 'q')
```

2.2.2 读写文本文件

1. 使用 fprintf

当文件以文本形式打开时就要对文本文件进行读写操作。文本文件的写操作是由函数 fprintf 来实现的。

函数 fprintf 的调用格式如下：

```
fprintf(fileID, format, A, …)
fprintf(format, A, …)
count = fprintf(…)
```

- 参数 fileID 为从 fopen 文件标识符的一个整数。

【实例 2.46】 在屏幕上打印多个值和文字文本。

```
%在命令行窗口输入如下命令
>> clc
>> clear all
```

```
>> B = [8.8  7.7 ; …
    8800 7700];
>> fprintf('X is %4.2f meters or %8.3f mm\n', 9.9, 9900, B)
X is 9.90 meters or 9900.000 mm
X is 8.80 meters or 8800.000 mm
X is 7.70 meters or 7700.000 mm
```

【实例 2.47】将双精度值转换为整数值,并打印到屏幕上。

```
%在命令行窗口输入如下命令
>> clc
>> clear all
>> a = [1.02 3.04 5.06];
>> fprintf('%d\n', round(a));
1
3
5
```

【实例 2.48】将一个函数表写入到一个名为"exp.txt"的文本文件中。

```
%在命令行窗口输入如下命令
>> clc
>> clear all
>> x = 0:.1:1;
>> y = [x; exp(x)];

%打开文件的写权限
>> fid = fopen('exp.txt', 'w');
>> fprintf(fid, '%6.2f %12.8f\n', y);
>> fclose(fid);

%查看文件的内容
>> type exp.txt

  0.00    1.00000000
  0.10    1.10517092
  0.20    1.22140276
  0.30    1.34985881
  0.40    1.49182470
  0.50    1.64872127
  0.60    1.82211880
  0.70    2.01375271
  0.80    2.22554093
  0.90    2.45960311
  1.00    2.71828183
```

2. 使用 fscan

文本文件的读操作由函数 fscan 来实现。

函数 fscan 的调用格式如下:

```
A = fscanf(fileID, format)
A = fscanf(fileID, format, sizeA)
[A, count] = fscanf(…)
```

❑ 参数 fileID 为从 fopen 文件标识符的一个整数。

【实例 2.49】跳过在文件中的特定字符,然后返回数值。

```
%在命令行窗口输入如下命令
>> clc
>> clear all
%创建一个温度文件
```

```
>> tempstr = '78°F 72°F 64°F 66°F 49°F';

>> fid = fopen('temperature.dat', 'w+');
>> fprintf(fid, '%s', tempstr);

%返回到文件的头
>> frewind(fid);

%读文件中的数据
>> degrees = char(176);
>> num_temps = fscanf(fid, ['%d' degrees 'F'])
num_temps =

    78
    72
    64
    66
    49
>> fclose(fid);
```

2.2.3 读写图像文件

1. 读取图像文件

【实例 2.50】读取 "4.jpg" 文件，并且进行平移变换。

```
%在M文件中写入程序
clc;
clear all;
Soft_gray=imread('C:\Documents and Settings\Administrator\桌面\ 4.jpg');   %读入图像
[M,N]=size(Soft_gray);   %获取图像尺寸
figure(1);
subplot(1,2,1);
imhist(Soft_gray);
for i=1:1:M
    for j=1:1:N
        if Soft_gray(i,j)>25
            Soft_gray(i,j)=1;
        else
            Soft_gray(i,j)=0;
        end
    end
end
L=logical(Soft_gray);
subplot(1,2,2);
imshow(L);

Z=input('please input yidong:')
se=translate(strel(1),[Z,Z]);   %平移处理
J=imdilate(L,se);
figure(2);
subplot(1,2,1);
imshow(J);
subplot(1,2,2);
imshow(L);
```

执行效果如图 2-3 和图 2-4 所示。

2. 写入图像文件

【实例 2.51】利用双峰法求阈值，并将结果图像保存。

```
% 双峰法是一种简单的阈值分割方法，即如果灰度级直方图呈现明显的双峰状，
% 则选双峰之间的谷底所对应的灰度级作为阈值分割。
```

```
%在M文件中写入程序
clc;
clear all;
close all;
I = imread('C:\Documents and Settings\Administrator\桌面\张志佳_数字图像处理程序合集 111\张志佳_数字图像处理程序合集\双峰法求阈值\4.jpg');
if ndims(I) == 3
    I = rgb2gray(I);
end
fxy = imhist(I, 256); %统计每个灰度值的个数
figure; plot(fxy); %画出灰度直方图
p1 = {'Input Num:'}; p2 = {'180'};
p3 = inputdlg(p1,'Input Num:1~256',1,p2);
p = str2num(p3{1}); p = p/255;
bw = im2bw(I, p); %小于阈值的为黑,大于阈值的为白
figure;
imshow(bw);
```

执行效果如图 2-5 和图 2-6 所示。

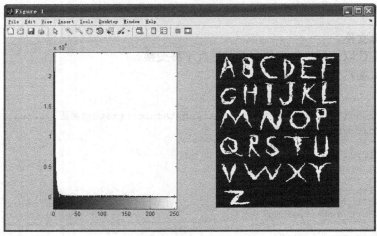

图 2-3　显示灰度

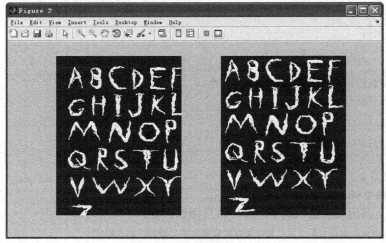

图 2-4　读取图像进行平移

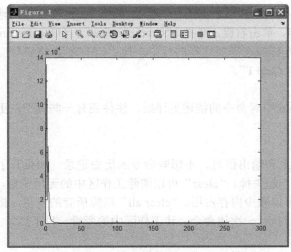

图 2-5 双峰阈值

图 2-6 待保存的图像

2.3 MATLAB 编程技巧

使用 MATLAB 语言进行编程时，有很多需要注意的地方，例如应尽量减少循环结构的使用以提高效率，应采用良好的编程风格以提高正确率和可读性等。本小节将从高效开发技巧、提高代码效率、向量化编程和并行计算等方面介绍 MATLAB 的实用编程技巧。

2.3.1 高效开发技巧

❑ M 文件命名规则

M 文件如果是函数，保存的文件名要与函数名一致。不过容易被疏忽的是，M 文件的命名应尽量避免只使用简单的英文单词，最好是由大小写英文、数字、下划线等组成（原因是简单的单词命名容易与 MATLAB 内部函数名同名，结果会出现一些莫名其妙的错误）。

❑ 程序注释

调试程序时，经常要屏蔽掉一整段程序，也就是相当于将其标示为注释。有两个办法：一种是选定后按"Ctrl + R"和"Ctrl + T"组合键。一种是在段首加"if 0"，段尾加"end"，中间的程序都会不执行，也就相当于作为注释了。

❑ 排版与程序对齐

写 M 文件时，选中某段程序内容，按"Ctrl + I"组合键，让 MATLAB 自动对齐程序。这样程序看起来很有层次，用户也容易发现程序中的错误。

❑ 标签和跳转

按"Ctrl+F2"组合键生成标签，按"Ctrl + G"组合键跳至某一行。

2.3.2 提高代码效率

❑ "Ctrl+C"组合键中断正在执行的操作

如果不小心使程序进入死循环，或者计算时间太长，可以使用 Ctrl+C 来中断。MATLAB 这时可能正疲于应付，响应会有些滞后。

❑ 将一段程序作为注释

经典方法是用"if 0"，但缺点是不够直观，作为注释的内容仍然保持代码的颜色。现在可以用

"%"和"{"的组合来实现同样的效果。输入"%{"后，后面的代码都会变绿，在注释结束的地方再加上"%}"。也可以选中要作为注释的内容，单击右键，选择，"Comment"命令（Uncomment 去掉注释标记），或使用快捷键"Ctrl+R"。将光标放在需要注释的行中，按"Ctrl+R"，将该行变为注释。取消注释的方法与此类似，快捷键为"Ctrl+T"。

- doc 命令名，打开命令的帮助文档

与 help 命令不同，帮助文档 MATLAB Help 中对命令的描述更详细，往往还有一些例子，更便于理解。

- clc、close all、clear 和 clear all

清除命令"clc"可以清除窗口中的所有输入和输出信息，不影响命令的历史记录。如果开了多个绘图窗口，用"close all"命令可以将它们一起关掉。"clear"可以清除工作区中的无用变量，尤其是一些特别大的矩阵，不用时及时清理，可以减少内存占用。"clear all"清除所有的变量，将工作区清空，当重新开始一次算法验证时，最好执行一次该命令，让工作区中的变量一目了然。

- 上下光标键"↑"和"↓"

窗口中，按上下光标键可以将历史记录中的命令复制到输入位置，便于快速重新执行。如果输入命令的前几个字母如"[row, col] ="，再使用光标键，则只会选择以这些字母开始的命令。

- "Tab"键

如果记不清楚命令的名称，可以输入开头的几个字母，然后按"Tab"键，当只有一个以这些字母开头的命令时，系统将自动补全命令名，否则显示一个命令名列表，方便从中选择。当然，只在命令行窗口中有效。

- 获取文件列表，批处理

MATLAB 内置了一些文件操作命令，例如 cd（切换工作目录）、dir（同 ls，显示目录内文件列表）等。dir 命令可以返回目录中的文件和文件夹列表，存放在一个结构体数组中。如果需要对一些数据文件进行批处理，而文件名又没有一定的规律，用户可能需要借助于这个命令。

2.3.3 向量化编程

向量化编程是 MATLAB 语言的精髓所在，善用向量化编程，用户可以从代码的运行效率明显改善中获得成功的快乐。

传统的流行观点大致如下。

- 尽量避免循环结构的使用，多使用 MATLAB 的内置函数。

MATLAB 引进了 JIT（just in time）技术和加速器（accelerator），循环体本身已经不是程序性能提高的瓶颈了。

- 能用逻辑索引解决的就不用数值索引。

MATLAB 的矩阵元素索引有两类：一类是数值索引，另一类是逻辑索引。前者又可以分为线性索引和下标索引。就运行效率来说，逻辑索引要高于数值索引。

- 养成使用变量前先预分配内存的习惯。
- 向量化计算代替逐点计算。
- 能用普通数值数组完成的工作，尽量不用细胞数组。
- 如果矩阵含有大量 0 元素，尽量采用稀疏矩阵来提高运算速度和减少存储空间。

2.3.4 并行计算

1. MATLAB 并行计算原理概述

MATLAB 的并行计算实质还是主从结构的分布式计算。当初始化 MATLAB 并行计算环境时，最初的 MATLAB 进程自动成为主节点，同时初始化多个 MATLAB 计算子节点。Parfor 的作用就是让这些子节点同时运行 Parfor 语句段中的代码。Parfor 运行之初，主节点会将 Parfor 循环程序之外的变量传递给计算子节点。各子节点运算过程时互不干扰，运算完毕，则应该有相应代码将各子节点得到的结果组合到同一个数组变量中，并返回到 MATLAB 主节点。当然，最终计算完毕后应该手动关闭计算子节点。

2. 初始化 MATLAB 并行计算环境

这里讲述的方法仅针对多核机器进行并行计算的情况。设机器的 CPU 核心数量是 CoreNum 双核机器的 CoreNum2，依次类推。CoreNum 不等于核心数量，但是如果 CoreNum 小于核心数量则核心利用率没有最大化，如果 CoreNum 大于核心数量则效率反而可能下降。单核机器不适合进行并行计算，否则速度会更慢。下面的一段代码可初始化 MATLAB 并行计算环境：

```
%Initialize Matlab Parallel Computing Enviornment by Xaero | Macro2.cn
CoreNum=2; %设定机器 CPU 核心数量，我的机器是双核，所以 CoreNum=2
if matlabpool('size')<=0 %判断并行计算环境是否已然启动
    matlabpool('open','local',CoreNum); %若尚未启动，则启动并行环境
else
    disp('Already initialized'); %说明并行环境已经启动
end
```

运行成功后会出现如下语句：

```
Starting matlabpool using the 'local' configuration ... connected to 2 labs.
```

如果运行出错，按照下面的办法检测：

首先运行：

```
matlabpool size
```

如果出错，说明用户没有安装 MATLAB 并行工具箱。确认安装了此工具箱后，运行：

```
matlabpool open local 2;
```

如果出错，证明用户的机器在开启并行计算时的设置有问题。请联系 MathWorks 的售后服务。

3. 终止 MATLAB 并行计算环境

用上述语句启动 MATLAB 并行计算环境后，在用户的内存里面有 CoreNum 个 MATLAB 进程存在，每个进程占用的内存都在百兆以上（可以用 Windows 任务管理器查看），故完成并行计算后可以将其关闭。关闭的命令很简单：

```
matlabpool close
```

2.3.5 稀疏矩阵

稀疏矩阵是一种特殊类型的矩阵，即矩阵中包含较多的零元素。对于稀疏矩阵的这种特性，在 MATLAB 中可以只保存矩阵中非零元素以及非零元素在矩阵中的位置。对于一个含有大量非零元素的大型矩阵，采用这种方法可以大大减少数据占据的内存空间。在用稀疏矩阵进行计算时，通过消除零元素可以减少计算的时间。

1. 稀疏矩阵的存储方式

对一般矩阵而言，MATLAB 保存矩阵内的每一个元素，矩阵中的零元素与其他元素一样，需要同样大小的内存空间。但是对于稀疏矩阵，MATLAB 仅保存稀疏矩阵中的非零元素以及其对应的位置。

【实例 2.52】 稀疏矩阵与一般矩阵的内存占用对比。

```
%在命令行窗口输入如下命令
>> clc
>> clear all
```

```
>> M_FULL = magic(100);
>> M_FULL(M_FULL>50)=0;
>> M_sparse = sparse(M_FULL);
>> whos
  Name          Size              Bytes  Class     Attributes

  M_FULL        100x100           80000  double
  M_sparse      100x100            1004  double    sparse
  Tbpath        1x44                 88  char
```

由上例可见,稀疏矩阵与一般矩阵的内存占用相差很多倍。

2. 稀疏矩阵的创建

要将一般矩阵转换为稀疏矩阵,可以使用函数 sparse,如 s=sparse(A),是将矩阵 A 转换为稀疏矩阵。sparse 函数的格式如下:

```
S=sparse(A)        %将矩阵A转化为稀疏矩阵形式,即由A的非零元素和下标构成的稀疏矩阵S
S=sparse(m, n)     %生成一个m×n的所有元素都是0的稀疏矩阵
S=sparse(i, j, s)  %生成一个由长度相同的向量i,j和s定义的稀疏矩阵S
```

【**实例 2.53**】用 sparse 函数生成稀疏矩阵。

```
%在命令行窗口输入如下命令
>> clc
>> clear all
>> S=sparse(1:10,1:10,1:10)
S =

   (1,1)        1
   (2,2)        2
   (3,3)        3
   (4,4)        4
   (5,5)        5
   (6,6)        6
   (7,7)        7
   (8,8)        8
   (9,9)        9
   (10,10)     10

>> S=sparse(1:10,1:10,7)
S =

   (1,1)        7
   (2,2)        7
   (3,3)        7
   (4,4)        7
   (5,5)        7
   (6,6)        7
   (7,7)        7
   (8,8)        7
   (9,9)        7
   (10,10)      7
```

【**实例 2.54**】一般矩阵与稀疏矩阵的转换示例。

```
%在命令行窗口输入如下命令
>> clc
>> clear all
>> A=[0 0 0 1;0 1 0 0;1 2 0 1;0 0 2 0]
A =
     0     0     0     1
     0     1     0     0
     1     2     0     1
```

```
>> S = sparse(A)
S =
   (3,1)        1
   (2,2)        1
   (3,2)        2
   (4,3)        2
   (1,4)        1
   (3,4)        1
```

另外，使用函数 full 则可把稀疏矩阵转换为一般矩阵，其格式如下：

```
A=full(S)    %将稀疏矩阵 S 转化为一般矩阵 A
```

【实例 2.55】将一般矩阵转换为稀疏矩阵，再将稀疏矩阵转换一般矩阵。

```
%在命令行窗口输入如下命令
>> clc
>> clear all
>> A=[0 0 0 1;0 1 0 0;1 2 0 1;0 0 2 0]
A =
     0     0     0     1
     0     1     0     0
     1     2     0     1
     0     0     2     0
>> S = sparse(A)
S =
   (3,1)        1
   (2,2)        1
   (3,2)        2
   (4,3)        2
   (1,4)        1
   (3,4)        1
%在刚才的程序中直接输入
>> B=full(S)

B =
     0     0     0     1
     0     1     0     0
     1     2     0     1
     0     0     2     0
```

【实例 2.56】产生一个稀疏矩阵，将稀疏矩阵转换一般矩阵。

```
%在命令行窗口输入如下命令
>> clc
>> clear all
>> S=sparse(1:5,1:5,4:8)
S =
   (1,1)        4
   (2,2)        5
   (3,3)        6
   (4,4)        7
   (5,5)        8
>> A=full(S)
A =
     4     0     0     0     0
     0     5     0     0     0
     0     0     6     0     0
     0     0     0     7     0
     0     0     0     0     8
```

MATLAB 提供 spy 函数，用于观察稀疏矩阵非零元素的分布视图。下面举例来说明 spy 函数的用法。

【实例 2.57】 稀疏矩阵视图示例（见图 2-7）。本例中采用 spy 函数绘制 Buckminter Fuller 网格球顶的 60×60 邻接矩阵视图。这个矩阵还可以用来表示碳 60 模型和足球。

```
%在命令行窗口输入如下命令
>> clc
>> clear all
>> B = bucky;
>> spy(B)
```

3. 稀疏矩阵非零元素的索引

检索稀疏矩阵的非零元素索引可使用 find 函数，其格式如下：

```
K=find(X)          %按行检索 X 中非零元素的点，若没有非零元素，将返回矩阵
[i, j]= find(X)    %检索 X 中非零元素的行标 i 和列标 j
[i, j, v]= find(X) %检索 X 中非零元素的行标 i 和列标 j 以及对应的元素值 v
```

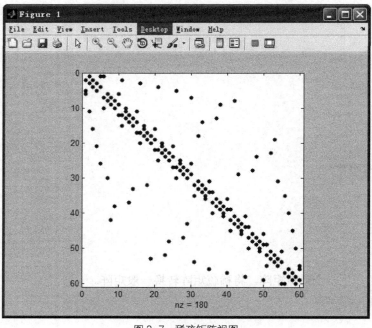

图 2-7 稀疏矩阵视图

【实例 2.58】 检索稀疏矩阵中非零元素的索引。

```
%在命令行窗口输入如下命令
>> clc
>> clear all
>> S=sparse(1:6,1:6,4:9)
S =

   (1,1)        4
   (2,2)        5
   (3,3)        6
   (4,4)        7
   (5,5)        8
   (6,6)        9
```

```
>> [i,j,v]=find(S)
i =
    1
    2
    3
    4
    5
    6
j =
    1
    2
    3
    4
    5
    6
v =
    4
    5
    6
    7
    8
    9
```

4. 稀疏矩阵的运算

多数 MATLAB 函数都可以用于处理稀疏矩阵，此时将稀疏矩阵当作一般矩阵看待。但是 MATLAB 也有专门针对稀疏矩阵的函数。

【实例 2.59】稀疏矩阵的组合。

```
%在命令行窗口输入如下命令
>> clc
>> clear all
>> A=[1 0 0;0 0 1;1 2 0]

A =
    1    0    0
    0    0    1
    1    2    0

>> B=sparse(A)

B =
   (1,1)        1
   (3,1)        1
   (3,2)        2
   (2,3)        1

>> C=[A(:,1),B(:,2)]

C =
   (1,1)        1
   (3,1)        1
   (3,2)        2
```

2.4 综合实例

【实例2.60】 汉诺塔问题是印度的一个古老传说。开天辟地的神勃拉玛在一个神庙里留下了三根金刚石的棒,第一根上面套着64个圆的金片,最大的一个在底下,其余一个比一个小,依次叠上去,庙里的众僧不知疲倦地把它们一个个地从这根棒搬到另外一根棒上,规定可利用中间的一根棒作为帮助,但每次只能搬一个,而且大的不能放在小的上面。

(1) 新建一个M文件,在M文件中输入如下程序,并保存为move.m。

```
%建立一个M程序文件
%在程序文件中输入下面程序,并保存为move.m
function move(x,y)
disp([x '-->',y]);
```

(2) 新建一个M文件,在M文件中输入如下程序,并保存为hannuo.m。

```
%建立一个M程序文件
%在程序文件中输入下面程序,并保存为hannuo.m
function hannuo(n,a,b,c)
if (n==1)
move(a,c);
else
hannuo(n-1,a,c,b);
move(a,c);
hannuo(n-1,b,a,c);
end
```

(3) 新建一个M文件,在M文件中输入如下程序,并保存为main.m。

```
%建立一个M程序文件
%在程序文件中输入下面程序,并保存为main.m
n = input('Please input the number of hannuo:');
hannuo(n,'1','2','3');
```

(4) 单击"运行"按钮,输出结果如下:

```
Please input the number of hannuo:5
1-->3
1-->2
3-->2
1-->3
2-->1
2-->3
1-->3
1-->2
3-->2
3-->1
2-->1
3-->2
1-->3
1-->2
3-->2
1-->3
2-->1
2-->3
1-->3
2-->1
3-->2
3-->1
```

2-->1
2-->3
1-->3
1-->2
3-->2
1-->3
2-->1
2-->3
1-->3

第 3 章   可视化编程

在科学研究和工程实践中，可视化编程是编程人员所追求的一项技术，因为无论是何种计算，无论结论是多么准确，都难以在人脑形成直接的数据，人类很难对数据产生更为直观的理解。可以说人类最易于接受的一种信息表现形式就是可视化的图形。鉴于此，可视化编程是学习 MATLAB 比较重要的一项理论技术。

MATLAB 可以表现数据的二维、三维，甚至更多维的图形。通过控制图形的线型、立面、色彩、光线及视角等属性，可以把数据的内在特质充分地表现出来。

本章的知识结构

本章将全面介绍 MATLAB 强大的可视化编程方法，内容包括绘制二维图形、绘制三维图形、GUIDE 工具和一些综合实例。

3.1 绘制二维图形

MATLAB 作为一个功能强大的工具软件，具备了很强大的图形处理功能，提供了大量绘制二维、三维图形的函数。本小节主要讲解 MATLAB 二维图形的绘制功能。

在 MATLAB 里，可以输入非常少甚至不输入程序就能得到变化多样的图形。MATLAB 提供的二维绘图函数种类很多，按图形大致可以分为线性图（line）、条形图（bar）、填充图（area）、矢量图（direction）、放射图（radial）和散射图（scatter）六大类。

3.1.1 常用绘图函数

plot 函数——基本平面图形函数

plot 函数的格式如下：

```
plot(Y)
plot(X1,Y1,…,Xn,Yn)
plot(X1,Y1,LineSpec,…,Xn,Yn,LineSpec)
plot(X1,Y1,LineSpec,'PropertyName',PropertyValue)
plot(axes_handle,X1,Y1,LineSpec,'PropertyName',PropertyValue)
```

- 参数 Y 为一个向量时，以 Y 元素的值为纵坐标，Y 的序号为横坐标值绘制曲线。当 Y 为一个实矩阵时，则以其序号为横坐标，按列绘制每列元素值相对于其序号的曲线；
- 参数 LineSpec 用于指定曲线的属性，它包括线型、标记符和颜色。

【实例 3.1】在区间 $0 \leqslant x \leqslant 2\pi$ 内，绘制正弦曲线 $y=\sin(x)$。

```
>> clc
>> clear all
>> x=0:pi/200:2*pi;
```

```
>> y=sin(x);
>> plot(x,y)
```

执行效果如图 3-1 所示。

【实例 3.2】 在区间 $0 \leqslant x \leqslant 2\pi$ 区间内，绘制曲线 $y = 2e-0.5x\cos(4\pi x)$。

```
>> clc
>> clear all
>> x=0:pi/200:2*pi;
>> y=2*exp(-0.5*x).*cos(4*pi*x);
>> plot(x,y)
```

执行效果如图 3-2 所示。

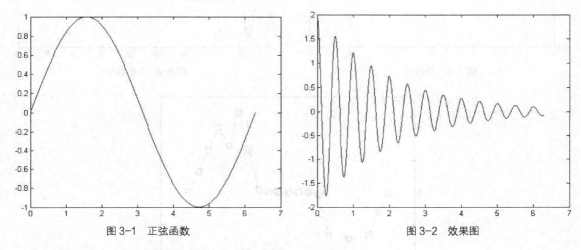

图 3-1　正弦函数　　　　　　　　　图 3-2　效果图

【实例 3.3】 在一个图像中绘制两个随机曲线。

```
>> clc
>> clear all
>> plot(rand(12,1))
>> hold all
>> plot(randn(12,1))
```

执行效果如图 3-3 所示。

【实例 3.4】 在一个图中绘制 3 条曲线。

```
>> clc
>> clear all
>> t = 0:pi/20:2*pi;
>> plot(t,t.*cos(t),'-.r*')
>> hold on
>> plot(exp(t/100).*sin(t-pi/2),'--mo')
>> plot(sin(t-pi),':bs');
```

执行效果如图 3-4 所示。

【实例 3.5】 在区间 $-\pi \leqslant x \leqslant \pi$ 区间内，绘制曲线 $y = \tan(\sin(x)) - \sin(\tan(x))$。

```
>> clc
>> clear all
>>x = -pi:pi/10:pi;
>>y = tan(sin(x)) - sin(tan(x));
>>plot(x,y,'--rs','LineWidth',2,...
            'MarkerEdgeColor','k',...
            'MarkerFaceColor','g',...
            'MarkerSize',10)
```

执行效果如图 3-5 所示。

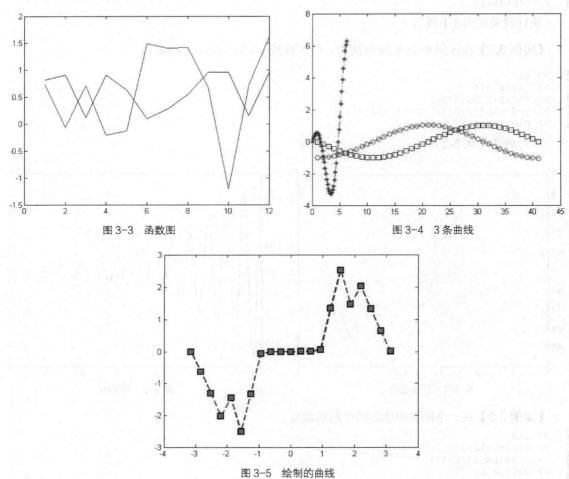

图 3-3 函数图　　　　　　　　　图 3-4 3 条曲线

图 3-5 绘制的曲线

3.1.2 图形设置

如表 3-1 所示，MATLAB 提供了绘制图形的不同参数，可以代表不同的属性，包括线型、点标和颜色。

表 3-1　　　　　　　　　　plot 绘图函数的属性参数

颜色的设置参数		样式的设置参数			
字　符	颜　色	字　符	图线类型	字　符	图线类型
y	黄色	.	点线	s	正方形（square）
k	黑色	o	圈线	d	菱形（diamond）
w	白色	x	×线	p	五角星（pentagram）
b	蓝色	+	+字线	h	六角星（hexagram）
g	绿色	*	星形线	v	下三角形
r	红色	-	实线	^	上三角形
c	亮青色	:	虚线	>	右三角形
m	锰紫色	-.	点划线	<	左三角形

1. 线型与颜色

【实例 3.6】用不同线型和颜色重新绘制图形（说明：参数"g"代表绿色，"o"表示圆圈；"b"表示蓝色，"-."表示图形线型为点划线）。

```
>> clc
>> clear all
>> x=0:pi/200:2*pi;
>> y1=sin(x);
>> y2=cos(x);
>> plot(x,y1,'go',x,y2,'b-.')
```

执行效果如图 3-6 所示。

【实例 3.7】在 $[-\pi,\pi]$ 上用任意颜色、样式等绘制曲线 $y = \tan(\sin(x)) - \sin(\tan(x))$。

```
>> clc
>> clear all
>> x=-pi:0.01:pi;
>> y=tan(sin(x))-sin(tan(x));
>> plot(x,y,'b*')
```

执行效果如图 3-7 所示。

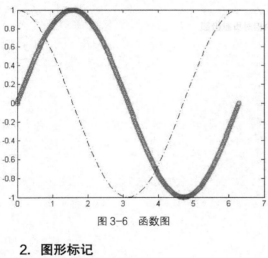

图 3-6 函数图

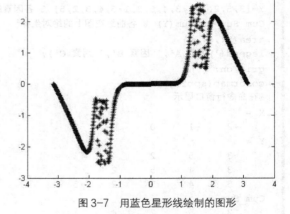

图 3-7 用蓝色星形线绘制的图形

2. 图形标记

- title('加图形标记');
- xlabel('加 X 轴标记');
- ylabel('加 Y 轴标记')。

【实例 3.8】为正弦函数进行标记。

```
>> clc
>> clear all
>> x=0:pi/200:2*pi;
>> y1=sin(x);
>> plot(x,y1,'go')
>> title('正弦曲线');
>> xlabel('横坐标 X');
>> ylabel('纵坐标 Y');
```

执行效果如图 3-8 所示。

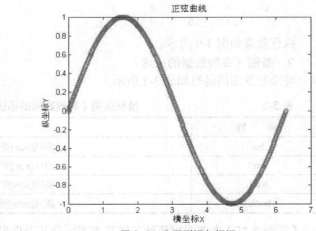

图 3-8 为图形添加标记

3.1.3 特殊图形

1. area 函数——绘制面域图

area 函数的格式如下：

```
area(Y)
area(X,Y)
area(…,basevalue)
area(…,'PropertyName',PropertyValue,…)
area(axes_handle,…)
```

该函数是用面积的方法描述向量或者矩阵，即向量或矩阵数据形成的曲线与 X 轴围成的面积。

- 上述函数可以给出参数，以实现不同效果，如 "stack" 表堆叠条图；
- 条图上可叠加其他图。

【实例 3.9】 使用 area 函数绘制面域图，反映各因素对最终结果的贡献份额（该函数的特点是：在图上绘制多条曲线时，每条曲线（除第一条外）都是把"前"一条曲线作为基线，再取值绘制而成）。

```
% 建立M文件，输入
clc
clear all
X=-2:2 % 注意：自变量要单调变化
Y=[3,5,2,4,1;3,4,5,2,1;5,4,3,2,5] % 各因素的相对贡献份额
Cum_Sum=cumsum(Y) % 各曲线在图上的绝对坐标
area(X',Y',0)
legend(' 因素 A',' 因素 B',' 因素 C');
grid on;
colormap(spring);
%在命令行窗口显示
X =
    -2    -1     0     1     2
Y =
     3     5     2     4     1
     3     4     5     2     1
     5     4     3     2     5
Cum_Sum =
     3     5     2     4     1
     6     9     7     6     2
    11    13    10     8     7
```

执行效果如图 3-9 所示。

2. 条图（离散数据的描述）

可绘制条图的函数如表 3-2 所示。

表 3-2　　　　　　　　　　绘制条图（离散数据的描述）的函数

函　数	说　　明
bar	描述[n,m]矩阵数据，二维垂直条图
bar3	描述[n,m]矩阵数据，三维垂直条图
barth	描述[n,m]矩阵数据，二维水平条图
barth3	描述[n,m]矩阵数据，三维水平条图

【实例 3.10】 本例选用两种二维直方图区分其表现形式（两种图型：垂直直方图和水平直方图。而每种图型又有两种表现模式：累计式及分组式）。

```
>> clc
>> clear all
>> x=-2:2; % 注意：自变量要单调变化
>> Y=[3,5,2,4,1;3,4,5,2,1;5,4,3,2,5]; % 各因素的相对贡献份额
>> subplot(1,2,1),bar(x',Y,'stacked') % "累计式"直方图
>> xlabel('x'),ylabel('\Sigma y'),colormap(cool)% 控制直方图的用色
>> legend(' 因素 A',' 因素 B',' 因素 C')
>> subplot(1,2,2),barh(x',Y,'grouped') % "分组式"水平直方图
>> xlabel('y'),ylabel('x');
```

执行效果如图 3-10 所示。

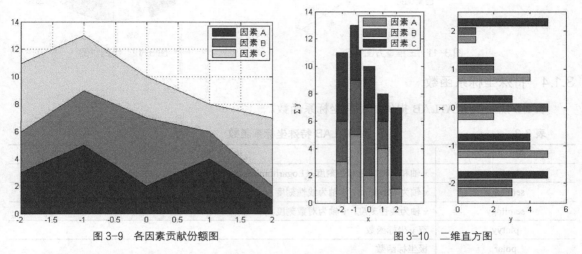

图 3-9 各因素贡献份额图　　　　　图 3-10 二维直方图

【**实例 3.11**】本例选用两种三维直方图区分其表现形式（两种图型：垂直直方图和水平直方图）。

```
>> clc
>> clear all
>> clf;
>> x=-2:2; % 注意：自变量要单调变化
>> Y=[3,5,2,4,1;3,4,5,2,1;5,4,3,2,5];    % 各因素的相对贡献份额
>> subplot(1,2,1),bar3(x',Y,1)           % "队列式"直方图
>> xlabel(' 因素 ABC'),ylabel('x'),zlabel('y')
>> colormap(summer)                       % 控制直方图的用色
>> subplot(1,2,2),bar3h(x',Y,'grouped')   % "分组式"水平直方图
>> ylabel('y'),zlabel('x')
```

执行效果如图 3-11 所示。

3．饼图

【**实例 3.12**】函数 pie、pie3 用来绘制饼图，表示各元素占总和的百分数。该指令第二输入宗量为与第一宗量同长的 0-1 向量，1 使对应扇块突出。

```
>> clc
>> clear all
>> x = [1 3 0.5 2.5 2];
>> explode = [0 1 0 0 0];
>> pie(x,explode)
```

执行效果如图 3-12 所示。

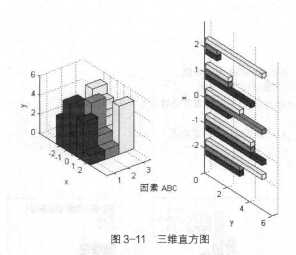
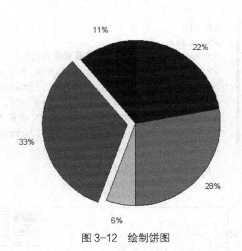

图 3-11 三维直方图　　　　　　　　　图 3-12 绘制饼图

3.1.4 特殊坐标系函数

表 3-3 所示为 MATLAB 提供的特殊坐标系函数。

表 3-3　　　　　　　　　　MATLAB 特殊坐标系函数

函　　数	说　　明
loglog	x 轴和 y 轴均为对数刻度（Logarithmic Scale）
semilogx	x 轴为对数刻度，y 轴为线性刻度
semilogy	x 轴为线性刻度，y 轴为对数刻度
plotyy	双 y 坐标函数
polar	极坐标函数

【实例 3.13】绘制 y 坐标为对数坐标的二维图形。

```
>> clc
>> clear all
>> x=0:0.1:10;
>> y=10.^x;
>> semilogy(x,y,'-*')
```

执行效果如图 3-13 所示。

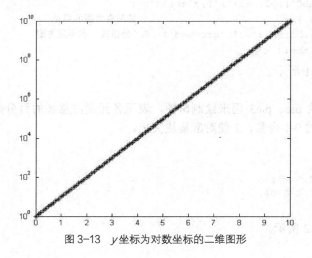

图 3-13　y 坐标为对数坐标的二维图形

3.2 绘制三维图形

【实例 3.14】极坐标下的二维图。

```
>> clc
>> clear all
>> theta=0:0.1:2*pi;
>> rho=sin(theta).*cos(theta);
>> polar(theta,rho,'--o')
```

执行效果如图 3-14 所示。

【实例 3.15】双 y 坐标下的二维图。

```
>> clc
>> clear all
>> x=-pi:0.1:pi;
>> y=sin(x);
>> z=10.^x;
>> plotyy(x,y,x,z,'plot','semilogy')
```

执行效果如图 3-15 所示。

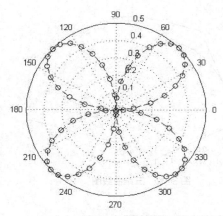

图 3-14 极坐标下的二维图

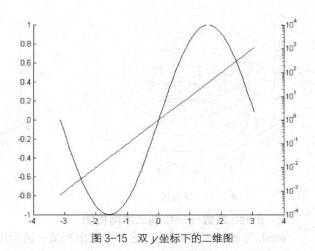

图 3-15 双 y 坐标下的二维图

3.2 绘制三维图形

在实际科学计算过程中,常常需要表达 3 个变量之间的关系,并且要以最直观的视图方式来表示,使得使用者可以一目了然地看到数据量之间的变化趋势。这个小节将要讲解绘制三维图形的相关函数。

1. plot3 函数——绘制三维曲线

plot3 是三维绘图的基本函数,绘制的是最为基本的 3D 曲线图。

函数 plot3 的调用格式如下:

```
plot3(X1,Y1,Z1,…)
plot3(X1,Y1,Z1,LineSpec,…)
plot3(…,'PropertyName',PropertyValue,…)
```

【实例 3.16】绘制简单的三维螺旋线图形。

```
>> clc
>> clear all
>> t = 0:pi/50:10*pi;
>> plot3(sin(t),cos(t),t)
>> grid on
>> axis square
```

执行效果如图 3-16 所示。

【实例 3.17】以向量 x, y, z 为坐标,绘制三维曲线。

```
>> clc
>> clear all
>> t=0:pi/100:2*pi;
>> x=sin(t);
>> y=cos(t);
>> z=t.*sin(t).*cos(t);
>> plot3(x,y,z)
>> title('Line in 3-D Space');
>> xlabel('X');
>> ylabel('Y');
>> zlabel('Z');
```

执行效果如图 3-17 所示。

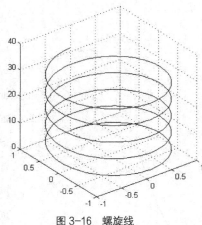

图 3-16 螺旋线

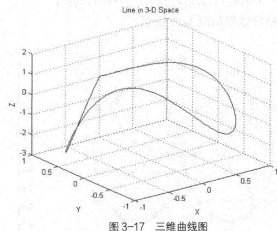

图 3-17 三维曲线图

2. mesh 函数——绘制三维网格图

mesh 与 plot3 不同的是,它可以绘出在某一区间内完整的曲面(网格图)。

函数 mesh 的调用格式如下:

```
mesh(X,Y,Z)
mesh(Z)
mesh(…,C)
mesh(…,'PropertyName',PropertyValue,…)
```

【实例 3.18】在区间 $0 \leqslant x \leqslant 2\pi$、$0 \leqslant y \leqslant 2\pi$ 内,绘制三维曲线 $y = \sin(y) \times \cos(x)$。

```
>> clc
>> clear all
>> x=[0:0.15:2*pi];
>> y=[0:0.15:2*pi];
>> z=sin(y')*cos(x);
>> mesh(x,y,z);
```

执行效果如图 3-18 所示。

【实例 3.19】绘制三维网格曲线图。

```
>> clc
>> clear all
>> [X,Y] = meshgrid(-3:.125:3);
>>Z = peaks(X,Y);
>>meshc(X,Y,Z);
>>axis([-3 3 -3 3 -10 5])
```

执行效果如图 3-19 所示。

3.2 绘制三维图形

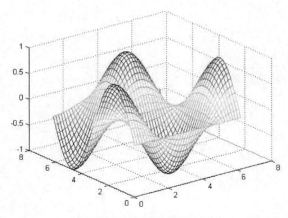

图 3-18 网格曲线图 1

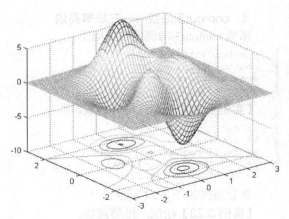

图 3-19 网格曲线图 2

3. contour 函数——曲面等高线

函数 contour 的调用格式如下：

```
contour(Z)
contour(Z,n)
contour(Z,v)
contour(X,Y,Z)
contour(X,Y,Z,n)
```

【实例 3.20】绘制曲线等高线。

```
>> clc
>> clear all
>> [C,h] = contour(peaks(20),10);
>> colormap autumn
```

执行效果如图 3-20 所示。

【实例 3.21】绘制曲线等高线，设置轮廓标签文本。

```
>> clc
>> clear all
>>Z = peaks;
>> [C,h] = contour(interp2(Z,4));
>>text_handle = clabel(C,h);
>>set(text_handle,'BackgroundColor',[1 1 .6],...
'Edgecolor',[.7 .7 .7])
```

执行效果如图 3-21 所示。

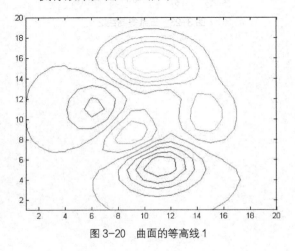

图 3-20 曲面的等高线 1

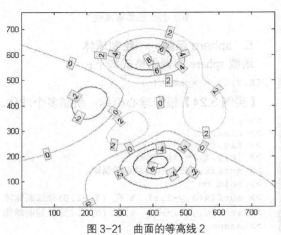

图 3-21 曲面的等高线 2

4. contour3 函数——三维等高线

函数 contour3 的调用格式如下：

```
contour3(Z)
contour3(Z,n)
contour3(Z,v)
contour3(X,Y,Z)
```

【实例 3.22】绘制三维等高线。

```
>> clc
>> clear all
>> [X,Y]=meshgrid([-4:.2:4]);
>> Z=X.*exp(-X.^2-Y.^2);
>> contour3(X,Y,Z,30)
```

执行效果如图 3-22 所示。

【实例 3.23】绘制三维等高线。

```
>> clc
>> clear all
>> [X,Y] = meshgrid([-2:.25:2]);
>>Z = X.*exp(-X.^2-Y.^2);
>>contour3(X,Y,Z,30)
>>surface(X,Y,Z,'EdgeColor',[.8 .8 .8],'FaceColor','none')
>>grid off
>>view(-15,25)
>>colormap cool
```

执行效果如图 3-23 所示。

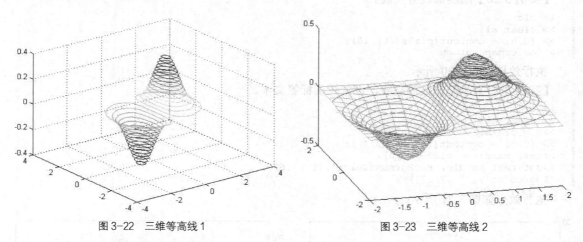

图 3-22　三维等高线 1　　　　　　　　图 3-23　三维等高线 2

5. sphere 函数——绘制球体

函数 sphere 的调用格式如下：

```
[X,Y,Z] = sphere(n)
```

【实例 3.24】根据球心坐标，绘制多个球体。

```
>> clc
>> clear all
>> figure
>> [x,y,z] = sphere;
>> surf(x,y,z)       %在原点绘制球
>> hold on
>> surf(x+3,y-2,z)   % 在 (3,-2,0) 处绘制球体
>> surf(x,y+1,z-3)   % 在 (0,1,-3) 处绘制球体
>> daspect([1 1 1])
```

执行效果如图 3-24 所示。

6. surf 函数——着色的三维曲面

surf 的调用方法与 mesh 命令类似，不同的是 mesh 函数绘制的是一个网格图，而 surf 命令绘制得到的是着色的三维曲面。

函数 surf 的调用格式如下：

```
surf(Z)
surf(Z,C)
surf(X,Y,Z)
```

【实例 3.25】显示一个等高线图。

```
>> clc
>> clear all
>> [X,Y,Z] = peaks(30);
>> surfc(X,Y,Z)
>> colormap hsv
>> axis([-3 3 -3 3 -10 5])
```

执行效果如图 3-25 所示。

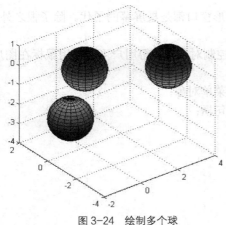 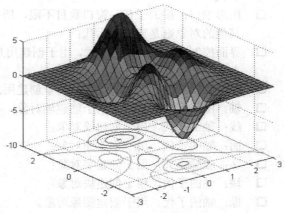

图 3-24　绘制多个球　　　　　　　　　图 3-25　等高线网格图

3.3　GUIDE 工具

MATLAB 提供了设计用户界面的功能，用户可以自行设计别具风格的人机交互界面。在人机交互界面中，包含计算信息、图形及声音等，并且可以提示用户输入计算过程中需要的数据信息参数，从而建立更友好的用户界面，使得科学计算更为简单方便。

GUI（Graph User Interface）工具是由图形对象构建的用户界面。图形用户界面是包含图形对象，如窗口、图标、菜单和文本的用户界面。在该界面内，用户可以根据界面提示完成整个工程，却不必了解工程内部是如何实现的。

MATLAB 本身就有许多的 GUI 实例，其中最典型的就是 GUI 向导设计器，通过 GUIDE 工具，可以帮助用户方便地设计出各种符合要求的图形用户界面。

3.3.1　设计工具

在设计图形用户界面的过程中还需要用到其他的一些工具，如属性设置器（Properties Inspector）、控件布置编辑器（Alignment Objects）、网格标尺设置编辑器（Grid and Rulers）、菜单编辑器（Menu Editor）、对象浏览器（Object Browser）以及 GUI 属性设置编辑器（GUIDE Application Options）等。

3.3.2 句柄图形对象

句柄图形对象是执行绘图和可视化函数的 MATLAB 对象。每个被创建的对象都有特定的一组属性，用户可以使用这些属性来控制图形的动作和外观。当用户调用 MATLAB 绘图函数时，往往会使用多种图形对象来创建图形，例如图形窗口、轴、线、文本等，用户可以通过命令来获取所有属性的值，还可以设置属性。

例如，下面的命令用于创建一个白色背景，而且不显示工具栏的图形窗口。

```
Figure('Color','white','Toolbar','none')
```

1. 图形对象

MATLAB 的图形对象包括计算机屏幕、图形窗口、坐标轴、用户菜单、用户控件、曲线、曲面、文字、图形、光源、区域块和方框等，系统将每一个对象按树型结构组织起来，这种结构如图 3-26 所示。

- 根：图形对象的根，对应于计算机屏幕。根只有一个，其他所有的图形对象都是根的后代；
- 图形窗口：根的子代，窗口数目不限，所有的图形窗口都是根屏幕的子代。除了根之外，其他的对象则是窗口的后代；
- 界面控制：图形窗口的子代，用于创建用户界面控制对象，使得用户可以使用鼠标在图形上进行功能选择，并返回句柄；
- 界面菜单：图形窗口的子代，用于创建用户界面菜单对象；
- 轴：图形窗口的子代，用于创建轴对象，并返回句柄；
- 线：轴的子代，用于创建线对象；
- 面：轴的子代，用于创建面对象；
- 字：轴的子代，用于创建字对象；
- 块：轴的子代，用于创建块对象；
- 像：轴的子代，用于创建图像对象。

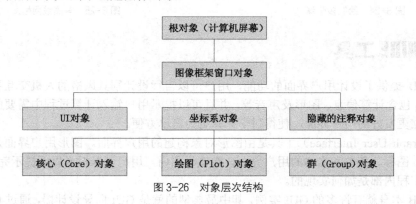

图 3-26 对象层次结构

2. 图形对象句柄

MATLAB 在创建每一个图形对象时，都会为该对象分配唯一的一个值，称为图形对象句柄。句柄是图形对象的唯一标识符，不同对象的句柄不可能重复和混淆。

句柄图形是底层图形例程集合的总称，它实际上是进行生成图形的工作。句柄图形的基本概念是，一幅图的每一个组成部分是一个对象，每一个对象有一系列的句柄和它相关，同时每一个对象又可以按需要改变属性。表 3-4 列出了 MATLAB 中实现句柄操作的函数。

表 3-4　　　　　　　　　　　　　句柄访问函数及其功能

函 数 名	功 能 描 述	函 数 名	功 能 描 述
gca	获得当前坐标轴对象的句柄	copyobj	复制对象
gcbf	获得当前正在执行调用的图形对象的句柄	delete	删除对象
gcbo	获得当前正在执行调用的对象的句柄	findall	查找所有的对象（包括隐藏句柄）
gcf	获得当前图形对象的句柄	findobj	查找指定的对象句柄
gco	获得当前对象的句柄	get	查询对象属性值
allchild	获得所有子代	ishandle	判断是否是句柄
ancestor	获得父图形对象	set	设置对象属性值

3. 图形对象属性的获取和设置

在创建 MATLAB 图形对象时，通过向构造函数传递"属性名/属性值"参数，用户可以为对象的多数属性（只读属性除外）设置特定的值。

在 MATALB 中，get 函数用于返回现有图形对象的属性值，使用函数 set 可以设置现有的图形对象的属性值。利用这两个函数，还可以列出具有固定设置属性的所有值。

【实例 3.26】get 函数使用示例。

```
>> clc
>> clear all
>> patch;surface;text;line
>> output = get(get(gca,'Children'),props)
output =
    'on'    'on'    'on'    'line'
    'on'    'on'    'on'    'text'
    'on'    'on'    'on'    'surface'
    'on'    'on'    'on'    'patch'
```

执行效果如图 3-27 所示。

【实例 3.27】set 函数使用示例。

```
>> clc
>> clear all
>> h = plot(rand(5));
>> set(h,{'Tag'},{'line1','line2','line3','line4','line5'}')
```

执行效果如图 3-28 所示。

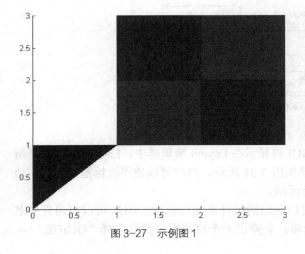

图 3-27　示例图 1

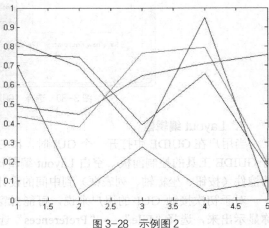

图 3-28　示例图 2

3.3.3 GUIDE 简介

1. 启动 GUI

要启动 GUI，可以在"命令行"窗口输入 guide 命令或者单击工具栏中的 图标，即可以打开"GUIDE Quick Start"对话框，如图 3-29 所示。

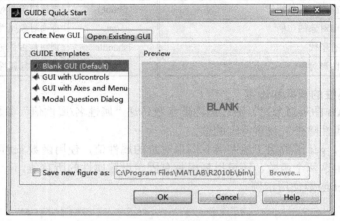

图 3-29 "GUIDE Quick Start" 对话框

利用"GUIDE Quick Start"对话框，用户可以创建一个新的 GUI，或者打开一个已有的 GUI。"GUIDE Quick Start"对话框集中提供常用的 GUI 模板，一旦用户选择了其中的一种模板，在"GUIDE Quick Start"对话框的右侧就会出现该模板的预览（Preview）。例如选择"GUI with Uicontrols"模板，此时的对话框如图 3-30 所示。

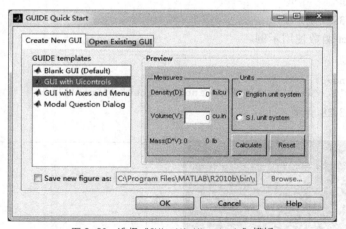

图 3-30 选择"GUI with Uicontrols"模板

2. Layout 编辑器

当用户在 GUIDE 中打开一个 GUI 时，该 GUI 将显示在 Layout 编辑器中，Layout 编辑器是所有 GUIDE 工具的控制面板。空白 Layout 编辑器如图 3-31 所示，用户可以使用鼠标拖动模板左边的控件（按钮、坐标轴、列表框）到中间的设计区域。

对于初次接触 GUI 的用户来说，可能对窗口左边的组件不是很熟悉。GUI 可以将组件的名称显示出来，选择"File"→"Preferences"选项，会弹出一个对话框，然后选择"GUIDE"→

"Show names in component palette",最后单击"OK"按钮即可。最后,GUI 设计界面就变成图 3-32 所示的界面了。

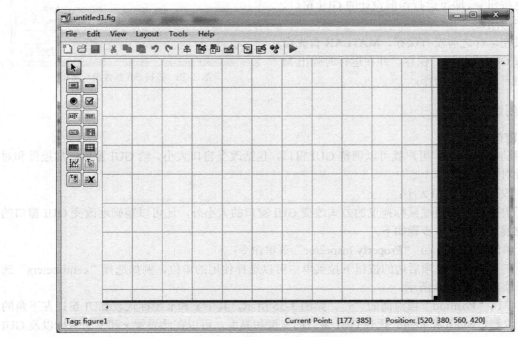

图 3-31 Layout 编辑器

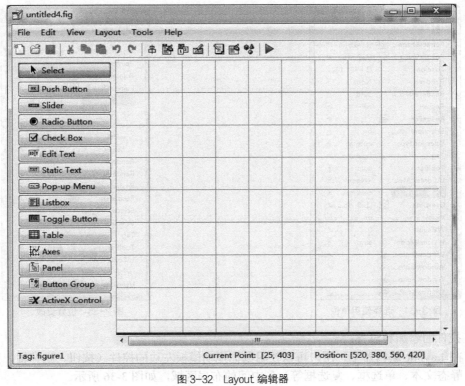

图 3-32 Layout 编辑器

3. 运行 GUI

选择 GUI with Uicontrols 模板，单击工具栏右边的绿色按钮 ▶，即可运行当前设计的 GUI 窗口，如图 3-33 所示。

如果在运行之前没有保存，MATLAB 首先会提示对该 GUI 窗口进行保存，并在运行时弹出 M 文件给用户进行编辑操作。

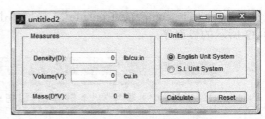

图 3-33 运行 GUI 的效果示意图

3.3.4 创建 GUIDE

1. 窗口布局

在启动 GUI 之后，用户就可以调整 GUI 窗口，包括改变窗口大小、给 GUI 窗口添加控件和对控件进行对齐操作等。

（1）改变 GUI 窗口大小：

除了前面讲到的通过鼠标拖曳的方式改变 GUI 窗口的大小外，还可以精确地改变 GUI 窗口的大小和位置。具体操作步骤如下：

- 单击 "View" → "Property Inspector" 菜单命令；
- 在 "Units" 选项后边的按钮下拉菜单中可以选择使用的单位，例如选择 "centimeters" 选项，如图 3-34 所示；
- 单击 "Position" 项前面的 "+"，如图 3-35 所示，其中 x 和 y 坐标代表 GUI 窗口左下角的位置，width 和 height 代表 GUI 窗口的宽度和高度，可以在此设置 x 和 y 的坐标以及 GUI 窗口的尺寸。

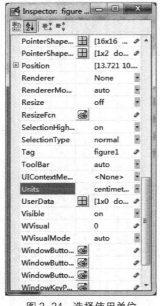

图 3-34 选择使用单位

图 3-35 位置更改

（2）控件的添加和对齐：

- 在 Layout 编辑器中，用户可以使用鼠标拖动模板左边的控件（按钮、坐标轴、列表框、静态文本、单选框、复选框等）到中间的布局区域，如图 3-36 所示。

3.3 GUIDE 工具

- 然后可以对图 3-36 中的控件进行对齐操作。单击"Tools"和"Align Objects"菜单单命令或者工具栏中的 串 按钮。
- 弹出的"Align Objects"对话框如图 3-37 所示,从中可以对 Layout 编辑器内使用 Ctrl 键选定的多个对象的水平位置、水平分布、竖直分布进行调整。如图 3-38 所示,这里选择【竖直对齐】。

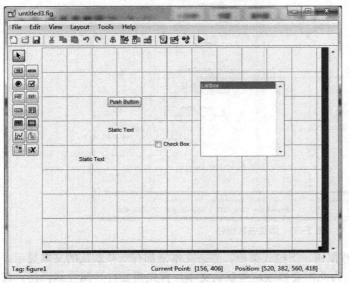

图 3-36 控件的添加

图 3-37 控件对齐编辑器

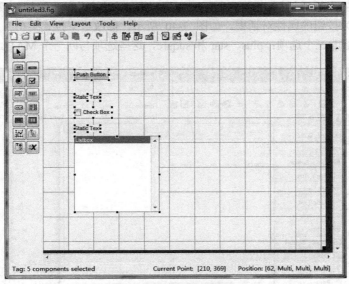

图 3-38 控件的位置对齐

2. 添加组件

如图 3-39 所示,需要添加一个坐标系(用以显示图像)、一个下拉式菜单(选择符号)、两个静态文本框(说明性文字)和三个按钮(确定颜色)。可以通过单击窗口左边组件模板上的组件,然后在右边设计区域相应位置拖动鼠标即完成添加,当然还可以对它的位置进行再调整。把所有需要的组件都添加进设计区域。

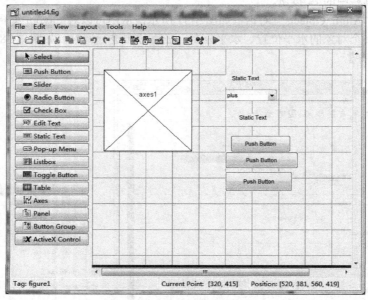

图 3-39　添加各种组件

如图 3-39 所示，可以看到，虽然按钮、下拉式菜单、静态文本框都有一些默认的文本显示，但显然这对于友好界面来说是不行的。为此需要修改这些默认文本，首先需要打开属性编辑器。每一个组件，包括窗口本身，都有一个属性编辑窗口。选择"View"→"Property Inspector"选项，就可以打开图形窗口的属性对话框。因为要修改的是组件，所以接着单击按钮，那么刚才的图形窗口的属性对话框就变为按钮的属性对话框。如图 3-40 所示，修改"下拉式菜单"，在下拉式菜单中将"String"选项的值修改三个选项：plus、star 和 suqare，这些选项与同一个 MATLAB 函数相关联。

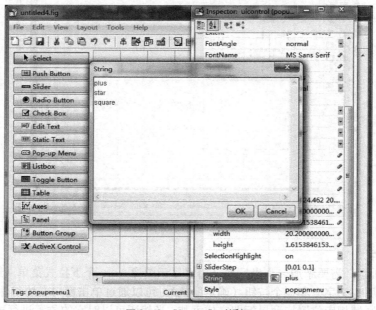

图 3-40　"String"对话框

将"静态文本"的"String"选项修改为"Symbol"和 Color。将"按钮"的"String"选项修改为"Red""Blue"和"Yellow"。所有这些修改完成之后,就得到如图 3-41 所示的设计界面了。

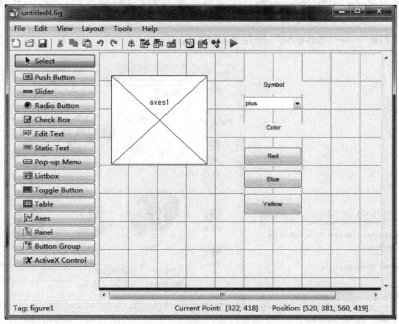

图 3-41 设计好的界面

3. 菜单的添加

通常我们使用的窗口具有下拉式菜单,一个菜单项还可以用自己的菜单项列表作为子菜单。在 MATLAB 中,可以通过命令行方式和 GUIDE 中的菜单编辑器(Menu Editor)两种方式为 GUI 创建菜单。

(1)命令 uimenu:

功能:创建句柄值为 Hm 的自定义用户菜单。

建立自定义的用户菜单的函数为 uimenu,格式为:

Hm=uimenu(Hp,属性名 1,属性值 1,属性名 2,属性值 2,…)

❑ 参数 *Hp* 为其父对象的句柄;
❑ 参数属性名和属性值构成属性二元对,用于定义用户菜单的属性。

因其调用方法不同,该函数可以用于建立一级菜单项和子菜单项。

建立一级菜单项的函数调用格式为:

一级菜单项句柄=uimenu(图形窗口句柄,属性名 1,属性值 1,属性名 2,属性值 2,…)

建立子菜单项的函数调用格式为:

子菜单项句柄=uimenu(一级菜单项句柄,属性名 1,属性值 1,属性名 2,属性值 2,…)

(2)GUI 菜单编辑器:

GUIDE 窗口中的 toolbar 中 Menu Editor 打开,在 Context Menu Tab 上编辑菜单组。

4. GUI 的存储

当完成 GUIDE 界面的设计后,就应该保存这些设计成果了。在保存的时候,GUIDE 自动生成两个文件:一个 Fig 文件,一个 M 文件。Fig 文件的扩展名为".fig",是一个包含界面描述的二进制文件;M 文件的扩展名为".m",包含控制 GUI 的编码。GUI 的存储方式一般有 2 种方法:

- 单击工具栏绿色的运行按钮，或者"Tools"菜单下的"Run"选项，GUI 弹出图 3-42 所示的对话框，选择"是（Y）"按钮后，就会弹出一个"Sava as"对话框，在这里，可以更改文件名为"simple"，虽然这个文件名是为 Fig 文件修改的，但是 GUIDE 也同时保存了一个相同名字的 M 文件，如图 3-43 所示；
- 单击"File"→"Save As"保存当前 GUI。

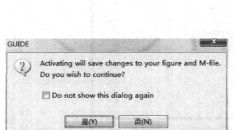

图 3-42　GUIDE 对话框　　　　　　　　图 3-43　保存对话框

如果当前路径不在 MATLAB 默认的路径里面，那么 GUIDE 打开一个对话框，给出几种选择，如图 3-44 所示。要么改变默认路径到当前路径，要么将当前路径添加到默认路径中去。选择"Change Folder"后，系统就保存了两个文件"xxx.fig"和"xxx.m"，并且激活了一个 GUI，同时在 M 文件编辑器中打开了"xxx.m"文件。

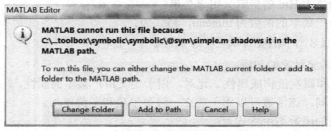

图 3-44　更改路径对话框

3.3.5　GUI 的编程

现在将介绍一下当按钮被单击时图像如何显示。图像的数据是在"opening function"中生成的，这个"opening function"是任何一个 GUI 的 M 文件生成第一个回调函数，在这里还可以完成一些进入 GUI 之前必须完成的事情。在这个例子中，需要在"opening function"中加入用于生成图像的数据。

首先在 M 文件编辑器中打开"opening function"。单击工具栏中 ƒ 图标，然后在下拉式菜单中选择"simple_OpeningFcn"选项，如图 3-45 所示。

3.3 GUIDE 工具

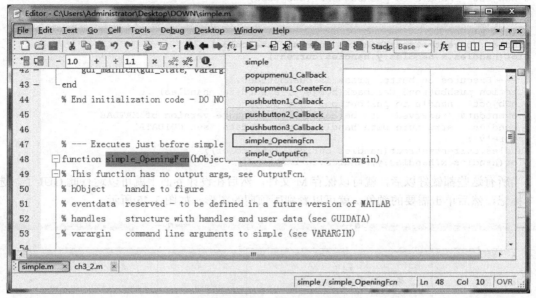

图 3-45 选择函数

单击之后，光标在 M 文件中马上跳到 "opening function" 处，在这里本来就有一段程序。为了画出目标图像，需要定义数据，为此将下面这段程序加入 function 行的下面。

```
% Choose default command line output for simple
handles.x=0:.1:2*pi;
handles.y=sin(handles.x);
plot(handles.x,handles.y,'k')
handles.current_line='';
```

在这里，程序首先取回下拉式菜单的两个属性值：String 和 Value，然后利用一个由 switch 语句确定的值，最后一行是将 handles 结构的变化保存起来。

```
function popupmenu1_Callback(hObject, eventdata, handles)
% hObject    handle to popupmenu1 (see GCBO)
% eventdata  reserved - to be defined in a future version of MATLAB
% handles    structure with handles and user data (see GUIDATA)
str=get(hObject,'String');
val=get(hObject,'Value');
switch str{val};
    case 'plus' %user selects plus.
        handles.current_line='+';
    case 'star' %user selects plus.
        handles.current_line='*';
    case 'square' %user selects plus.
        handles.current_line='s';
end
```

每一个按钮的作用就是改变图形的颜色和标记，这个标记是在下拉式菜单中选择好的。按钮的回调函数打开方式和下拉式菜单是一样的。在每一个按钮的回调函数里，均加一段程序。

```
% hObject    handle to pushbutton1 (see GCBO)
% eventdata  reserved - to be defined in a future version of MATLAB
% handles    structure with handles and user data (see GUIDATA)
color='r';
handles.current=strcat(handles.current_line,color);
plot(handles.x,handles.y,handles.current)

% --- Executes on button press in pushbutton2.
function pushbutton2_Callback(hObject, eventdata, handles)
```

```
% hObject    handle to pushbutton2 (see GCBO)
% eventdata  reserved - to be defined in a future version of MATLAB
% handles    structure with handles and user data (see GUIDATA)
color='b';
handles.current=strcat(handles.current_line,color);
plot(handles.x,handles.y,handles.current)

% --- Executes on button press in pushbutton3.
function pushbutton3_Callback(hObject, eventdata, handles)
% hObject    handle to pushbutton3 (see GCBO)
% eventdata  reserved - to be defined in a future version of MATLAB
% handles    structure with handles and user data (see GUIDATA)
color='y';
handles.current=strcat(handles.current_line,color);
plot(handles.x,handles.y,handles.current)
```

当所有这些都做好以后，就可以保存 M 文件，然后在设计界面上就可以运行此 GUI 了。选择一个标记，然后单击需要的颜色，就可以看到所预期的图形，如图 3-46 所示。

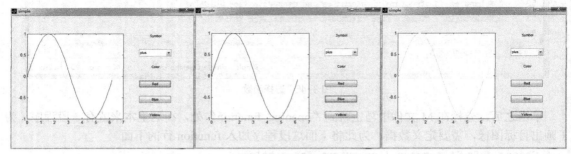

图 3-46　运行效果图

3.3.6　CallBack 函数

GUI 要等待用户执行操作，从而给出每一个事件的响应。每一个控件，包括 GUI 本身，都有一个或者多个成为"回调（Callback）"的函数，这些函数告诉 MATLAB 此时该如何操作。作为一个 GUI 的创建者，需要提供组件处理事件的回调函数。当运行 GUI 时，M 文件创建一个包含所有 GUI 对象（如控件、菜单和坐标轴等）的句柄结构数组 handles，handles 作为一个回调函数的输入来处理，这些编程方式称为事件驱动编程。

编写回调函数有两种方法：

- 作为 MATLAB 的函数，写成 M 文件的形式；
- 写成字符串形式，包含 MATLAB 命令。

尽管对回调函数可以做任何想做的事情，但是当 GUI 在被使用时，将不能控制特殊回调函数激发的事件队列，这是与其他事件驱动编程不一样的地方。总的来说，MATLAB 把实现功能程序的内核代码和交互组件的鼠标或者键盘事件关联起来，即通过设置这些组件的回调函数来完成特定交互事件下后台程序完成的功能。

1. 变量的传递

用户欲取得变量 X 的数据，可以先将句柄结构的一个域设为 X，然后使用 guidata 函数保存此句柄结构。如：

```
handles.current_data=X;
guidata(hObject,handles)
```

用户可以在其他任何回调函数中重新得到该变量的值，使用的命令如下：

```
X =handles.current_data;
```

2. 函数编写

在完成布局设计之后,用户可以给 GUI 的 M 文件的如下部分子函数增加程序代码,以实现需要的功能。

- 打开函数(Opening function):该函数在 GUI 可见之前实施操作;
- 输出函数(Output function):在必要的时候向命令行输出数据;
- 回调函数(Callbacks):在用户激活 GUI 中的相应控件时实施操作。

以上子函数常用的输入参数如下。

- hObject:图形或是回调对象的句柄;
- handles:具有句柄或是用户数据的结构。

handles 往往在函数的最后阶段进行更新数据的保存,使用如下命令:

```
guidata(hObject, handles);
```

3.4 综合实例

【实例 3.28】创建 GUI 加法程序实例。

(1)首先我们新建一个 GUI 文件:File/New/GUI,如图 3-47 所示。

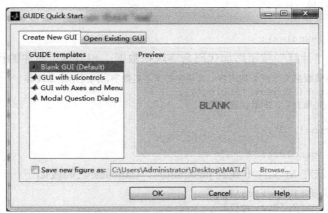

图 3-47 GUIDE 快速启动对话框

选择 Blank GUI(Default)。

(2)进入 GUI 开发环境以后添加 2 个编辑文本框、6 个静态文本框和 1 个按钮,布局如图 3-48 所示。

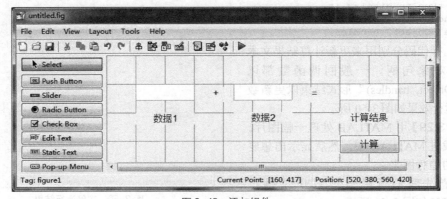

图 3-48 添加组件

布置好各控件以后，我们就可以为这些控件编写程序来实现两数相加的功能了。

（3）为数据 1 文本框添加代码：

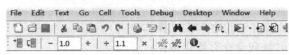

图 3-49　查询组件

点击图 3-49 所示红色方框，选择 edit1_Callback，光标便立刻移到下面这段代码的位置。查找 edit1_Callback，在这段代码的下面插入如下代码：

```
%以字符串的形式来存储数据文本框1的内容。如果字符串不是数字，则显示空白内容
input = str2num(get(hObject,'String'));
%检查输入是否为空。如果为空，则默认显示为0
if (isempty(input))
set(hObject,'String','0')
end
guidata(hObject, handles);
```

这段代码使得输入被严格限制，不能试图输入一个非数字。

（4）为 edit2_Callback 添加同样一段代码：

```
%以字符串的形式来存储数据文本框1的内容。如果字符串不是数字，则显示空白内容
input = str2num(get(hObject,'String'));
%检查输入是否为空。如果为空，则默认显示为0
if (isempty(input))
set(hObject,'String','0')
end
guidata(hObject, handles);
```

（5）现在我们为"计算"按钮添加代码来实现把数据 1 和数据 2 相加的目的：

```
%以字符串的形式来存储数据文本框1的内容。如果字符串不是数字，则显示空白内容
input = str2num(get(hObject,'String'));
%检查输入是否为空。如果为空，则默认显示为0
if (isempty(input))
set(hObject,'String','0')
end
guidata(hObject, handles);
```

（6）用同样的方法在 M 文件中找到 pushbutton1_Callback 代码段如下：

```
a = get(handles.edit1,'String');
b = get(handles.edit2,'String');
% a and b are variables of Strings type, and need to be converted
% to variables of Number type before they can be added together
total = str2num(a) + str2num(b);
c = num2str(total);
% need to convert the answer back into
String type to display it
set(handles.edit3,'String',c);
guidata(hObject, handles);
```

以上几行代码分别用来更新计算结果文本框和图形对象句柄，一般回调函数都以"guidata(hObject, handles)"形式结束以更新数据，程序运行效果如图 3-50 所示。

【实例 3.29】用 MATLAB 处理一幅图片。把图片加载进 MATLAB 中，然后显示出想要的某一列的趋势图来。

（1）首先我们新建一个 GUI 文件：File/New/GUI 如图 3-51 所示。

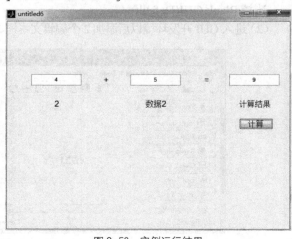

图 3-50　实例运行结果

3.4 综合实例

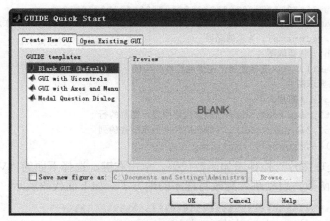

图 3-51 "GUIDE Quick Start 对话框（1）

选择 Blank GUI(Default)。

（2）进入 GUI 开发环境以后添加 3 个编辑文本框、3 个静态文本框、2 个坐标轴和 2 个按钮，布局如图 3-52 所示。

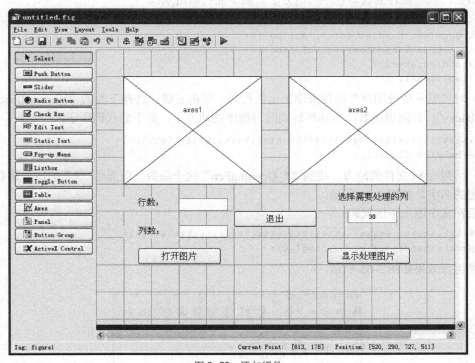

图 3-52 添加组件

（3）为数据 1 文本框添加代码，如图 3-53 所示。

（4）对"打开图片"控件来添加函数代码。单击右键，选择下面的"View callbacks"，选择"callbacks"，即回调函数，自动跳转到改写程序的地方了。如下面代码所示：

图 3-53 查询组件

```
%%%%%%%%%%%%%%%%%%%%%%%%%%%%%%%%%%%%%%%%%%%%%%%
[filename,pathname]=uigetfile({'*.jpg;*.bmp;*.jpeg'},'show image');%加载路径的选择
fpath=[pathname,filename]; %总的路径
img=imread(fpath); %读取图片
axes(handles.axes1);    %选择要显示图像的控件的句柄
imshow(img);   %显示图片
[x1,x2]=size(img); %图片大小
set(handles.edit1,'string',x1); %静态控件中显示图片的行
set(handles.edit2,'string',x2); %静态控件中显示图片的列
setappdata(handles.figure1,'img',img);
```

（5）对"显示处理图片"控件添加函数代码。单击右键，选择下面的"View callbacks"，选择"callbacks"，即回调函数，自动跳转到改写程序的地方了。如下面代码所示：

```
%%%%%%%%%%%%%%%%%%%%%%%%%%%%%%%%%%%%%%%%%%%%%
s1=str2num(get(handles.edit3,'string'));
img1=getappdata(handles.figure1,'img');
axes(handles.axes2);
plot(img1(:,s1))
```

（6）对"退出"控件添加函数代码，单击右键。选择下面的"View callbacks"，选择"callbacks"，即回调函数，自动跳转到改写程序的地方了。如下面代码所示：

```
%%%%%%%%%%%%%%%%%%%%%%%%%%%%%%%%%%%%%%%%%%%%%
s1=str2num(get(handles.edit3,'string'));
img1=getappdata(handles.figure1,'img');
axes(handles.axes2);
plot(img1(:,s1))
```

（7）对"显示处理图片"控件来添加函数代码。单击右键，选择下面的"View callbacks"，选择"callbacks"，即回调函数，自动跳转到改写程序的地方了。如下面代码所示：

```
%%%%%%%%%%%%%%%%%%%%%%%%%%%%%%%%%%%%%%%%%%%%%
Close(handles.figure1);
```

（8）回到写 M 文件的地方，找到"*_OpeningFcn"这个函数，前面带"*"的地方是我们自己新建时起的名字，如图 3-54 所示。

然后在其中添加下面代码：

```
%%%%%%%%%%%%%%%%%%%%%%%%%%%%%%%%%%%%%%%%%%%%%
setappdata(handles.figure1,'img',0);
```

最终运行效果如图 3-55 所示。

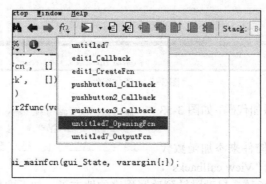

图 3-54　名称

3.4 综合实例

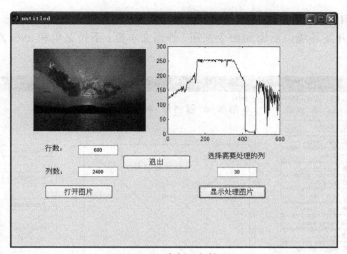

图 3-55 实例运行结果

【实例 3.30】设计图 3-56 所示的 GUI。

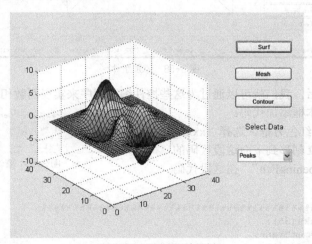

图 3-56 GUIDE 设计示例

（1）首先我们新建一个 GUI 文件：File/New/GUI 如图 3-57 所示。

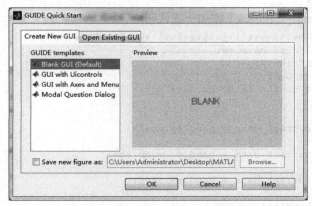

图 3-57 "GUIDE Quick Start"对话框（2）

选择 Blank GUI(Default)。

(2) 进入 GUI 开发环境以后添加命令按钮、静态文本框、下拉菜单和 axes 对象，布局如图 3-58 所示。

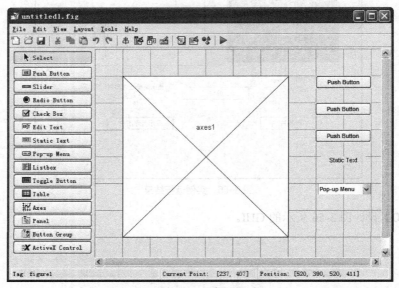

图 3-58　添加组件

布置好各控件以后，我们就可以通过为这些控件编写程序来实现两数相加的功能了。

(3) 为数据 1 文本框添加代码：

单击图 3-59 所示红色方框，选择 "xxxx_OpeningFcn"，光标便立刻移到下面这段代码的位置。查找 "xxxx_OpeningFcn"，在这段代码的下面插入如下代码：

图 3-59　查询组件

```
%%%%%%%%%%%%%%%%%%%%%%%%%%%%%%%%%%%%%%%%%%%%%%%%%%%%%%%%
handles.peaks=peaks(35);
handles.membrane=membrane;
[x,y]=meshgrid(-8:0.5:8);
r=sqrt(x.^2+y.^2)+eps;
sinc=sin(r)./r;
handles.sinc=sinc;
```

(4) 为 "popupmenu1_Callback" 添加一段代码：

```
%%%%%%%%%%%%%%%%%%%%%%%%%%%%%%%%%%%%%%%%%%%%%%%%%%%%%%%%
%Determine the selected data set.
str=get(hObject,'String');
val=get(hObject,'Value');
% Set current data to the selected data set.
switch str{val};
    case 'Peaks'
        handles.current_data = handles.peaks;
    case 'Membrane'
        handles.current_data = handles.membrane;
    case 'Sinc'
        handles.current_data = handles.sinc;
end
guidata(hObject, handles)
```

3.4 综合实例

（5）编写按钮回调函数。

Surf 回调函数：

```
%%%%%%%%%%%%%%%%%%%%%%%%%%%%%%%%%%%%%%%%%%%%%%%%%%%
% --- Executes on button press in pushbutton2.
function pushbutton1_Callback(hObject, eventdata, handles)
% hObject    handle to pushbutton2 (see GCBO)
% eventdata  reserved - to be defined in a future version of MATLAB
% handles    structure with handles and user data (see GUIDATA)
surf(handles.current_data);
```

Mesh 回调函数：

```
%%%%%%%%%%%%%%%%%%%%%%%%%%%%%%%%%%%%%%%%%%%%%%%%%%%
% --- Executes on button press in pushbutton2.
function pushbutton2_Callback(hObject, eventdata, handles)
% hObject    handle to pushbutton2 (see GCBO)
% eventdata  reserved - to be defined in a future version of MATLAB
% handles    structure with handles and user data (see GUIDATA)
mesh (handles.current_data);
```

Contour 回调函数：

```
%%%%%%%%%%%%%%%%%%%%%%%%%%%%%%%%%%%%%%%%%%%%%%%%%%%
% --- Executes on button press in pushbutton2.
function pushbutton3_Callback(hObject, eventdata, handles)
% hObject    handle to pushbutton2 (see GCBO)
% eventdata  reserved - to be defined in a future version of MATLAB
% handles    structure with handles and user data (see GUIDATA)
contour (handles.current_data);
```

（6）完成以上操作，保存 GUI，然后运行 GUI 进行效果测试，结果如图 3-60～图 3-62 所示。

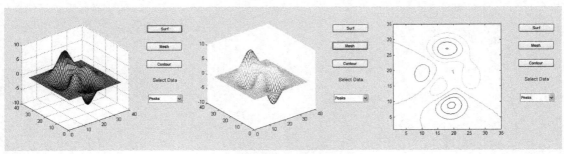

图 3-60　Peaks 运行结果

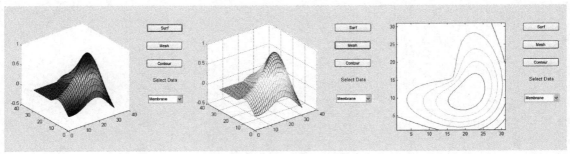

图 3-61　Membrane 运行结果

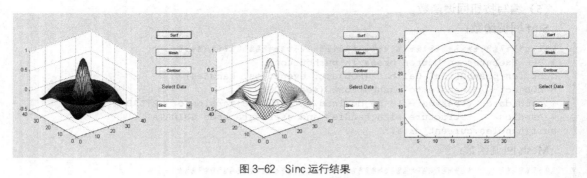

图 3-62 Sinc 运行结果

第 4 章 MATLAB 求微分与积分

微分与积分是大学的必修课程，也是工程实践和科学计算最为基本的工具，它是科学计算最重要的组成部分。

本章的知识结构

本章介绍 MATLAB 中求微分与积分的相关内容：包括求极限、微分、积分、梯度、多项式的微分、梯形法求积分，自适应辛普森积分法，自适应洛巴托（Lobatto）积分法和一些综合实例。

4.1 极限

极限是微积分的基础，在 MATLAB 中，极限的求解是由 limit 函数实现的。

1. Limit 函数的调用格式

函数 limit 的格式如下：

```
limit(s)                %在系统默认表达式中的自变量 s 趋向于 0 时的极限
limit(s, a)             %计算符号表达式 s 中由默认自变量趋向于 a 条件下的极限
limit(s, x, a)          %计算符号表达式 s 在 x 趋向于 a 条件下的极限
limit(s, x, a, 'right') %计算符号表达式 s 在 x 趋向于 a 条件下的右极限
limit(s, x, a, 'left')  %计算符号表达式 s 在 x 趋向于 a 条件下左的极限
```

- 参数 s 为符号表达式；
- 参数 a 为常数。

2. Limit 的程序实例

【实例 4.1】分别计算表达式 $\lim\limits_{x\to 0_+}\dfrac{1}{x}$、$\lim\limits_{x\to 0_-}\dfrac{1}{x}$。

```
%在命令行窗口输入如下命令
>> clc
>> clear all
>> syms x;
%计算表达式 lim(1/x), x→0+
>> limit(1/x,x,0,'right')
    ans =
          inf
%计算表达式 lim(1/x), x→0−
>> limit(1/x,x,0,'left' )
    ans =
          -inf
```

【实例4.2】 分别计算表达式 $\lim\limits_{x\to 0}\dfrac{\sin(x)}{x}$、$\lim\limits_{x\to\infty_-}\left(1+\dfrac{1}{x}\right)^x$ 和 $\lim\limits_{x\to 0_-}e^{-x}$。

```
%在命令行窗口输入如下命令
>> clc
>> clear all
>> syms x;
```

%计算表达式 $\lim\limits_{x\to 0}\dfrac{\sin(x)}{x}$

```
>> limit (sin(x)/x)
   ans =
        1
```

%计算表达式 $\lim\limits_{x\to\infty_-}\left(1+\dfrac{1}{x}\right)^x$

```
>> limit((1+1/x)^x,x,inf,'left')
   ans =
        exp(1)
```

%计算表达式 $\lim\limits_{x\to 0_-}e^{-x}$

```
>> limit(exp(-x),x,0,'left')
   ans =
        1
```

【实例4.3】 求 $\lim\limits_{n\to\infty}(1+2^n+3^n)^{\frac{1}{n}}$、$\lim\limits_{x\to\infty}(\dfrac{x^3-2x+5}{3x^5+2x+3})$。

```
%在命令行窗口输入如下命令
>> clc
>> clear all
>> syms x;
```

%计算表达式 $\lim\limits_{n\to\infty}(1+2^n+3^n)^{\frac{1}{n}}$

```
>> limit((1+2^x+3^x)^(1/x),x,inf,'right')

ans =

3
```

%计算表达式 $\lim\limits_{x\to\infty}(\dfrac{x^3-2x+5}{3x^5+2x+3})$

```
>> limit((x^3-2*x+5)/(3*x^5+2*x+3),x,inf,'right')

ans =

0
```

【实例4.4】 求下列极限 $\lim\limits_{x\to 0}(1+\sin x^2)^{\frac{1}{1-\cos x}}$、$\lim\limits_{x\to 0}(1-2x)^{\frac{3}{\sin x}}$、$\lim\limits_{x\to 0}(\dfrac{1+\tan x}{1+\sin x})^{\frac{1}{x^3}}$。

```
%在命令行窗口输入如下命令
>> clc
>> clear all
>> syms x;
```

%计算表达式 $\lim\limits_{x\to 0}(1+\sin x^2)^{\frac{1}{1-\cos x}}$

```
>> limit((1+sin(x^2))^(1/(1-cos(x))))

ans =

exp(2)
```

%计算表达式 $\lim\limits_{x\to 0}(1-2x)^{\frac{3}{\sin x}}$

```
>> limit((1-2*x)^(3/sin(x)))

ans =

1/exp(6)
```

%计算表达式 $\lim_{x \to 0}(\frac{1+\tan x}{1+\sin x})^{\frac{1}{x^3}}$
```
>> limit(((1+tan(x))/(1+sin(x)))^(1/x^3))

ans =

exp(1)^(1/2)
```

【实例 4.5】 求下列极限 $\lim_{x \to \infty}(\frac{x-a}{x+a})^x$ 、 $\lim_{x \to \infty}(\cos\frac{1}{x})^{x^2}$ 、 $\lim_{x \to \infty}(\cos\frac{1}{x}+\sin\frac{1}{x})^x$ 。

```
%在命令行窗口输入如下命令
>> clc
>> clear all
>> syms x a;
```
%计算表达式 $\lim_{x \to \infty}(\frac{x-a}{x+a})^x$
```
>> limit(((x-a)/(x+a))^x,x,inf,'right')

ans =

1/exp(2*a)
```
%计算表达式 $\lim_{x \to \infty}(\cos\frac{1}{x})^{x^2}$
```
>> limit((cos(1/x))^(x^2),x,inf,'right')

ans =

1/exp(1)^(1/2)
```
%计算表达式 $\lim_{x \to \infty}(\cos\frac{1}{x}+\sin\frac{1}{x})^x$
```
>> limit((cos(1/x)+sin(1/x))^x,x,inf,'right')

ans =

exp(1)
```

【实例 4.6】 求下列极限 $\lim_{x \to \infty}\frac{e^x - x\arctan(x)}{e^x + x}$ 、 $\lim_{x \to 0}(\frac{1}{x^2} - \cot^2 x)$ 。

```
%在命令行窗口输入如下命令
>> clc
>> clear all
>> syms x a;
```
%计算表达式 $\lim_{x \to \infty}\frac{e^x - x\arctan(x)}{e^x + x}$
```
>> limit((exp(x)+x*atan(x))/(exp(x)+x),x,inf,'right')

ans =

1
```
%计算表达式 $\lim_{x \to 0}(\frac{1}{x^2} - \cot^2 x)$
```
>> limit (1/(x^2)-(cot(x))^2)

ans =
```

4.2 数值积分

4.2.1 Int 求积分

积分算法是非结构性的，许多函数的原函数存在，但不可用有限解析式表达式表示，即使可以求积分的函数，其求积分过程也可能很复杂，但利用 MATLAB 求积分就非常容易。在 MATLAB 的符号数学工具箱中，表达式积分的求解由函数 int 实现，该函数可求不定积分和定积分。

1. Int 函数的调用格式

int 的功能十分强大，它不仅能计算普通的初等函数的不定积分，还能计算各类非初等函数的不定积分。函数 int 的格式如下：

```
int(s)              %求符号表达式 s 对于默认自变量的不定积分
int(s, x)           %求符号表达式 s 对于自变量 x 的不定积分
int(s, a, b)        %求符号表达式 s 对于默认自变量从 a 到 b 的定积分
int(s, x, a, b)     %求符号表达式 s 对于自变量 x 从 a 到 b 的定积分
```

- 参数 s 为符号表达式；
- 参数为 a 为自变量；
- 参数为 b 为自变量。

2. 用 Int 求解不定积分实例

【实例 4.7】采用 int 函数，计算下列不定积分：

（1）$f = \int x \sin x \, dx$；（2）$f = \int y \sin x \, dx$；（3）$f = \int 4 \, dx$。

```
%在命令行窗口输入如下命令
>> clc
>> clear all
%计算不定积分 f = ∫x sin x dx
>> f=int('sin(x)*x')
f =
sin(x) - x*cos(x)
%计算不定积分 f = ∫y sin x dx
>> f=int('sin(x)*y','x')
f =
-y*cos(x)
%计算不定积分 f = ∫4 dx
>> f=int('4')
f =
4*x
>> f=int('4','x')
f =
4*x
```

【实例 4.8】分别计算下列表达式的积分：

（1）$\int (4-3x^2)^2 \, dx$；（2）$\int \dfrac{x}{x+y} \, dx$；（3）$\int \dfrac{x}{x+y} \, dy$；（4）$\int_1^3 \dfrac{x^2}{x+2} \, dx$。

```
%在命令行窗口创建符号变量 x 和 y，分别计算上面各表达式的积分
>> clc
>> clear all
>> syms x y
```

4.2 数值积分

```
%计算不定积分 ∫(4-3x²)²dx
>> s=(4-3*x^2)^2;
>> int(s)

ans =

(x*(9*x^4 - 40*x^2 + 80))/5
```

%计算不定积分 $\int \dfrac{x}{x+y}dx$

```
>> int(x/(x+y),x)
   ans =
        x-y*log(x+y)
```

%计算不定积分 $\int \dfrac{x}{x+y}dy$

```
>> int(x/(x+y),y)
   ans =
        x*log(x+y)
```

%计算不定积分 $\int_1^3 \dfrac{x^2}{x+2}dx$

```
>> int(x^2/(x+2),x,1,3)
ans =

log(625/81)

>> double(ans)
ans =
       2.0433
```

【实例 4.9】计算下列不定积分 $f = \int \dfrac{1}{\cos^2 x}dx$、$f = \int \dfrac{1}{\sin^2 x}dx$、$f = \int \sec x \tan x dx$。

```
%在命令行窗口输入如下命令
>> clc
>> clear all
```

%计算不定积分 $f = \int \dfrac{1}{\cos^2 x}dx$

```
>> f=int('1/(cos(x))^2')

f =

tan(x)
```

%计算不定积分 $f = \int \dfrac{1}{\sin^2 x}dx$

```
>> f=int('1/(sin(x))^2')

f =

-cot(x)
```

%计算不定积分 $f = \int \sec x \tan x dx$

```
>> f=int('sec(x)*tan(x)')

f =

-2/(tan(x/2)^2 - 1)
```

【实例 4.10】计算下列不定积分：

$$f=\int\frac{1-\ln x}{(x-\ln x)^2}dx \text{、} \quad f=\int\frac{\ln x+2}{x\ln x(1+x\ln^2 x)}dx \text{、} \quad f=\int\frac{1}{x(x^7+2)}dx \text{。}$$

```
%在命令行窗口输入如下命令
>> clc
>> clear all
```
%计算不定积分 $f=\int\frac{1-\ln x}{(x-\ln x)^2}dx$
```
>> f=int('(1-log(x))/((x-log(x))^2)')
f =

x/(x - log(x))
```
%计算不定积分 $f=\int\frac{\ln x+2}{x\ln x(1+x\ln^2 x)}dx$
```
>> f=int('(log(x)+2)/(x*log(x)*(1+x*log(x)^2)')
f =

2*log(log(x)) - log(log(x) + 1)
```
%计算不定积分 $f=\int\frac{1}{x(x^7+2)}dx$
```
>> f=int('1/(x*(x^7+2))')
f =

log(x)/2 - log(x^7 + 2)/14
```

【实例4.11】计算下列不定积分 $f=\int(x^3+2x+5)\cos 2xdx$、$f=\int x^2 a\cos x dx$。

```
%在命令行窗口输入如下命令
>> clc
>> clear all
```
%计算不定积分 $f=\int(x^3+2x+5)\cos 2xdx$
```
>> f=int('(x^3+2*x+5)*cos(2*x)')
f =

cos(2*x)/8 + (5*sin(2*x))/2 + (x*sin(2*x))/4 + (3*x^2*cos(2*x))/4 + (x^3*sin(2*x))/2
```
%计算不定积分 $f=\int x^2 a\cos x dx$
```
>> f=int('x^2*acos(x)')
f =

(x^3*acos(x))/3 - ((1 - x^2)^(1/2)*(x^2 + 2))/9
```

> **注意** 并不是所有的不定积分都能求解,例如。

【实例4.12】已知 $f=\int\frac{2^x}{1+2^x+4^x}dx=\frac{2}{\sqrt{3}\ln 2}\arctan\frac{2^{x+1}+1}{\sqrt{3}}+C$,利用MATLAB对其求解。

```
%在命令行窗口输入如下命令
>> clc
>> clear all
>> f=int('2^x/(1+2^x+4^x)')
Warning: Explicit integral could not be found.
```

```
f =
int(2^x/(2^x + 4^x + 1), x)
```

3. 用 int 求解定积分实例

【实例 4.13】 采用 int 函数，计算定积分 $f = \int_0^1 x\ln(1+x)\mathrm{d}x$。

```
%在命令行窗口输入如下命令
>> clc
>> clear all
```
%计算定积分 $f = \int_0^1 x\ln(1+x)\mathrm{d}x$
```
>>syms x;
>>int(x*log(1 + x), 0, 1)
ans =

1/4
```

【实例 4.14】 采用 int 函数，计算定积分 $f = \int_{\frac{\sqrt{3}}{3}}^{\sqrt{3}} x\arctan x\mathrm{d}x$、$f = \int_{\frac{\pi}{4}}^{\frac{5\sqrt{3}}{4}}(1+\sin^2 x)\mathrm{d}x$。

```
%在命令窗口输入如下命令
>> clc
>> clear all
>>syms x;
```
%计算定积分 $f = \int_{\frac{\sqrt{3}}{3}}^{\sqrt{3}} x\arctan x\mathrm{d}x$
```
>> int(x*atan(x), (3^2)/3, 3^2)

ans =

41*atan(9) - 5*atan(3) - 3
```

%计算定积分 $f = \int_{\frac{\pi}{4}}^{\frac{5\sqrt{3}}{4}}(1+\sin^2 x)\mathrm{d}x$
```
>> int('1+sin(x)^2', pi/4, (5/4)*pi)

ans =

(3*pi)/2
```

【实例 4.15】 采用 int 函数，计算定积分：

$$f = \int_{\frac{1}{4}}^{\frac{1}{2}} \frac{a\sin\sqrt{x}}{\sqrt{x(1-x)}}\mathrm{d}x \text{、} \quad f = \int_0^1 \frac{\ln(1+x)}{1+x^2}\mathrm{d}x \text{、} \quad f = \int_{-2}^5 |x^2 - 2x - 3|\mathrm{d}x \text{。}$$

```
%在命令行窗口输入如下命令
>> clc
>> clear all
>> syms x;
```
%计算定积分 $f = \int_{\frac{1}{4}}^{\frac{1}{2}} \frac{a\sin\sqrt{x}}{\sqrt{x(1-x)}}\mathrm{d}x$
```
>> int('asin(x^0.5)/(x*(1-x))^0.5',x, 1/4, 1/2)

ans =

0.34269459726004717426508649305126
```

%计算定积分 $f = \int_0^1 \frac{\ln(1+x)}{1+x^2}\mathrm{d}x$

```
>> int('log(1+x)/(1+x^2)', 0, 1)
ans =
(pi*log(2))/8
%计算定积分 f = ∫_{-2}^{5}|x^2-2x-3|dx
>> int(abs(x^2-2*x-3)', -2, 5)
ans =
71/3
```

4.2.2 梯形法求积分

1. 梯形求积分的几何概念

用梯形公式来求积分是最为简单的数值积分方法，函数 $f(x)$ 在区间 $[a,b]$ 上计算梯形法数值积分的表达式为：

$$I = \int_a^b f(x)\mathrm{d}x = \frac{b-a}{2}[f(a)+f(b)]。$$

梯形法的思想是，如图 4-1 所示，利用直线代替 $y = f(x)$：

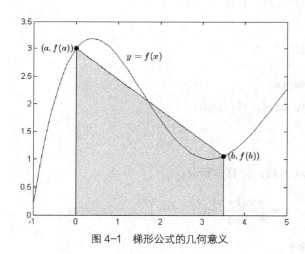

图 4-1 梯形公式的几何意义

$$A_0 = \frac{(-1)^1(b-a)}{1!0!}\int_0^1(t-1)\mathrm{d}t = \frac{b-a}{2}; \quad A_1 = \frac{(-1)^0(b-a)}{1!0!}\int_0^1(t-0)\mathrm{d}t = \frac{b-a}{2};$$

$$I = A_0 f(x_0) + A_1 f(x_1) = \frac{b-a}{2}f(x_0) + \frac{b-a}{2}f(x_1) = \frac{b-a}{2}[f(a)+f(b)];$$

$$I = \int_a^b f(x)\mathrm{d}x = \frac{b-a}{2}[f(a)+f(b)] \text{ 即为梯形法数值积分公式。}$$

用梯形法来求积分十分粗糙，误差也比较大，后来提出了一种改进的复合梯形公式：

$h = \dfrac{b-a}{n}$，其中 n 为积分区间划分的个数，h 为积分步长。

2. 梯形求积分函数

梯形求积分法在 MATLAB 中有现成的函数，其调用格式如下：

```
Z = trapz(Y)            %用梯形方法计算 Y 的积分近似值
Z = trapz(X,Y)          %使用用梯形法计算 Y 对 X 的积分值
Z = trapz(X,Y,dim)      %对 Y 的交叉维 dim 积分
```

3. 梯形求积分示例

【实例 4.16】 利用梯形求积分法计算定积分。

```
%梯形积分法求解，在 MATLAB 命令行窗口中输入求解程序：
>> clc
>> clear all
>> Y=[0 1 2;3 4 5];
>> trapz(Y,1)

ans =

    1.5000    2.5000    3.5000

>> trapz(Y,2)

ans =

    2
    8
```

【实例 4.17】 利用梯形求积分法计算定积分。

```
%梯形积分法求解，在 MATLAB 命令行窗口中输入求解程序：
>> clc
>> clear all
%示例1:
>> X = sort(rand(1,101)*pi);
>> Y = sin(X);
>> Z = trapz(X,Y)

Z =

1.9943
%示例2:
>> z = exp(1i*pi*(0:100)/100);

>> trapz(z, 1./z)

ans =

    0.0000 + 3.1411i
```

【实例 4.18】 利用梯形求积分法计算 $f = \int_0^\pi \sin(x)dx$ 和 $f = \int_0^{2\pi} \sin(x)dx$ 的定积分。

```
%梯形积分法求解，在 MATLAB 命令行窗口中输入求解程序：
>> clc
>> clear all
% f = ∫₀^π sin(x)dx
>> X = 0:pi/100:pi;
>> Y = sin(X);
>> Z = trapz(X,Y)
Z =
    1.9998

>> Z = pi/100*trapz(Y)
Z =
```

```
   1.9998
% f = ∫₀^{2π} sin(x)dx
>> X=0:pi/100:2*pi;
>> Y=sin(X);
>> Z=trapz(X,Y)

Z =

   1.1276e-017
```

【实例 4.19】 利用梯形求积分法计算 $f=\int_0^2 x^3 \mathrm{d}x$ 的定积分。

```
%梯形积分法求解,在MATLAB命令行窗口中输入求解程序:
>> clc
>> clear all
>> X = 0:2/100:2;
>> Y=X.^3;
>> Z = trapz(X,Y)

Z =

   4.0004
```

【实例 4.20】 利用梯形求积分法计算 $f=\int_0^{3\pi} \mathrm{e}^{-0.5x}\sin(x+\pi/6)\mathrm{d}x$ 的定积分。

```
%梯形积分法求解,在MATLAB命令行窗口中输入求解程序:
>> clc
>> clear all
>> X = 0:3*pi/100:3*pi;
>> Y =exp(-0.5*X).*sin(X+pi/6);
>> Z = trapz(X,Y)

Z =

   0.9004
```

【实例 4.21】 利用梯形求积分法计算 $f=\int_0^{10} x\sin(x)x\mathrm{d}x$ 的定积分。

```
%梯形积分法求解,在MATLAB命令行窗口中输入求解程序:
>> clc
>> clear all
>> X = 0:10/1000:10;
>> Y =X.* sin(X);
>> Z = trapz(X,Y)
Z =

   7.8466
```

4.2.3 辛普森(Simpleson)积分法

1. 辛普森数值积分的概念

辛普森公式的数值积分公式为:

$$\int_a^b f(x)\mathrm{d}x \approx \frac{b-a}{6}[f(a)+4f(\frac{a+b}{2})+f(b)]。$$

它的意义为用通过三点 $(a, f(a))$,$(\frac{a+b}{2}, f(\frac{a+b}{2}))$,$(b, f(b))$ 的抛物线围成的曲边形面积来代替给定函数的积分。精度高一些的还有辛普森 3/8 公式:

$$\int_a^b f(x)\mathrm{d}x \approx \frac{b-a}{8}[f(a)+3f(\frac{2a+b}{2})+3f(\frac{a+2b}{2})+f(b)]$$

同梯度公式一样,也有复合辛普森公式:

$$\int_a^b f(x)\mathrm{d}x \approx \frac{h}{6}\sum_{k=0}^{n-1}[f(x_k)+4f(x_{k+\frac{1}{2}})+f(x_{k+1})];$$

$$f(x_0)=f(a)、\quad f(x_n)=f(b)。$$

其中: $x_{k+\frac{1}{2}} = \frac{x_k+x_{k+1}}{2}$、$h=\frac{b-a}{n}$。

2. 辛普森数值积分的几何意义(见图4-2)

利用二次插值多项式近似代替 $f(x)$。

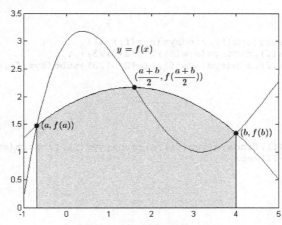

图 4-2 辛普森公式的几何意义

$$A_0 = \frac{(-1)^2 h}{2!0!}\int_0^2 (t-1)(t-2)\mathrm{d}t = \frac{b-a}{6};$$

$$A_1 = \frac{(-1)^1 h}{1!1!}\int_0^2 t(t-2)\mathrm{d}t = \frac{4(b-a)}{6};$$

$$A_2 = \frac{(-1)^0 h}{2!0!}\int_0^2 t(t-1)\mathrm{d}t = \frac{b-a}{6};$$

$$I = \frac{b-a}{6}f(x_0)+\frac{4(b-a)}{6}f(x_1)+\frac{b-a}{6}f(x_2) = \frac{b-a}{6}[f(a)+4f(\frac{a+b}{2})+f(b)];$$

即为辛普森数值积分公式。

3. 辛普森数值积分的程序实现

在 MATLAB 中编程实现辛普森系列的函数为 IntSimpson,如表 4-1 所示:

表 4-1　　　　　　　　　　　　　　　IntSmpson 函数

函数	IntSimpson
功能	求函数的数值积分
格式	[I,step] = IntSimpson(f,a,b,type,eps)

其中 f 为函数名字;a 为积分下限;b 为积分上限;type 为辛普森公式类型;eps 为积分精度;I 为积分值;step 为积分划分的区间个数。

辛普森 IntSimpson.m 文件实现如下：

```
function [I,step] = IntSimpson(f,a,b,type,eps)
%type = 1 辛普森公式
%type = 2 辛普森3/8公式
%type = 3 复合辛普森公式

if(type==3 && nargin==4)
    eps=1.0e-4;                                     %缺省精度为0.0001
end

I=0;
switch type
    case 1,
        I=((b-a)/6)*(subs(sym(f),findsym(sym(f)),a)+...
            4*subs(sym(f),findsym(sym(f)),(a+b)/2)+...
            subs(sym(f),findsym(sym(f)),b));
        step=1;

    case 2,
        I=((b-a)/8)*(subs(sym(f),findsym(sym(f)),a)+...
            3*subs(sym(f),findsym(sym(f)),(2*a+b)/3)+ ...
            3*subs(sym(f),findsym(sym(f)),(a+2*b)/3)+subs(sym(f),findsym(sym(f)),b));
        step=1;

    case 3,
        n=2;
        h=(b-a)/2;
        I1=0;
        I2=(subs(sym(f),findsym(sym(f)),a)+subs(sym(f),findsym(sym(f)),b))/h;
        while abs(I2-I1)>eps
            n=n+1;
            h=(b-a)/n;
            I1=I2;
            I2=0;
            for i=0:n-1
                x=a+h*i;
                x1=x+h;
                I2=I2+(h/6)*(subs(sym(f),findsym(sym(f)),x)+...
                    4*subs(sym(f),findsym(sym(f)),(x+x1)/2)+...
                    subs(sym(f),findsym(sym(f)),x1));
            end
        end
        I=I2;
        step=n;
end
```

> **注意** 辛普森的函数实现，可以先不考虑，用户可以直接用其函数接口进行开发，方便缩短开发周期。

4. 辛普森法的程序实例

【实例 4.22】利用辛普森法计算 $f = \int_0^\pi \sin(x)dx$ 的定积分。

```
%在MATLAB命令行窗口中输入求解程序:
>> clc
>> clear all
>> [q, s] = IntSimpson('sin(X)',0,pi,1)       %采用辛普森公式

q =

    2.0944
```

```
s =
    1
```

【实例 4.23】 利用辛普森法计算 $f = \int_0^{10} \sin(x)x\mathrm{d}x$ 的定积分。

```
%在 MATLAB 命令行窗口中输入求解程序：
>> clc
>> clear all
>> [q, s] = IntSimpson('sin(x)',0,10,1)    %采用辛普森公式
q =
   -7.2995
s =
    1
>> [q, s] = IntSimpson('sin(x)',0,10,2)    %采用辛普森 3/8 公式
q =
    0.0084
s =
    1
```

【实例 4.24】 利用复合辛普森法计算 $f = \int_0^{10} \sin(x)x\mathrm{d}x$ 的定积分。

```
%在 MATLAB 命令行窗口中输入求解程序：
>> clc
>> clear all
>> [q, s] = IntSimpson('sin(x)',0,10,3)    %采用复合辛普森公式
q =
    1.8393
s =
    13
```

上面的例子是分别用辛普森公式、辛普森 3/8 公式和复合辛普森公式算出来的结果，当然用复合辛普森公式算出来的才是正确的结果，即 $\int_0^{10} \sin x \mathrm{d}x \approx 1.8393$。

函数 $\sin(x)$ 在区间[0,10]的积分的准确值为 $-\cos(10)+1$，大约为 1.8391，由此可见如果积分区间不是在积函数的单调区间的话，辛普森公式和辛普森 3/8 公式的误差将是很大的，而复合辛普森公式显然不存在这种问题。

4.2.4 重积分辛普森（Simpleson）法

1. 二重积分辛普森法

对二重积分 $\int_b^B \int_a^A f(x,y)\mathrm{d}x\mathrm{d}y$，有如下的辛普森公式：

$$\int_b^B \int_a^A f(x,y)\mathrm{d}x\mathrm{d}y \approx \frac{(B-b)(A-a)}{9}[f(a,b)+f(a,B)+f(A,b)$$
$$+f(A,B)+4f(\frac{A-a}{2},b)+4f(a,\frac{B-b}{2})+4f(\frac{A-a}{2},B);$$
$$+4f(A,\frac{B-b}{2})+16f(\frac{A-a}{2},\frac{B-b}{2})];$$

同样有精度更高的复合辛普森公式：

$$\int_b^B \int_a^A f(x,y)\mathrm{d}x\mathrm{d}y \approx \frac{(B-b)(A-a)}{35mn}\sum_{i=0}^{2n}\sum_{j=0}^{2m}[C_{ij}f(x_i,y_j)]$$

其中 $x_i = a + \dfrac{i(A-a)}{2n}$，$y_i = b + \dfrac{i(B-b)}{2m}$；

$$[C] = \begin{bmatrix} 1 & 4 & 2 & 4 & 2 & \cdots & 4 & 2 & 4 & 1 \\ 4 & 16 & 8 & 16 & 8 & \cdots & 16 & 8 & 16 & 4 \\ 2 & 8 & 4 & 8 & 4 & \cdots & 8 & 4 & 8 & 2 \\ \vdots & \vdots & \vdots & \vdots & \vdots & & \vdots & \vdots & \vdots & \vdots \\ 2 & 8 & 4 & 8 & 4 & \cdots & 8 & 4 & 8 & 2 \\ 4 & 16 & 8 & 16 & 8 & \cdots & 16 & 8 & 16 & 8 \\ 2 & 4 & 2 & 4 & 2 & \cdots & 4 & 2 & 4 & 1 \end{bmatrix}$$

2. MATLAB 编程实现二重辛普森法

在 MATLAB 中编程实现二重积分复合辛普森法的函数为 **DblSimpson**，如表 4-2 所示。

表 4-2　　　　　　　　　　　　DblSimpson 函数

函数	DblSimpson
功能	用复合辛普森公式求函数的二重数值积分
格式	q= DblSimpson (f, a, A, b, B, m, n)

其中，f 为函数名；a 为 x 积分下限；A 为 x 积分上限；b 为 y 积分下限；B 为 y 积分上限；m 为 y 方向上的划分区间数；n 为 x 方向上的划分区间数；q 为积分值

复合辛普森 DblSimpson.m 文件实现如下：

```
function q=DblSimpson(f,a,A,b,B,m,n)
if(m==1 && n==1)            %辛普森公式
    q=((B-b)*(A-a)/9)*(subs(sym(f),findsym(sym(f)),{a,b})+...
        subs(sym(f),findsym(sym(f)),{a,B})+...
        subs(sym(f),findsym(sym(f)),{A,b})+...
        subs(sym(f),findsym(sym(f)),{A,B})+...
        4*subs(sym(f),findsym(sym(f)),{(A-a)/2,b})+...
        4*subs(sym(f),findsym(sym(f)),{(A-a)/2,B})+...
        4*subs(sym(f),findsym(sym(f)),{a,(B-b)/2})+...
        4*subs(sym(f),findsym(sym(f)),{A,(B-b)/2})+...
        16*subs(sym(f),findsym(sym(f)),{(A-a)/2,(B-b)/2}));

else                        %复合辛普森公式
    q=0;
    for i=0:n-1
        for j=0:m-1
            x=a+2*i*(A-a)/2/n;
            y=b+2*j*(B-b)/2/m;
            x1=a+(2*i+1)*(A-a)/2/n;
            y1=b+(2*j+1)*(B-b)/2/m;
            x2=a+2*(i+1)*(A-a)/2/n;
            y2=b+2*(j+1)*(B-b)/2/m;

            q=q+subs(sym(f),findsym(sym(f)),{x,y})+...
                subs(sym(f),findsym(sym(f)),{x,y2})+...
                subs(sym(f),findsym(sym(f)),{x2,y})+...
                subs(sym(f),findsym(sym(f)),{x2,y2})+...
                4*subs(sym(f),findsym(sym(f)),{x,y1})+...
                4*subs(sym(f),findsym(sym(f)),{x2,y1})+...
                4*subs(sym(f),findsym(sym(f)),{x1,y})+...
                4*subs(sym(f),findsym(sym(f)),{x1,y2})+...
                16*subs(sym(f),findsym(sym(f)),{x1,y1});
```

```
            end
        end
end

q=((B-b)*(A-a)/36/m/n)*q;
```

3. 二重辛普森法实例

【实例 4.25】复合辛普森公式计算重积分应用实例。采用复合辛普森公式计算重积分 $\int_0^1 \int_0^1 e^x \sin(xy) dx dy$。

```
%在 MATLAB 命令行窗口中输入下列命令:
>> clc
>> clear all
>> q=DblSimpson('exp(x)*sin(x*y)',0,1,0,1,15,15)
q =0.4771
```

所以，$\int_0^1 \int_0^1 e^x \sin(xy) dx dy \approx 0.4771$。

4.2.5 多重数值积分法

1. 多重数值积分的概念

在实际问题中，也经常遇到多元函数的积分，此时我们就需要多重积分。MATLAB 提供了两个多重积分的标准函数 dblquad 和 triplequad，分别用来实现二重积分和三重积分。

2. 多重数值积分格式

二重积分函数 dblquad 函数，其调用格式如下：

```
q = dblquad(fun,xmin,xmax,ymin,ymax)
q = dblquad(fun,xmin,xmax,ymin,ymax,tol)
q = dblquad(fun,xmin,xmax,ymin,ymax,tol,method)
```

二重积分函数 quad2d 函数，其调用格式如下：

```
q = quad2d(fun,a,b,c,d)
[q,errbnd] = quad2d(…)
q = quad2d(fun,a,b,c,d,param1,val1,param2,val2,…)
```

三重积分函数 triplequad 函数，其调用格式如下：

```
triplequad(fun,xmin,xmax,ymin,ymax,zmin,zmax)
triplequad(fun,xmin,xmax,ymin,ymax,zmin,zmax,tol)
triplequad(fun,xmin,xmax,ymin,ymax,zmin,zmax,tol,method)
```

3. 多重数值积分实例

【实例 4.26】采用 quad 函数，计算 $f = \int_0^2 \frac{1}{x^3 - 2x - 5} dx$ 的定积分。

```
%创建 M 文件，M 文件名为 myfun
function y = myfun(x)
y = 1./(x.^3-2*x-5);
```

```
%在命令行窗口输入
>> clc
>> clear all
>> Q = quad(@myfun,0,2)
Q =
   -0.4605
```

【实例 4.27】 计算 $f = \int_{-1}^{1} \int_{0}^{1} \int_{0}^{\pi} y\sin x + z\cos x \, dxdydz$ 的定积分。

```
%三重积分法求解，在MATLAB命令行窗口中输入求解程序：
>> clc
>> clear all
>> Q=triplequad('y*sin(x)+z*cos(x)',0,pi,0,1,-1,1)

Q =

    2.0000
```

【实例 4.28】 用积分计算圆周率。

```
%在MATLAB命令行窗口中输入求解程序：
>> clc
>> clear all
>> pi2=dblquad(@(x,y)x.^2+y.^2-1<0,-1,1,-1,1)

pi2 =

    3.1416
```

【实例 4.29】 求积分 $\int_{0}^{1}\int_{0}^{1-x}((x+y)^{1/2}(1+x+y)^2)^{-1}dydx$。

```
%在MATLAB命令行窗口中输入求解程序：
>> clc
>> clear all
>> fun=@(x,y)1./(sqrt(x+y).*(1+x+y).^2)

fun =

    @(x,y)1./(sqrt(x+y).*(1+x+y).^2)
%定义y积分上限函数
>> ymax=@(x)1-x;
%求积分
>> Q=quad2d(fun,0,1,0,ymax)

Q =

    0.2854
%此积分的精确解为π/4-1/2
>> pi/4-1/2

ans =

    0.2854
```

4.2.6 积分变换

1. 积分变换的概念

积分变换就是通过积分运算把一个函数 f（原函数）变成另外一个函数 F（象函数）。变换的过程是：

$$F(t) = \int_{a}^{b} f(x)K(x,t)dx。$$

其中二元函数 $K(x,t)$ 称为变换的核，变换的核决定了变换的不同名称。在一定的条件下，原函数和像函数之间是一一对应的，可以相互转化。积分变换的意义是换一个角度来认识函数，积分变换的一项基本应用是解微分方程，求解过程是基于这样一种想法：假如不容易从原方程直接求得解 f，则对原方程进行变换，如果能从变换后的方程中求得解 F，则对 F 进行逆变换，即可求得原方程的解 f，当然，在选择变换的核时，应该使得变换以后的方程比原方程容易求解。

2. 常用的积分变换函数格式

MATLAB 提供了基本傅立叶变换，其函数 fourier 的调用格式如下：

```
F = fourier(f)
F = fourier(f,v)
F = fourier(f,u,v)
```

【实例 4.30】 求函数 $y = e^{-x^2}$ 的傅立叶变换及其逆变换。

```
%在命令行窗口输入如下命令
>> clc
>> clear all
>> syms x t
>> y=exp(-x^2);
>> Ft=fourier(y,x,t)            %傅立叶变换
Ft =
pi^(1/2)/exp(t^2/4)

>> fx=ifourier(Ft,t,x)          %傅立叶逆变换

fx =
1/exp(x^2)
```

【实例 4.31】 计算函数 $f = \int x \sin x dx$ 的傅立叶变换，并绘制出变换前后的时域频域图。

```
%在命令行窗口输入如下命令
>> clc
>> clear all
>> syms f x F;
>> f = exp(-x^2)/sqrt(2*pi)
f =

2251799813685248/(5644425081792261*exp(x^2))

>> F = fourier(f)
F =

(2251799813685248*pi^(1/2))/(5644425081792261*exp(w^2/4))

>> subplot(1,2,1)
>> fplot('exp(-x^2)/sqrt(2*pi)',[-5,5])
>> title('时域图')
>> subplot(1,2,2)
>> fplot(char(F),[-5,5])
>> title('Fourier 变换后的频域图')
```

MATLAB 提供了基本拉普拉斯变换，其调用格式如下：

```
laplace(F)
laplace(F, t)
laplace(F, w, z)
```

【实例 4.32】计算函数 $y = \sin 2t$ 的拉普拉斯变换，并绘制出变换前后的函数图形（见图 4-3 和图 4-4）。

```
%在命令行窗口输入如下命令
>> clc
>> clear all
>> syms t f F
>> f = sin(2*t)

f =

sin(2*t)

>> F = laplace(f)

F =

2/(s^2 + 4)

>> subplot(1,2,1)
>> fplot('sin(2*t)',[-2*pi,2*pi])
>> title('Laplace 变换前的函数图')
>> subplot(1,2,2)
>> fplot(char(F),[-2,2])
>> title('Laplace 变换后的函数图')
```

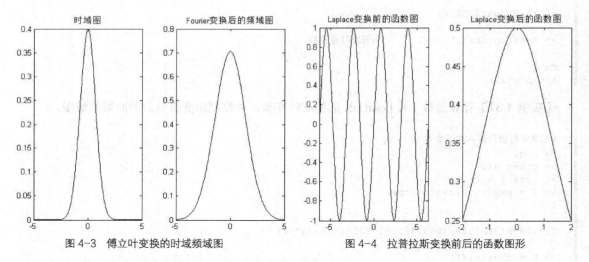

图 4-3 傅立叶变换的时域频域图　　　　图 4-4 拉普拉斯变换前后的函数图形

MATLAB 提供了基本 Z 变换，其调用格式如下：

```
ztrans(fx, x, t)      %结果为函数 f(x) 的 Z 变换像函数 F(t)
iztrans(Fw, t, x)     %结果为函数 F(t) 的 Z 变换原函数 f(x)
```

【实例 4.33】计算 $g(Z) = a^z$、$Z[g] = \sum_{z=0}^{\infty} g(Z)\omega^{-z}$ 的 Z 变换。

```
%在命令行窗口输入如下命令
>> clc
>> clear all
>> syms a z;
>> g = a^z;
>> ztrans(g)

ans =

-w/(a - w)
```

【实例 4.34】计算 $f(n) = \sin(an)$、$Z[f] = \sum_{z=0}^{\infty} f(n)\omega^{-n}$ 的 Z 变换。

```
%在命令行窗口输入如下命令
>> clc
>> clear all
>> syms a n w;
>> f = sin(a*n);
>> ztrans(f, w)
ans =

(w*sin(a))/(w^2 - 2*cos(a)*w + 1)
```

4.3 数值微分

4.3.1 diff 求微分

1. diff 函数的调用格式

在 MATLAB 中，没有直接提供求数值导数的函数，只有计算向前差分的函数 diff，其调用格式为：

Y=diff(X)：计算向量 X 的向前差分，DX(i)=X(i+1)-X(i)，i=1,2,…,n-1。
Y=diff(X,n)：计算 X 的 n 阶向前差分。例如，diff(X,2)=diff(diff(X))。
Y=diff(A,n,dim)：计算矩阵 A 的 n 阶差分，dim=1 时（缺省状态），按列计算差分；dim=2，按行计算差分。

2. diff 程序实例

【实例 4.35】采用 diff 函数，计算下列导数：

（1）$f' = (\tan(x))'$；（2）$f' = (\cot)'$；（3）$f' = (\sec(x))'$；（4）$f' = (\csc(x))'$；（5）$f' = (a\sin(x))'$。

```
%在MATLAB命令行窗口中输入下列命令，并得出如下结果：
>> clc
>> clear all
%计算导数 f'=(tan(x))'
>> diff('tan(x)')
ans =

tan(x)^2 + 1

%计算导数 f'=(cot(x))'
>> diff('cot(x)')
ans =

- cot(x)^2 - 1

%计算导数 f'=(sec(x))'
>> diff('sec(x)')
ans =

sin(x)/cos(x)^2

%计算导数 f'=(csc(x))'
>> diff('csc(x)')
ans =

-cos(x)/sin(x)^2

%计算导数 f'=(asin(x))'
```

```
>> diff('asin(x)')
ans =
1/(1 - x^2)^(1/2)
```

【实例 4.36】 采用 diff 函数,计算下列导数:

(1) $f' = (\sin(x))'$;(2) $f' = (\sqrt{x})'$;(3) $f' = (\log(xY))'$;(4) $f' = (\sin(Xy))'$;(5) $f' = (\sin(Xy))'''$。

```
%在 MATLAB 命令行窗口中输入下列命令,并得出如下结果:
>> clc
>> clear all
%计算导数 f' = (sin(x))'
>> df = diff('sin(x)')
df =
cos(x)

%计算导数 f' = (√x)'
>> df = diff('sqrt(x)')
df =
1/(2*x^(1/2))

%计算导数 f' = (log(xY))'
>> df = diff('log(x*y)','x')
df =
1/x

%计算导数 f' = (sin(Xy))'
>> df = diff('sin(x*y)','y')
df =
x*cos(x*y)

%计算导数 f' = (sin(Xy))'''
>> df = diff('sin(x*y)','x',3)
df =
-y^3*cos(x*y)
```

【实例 4.37】 分别计算表达式 x^5 的一阶导数和三阶导数。

```
%在命令行窗口输入如下命令
>> clc
>> clear all
>> syms x
>> diff(x^5)           %x^5 的一阶导数
ans =
    5*x^4
>> diff(x^5,3)         %x^5 的三阶导数
ans =
    60*x^2
```

【实例 4.38】 计算向量的前向差分。

```
%在命令行窗口输入如下命令
>> clc
>> clear all
>> x = [1 2 3 4 5];
>> y = diff(x)         %向量的前向差分
>> y =
     1     1     1     1
>> z = diff(x,2)       %向量二阶前向差分
z =
     0     0     0
```

4.3 数值微分

【实例 4.39】生成以向量 V = [1,2,3,4,5,6]为基础的范得蒙矩阵，按列进行差分运算。

```
%在命令行窗口输入如下命令
>> clc
>> clear all
>> V=vander(1:6)
>> DV=diff(V)            %计算 V 的一阶差分
V =
           1           1           1           1           1           1
          32          16           8           4           2           1
         243          81          27           9           3           1
        1024         256          64          16           4           1
        3125         625         125          25           5           1
        7776        1296         216          36           6           1
DV =
          31          15           7           3           1           0
         211          65          19           5           1           0
         781         175          37           7           1           0
        2101         369          61           9           1           0
        4651         671          91          11           1           0
```

【实例 4.40】用不同的方法求函数 f(x)的数值导数，并在同一个坐标系中绘出 f'(x)的图像。

```
%在命令行窗口输入如下命令
>> clc
>> clear all
>> f=inline('sqrt(x.^3+2*x.^2-x+12)+(x+5).^(1/6)+5*x+2');
>> g=inline('(3*x.^2+4*x-1)./sqrt(x.^3+2*x.^2-x+12)/2+1/6./(x+5).^(5/6)+5');
>> x=-3:0.01:3;
>> p=polyfit(x,f(x),5);           %用 5 次多项式 p 拟合 f(x)
>> dp=polyder(p);                 %对拟合多项式 p 求导数 dp
>> dpx=polyval(dp,x);             %求 dp 在假设点的函数值
>> dx=diff(f([x,3.01]))/0.01;     %直接对 f(x)求数值导数
>> gx=g(x);                       %求函数 f 的导函数 g 在假设点的导数
>> plot(x,dpx,x,dx,'.',x,gx,'-'); %绘图
```

运行结果如图 4-5 所示。

4.3.2 梯度

gradient 函数适用于多元函数，曲面对应于一个二元函数，曲面的法线垂直于梯度的方向。
函数 gradient 的格式如下：

```
[gx, gy] = gradient(F)           %求函数 F 的数值梯度，dx=dy=1
[gx, gy] = gradient(F, H)        %求函数 F 的数值梯度，dx=dy=H
[gx, gy] = gradient(F, Hx, Hy)   %求函数 F 的数值梯度，dx=Hx, dy=Hy
[gx, gy, …] = gradient(F, …)    %用法和上面的类似，只不过变元为 n 个，在 F 后可指定每个变元的间距
[nx, ny, nz] = gradient(X, Y, Z) %给出(X, Y, Z)所表示曲线的法线
```

【实例 4.41】下面是某曲面上的一些离散点，求在每点处曲面沿 x 和 y 方向的数值梯度和法向量（见表 4-3）。

表 4-3　　　　　　　　　　　曲面上的离散点

x	1	1.2	1.4	2.3	5
y	0	-0.6	3	4	2
z	-1	7	7.2	9	1.4

```
%在命令行窗口输入如下命令
>> clc
>> clear all
```

```
>> F=[1 1.2 1.4 2.3 5; 0 -0.6 3 4 2; -1 7 7.2 9 1.4];
>> [gx, gy]=gradient(F)    %计算梯度
gx =
    0.2000    0.2000    0.5500    1.8000    2.7000
   -0.6000    1.5000    2.3000   -0.5000   -2.0000
    8.0000    4.1000    1.0000   -2.9000   -7.6000
gy =
   -1.0000   -1.8000    1.6000    1.7000   -3.0000
   -1.0000    2.9000    2.9000    3.3500   -1.8000
   -1.0000    7.6000    4.2000    5.0000   -0.6000

>> n=surfnorm(F)    %计算法向量
n =
   -0.1400   -0.0304   -0.4661   -0.8739   -0.6404
    0.8858   -0.4393   -0.5999    0.1416    0.8619
   -0.9930   -0.3153   -0.1761    0.3960    0.9955
```

【实例 4.42】 多元函数梯度计算实例。

```
%在命令行窗口输入如下命令
>> clc
>> clear all
>> v = -2:0.2:2;
>> [x,y] = meshgrid(v);
>> z = x .* exp(-x.^2 - y.^2);
>> [px,py] = gradient(z,.2,.2);
>> contour(v,v,z), hold on, quiver(v,v,px,py), hold off
```

执行结果如图 4-5 和图 4-6 所示。

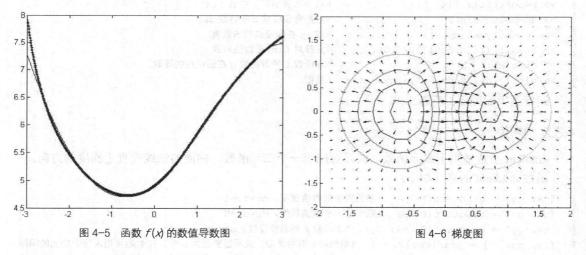

图 4-5 函数 $f(x)$ 的数值导数图　　　　图 4-6 梯度图

4.3.3　jacobian 函数

1. jacobian 迭代的概念

多元函数的雅克比矩阵是一个非常重要的概念，多元函数的积分、矩阵微积分及坐标转换等都要用到它。

$$F(x,y,z) = \begin{bmatrix} f_1(x_1,x_2,\cdots,x_n) \\ f_2(x_1,x_2,\cdots,x_n) \\ \cdots \\ f_m(x_1,x_2,\cdots,x_n) \end{bmatrix} \Rightarrow F'(x,y,z) = \begin{bmatrix} \dfrac{\partial f_1}{\partial x_1} \cdots \dfrac{\partial f_n}{\partial x_n} \\ \vdots \ddots \vdots \\ \dfrac{\partial f_m}{\partial x_1} \cdots \dfrac{\partial f_m}{\partial x_n} \end{bmatrix}$$

2. jacobian 函数的调用格式

在 MATLAB 中，可用 jacobian 函数求雅克比矩阵，jacobian 函数常见的用法如下：

j=jacobian(f, v)   %它计算向量 f 对向量 v 的雅可比矩阵。

3. jacobian 函数的应用实例

【实例 4.43】 求如下函数的 jacobian 矩阵。

$$F(x,y,z) = \begin{bmatrix} 3x - \cos(xy) - 0.5 \\ x^2 - 81(y+0.1)^2 + \sin z + 1.06 \\ e^{-xy} + 20z + \dfrac{10\pi}{3} - 1 \end{bmatrix}$$

```
%在MATLAB命令行窗口中输入下列命令:
>> clc
>> clear all
>> syms x y z;
>> fun=[3*x-cos(x*y)-0.5;x^2-81*(y+0.1)^2+sin(z)+1.06;exp(-x*y)+20*z+10*pi/3-1]

fun =

                       3*x - cos(x*y) - 1/2
 sin(z) - 81*(y + 1/10)^2 + x^2 + 53/50
        (10*pi)/3 + 20*z + 1/exp(x*y) - 1
>> jacobian(fun,[x y z])

ans =

[ y*sin(x*y) + 3,      x*sin(x*y),           0]
[            2*x, - 162*y - 81/5,       cos(z)]
[    -y/exp(x*y),     -x/exp(x*y),          20]
```

【实例 4.44】 求各函数的 jacobian 矩阵。

$$\begin{cases} x^2 + y^2 = 4 \\ x^2 - y^2 = 1 \end{cases} ; \quad \begin{cases} 3x_1 - \cos(x_1 x_2) - 0.5 = 0 \\ x_1^2 - 81(x_2 + 0.1)^2 - \sin x_3 + 1.06 = 0 \\ e^{-x_1 x_2} + 20x_3 + (10\pi/3 + 1) = 0 \end{cases}。$$

```
%在MATLAB命令行窗口中输入下列命令:
>> clc
>> clear all
%jacobian 矩阵1
>> syms x y;
>> jacobian([x^2+y^2-4;x^2-y^2-1],[x y])

ans =

[ 2*x,  2*y]
[ 2*x, -2*y]
%jacobian 矩阵2
>> syms x y z;
>> jacobian([3*x-cos(x*y)-0.5;x^2-81*(y+0.1)^2+sin(z)+1.06;exp(-x*y)+20*z+(10*pi/3+1)], [x y z])

ans =

[ y*sin(x*y) + 3,      x*sin(x*y),           0]
[            2*x, - 162*y - 81/5,       cos(z)]
[    -y/exp(x*y),     -x/exp(x*y),          20]
```

【实例 4.45】 雅克比矩阵求取实例。计算函数向量 $f = [x^2 \cdot \sin(xyz) \, e^t]^T$ 关于自变量 x, y, z, t 的雅克比矩阵。

```
%在MATLAB命令行窗口中输入下列命令:
>> clc
>> clear all
>> syms x y z t;
>> f = [x^2 sin(x*y*z)  exp(t)];
>> v = [ x y z t];
>> j = jacobian(f,v)
%输出结果为:
j = 
[                 2*x,                 0,                 0,            0]
[ cos(x*y*z)*y*z, cos(x*y*z)*x*z, cos(x*y*z)*x*y,            0]
[                  0,                 0,                 0,      exp(t)]
```

上例中 f 是函数向量，它有 3 个分量，每个分量都是 x, y, z, t 的函数，因此它对自变量的雅克比矩阵是 3 行 4 列的。

4.3.4 中点公式

1. 中点公式的概念

此方法的思想十分简单，由导数的定义可知：

$$f'(x) = \lim_{h \to 0} \frac{f(x+h) - f(x-h)}{2h}$$

在实际应用中，可以用有限的很小的 h 值代入右边的式子求得导数的近似值。表面上看，似乎步长越小，结果越精确，其实不然。当 h 值十分小时，$f(x+h)$ 的值与 $f(x-h)$ 的值很接近，在计算机上直接相减会造成有效数字的损失，因此 h 值也不能太小。

一般情况下，如果 $f(x)$ 足够光滑，h 取 0.1 就够了。

2. 中点公式的程序实现

在 MATLAB 中编程实现中点公式的函数为 MidPoint，如表 4-4 所示：

表 4-4　　　　　　　　　　　　　　　　　函数 MidPoint

函数	MidPoint
功能	用中点公式求取导数
格式	df = MidPoint(*func, x0, h*)

其中，*func* 为函数名；*x0* 为求导点；*h* 为离散步长；*df* 为导数值

实现中点公式的 MATLAB 程序代码如下：

```
function df=MidPoint(func,x0,h)
%采用中点公式，求取函数func在x0处的导数
%函数名: func
%求导点: x0
%离散步长: h
%导数值: df

if nargin == 2
    h = 0.1;                                        %h 默认值为0.1
else if (nargin == 3 && h == 0.0)
        disp('h不能为0! ');
        return;
    end
end
```

```
y1 = subs(sym(func), findsym(sym(func)),x0+h);
y2 = subs(sym(func), findsym(sym(func)),x0-h);
df = (y1-y2)/(2*h);                              %中点公式
```

【实例 4.46】中点公式法求导数应用实例。采用中点公式法求函数 $f = \sqrt{x}$ 在 $x = 4$ 处的导数。

```
%在MATLAB命令行窗口中输入下列命令:
>> clc
>> clear all
>> df=MidPoint('sqrt(x)',4)
%输出计算结果为:
df =0.2500
```

%采用中点公式法求函数 $f = \sqrt{x}$ 在 $x = 4$ 处的导数为 0.25,而导数的精确值也是 0.25。

4.3.5 三点公式法和五点公式法

1. 三点公式法的概念

三点公式是由等距节点插值公式得来的,其思想是先将函数用等距节点公式进行插值,然后对插值多项式求导数,再取有限的项数。

三点公式有以下三种形式,分别由等距牛顿前插、等距牛顿后插和斯特林公式得出。

(1) 等距牛顿前插得出的三点公式:

$$f'(x_0) \approx \frac{1}{2h}(-3y_0 + 4y_1 - y_2)。$$

(2) 等距牛顿后插得出的三点公式:

$$f'(x_0) \approx \frac{1}{2h}(3y_0 - 4y_{-1} + 3y_{-2})。$$

(3) 斯特林公式得出的三点公式:

$$f'(x_0) \approx \frac{1}{2h}(y_1 - y_{-1})。$$

上述式子中:

$$y_0 = f(x_0), \ y_1 = f(x_0 + h),$$
$$y_2 = f(x_0 + 2h), \ y_{-1} = f(x_0 - h), \ y_{-2} = f(x_0 - 2h)。$$

2. 五点公式法的概念

五点公式法和三点公式法的得出过程是一样的,只不过取的项数比三点公式法多,如下所示。

$$f'(x_0) \approx \frac{1}{12h}(-25y_0 + 48y_1 - 36y_2 + 16y_3 - 3y_4);$$

$$f'(x_0) \approx \frac{1}{12h}(-3y_{-1} - 10y_0 + 18y_1 - 16y_2 + y_3);$$

$$f'(x_0) \approx \frac{1}{12h}(y_{-2} - 8y_{-1} + 8y_1 - y_2);$$

$$f'(x_0) \approx \frac{1}{12h}(3y_1 + 10y_0 - 18y_{-1} + 16y_{-2} - y_{-3});$$

$$f'(x_0) \approx \frac{1}{12h}(25y_0 - 48y_{-1} + 36y_{-2} - 16y_{-3} + 3y_{-4})。$$

上述式子中:

$y_3 = f(x_0 + 3h)$, $y_4 = f(x_0 + 4h)$ $y_{-3} = f(x_0 - 3h)$, $y_{-4} = f(x_0 - 4h)$。

3. 实现三点公式的函数

在 MATLAB 中编程实现三点公式法的函数为 ThreePoint，如表 4-5 所示。

表 4-5　　　　　　　　　　　　　　　函数 ThreePoint

函数	ThreePoint
功能	用三点公式法求函数导数
格式	*df* = ThreePoint(*func*, *x0*, *type*, *h*)

其中，*func* 为函数名；*x0* 为求导点；*type* 为三点公式的三种形式；*h* 为离散步长；*df* 为导数值

三点公式法 ThreePoint.m 文件程序代码如下：

```
function df=ThreePoint(func,x0,type,h)
%采用三点公式，求取函数 func 在 x0 处的导数
%函数名：func
%求导点：x0
%公式的形式：type (取值为 1, 2, 3)
%离散步长：h
%导数值：df

if nargin == 3
    h = 0.1;
else if (nargin == 4 && h == 0.0)
        disp('h 不能为 0! ');
        return;
    end
end

y0 = subs(sym(func), findsym(sym(func)),x0);
y1 = subs(sym(func), findsym(sym(func)),x0+h);
y2 = subs(sym(func), findsym(sym(func)),x0+2*h);
y_1 = subs(sym(func), findsym(sym(func)),x0-h);
y_2 = subs(sym(func), findsym(sym(func)),x0-2*h);

switch type
    case 1,
        df = (-3*y0+4*y1-y2)/(2*h);         %用第一个公式求导数
    case 2,
        df = (3*y0-4*y_1+3*y_2)/(2*h);      %用第二个公式求导数
    case 3,
        df = (y1-y_1)/(2*h);                %用第三个公式求导数
end
```

4. 实现五点公式的函数

在 MATLAB 中编程实现五点公式法的函数为 FivePoint，如表 4-6 所示。

表 4-6　　　　　　　　　　　　　　　函数 FivePoint

函数	FivePoint
功能	用五点公式法求函数导数
格式	*df* = FivePoint(*func*, *x0*, *type*, *h*)

其中，*func* 为函数名；*x0* 为求导点；*type* 为五点公式的五种形式；*h* 为离散步长；*df* 为导数值。

4.3 数值微分

五点公式法的 FivePoint.m 文件程序代码如下:

```matlab
function df=FivePoint(func,x0,type,h)
%采用五点公式,求取函数 func 在 x0 处的导数
%函数名: func
%求导点: x0
%公式的形式: type (取值为 1, 2, 3, 4, 5)
%离散步长: h
%导数值: df

if nargin == 3
    h = 0.1;
else if (nargin == 4 && h == 0.0)
        disp('h 不能为 0! ');
        return;
    end
end

y0 = subs(sym(func), findsym(sym(func)),x0);
y1 = subs(sym(func), findsym(sym(func)),x0+h);
y2 = subs(sym(func), findsym(sym(func)),x0+2*h);
y3 = subs(sym(func), findsym(sym(func)),x0+3*h);
y4 = subs(sym(func), findsym(sym(func)),x0+4*h);
y_1 = subs(sym(func), findsym(sym(func)),x0-h);
y_2 = subs(sym(func), findsym(sym(func)),x0-2*h);
y_3 = subs(sym(func), findsym(sym(func)),x0-3*h);
y_4 = subs(sym(func), findsym(sym(func)),x0-4*h);

switch type
    case 1,
        df = (-25*y0+48*y1-36*y2+16*y3-3*y4)/(12*h);      %用第一个公式求导数

    case 2,
        df = (-3*y_1-10*y0+18*y1-16*y2+y3)/(12*h);        %用第二个公式求导数

    case 3,
        df = (y_2-8*y_1+8*y1-y2)/(12*h);                  %用第三个公式求导数

    case 4,
        df = (3*y1+10*y0-18*y_1+16*y_2-y_3)/(12*h);       %用第四个公式求导数

    case 5,
        df = (25*y0-48*y_1+36*y_2-16*y_3+3*y_4)/(12*h);   %用第五个公式求导数
end
```

5. 应用实例

【实例 4.47】三点公式法求导数应用实例。采用三点公式法的 3 种形式求函数 $f = \sin(x)$ 在 $x = 2$ 处的导数。

```
%在 MATLAB 命令行窗口中输入下列命令:
>> clc
>> clear all
%在 MATLAB 命令行窗口中输入:
>> df1=ThreePoint('sin(x)',2,1);

df1 =

   -0.4178

>> df2=ThreePoint('sin(x)',2,2);

df2 =
```

```
        -0.4173
>> df3=ThreePoint('sin(x)',2,3);
df3 =
        -0.4155
```

而函数 $f = \sin(x)$ 在 $x = 2$ 处的导数为 $\cos(2) = -0.4161$，从上面 3 种方法得出的结果来看，都是十分接近的，其中以第三种方法的近似效果最佳。

【实例 4.48】五点公式法求导数应用实例。采用五点公式法的 5 种形式求函数 $f = \sin(x)$ 在 $x = 2$ 处的导数。

```
%在 MATLAB 命令行窗口中输入下列命令:
>> clc
>> clear all
%在 MATLAB 命令行窗口中输入:
>> df1=FivePoint('sin(x)',2,1)

df1 =

        -0.4161

>> df2=FivePoint('sin(x)',2,2)

df2 =

        -0.4161

>> df3=FivePoint('sin(x)',2,3)

df3 =

        -0.4161

>> df4=FivePoint('sin(x)',2,4)

df4 =

        -0.4161

>> df5=FivePoint('sin(x)',2,5)

df5 =

        -0.4161
```

函数 $f = \sin(x)$ 在 $x = 2$ 处的导数为 $\cos(2) = -0.4161$，从上面的结果来看，五点公式法的精度是很高的。

4.3.6 样条函数法

MATLAB 的样条工具箱中提供了求样条函数的导数的函数，与求导有关的样条函数的操作如表 4-7 所示。

表 4-7　　　　　　　　　　样条函数的操作

格　式	说　明
Y = csape($x, y, conds, valconds$)	构造各种边界条件下的三次插值样条函数，其中 conds 用于指定插值的边界条件
FY = fnder(Y)	对样条函数进行微分

表 4-7 中，*conds* 可取的值如下。

`'complete'`：给定端点的斜率，斜率大小在 valconds 中给出；
`'not-a-knot'`：两个端点存在三节连续导数；
`'periodic'`：给定周期特性；
`'second'`：给定端点的二阶导数，大小在 valconds 中给出；
`'variational'`和`'vadahonal'`：给定端点的二阶导数，且大小为 0。

【实例 4.49】 样条函数法求导数应用实例。采用样条函数求表 4-8 所列数据点中前 7 个点处的数值导数。

表 4-8　　　　　　　　　　　　　　数据点

x	0	0.5	1	1.5	2	2.5	3
y	0	0.25	1	2.25	4	6.25	9

```
%在 MATLAB 命令行窗口中输入下列命令:
>> clc
>> clear all
%在 MATLAB 命令行窗口中输入:
>> x=0:0.5:3;
>> y=[0 0.25 1 2.25 4 6.25 9];
>> Y = csape(x,y,'second', [2, 2])
%输出计算结果为:
Y =
      form: 'pp'
    breaks: [0 0.5000 1 1.5000 2 2.5000 3]
     coefs: [6x4 double]
    pieces: 6
     order: 4
       dim: 1
>> df = fnder(Y)
df =
      form: 'pp'
    breaks: [0 0.5000 1 1.5000 2 2.5000 3]
     coefs: [6x3 double]
    pieces: 6
     order: 3
       dim: 1
>> df.coefs
ans =
         0    2.0000         0
         0    2.0000    1.0000
         0    2.0000    2.0000
         0    2.0000    3.0000
         0    2.0000    4.0000
         0    2.0000    5.0000
```

最终结果保存在 **df.coefs** 中，其中最右边一列为一阶导数，中间一列为二阶导数，最左边一列为三阶导数。

题目中的数据点来自函数 $y = x^2$，理论上它在 $x = 0, 0.5, 1, 1.5, 2, 2.5$ 处的一阶导数依次为 0，1，2，3，4，5，二阶导数都为 2，三阶导数全为 0。

从例子的结果可以看出，一阶导数、二阶导数和三阶导数的数值和理论值一样。

4.3.7　辛普森（Simpleson）微分法

辛普森数值微分是用来求等距节点在节点处的导数的，辛普森数值微分公式如下：

$$\begin{bmatrix} 4 & 1 & & & \\ 1 & 4 & 1 & & \\ & 1 & 4 & \ddots & \\ & & \ddots & \ddots & 1 \\ & & & 1 & 4 \end{bmatrix} \begin{bmatrix} f'(x_1) \\ f'(x_2) \\ f'(x_3) \\ \vdots \\ f'(x_{n-1}) \end{bmatrix} = \begin{bmatrix} 3(y_2 - y_0)/h - f'(x_0) \\ 3(y_3 - y_1)/h \\ 3(y_4 - y_2)/h \\ \vdots \\ 3(y_n - y_{n-2})/h - f'(x_n) \end{bmatrix}。$$

其中，$y_n = f(x_n)$，$x_n = x_0 + nh$。

如果端点导数值 $-f'(x_0)$ 和 $-f'(x_n)$ 未知，则将它们用中点微分公式近似，这时的辛普森数值微分公式为：

$$\begin{bmatrix} 2 & 0 & & & \\ 1 & 4 & 1 & & \\ & 1 & 4 & \ddots & \\ & & \ddots & \ddots & 1 \\ & & & 0 & 2 \end{bmatrix} \begin{bmatrix} f'(x_1) \\ f'(x_2) \\ f'(x_3) \\ \vdots \\ f'(x_{n-1}) \end{bmatrix} = \begin{bmatrix} (y_2 - y_0)/h \\ 3(y_3 - y_1)/h \\ 3(y_4 - y_2)/h \\ \vdots \\ (y_n - y_{n-2})/h \end{bmatrix}。$$

1. 辛普森数值法（用于已知函数表达式）

在 MATLAB 中，编程实现辛普森数值法（用于已知函数表达式）的函数为 CISimpson，如表 4-9 所示。

表 4-9　　　　　　　　　　　　函数 CISimpson

函数	CISimpson
功能	用辛普森数值法求已知函数在某点的导数值
格式	*df* = CISimpson (*func, x0, n, h*)

其中，*func* 为函数名；*x0* 为求导点；*n* 为将已知函数离散的数据点数；*h* 为离散步长；*df* 为导数值。

辛普森数值微分法（适用于已知函数表达式）CISimpson.m 文件程序代码如下：

```
function df=CISimpson(func,x0,n,h)
%用辛普森数值法求已知函数 func 在 x0 点的导数值
%函数名：func
%求导点：x0
%将已知函数离散的数据点数：n
%离散步长：h
%导数值：df

if nargin == 2                    %以下是参数的判断过程
    h = 0.1;
    n = 5;
else
    if (nargin == 3 )
        if (n<5)
            disp('n 不能小于 5!');
            return;
        else
            h = 0.1;
        end
    else (nargin == 4 && h == 0.0)
        disp('h 不能为 0! ');
        return;
    end
end
```

```
for(i=1:n)                                    %这个循环计算节点的函数值
    if (mod(n,2) == 0)
        y(i)= subs(sym(func), findsym(sym(func)),x0+(i-n/2)*h);
    else
        y(i)= subs(sym(func), findsym(sym(func)),x0+(i-(n+1)/2)*h);
    end
end

f(1)=(y(3)-y(1))/(2*h);
f(2)=(y(n)-y(n-2))/(2*h);                     %这两行用中心微分法给出端点的导数

b(1:n-2,1) = zeros(n-2,1);
b(1,1)=3*(y(3)-y(1))/h-f(1);
b(n-2,1)=3*(y(n)-y(n-2))/h-f(2);
for(i=2:(n-3))
    b(i,1) = 3*(y(i+2)-y(i))/h;
end                                           %这一部分是辛普森公式的右边的列向量

for(i=1:n-2)
    for(j=1:n-2)
        if( (i == j+1) || (j == i+1))
            A(i,j)= 1;
        else if( i == j)
            A(i,j) = 4;
            end
        end
    end
end                                           %这一部分是系数矩阵

[Q,R]=qr(A);
DF = R\(Q\b);                                 %用 QR 分解法求解

if( mod(n,2) == 0)
    df = DF(n/2);
else
    df = DF((n+1)/2);
end                                           %这里是求出 x0 处的导数值
```

2. 辛普森数值法（用于离散数据点）

在 MATLAB 中编程实现辛普森数值法（用于离散数据点）的函数为 DISimpson，如表 4-10 所示。

表 4-10　　　　　　　　　　　　　　函数 DISimpson

函数	DISimpson
功能	用辛普森数值法求离散数据点在某点的导数值
格式	df = DISimpson (X, Y, n, p)

其中，X 为离散数据的 x 坐标向量；Y 为离散数据的 y 坐标向量；n 为数据点的个数；p 为求第 p 个点处的导数；df 为导数值

辛普森数值微分法（适用于数据向量）的另一个 MATLAB 程序代码如下：

```
function df = DISimpson(X,Y,n,p)
%用辛普森数值法求 n 个数据点在第 p 点处的导数
%离散数据的 x 坐标向量：X
%离散数据的 y 坐标向量：Y
%数据点的个数：n
%要求导数的点：p
%导数值：df

if n < 5
```

```
            disp('n 不能小于 5!');
            return;
        end                                     %n 为数据点个数,p 为要求导数值的数据点编号

        if p == 0
            disp('p 不能等于 0!');
            return;
        end

        h = X(2)-X(1);
        xx =linspace(X(1),X(n),n);
        if(xx ~= X)
            disp('节点之间不是等距的!');
            return;
        end                                     %判断是否是等距节点

        f(1)=(Y(3)-Y(1))/(2*h);
        f(2)=(Y(n)-Y(n-2))/(2*h);               %这两行用中心微分法给出端点的导数
        b(1,1)=3*(Y(3)-Y(1))/h-f(1);
        b(n-2,1)=3*(Y(n)-Y(n-2))/h-f(2);
        for(i=2:n-3)
            b(i,1) = 3*(Y(i+2)-Y(i))/h;
        end                                     %这一部分是辛普森公式的右边的列向量

        for(i=1:n-2)
            for(j=1:n-2)
                if( (i == j+1) || (j == i+1))
                    A(i,j) = 1;
                else if( i == j)
                    A(i,j) = 4;
                    end
                end
            end
        end                                     %这一部分是系数矩阵

        [Q,R]=qr(A);
        DF = R\(Q\b);                           %用 QR 分解法求解

        if( p == 1)
            df = f(1);
        else
            df = DF(p-1);                       %这里是求出第 p 个节点处的导数值
        end
```

3. 应用实例

【实例 4.50】辛普森数值微分法应用实例之一。分别采用 5,10,100 个离散点的辛普森数值微分法求函数 $f = e^x$ 在 $x = 2.5$ 的导数值。

```
%在 MATLAB 命令行窗口中输入下列命令:
>> clc
>> clear all
%在 MATLAB 命令窗口中输入:
>> df = CISimpson('exp(x)',2.5)          %采用默认的 5 个离散点计算
%输出计算结果为:

df =

    13.8179

>> df = CISimpson('exp(x)',2.5,10)       %采用 10 个离散点计算
%输出计算结果为:
```

```
    df =

        13.4528
>> df = CISimpson('exp(x)',2.5,100)      %采用 100 个离散点计算
%输出计算结果为：

    df =

        13.4637
```

而函数 $f = e^x$ 在 $x = 2.5$ 处的导数值为 $e^{2.5} = 12.1825$。

辛普森数值微分公式的缺点在于：如果端点的导数没有给定，则它的精度会比较低，当然如果端点的导数未知，可以采用其他精度更高的方法来近似端点导数值，上面列出的代码中是采用中点微分公式来近似的，精度显然比较低。

【实例 4.51】辛普森数值微分法应用实例之二。用辛普森数值微分法求表 4-11 所列数据点在 $x = 1$ 处的导数值。

表 4-11　　　　　　　　　　　　　　数据点

x	0	0.5	1	1.5	2	2.5	3
y	0	0.125	1	3.375	8	15.625	27

```
%在 MATLAB 命令行窗口中输入下列命令：
>> clc
>> clear all
%在 MATLAB 命令行窗口中输入：
>> x=0:0.5:3;
>> y=[0 0.125 1 3.375 8 15.625 27];
>> df=DISimpson(x,y,7,3)
%输出计算结果为：
df =3.0308
```

表格中的数据点是根据函数 $f = x^3$ 以 0.5 为步长等距选取的。$f = x^3$ 在 $x = 1$ 处的导数为 3.00，辛普森数值微分法的结果还是比较好的。

4.3.8　多项式的微分

多项式在数学中有着极为重要的作用，同时多项式的运算也是工程应用中经常遇到的问题。MATLAB 提供了一些专门用于处理多项式的函数，用户可以应用这些函数对多项式进行操作。MATLAB 中对多项式的操作包括多项式求根、多项式的四则运算及多项式的微积分。

1. 多项式的表示

在 MATLAB 中多项式用一个行向量表示，向量中的元素为该多项式的系数，按照降序排列。

表达式如下：$P(x) = a_0 X^n + a_1 X^{n-1} + a_2 X^{n-2} + \cdots + a_{n-1} X + a_n$；

系数向量：$P = [a_0 \quad a_1 \quad a_2 \quad \cdots \quad a_{n-1} \quad a_n]$。

2. 多项式的建立

按照高次幂到低次幂的顺序，直接输入多项式的系数向量，如果多项式中某次幂缺项，则该次项的系数为零。

举例：$P(x) = 9X^3 + 7X^2 + 4X^1 + 3$；

系数向量：$P = [9 \quad 7 \quad 4 \quad 3]$。

【实例 4.52】 使用 poly2str、poly2sym 函数，将多项式系数向量转化成多项式字符串：

```
%在命令行窗口输入如下命令
>> clc
>> clear all
>> A=[ 6 0 8 9 1 ];
>> poly2str(A,'x')
ans =

   6 x^4 + 8 x^2 + 9 x + 1

>> poly2sym(A)
ans =

6*x^4 + 8*x^2 + 9*x + 1

>> A=[ 6 0 8 9 ];
>> poly2str(A,'x')
ans =

   6 x^3 + 8 x + 9

>> A=[ 6 0 8 9 0];
>> poly2str(A,'t')
ans =

   6 t^4 + 8 t^2 + 9 t
```

【实例 4.53】 如果 A 为矩阵，则 poly(A) 将创建矩阵 A 的特征多项式：

```
%在命令行窗口输入如下命令
>> clc
>> clear all
>> A=[ 4 6 3 ; 5 4 9 ;8 3 2 ];
>> poly(A)
ans =
   1.0000  -10.0000  -49.0000  -245.0000
```

3. 多项式的求导

函数 polyder 用于多项式求导。该函数可以用于求解一个多项式的导数、两个多项式乘积的导数和两个多项式商的导数。该函数的用法为：

```
q = polyder(p)% 该命令用于计算多项式 p 的导数
c = polyder(a,b) % 该命令用于计算多项式 a、b 的积的导数
[q,d] = polyder(a,b)  % 该命令用于计算多项式a、b 的商的导数, q/d 为最后的结果
```

【实例 4.54】 利用函数 polyder 进行多项式求导。

```
%在命令行窗口输入如下命令
>> clc
>> clear all
>> a = [1 2 -1 -2];
>> b = [1 2];
>> y = polyder(a,b)
y =
     4    12     6    -4

>> [q,d] = polyder(a,b)
q =
     2     8     8     0
d =
     1     4     4
```

4.4 综合实例

【实例 4.55】 三角形上的积分实例。

求函数 $y = x^2 + y^2$ 在三角形 $\Delta = \{(1,0),(2,1),(0,1)\}$ 内的积分近似值。

```
%建立一个M程序文件
%在程序文件中输入下面程序，并保存为 fun_4.m
function z = fun_4(x)
z = x(1)^2 + x(2)^2;

%建立一个M程序文件
%在程序文件中输入下面程序，并保存为 triangl_int.m
function y = triangl_int(a1,a2,a3,n,f)
s = abs(det([a1 1;a2 1;a3 1])) / 2;
switch n
    case 1
        y = s * feval(f,(a1+a2+a3)/3);
    case 2
        y = s / 3 * (feval(f,(a1+a2)/2) + feval(f,(a2+a3)/2)…
            + feval(f,(a3+a1)/2));
    case 3
        y = s / 60 * (3*(feval(f,a1) + feval(f,a2) + feval(f,a3)) +…
            8*(feval(f,(a1+a2)/2) + feval(f,(a2+a3)/2) + …
            feval(f,(a3+a1)/2)) + 27*feval(f,(a1+a2+a3)/3));
    otherwise
        disp('n 太大了！')
        y = Inf;
        return;
end

%在命令行窗口输入如下命令
clc
clear all
%建立一个M程序文件
%在程序文件中输入下面程序，并保存为 ex4_55.m
a1 = [1 0];
a2 = [2 1];
a3 = [0 1];
n = 1;
y1 = triangl_int(a1,a2,a3,n,'fun_4');
disp([num2str(n),'次代数精度求积公式求得积分值为：',num2str(y1)])
n = 2;
y2 = triangl_int(a1,a2,a3,n,'fun_4');
disp([num2str(n),'次代数精度求积公式求得积分值为：',num2str(y2)])
n = 3;
y3 = triangl_int(a1,a2,a3,n,'fun_4');
disp([num2str(n),'次代数精度求积公式求得积分值为：',num2str(y3)])
```

单击"运行"按钮，结果输出如下：

```
1次代数精度求积公式求得积分值为：1.4444
2次代数精度求积公式求得积分值为：1.6667
3次代数精度求积公式求得积分值为：1.6667
```

第 5 章　MATLAB 插值计算

在科学研究和工程实践中，常常要求解这样的问题：从一组已知的实验数据 (x_i, y_i) 中寻找 x 与 y 的函数关系，或者需要求取在 x_i 以外的其他 x 值处对应的 y 值。插值与拟合常被用来获得这个未知的函数关系，两者在概念上有一定差别：插值得到的函数严格经过最初给定的数据点，而拟合则可以在一定程度上偏离原有数据点。从几何上可以理解为：
- 插值是用一个曲面去穿过空间中所有给定的点，是一个精确的函数；
- 拟合是用一个已知形式位置参数的曲面去逼近空间中的点，是一个近似函数。

本章的知识结构

本章介绍 MATLAB 中一维函数和二维函数的插值计算。一维插值包括拉格朗日插值、牛顿插值、埃尔米特插值、分段线性插值、分段埃尔米特插值和三次样条插值。二维差值包括最近邻插值、线性插值、双三次插值和散乱节点插值。本章兼顾理论与实践，在给出主要插值算法原理的同时，使用 MATLAB 实现了插值算法。通过本章的学习，读者能灵活使用常见的插值算法解决一维和二维的插值问题。

5.1　一维插值

本节主要介绍拉格朗日插值、牛顿插值、埃尔米特插值及样条插值等经典插值算法。其中埃尔米特插值和样条插值的实用性较强。

5.1.1　拉格朗日插值

拉格朗日插值法得名于法国十八世纪数学家拉格朗日（Lagrange），是一种多项式插值法。

1. 拉格朗日插值的原理

假定已给定 $k+1$ 个插值节点：

$$(x_0, y_0), (x_1, y_1), L(x_k, y_k)。$$

拉格朗日插值假设任意两个 x_i 都不相等，则插值多项式可表示为

$$L(x) = \sum_{i=0}^{n} y_i l_i(x)。$$

插值多项式由一系列基本多项式（基函数）组成，$l_i(x)$ 就是基函数：

$$l_i(x) = \frac{(x-x_0)L(x-x_{i-1})(x-x_{i+1})L(x-x_n)}{(x_i-x_0)L(x_i-x_{i-1})(x_i-x_{i+1})L(x_i-x_n)}。$$

x_0, x_1, L, x_k 是已知数据点的位置。基函数 $l_i(x)$ 最大的特点是在 x_i 处取值为 1，在 $x_j (j \neq i)$ 处取值为零。因此，由于 $L(x)$ 是基函数与 y_i 相乘后累求求和的结果，容易验证 $L(x)$ 经过给定的每个数

据点，如图 5-1 所示。

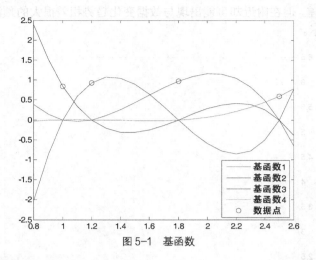

图 5-1 基函数

2. 拉格朗日插值的唯一性

插值多项式由基函数 l_i 的线性组合构成，事实上可以看作是一个由次数不超过 n 的多项式所组成的线性空间中的一个点。各个基函数构成了该空间的基底，且基函数之间是线性无关的。

对任意一组给定的数据 $(x_0,y_0),(x_1,y_1),L(x_k,y_k)$，都可以用拉格朗日法确定一个唯一的 k 次多项式满足插值条件。这一点是显然的，首先我们找到基函数 $l_i(x)$，使其满足：

(1) $l_i(x_i)=1$。

(2) $l_i(x_j)=0$，且 $i \ne j$。

要满足第二点，只需使 $l_i(x)$ 包含因子 $(x-x_0)L(x-x_{i-1})(x-x_{i+1})(x-x_n)$ 即可。即：
$$l_i(x)=\alpha(x-x_0)L(x-x_{i-1})(x-x_{i+1})L(x-x_n)。$$

令 $l_i(x_i)=1$，即：
$\alpha(x_i-x_0)L(x_i-x_{i-1})(x_i-x_{i+1})L(x_i-x_n)=1$，故：
$$\alpha=\frac{1}{(x_i-x_0)L(x_i-x_{i-1})(x_i-x_{i+1})L(x_i-x_n)};$$
$$l_i(x)=\frac{(x-x_0)L(x-x_{i-1})(x-x_{i+1})L(x-x_n)}{(x_i-x_0)L(x_i-x_{i-1})(x_i-x_{i+1})L(x_i-x_n)}。$$

在累积求和时，给基函数乘上权值 y_i，就可以得到所需的插值多项式。

拉格朗日插值多项式的唯一性与其次数约束有关，$L(x)$ 是不大于 k 次的多项式。如果存在两个拉格朗日多项式 L_1、L_2 均满足插值条件，则 $L_1-L_2=0$ 对所有 x_i 成立，因此必然是多项式 $(x-x_0)(x-x_2)L(x-x_k)$ 的倍数。如果 $P_1 \ne P_2$，次数必然不小于 $k+1$，而已知拉格朗日插值法的插值多项式均不大于 k，故必有 $L_1=L_2$，即插值多项式是唯一的。

3. 拉格朗日插值的特点

拉格朗日插值法在理论分析中十分完美，公式结构整齐紧凑，且结果具有唯一性。然而在实际计算中，该方法有两个缺陷：

(1) 从算法上看，每一个基函数都要用到几乎所有的数据点。因此，如果给定的插值点出现变化，所有计算必须重新进行，非常繁琐。下一小节将要介绍的牛顿插值法可以用更小的计算复杂度得到与拉格朗日插值法相同的结果。

（2）当插值点较多时，拉格朗日插值的多项式次数较高，往往会出现数值不稳定的现象。尽管在已知的点处没有误差，但在附近却可能出现与数据变化趋势相差很大的预测值，这种现象称为龙格现象，如图 5-2 所示。

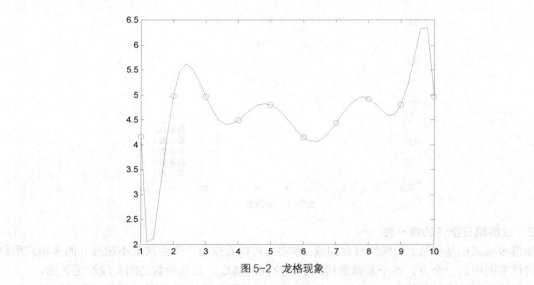

图 5-2　龙格现象

图 5-2 中的原始数据比较平稳，但插值结果却在局部出现了较大的振荡，这是由于函数次数过高引起的。将数据分段，用较低次数的插值多项式，可以在一定程度上避免龙格现象的出现。

4. MATLAB 实现

MATLAB 没有提供专门的拉格朗日插值函数，因此利用 MATLAB 进行拉格朗日插值需要自定义一个函数。这里提供一个笔者编写的一维拉格朗日插值函数 Lagrange.m，代码如下：

```
function y0 = Lagrange1(x,y,x0)
% Lagrange 一维插值
% input:
% x 给定的横坐标节点值
% y 与 x 对应的纵坐标值
% x0 待插值的位置，可以是任意形状的数组
% output:
% y0 x0 处的函数值，是与 x0 同型的数组
% 约束：x 与 y 形状相同；x 不包含重复的值

x=x(:)';
y=y(:)';

% 容错处理
N = length(x);
if N ~= length(y)
    error('x 与 y 不同型!');
end

% x 不能包含相同的元素。如果是浮点数，则应将差与 eps 比较来确定是否相等
if length(unique(x)) ~= N && min(diff(sort(x))) < eps
    error('x 包含相等的元素!');
end

% 记录 x0 的形状
sx = size(x0);
```

5.1 一维插值

```
% 将 x0 转为向量，便于循环处理
x0=x0(:);

ii=1:N;
lenx0 = length(x0);
tmp=zeros(lenx0,N);
t=repmat(x0,1,N-1);
for i=1:N
    indx = find(i ~= ii);
    % 插值公式，prod 为连乘函数
    tmp(:,i) = y(i) * prod( t- repmat(x(indx),lenx0,1),2) ./...
        prod(repmat(x(i),lenx0,N-1)-repmat(x(indx),lenx0,1),2);
end

y0 = sum(tmp,2);
% 将 y0 设为与 x0 相同的形状
y0=reshape(y0,sx);
```

函数的调用格式为：

```
y0 = Lagrange(x,y,x0)
```

其中，x、y 为给定的插值点，$x0$ 为待插值点。x、y 是维数相同的向量，而 $x0$ 可以是任意形状的矩阵或数组，Lagrange($x,y,x0$) 用于计算函数在 $x0$ 处的值，返回一个与 $x0$ 同型的数组 $y0$。

函数首先需要对输入参数进行容错处理。除了满足 x 与 y 同型以外，x 中的元素必须互不相等，在这里，unique(x) 去掉 x 中的重复元素，实现了这一处理。考虑到浮点数的精度问题，还应使用 $(x_1-x_2) \leq eps$ 或 $(x_1-x_2) \leq 1e-6$ 等方式判断浮点数是否相等，因此需要对 x 中的元素进行两两比较。min(diff(sort(x))) 先对 x 从小到大进行排序，然后求其差分的最小值，这个最小值就等于 x 中任意两个元素之差的最小值，因此，如果满足 min(diff(sort(x)))>eps 就能确定 x 中不包含重复元素。循环体中的 prod 函数用于实现连乘。相当于 Π 符号。

【**实例 5.1**】根据表 5-1 列出的数据点，用拉格朗日插值法确定函数在点 $x=1.6$ 处得到值。

表 5-1 数据点

x	1	1.2	1.8	2.5	4
y	0.8415	0.9320	0.9738	0.5985	−0.7568

在命令行窗口输入以下命令：

```
>> x=[1,1.2,1.8,2.5,4];
>> y=[0.8415,0.9320,0.9738,0.5985,-0.7568];
>> y0=Lagrange(x,y,1.6);        % 插值，求 1.6 处的值
>> y0

y0 =

    0.9992

>> y0-sin(1.6)

ans =

  -4.0726e-004
>> plot(x,y,'o-');              % 绘图
>> hold on;
>> plot(1.6,y0,'*r');
>> axis([1,4,-1,1.2])
>> legend('x','x0')
>> set(gcf,'color','w')
```

拉格朗日插值算得函数在 $x=1.6$ 的值为 0.9992，该表中的数据是根据正弦函数给出的，该值与 $\sin(1.6)$ 的差值非常小。插值点的位置如图 5-3 所示。

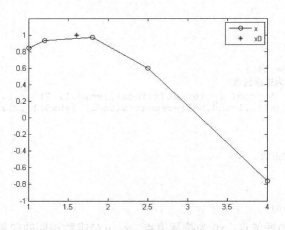

图 5-3　拉格朗日插值

以上给出的是插值运算的数值解。数值解往往是近似解，在 MATLAB 中还提供了符号运算功能，可以计算出插值函数的表达式。笔者编写的函数 Lagrange_sym.m 可以给出一个插值问题的拉格朗日插值函数：

```
function f = Lagrange_sym(x,y)
% 拉格朗日插值的符号解
% input:
% x 给定的横坐标节点值
% y 与x对应的纵坐标值
% output:
% f 插值函数的符号公式

x=x(:)';
y=y(:)';

N = length(x);
if N ~= length(y)
    error('x 与 y 不同型!');
end

if length(unique(x)) ~= N && min(diff(sort(x))) < eps
    error('x包含相等的元素!');
end

syms t;
f = 0.0;
for i = 1:N
    l = y(i);
    for j = 1:N
        if i~=j
            l = l*(t-x(j))/(x(i)-x(j));
        end
    end;
    
    
    f = f + l;                          %计算拉格朗日插值函数
    
end
```

```
simplify(f);                    %化简
f = collect(f);                 %将插值多项式展开
f = vpa(f,6);                   %将插值多项式的系数化成 6 位精度的小数
```

【实例 5.2】对于实例 5.1 中的问题，用 Lagrange_sym 函数求得其插值函数。

```
>> x=[1,1.2,1.8,2.5,4];
>> y=[0.8415,0.9320,0.9738,0.5985,-0.7568];
>> f = Lagrange_sym(x,y)          % 求得的是一个表达式

f =

0.0328112*t^4 - 0.204917*t^3 - 0.0145485*t^2 + 1.05427*t - 0.0261189
```

Lagrange_sym.m 根据公式求插值函数，然后使用 simplify 函数进行简化，用 collect 将多项式展开，并用 vpa 函数将系数用 6 位精度的小数表示。未简化的插值函数形式如下：

```
(5*((1683*t)/400 - 5049/1000)*(t - 4)*(t - 5/2)*(t - 9/5))/18 - (200*((399*t)/1000 -
399/1000)*(t - 4)*(t - 6/5)*(t - 9/5))/273 - (25*((473*t)/1875 - 473/1875)*(t - 5/2)*(t
- 6/5)*(t - 9/5))/231 - (125*((233*t)/50 - 233/50)*(t - 4)*(t - 5/2)*(t - 9/5))/273 +
(250*((4869*t)/4000 - 4869/4000)*(t - 4)*(t - 5/2)*(t - 6/5))/231
```

5.1.2 牛顿插值

对于一份包含 $k+1$ 个元素的数据，拉格朗日法用一个唯一的 k 次多项式进行插值。这种方法理论紧凑，实现不难，但计算复杂度较大，增加或减少一个数据点都会导致需要按公式重新计算，对于之前的计算结果无法加以利用。为了克服这一缺点，引入牛顿插值法。

牛顿法定义了均差的概念，零阶均差为函数本身 $f[x_0]=f(x_0)$。$f(x_0)$ 关于节点 x_0，x_m 的一阶均差定义为：

$$f[x_0,x_m]=\frac{f(x_m)-f(x_0)}{x_m-x_0}。$$

类似地，$f(x_0)$ 关于节点 x_m，x_n 和 x_n，x_k 的二阶均差等于一阶均差 $f[x_m,x_n]$ 和 $f[x_n,x_k]$ 的均差：

$$f[x_m,x_n,x_k]=\frac{f[x_n,x_k]-f[x_m,x_n]}{x_k-x_m}。$$

以此类推，k 阶均差等于 $k-1$ 阶均差的均差：

$$f[x_0,x_1,L,x_{k-1},x_k]=\frac{f[x_1,x_2,L,x_k]-f[x_0,x_1,L,x_{k-1}]}{x_k-x_0}。$$

计算过程如表 5-2 所示。

表 5-2　　　　　　　　　　　　　　　均差计算表

	x_0	x_1	x_2	…	x_{k-1}	x_k
0 阶均差	$f[x_0]$	$f[x_1]$	$f[x_2]$	…	$f[x_{k-1}]$	$f[x_k]$
一阶均差	$f[x_0,x_1]$	$f[x_1,x_2]$	$f[x_2,x_3]$	…	$f[x_{k-1},x_k]$	
二阶均差	$f[x_0,x_1,x_2]$	$f[x_1,x_2,x_3]$	$f[x_2,x_3,x_4]$	…		
…						
$k-1$ 阶均差	$f[x_0,x_1,L,x_{k-1}]$	$f[x_1,x_2,L,x_k]$				
k 阶均差	$f[x_0,x_1,L,x_k]$					

利用均差的概念得出牛顿插值法的插值公式如下：
$$N(x) = f(x_0) + f[x_0,x_1](x-x_0) + f[x_0,x_1,x_2](x-x_0)(x-x_1)$$
$$+ f[x_0,x_1,L,x_n](x-x_0)(x-x_1)L(x-x_{k-1})。$$

对于数据点 $(x_0,y_0),(x_1,y_1),L(x_k,y_k)$，显然插值公式 $N(x)$ 是一个 k 次多项式。上一节已经证明，该插值多项式存在且唯一，因此牛顿插值法的插值函数与拉格朗日法的插值函数 $L(x)$ 完全相等。牛顿插值无法克服龙格现象，但计算过程较拉格朗日插值法更方便、快捷。

MATLAB 中没有专门实现牛顿插值的函数，以下是作者编写的用于数值计算的牛顿插值函数 Newton.m：

```
function y0 = Newton(x,y,x0)
% 牛顿插值法
% input:
% x 给定的横坐标节点值
% y 与x对应的纵坐标值
% x0 待插值的位置，可以是任意形状的数组
% output:
% y0 x0 处的函数值，是与x0同型的数组
% 约束：x与y形状相同；x不包含重复的值

x=x(:)';
y=y(:)';

% 容错处理
N = length(x);
if N ~= length(y)
    error('x 与 y 不同型！');
end

if length(unique(x)) ~= N && min(diff(sort(x))) < eps
    error('x 包含相等的元素！');
end

sx = size(x0);
x0=x0(:)';

% 计算均差表
tabl = zeros(N,N);
tabl(:,1)=y(:);
H=1;
L=ones(N,length(x0));
for i=1:N-1
    for j=1:N-i
        tabl(j,i+1) = (tabl(j+1,i) - tabl(j,i)) / (x(i+j)-x(j));
    end
    H=H.*(x0-x(i));
    L(i+1,:)=H;
end

y0=L.*repmat(tabl(1,:)',1,length(x0));
y0=sum(y0);
y0=reshape(y0,sx);
```

函数的调用格式与上一节 Lagrange 函数类似：

```
y0 = Newton(x,y,x0)
```

x、y 为已知的数据点，是维数相同的向量。$x0$ 为需要插值的 x 位置值，可以是任意形状的矩阵或数组，$y0$ 返回与 $x0$ 同型的矩阵。

牛顿插值法的运算速度比拉格朗日插值法快，需要拉格朗日插值的场合都可以用牛顿插值代替。下面的例子给出了两者性能的对比。

【实例 5.3】 分别使用拉格朗日插值和牛顿插值对实例 5.1 中的数据进行插值。

```
>> x=[1,1.2,1.8,2.5,4];                           % 数据点
>> y=[0.8415,0.9320,0.9738,0.5985,-0.7568];
>> x0=rand(1,10000)*2+1;                          % 1000 个待插值的随机数
>> tic;y_l=Lagrange(x,y,x0);toc                   % 采用拉格朗日法
Elapsed time is 0.019965 seconds.
>> tic;y_n=Newton(x,y,x0);toc                     % 采用牛顿法
Elapsed time is 0.003783 seconds.
>> sum(sum(y_n-y_l))                              % 两者相等

ans =

  -5.5236e-013
```

显然牛顿法与拉格朗日法计算的结果相等。在本实例中，牛顿法的计算速度比拉格朗日法快 5 倍左右。考虑到两个函数在代码实现上的细节差异，其他场合的测试中未必有这样高的比率，但总体来说，牛顿法的确具有更高的效率。众所周知，在 MATLAB 中合理使用向量化可以提高代码的效率。事实上，这两个函数都进行了程度较深的向量化工作，牛顿法的函数 Newton 中包含两层 for 循环，在 Lagrange 中只包含一层 for 循环，但牛顿法依然快于拉格朗日法。

【实例 5.4】 显示一个牛顿插值的均差表。

```
>> x=[1,1.2,1.8,2.5,4];
>> y=[0.8415,0.9320,0.9738,0.5985,-0.7568];
>> x0=2:5;                        % 待插值数据
>> [~,tabl]=Newton(x,y,x0);       % 求出均差表
>> disp('     零阶        一阶        二阶        三阶       四阶');disp(tabl)
     零阶        一阶        二阶        三阶       四阶
    0.8415     0.4525    -0.4785     0.0084     0.0328
    0.9320     0.0697    -0.4660     0.1068          0
    0.9738    -0.5361    -0.1670          0          0
    0.5985    -0.9035          0          0          0
   -0.7568          0          0          0          0
```

均差表的第一列就等于插值点的函数值 y。

5.1.3 埃尔米特插值

一般来说，插值算法函数必须在插值节点处的函数值等于给定的函数值。然而在一些实际问题中，不但要求插值函数 $f(x)$ 在插值节点 x_0, x_1, L, x_k 的函数值 $f(x_i)$ 等于给定的 y_0, y_1, L, y_k，还要求在这些点处的导数值也等于给定的数值。埃尔米特插值可以满足导数与给定值相等的条件。

实际中最常见的是一阶导数给定的情况，此时，对于 $k+1$ 个互异的节点 x_0, x_1, L, x_k，埃尔米特插值的公式如下：

$$f(x) = H_{2n+1}(x) + R_{2n+1}(x)$$
$$= \sum_{i=0}^{n} h_i(x) f(x_i) + \sum_{i=0}^{n} g_i(x) f'(x_i) + \frac{f^{(2n+2)}(\xi)}{(2n+2)!} \prod_{i=0}^{n} (x - x_i)^2 .$$

其中：

$$h_i(x) = \left[1 - 2(x - x_i)\sum_{i=0, i \neq j}^{n}\frac{1}{x_i - x_j}\right]l_i^2(x);$$

$$g_i(x) = (x - x_i)l_i^2(x)。$$

其中 $l_i(x)$ 为拉格朗日插值的基函数：

$$l_i(x) = \prod_{\substack{i=1 \\ i \neq j}}^{n}\left(\frac{x - x_j}{x_i - x_j}\right)^2。$$

由于给定了插值节点上一阶导数的值，因此埃尔米特插值中共有 $2(k+1)$ 个插值条件，唯一确定一个 $2k+1$ 次的插值多项式：

$$H_{2n+1}(x) = \sum_{i=0}^{n}h_i(x)f(x_i) + \sum_{i=0}^{n}g_i(x)f'(x_i)。$$

$R_{2n+1}(x)$ 为埃尔米特插值多项式的余项。

MATLAB 中没有专门实现埃尔米特插值的函数，下面提供一个笔者编写的埃尔米特插值函数 Hermite.m，代码如下：

```
function y0 = Hermite(x,y,dy,x0)
% Hermite 插值法
% input:
%   x       给定的横坐标节点值
%   y       与 x 对应的纵坐标值
%   dy      x 处的一阶导数值，dy 是可选的
%   如果 dy=[]，则函数会从 x 和 y 中计算 dy
% output:
%   y0   x0 处的函数值，是与 x0 同型的数组

x=x(:)';
y=y(:)';

% 如果 dy==[]，利用 x 和 y 计算 dy
if isempty(dy)
    dy = gradient(y,x);
end

% 容错
N = length(x);
if N ~= length(y) || N~=length(dy)
    error('x 、 y 、 dy 不同型！');
end

if length(unique(x)) ~= N && min(diff(sort(x))) < eps
    error('x 包含相等的元素！');
end

sx = size(x0);
x0 = x0(:);
lenx0 = length(x0);
% 迭代
ii=1:N;
```

```
l=zeros(lenx0,N);
a=l;
y0=l;
t=repmat(x0,1,N-1);

for i=1:N

    indx = find(i~=ii);
    xt = repmat(x(i),lenx0,N-1);
    % 基函数
    l(:,i) = prod(t - repmat(x(indx), lenx0, 1),2 ) ./ ...
        prod(xt-repmat(x(indx),lenx0,1),2);
    a(:,i) = sum( 1./( xt-repmat(x(indx),lenx0,1)) ,2);

    y0(:,i)=l(:,i).^2 .*((1-2*(x0-repmat(x(i),lenx0,1)).*a(:,i)).*y(i)+(x0-repmat(x(i),lenx0,1))*dy(i));

end

y0(:,i)=l(:,i).^2 .*((1-2*(x0-repmat(x(i),lenx0,1)).*a(:,i)).*y(i)+(x0-repmat(x(i),lenx0,1))*dy(i));

y0=sum(y0,2);
y0=reshape(y0,sx);
```

函数 Hermite 的调用形式如下：

```
y0 = Hermite(x,y,dy,x0)
```

x、y 为给定的数据点位置，是等长的行向量或列向量。dy 如果为空矩阵[ ]，则函数调用 gradient 函数自动计算一阶导数，否则 dy 与 x、y 同型。$x0$ 为待插值点，可以是任意形状的矩阵或数组，$y0$ 与 $x0$ 同型。

【实例 5.5】某导线中的电流与时间的关系如表 5-3 所示，计算时间 $t=0.01n$，$n=0,1,2,\cdots$ 时电流的大小。

表 5-3　　　　　　　　　　电流—时间

t	0	0.125	0.25	0.375	0.5
A	0	6.24	7.75	4.85	0

在命令窗口输入如下指令：

```
>> x=0:.125:.5;                    % 给定样本点
>> y=[0,6.24,7.75,4.85,0];
>> xi=0:.01:.5;                    % 待插值点
>> rand('state',0)
>> dy=rand(1,5)-0.5;               % 一阶导数使用随机数，种子为 0
>> y0 = Hermite(x,y,dy,xi);        % 插值
>> plot(xi,y0,'r-');
>> set(gcf,'color','w')
>> title('Hermite example')
>> hold on;
>> plot(x,y,'ob')
```

插值结果如图 5-4 所示。

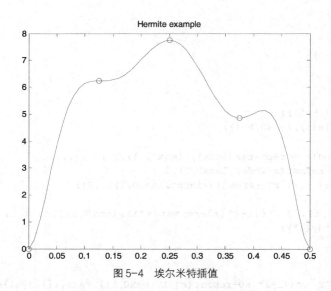

图 5-4 埃尔米特插值

到目前为止，介绍了拉格朗日插值法、牛顿插值法和埃尔米特插值法，并给出了实现函数。这些函数都能接受任意形状的待插值矩阵 *x0*，这种向量化的编程能有效提升运行速度。以下代码比较了使用 for 循环逐个计算插值与整体一次性插值的消耗时间差异：

```
x=0:.125:.5;
y=[0,6.24,7.75,4.85,0];
xii=0:.01:.5;

tic                  % 逐个计算
yi=zeros(1,length(xii));
for i=1:length(xii)
    yi(i)=Hermite(x,y,[],xii(i));
end
toc

tic                  % 一次性计算
yi=Hermite(x',y', rand(1,5)-0.5,xii);
toc
```

代码首先对 *xii* 中的元素逐个插值，每次仅输入一个元素；然后将 *xii* 作为一个向量整体输入函数进行插值。tic/toc 命令用于显示程序运行时间：

```
Elapsed time is 0.143070 seconds.
Elapsed time is 0.002534 seconds.
```

多次运行，结果如下：

```
Elapsed time is 0.139496 seconds.
Elapsed time is 0.003093 seconds.

Elapsed time is 0.123138 seconds.
Elapsed time is 0.003473 seconds.

Elapsed time is 0.146814 seconds.
Elapsed time is 0.003882 seconds.
```

可见，向量化编程比逐个计算快 30～50 倍。由于科学计算往往需要通过编程实现，因此其运行效果不但与算法本身的性能有关，还与代码编写情况有关。掌握一定 MATLAB 高效编程技巧，有利于更高效地进行科学计算和研究。

5.1.4 分段低次插值

如前所述，拉格朗日插值等高阶多项式插值方法不但计算困难，且由于阶数高，容易出现龙格现象，导致较大误差。高阶多项式插值的缺陷由 Runge 于 20 世纪初发现。考虑函数 $f(x)=\dfrac{1}{1+x^2}, x\in[-5,5]$，将 $[-5,5]$ 区间进行 n 等分，取 $n+1$ 个节点进行插值。图 5-5 给出了 $n=2,4,6,8,10$ 时的拉格朗日插值多项式曲线。

如图 5-5 所示，插值多项式阶数越高在边界附近越容易出现大的误差。由于拉格朗日插值的阶数随着插值点的增多而升高，因此可以得出结论：

一般不适宜在大范围使用高次插值。

计算实践表明，4 次或 5 次以上的插值在实际中很少有实用价值。节点增多，舍入误差对结果的精确度也会有一定的影响。为此，人们提出了两种分段低次插值方法——分段线性插值与分段埃尔米特插值。

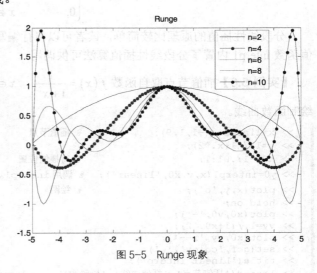

图 5-5　Runge 现象

1. 分段线性插值

分段线性插值是最简单的分段插值方法。简而言之，就是将相邻的两个插值节点用线段连接起来，形成一条折线来逼近原函数。

一般地，给定区间 $[a,b]$ 上 $k+1$ 个插值节点 $(x_0,y_0),(x_1,y_1),L(x_k,y_k)$，若函数 $\varphi(x)$ 满足：

（1）$\varphi(x)\in C[a,b]$，即 $\varphi(x)$ 是 $[a,b]$ 上的连续函数。

（2）$\varphi(x)$ 在子区间 $[x_i,x_{i+1}]$ 上是 n 次多项式。

则 $\varphi(x)$ 是区间 $[a,b]$ 上的分段 k 次插值多项式。当 $n=1$ 时，就是分段线性插值。插值函数可以写为：

$$\varphi_i(x)=y_i\dfrac{x-x_{i+1}}{x_i-x_{i+1}}+y_{i+1}\dfrac{x-x_i}{x_{i+1}-x_i};$$
$$i=0,1,L,k-1。$$

也可以表示为基函数的形式：

$$\varphi(x)=\sum_{i=0}^{k}y_i l_i(x)。$$

其中基函数表达式为：

$$l_i(x)=\begin{cases}\dfrac{x-x_{i-1}}{x_i-x_{i-1}}, & x\in[x_{i-1},x_i]\\ \dfrac{x-x_{i+1}}{x_i-x_{i+1}}, & x\in[x_i,x_{i+1}]\\ 0, & x\notin[x_{i-1},x_{i+1}]\end{cases}。$$

在端点处的基函数：

$$l_0(x) = \begin{cases} \dfrac{x-x_1}{x_0-x_1}, & x \in [x_0, x_1] \\ 0, & x \notin [x_0, x_1] \end{cases};$$

$$l_k(x) = \begin{cases} \dfrac{x-x_{n-1}}{x_n-x_{n-1}}, & x \in [x_{n-1}, x_n] \\ 0, & x \notin [x_{n-1}, x_n] \end{cases}。$$

分段线性插值的原理比较简单，读者可以自行编写代码实现。此外，MATLAB 提供的一维插值函数 interp1 内置了分段线性插值算法可供调用。

【实例5.6】插值节点取自函数 $f(x) = \dfrac{1}{1+x^2}$，$x \in [-1, 1]$。取 9 个采样点，用分段线性插值法绘制函数曲线。

```
>> x=linspace(-1,1,9);           % 插值节点
>> y=1./(1+x.^2);
>> x0=-1:.01:1;                  % 待插值位置
>> y0=interp1(x,y,x0,'linear');  % 调用interp1。也可以不指定linear参数，函数默认采用线性插值
>> plot(x,y,'o');                % 绘图
>> hold on;
>> plot(x0,y0,'-');
>> yy=1./(1+x0.^2);
>> plot(x0,yy,'r--');
>> set(gcf,'color','w');
>> title('Linear interp');
>> legend('插值节点','插值曲线','原函数')
```

执行结果如图 5-6 所示。

从图 5-6 中可以看出，分段线性插值法不存在龙格现象，但由于插值结果是一段折线，因此光滑度较差。对于连续函数，在曲率较大的位置会出现尖点，因此存在一定误差。

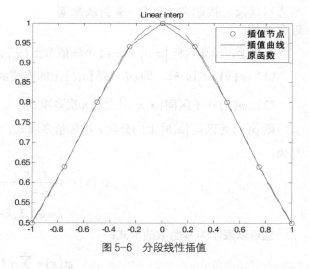

图 5-6　分段线性插值

2. 分段三次埃尔米特插值

分段三次埃尔米特插值简称分段埃尔米特插值。对于 $k+1$ 个插值节点，埃尔米特插值给出一个 $2k+1$ 次的插值多项式，使得节点上的函数值和一阶导数值等于给定的值。对于分段埃尔米特插值，每个区间包含两个节点，因此唯一确定一个三次插值多项式。

对于 $k+1$ 个插值节点 $(x_0, y_0), (x_1, y_1), L(x_k, y_k)$，在每个小区间 $[x_i, x_{i+1}]$ 上构造三次埃尔米特插值函数：

$$H_i^3(x) = y_i \alpha_i^0(x) + y_{i+1} \alpha_i^1(x) + y_i' \beta_i^0(x) + y_{i+1}' \beta_i^1(x), x \in [x_i, x_{i+1}]。$$

$\alpha_i^0(x)$、$\alpha_i^1(x)$、$\beta_i^0(x)$、$\beta_i^1(x)$ 为埃尔米特插值的基函数：

$$\alpha_i^0(x) = \left(1 + 2\dfrac{x-x_i}{x_{i+1}-x_i}\right)\left(\dfrac{x-x_{i+1}}{x_i-x_{i+1}}\right)^2;$$

$$\alpha_i^1(x) = \left(1 + 2\frac{x - x_{i+1}}{x_i - x_{i+1}}\right)\left(\frac{x - x_i}{x_{i+1} - x_i}\right)^2;$$

$$\beta_i^0(x) = (x - x_i)\left(\frac{x - x_{i+1}}{x_i - x_{i+1}}\right)^2; \quad \beta_i^1(x) = (x - x_{i+1})\left(\frac{x - x_i}{x_{i+1} - x_i}\right)^2。$$

读者可以根据以上公式编写分段埃尔米特插值的函数。MATLAB 提供了两个函数可以实现一维分段埃尔米特插值。pchip 函数专用于分段埃尔米特插值，可以直接计算插值结果，也可以输出插值公式。在 interp1 函数中，指定插值方法为 "pchip" 或 "cubic" 即可设置插值方法为三次分段埃尔米特插值。

在操作中，往往不指定插值节点的一阶导数值，函数自行根据节点的函数值计算导数。因此分段埃尔米特插值往往能保持原有样本的单调性。

【实例 5.7】 使用分段埃尔米特插值法重新计算实例 5.6 中的问题。

```
>> x=linspace(-1,1,9);
>> y=1./(1+x.^2);
>> x0=-1:.01:1;
>> st=pchip(x,y);           % pchip 函数计算 Hermite 插值
>> y0=ppval(st,x0);          % 得出插值点 x0 处的值
>> plot(x,y,'o');
>> hold on;
>> plot(x0,y0,'-');
>> yy=1./(1+x0.^2);
>> plot(x0,yy,'r--');
>> set(gcf,'color','w')
>> legend('插值节点','埃米特插值曲线','原函数')
```

插值结果如图 5-7 所示。

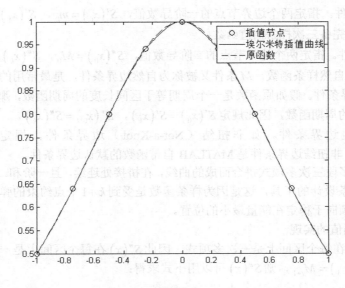

图 5-7 埃尔米特分段插值

对比图 5-6 与图 5-7，可以发现，分段埃尔米特插值的误差更小。

5.1.5 三次样条插值

上一节介绍的分段线性插值，总体光滑程度不够。在数学上，光滑程度的定量描述就是函数的 k 阶导数存在且连续。此时，就称该函数曲线具有 k 阶光滑性。满足的阶数越高，就表现为光滑性越好。分段线性插值具有零阶光滑性，分段埃尔米特插值具有一阶光滑性，三次样条插值则具有二阶光滑性。四阶、五阶以上的插值实际中很少使用。

高速飞机的机翼外形、船舶零件设计等往往要求有二阶光滑性。早期的工程师制图时，把富有弹性的细长木条（即样条）用压铁固定在样点上，在其他地方令其自由弯曲，将木条的位置描述下来，就称为样条曲线。

1. 三次样条插值的原理

样条函数是三次函数。对于 $k+1$ 个插值节点 $(x_0, y_0),(x_1, y_1),L(x_k, y_k)$，如果函数 $S(x)$ 满足：

（1） $S(x)$ 在区间 $[x_i, x_{i+1}]$, $i=0,1,L,k$ 上是三次多项式；

（2） $S(x)$ 在整个区间 $[x_0, x_{k+1}]$ 上存在连续的二阶导数。

则称 $S(x)$ 是区间 $[x_0, x_{k+1}]$ 上的三次样条函数。具体地说，样条插值函数 $S(x)$ 需要满足以下约束条件：

（1）首先必须满足插值条件，在每个插值节点满足 $S(x_i) = y_i$，共产生 $k+1$ 个方程；

（2）其次，必须满足连接条件，除去端点以外，中间的 $k-1$ 个节点都分别属于两个分段。如节点 x_i 必须满足 $s_i(x_i) = s_{i+1}(x_i)$、$s'_i(x_i) = s'_{i+1}(x_i)$、$s''_i(x_i) = s''_{i+1}(x_i)$，$s_i(x_i)$ 为第 i 个区间的插值函数。这里共需满足 $3(k-1)$ 个方程。

因此，由天然的约束条件可给出 $3(k-1)+k+1=4k-2$ 个方程。而 k 个分段共有 k 个三次方程，共需 $4k$ 个约束条件。因此，有两个约束条件可以自由给定，通常是给出区间端点的约束，称为边界条件。以下是常见的三种边界条件：

（1） m 边界条件。指定两个边界节点的一阶导数值，$S'(x_0) = m_0$，$S'(x_k) = m_k$。此时得到的插值函数 $S(x)$ 称为完备三次样条插值函数；

（2） M 边界条件。指定两个边界节点的二阶导数值，$S''(x_0) = M_0$，$S''(x_k) = M_k$。此时得到的插值函数 $S(x)$ 称为自然样条函数，M 条件又被称为自然边界条件，是最常用的边界条件；

（3）周期性边界条件。假如原函数是一个周期等于区间长度的周期函数，那么三次样条插值函数也应为周期相同的周期函数，因此规定 $S'(x_0) = S'(x_k)$，$S''(x_0) = S''(x_k)$。

此外还有其他边界条件，如非扭结（Not-a-Knot）边界条件，规定 $S''(x_0) = S''(x_1)$，$S''(x_k) = S''(x_{k-1})$，非扭结边界条件是 MATLAB 自带函数的默认边界条件。

样条本质上是多段三次多项式拼合而成的曲线，在拼接处连续，且一阶和二阶导数均连续。样条最初是基于弹性条设计的工具，这是因为样条函数是受到 $k+1$ 个点约束的弹性条的最小能量形状，而弹性条总是倾向于稳定在能量最小的位置。

2. 三次样条插值的实现

$S(x)$ 样条函数在每个区间上是三次多项式，因此 $S''(x)$ 在每个区间上是一次式，即直线。设 $S''(x_i) = M_i$，$S''(x_{i+1}) = M_{i+1}$，则 $S''(x)$ 可以用下式求得：

$$S''(x) = M_i + \frac{1}{h_i}(M_{i+1} - M_i)(x - x_i), x \in [x_i, x_{i+1}]。$$

其中 $h_i = x_{i+1} - x_i$，$i = 0, 1, L, k-1$。积分两次，再利用插值条件确定积分常数，可求得样条函数如下：

$$S(x) = M_i \frac{(x^{i+1}-x)^3}{6h_i} + M_{i+1} \frac{(x-x_i)^3}{6h_i} + \left(y_i - \frac{M_i h_i^2}{6}\right)\frac{x_{i+1}-x}{h_i} + \left(y_{i+1} - \frac{M_{i+1} h_i^2}{6}\right)\frac{x-x_i}{h_i};$$

$$x \in [x_i, x_{i+1}]; i = 0,1,L,k-1 。$$

读者可根据上式自行编写三次样条插值的实现函数。MATLAB 提供了 interp1 和 spline 函数以实现一维函数的三次样条插值。

interp1 函数的调用格式为：

```
y0=interp1(x,y,x0,'spline')
```

spline 函数与分段埃尔米特插值函数 pchip 类似，有两种调用格式，采用 y0=spline(x,y,x0)形式时，相当于调用 interp1 函数；采用 pp=spline(x,y)形式时，函数返回一个结构体：

```
>> pp=spline(x,y)

pp = 

      form: 'pp'
    breaks: [-1 -0.7500 -0.5000 -0.2500 0 0.2500 0.5000 0.7500 1]
     coefs: [8x4 double]
    pieces: 8
     order: 4
       dim: 1
```

ppval 函数可接受该结构体和 $x0$ 参数作为输入，计算 $x0$ 对应的函数值：

```
>> ppval(pp,[1,2])

ans = 

    0.5000    0.7671
```

interp1 函数在内部调用了 spline 函数，两者的调用形式有一些细微的差别。在格式 y0=interp1($x,y,x0$,'*spline*')中，x 为向量，参数 y 则可以是同型的向量或同型向量组成的矩阵。当 y 是矩阵时，spline 将矩阵的每一行与 x 相对应，按行进行插值，而 interp1 函数则按列进行插值。

【实例 5.8】$x = [0,1,2,3,4,5,6,7,8]$，$y = [5,9,8,17,26,30,25,39,38]$。对以上数据使用 interp1 函数的不同参数进行插值，观察插值结果。

在 MATLAB 中新建脚本 interp1_con.m，输入代码如下：

```
% interp1_con.m

%% 清理
clear,clc
close all

%% 数据定义
x=0:8;
y=[5,9,8,17,26,30,25,39,38];
x0=0:.2:8;
method={'nearest','linear','spline','pchip'};

%% 插值
for i=1:4
    m=method{i};
    y0=interp1(x,y,x0,m);
```

```
       % 绘图
       figure(i);
       plot(x,y,'o');
       hold on;
       plot(x0,y0,'r-');
       title(m);
       set(gcf,'color','w');
end
```

运行该脚本，得到图 5-8～图 5-11 的插值曲线，分别对应最近邻插值、分段线性插值、三次样条插值和分段埃尔米特插值。

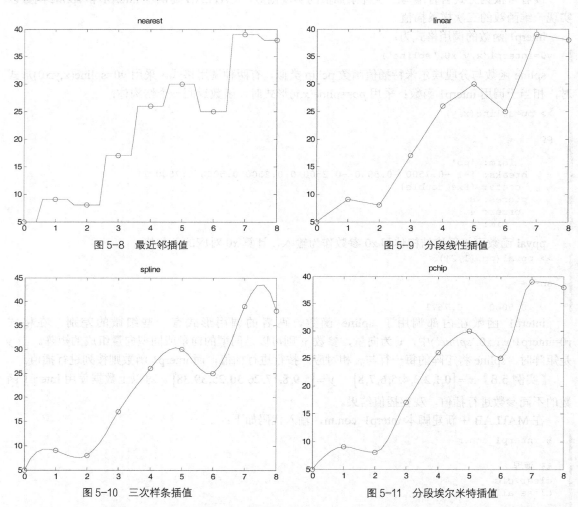

图 5-8　最近邻插值　　　　　　　图 5-9　分段线性插值

图 5-10　三次样条插值　　　　　　图 5-11　分段埃尔米特插值

如图，三次样条插值和分段埃尔米特插值的曲线较光滑，分段埃尔米特插值保持了两插值节点间的单调性。

5.2　二维插值

5.1 节介绍的都是一维插值方法，即插值函数为一元函数。当函数自变量为 2 个时，就需要使用二维插值。二维插值可分为网格节点插值和散乱节点插值。如果节点包含在矩形区域内等间距的网格中，则使用网格节点插值。如果给定的数据点并不规则，则应使用散乱节点插值。

网格节点与散乱节点如图 5-12 所示。

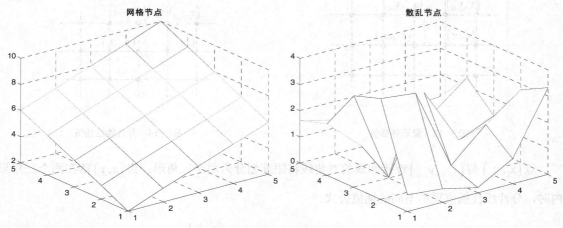

图 5-12 网格节点与散乱节点

二维插值的一个典型应用是图像的插值。

5.2.1 最近邻插值

考虑一个包含 $M \times N$ 个节点的网格 $(x_i, y_j, z_{i,j})$，$i = 0,1,L,M$，$j = 0,1,L,N$。二维插值需要构造一个二元函数 $f(x,y)$，满足 $f(x_i, y_j) = z_{i,j}$。

最近邻插值无论在一维或二维问题中都是最简单的插值方法。在最近邻插值中，每一个插值点的函数值取自与其距离最近的那个网格点的函数值。假设待插值点坐标为 (x,y)，根据下式计算该点处的函数值：

$$f(x,y) = f(x_i, y_i) = z_{i,j}$$

其中 (x_i, y_i) 为离 (x,y) 最近的网格点，即满足：

$$\frac{x_i + x_{i-1}}{2} < x < \frac{x_i + x_{i+1}}{2};$$

$$\frac{y_i + y_{i-1}}{2} < y < \frac{y_i + y_{i+1}}{2}。$$

最近邻插值计算非常简单，只需求出距离待插值点最近的节点即可，如图 5-13 所示。

MATLAB 中的二维插值函数 interp2 可以实现最近邻插值。

5.2.2 分片线性插值

最近邻插值一般不连续。具有连续性的最简单的插值是分片线性插值。分片线性插值对应于一维插值中的分段线性插值。

对一个 $M \times N$ 个节点的网格 $(x_i, y_j, z_{i,j})$，$i = 0,1,L,M$，$j = 0,1,L,N$。给定一个新的待插值点 (x,y)，必定落在一个由四个节点 (x_i, y_j)、(x_{i+1}, y_j)、(x_i, y_{j+1}) 和 (x_{i+1}, y_{j+1}) 构成的矩形中，如图 5-14 所示。

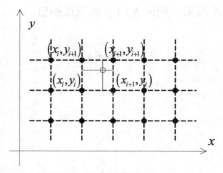
图 5-13 最近邻插值

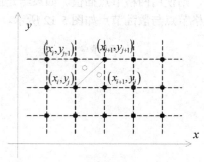
图 5-14 分片线性插值

点 (x_i, y_j) 与 (x_{i+1}, y_{j+1}) 连接而成的对角线将矩阵划分为两个三角形, 当 (x,y) 落在两个三角形内时, 分片线性插值采用不同的插值公式.

(1) 当 (x,y) 落在下三角形区域中时, (x,y) 满足 $y \leq \dfrac{y_{j+1}-y_j}{x_{i+1}-x_i}(x-x_i)+y_j$, 其插值函数为:

$$z_{x,y} = f(x,y) = z_{i,j} + (z_{i+1,j} - z_{i,j})(x-x_i) + (z_{i+1,j+1} - z_{i+1,j})(y-y_j).$$

(2) 当 (x,y) 落在上三角形区域中时, (x,y) 满足 $y > \dfrac{y_{j+1}-y_j}{x_{i+1}-x_i}(x-x_i)+y_j$, 其插值函数为:

$$z_{x,y} = f(x,y) = z_{i,j} + (z_{i+1,j+1} - z_{i,j+1})(x-x_i) + (z_{i,j+1} - z_{i,j})(y-y_j).$$

由于分片线性插值对不同的区域采用不同的插值函数, 因此其光滑性不好. MATLAB 没有专门实现分片线性插值的函数, 更常用的线性插值方法是下一节介绍的双线性插值.

5.2.3 双线性插值

双线性插值利用插值点周围的四个点进行二维插值, 比分片线性插值有更好的光滑特性. 假设插值点 (x,y) 落在节点 (x_i, y_j)、(x_{i+1}, y_j)、(x_i, y_{j+1}) 和 (x_{i+1}, y_{j+1}) 构成的矩形中, 如图 5-15 所示.

可将计算过程拆分为两步:

(1) 利用一维线性插值分别计算 $f(x_i, y)$ 和 $f(x_{i+1}, y)$.

$$f(x_i, y) = z_{i,j} + \frac{y-y_j}{y_{j+1}-y_j}(z_{i,j+1} - z_{i,j});$$

$$f(x_{i+1}, y) = z_{i+1,j} + \frac{y-y_j}{y_{j+1}-y_j}(z_{i+1,j+1} - z_{i+1,j}).$$

(2) 利用一维线性插值, 通过 $f(x_i, y)$ 和 $f(x_{i+1}, y)$ 计算 $f(x,y)$.

$$f(x,y) = f(x_i, y) + \frac{x-x_i}{x_{i+1}-x_i}(f(x_{i+1}, y) - f(x_i, y)).$$

以上两步可以合并为一个公式:

$$f(x,y) = (Ax+B)(Cy+D).$$

或写为四个节点坐标值加权和的形式：

$$f(x,y) = z_{i,j}\frac{y_{j+1}-y}{y_{j+1}-y_j}g\frac{x_{i+1}-x}{x_{i+1}-x_i} + z_{i+1,j}\frac{y_{j+1}-y}{y_{j+1}-y_j}g\frac{x-x_i}{x_{i+1}-x_i}$$
$$+ z_{i,j+1}\frac{y-y_j}{y_{j+1}-y_j}g\frac{x_{i+1}-x}{x_{i+1}-x_i} + z_{i+1,j+1}\frac{y-y_j}{y_{j+1}-y_j}g\frac{x-x_i}{x_{i+1}-x_i}。$$

每个节点对应的函数值在公式中的权重与该节点到 (x,y) 的距离成反比：

$$f(x,y) = ab\,z_{i,j} + ac\,z_{i+1,j} + bd\,z_{i,j+1} + bc\,z_{i+1,j+1}。$$

a、b、c、d 的值如图 5-16 所示。

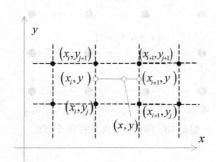
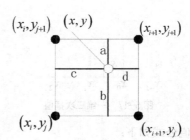

图 5-15 双线性插值　　　　　　　　　　图 5-16 a、b、c、d 示意图

MATLAB 中的 interp2 函数可以实现双线性插值，调用格式如下：

```
ZI = interp2(X,Y,Z,XI,YI)
```

或：

```
ZI = interp2(X,Y,Z,XI,YI,'linear')
```

双线性插值是 interp2 默认的插值方法。

5.2.4 双三次插值

双三次插值是三次插值在二维空间上的推广，又称双立方插值。

1. 一维三次插值

先考虑一维信号，假设 x_{-1}、x_0、x_1 和 x_2 为等间隔采样点，对应插值节点处的函数值为 y_{-1}、y_0、y_1 和 y_2。

x 为待插值点，位置如图 5-17 所示。

假设 $h = x_1 - x_0$，$s = (x - x_i)/h$，则所求的插值表达式为：

$$f(x) = \sum_{i=-1}^{2} f(x_i)u(s)。$$

其中

$$u(s) = \begin{cases} \dfrac{3}{2}|s|^3 - \dfrac{5}{2}|s|^2 + 1 & ,\ 0 < |s| < 1 \\ -\dfrac{1}{2}|s|^3 + \dfrac{5}{2}|s|^2 - 4|s| + 2 & ,\ 1 < |s| < 2 \\ 0 & ,\ 2 < |s| \end{cases}。$$

由上式可知，与 x 相距两个单位以上的节点对插值函数没有贡献，插值只用到了 x 附近的 4 个节

点。距离落在 $0<|s|<1$ 和 $1<|s|<2$ 区间的插值节点根据距离计算一个三次多项式，将结果作为其权值。

2. 双三次插值

将上述计算过程推广至二维函数，即得到双三次插值。双三次插值中，对于一个待插值点，需要用到周围 4×4 共 16 个节点坐标的值。

考虑一个 $M \times N$ 个节点的网格 $(x_i, y_j, z_{i,j})$，$i = 0,1,L,M$，$j = 0,1,L,N$。待插值点 (x, y) 可用浮点坐标 $(x_i + u, y_j + v)$，则其周围的 16 个节点位置如图 5-18 所示。

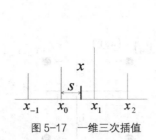

图 5-17 一维三次插值

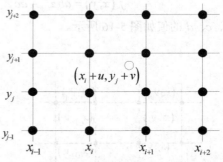

图 5-18 待插值点周围的 16 个节点

插值公式如下：

$$f(x_i + u, y_j + v) = AgBgC \text{。}$$

其中：

$$A = [S(1+u), S(u+0), S(u-1), S(u-2)];$$

$$B = \begin{bmatrix} f(x_{i-1}, y_{j-1}), & f(x_{i-1}, y_{j+0}), & f(x_{i-1}, y_{j+1}), & f(x_{i-1}, y_{j+2}) \\ f(x_{i+0}, y_{j-1}), & f(x_{i+0}, y_{j+0}), & f(x_{i+0}, y_{j+1}), & f(x_{i+0}, y_{j+2}) \\ f(x_{i+1}, y_{j-1}), & f(x_{i+1}, y_{j+0}), & f(x_{i+1}, y_{j+1}), & f(x_{i+1}, y_{j+2}) \\ f(x_{i+2}, y_{j-1}), & f(x_{i+2}, y_{j+0}), & f(x_{i+2}, y_{j+1}), & f(x_{i+2}, y_{j+2}) \end{bmatrix};$$

$$C = \begin{bmatrix} S(v+1) \\ S(v+0) \\ S(v-1) \\ S(v-2) \end{bmatrix} \text{。}$$

$S(x)$ 是一个一元函数，是对 $\text{sinc}(x) = \dfrac{\sin(\pi x)}{x}$ 函数的逼近，表达式为：

$$S(x) = \begin{cases} 1 - 2|x|^2 + |x|^3 & , 0 \leqslant |x| < 1 \\ 4 - 8|x| + 5|x|^2 - |x|^3 & , 1 \leqslant |x| < 2 \\ 0 & , |x| \geqslant 2 \end{cases} \text{。}$$

MATLAB 中的 interp2 函数可以实现双三次插值，调用格式为：

```
ZI = interp2(X,Y,Z,XI,YI,'cubic')
```

interp2 函数可以通过参数指定 4 种插值算法：

（1）'nearest'：最近邻插值；
（2）'linear'：双线性插值；
（3）'spline'：双三次样条插值；
（4）'cubic'：双三次插值，此时数据必须是均匀分布的网格点，否则函数将会使用样条插值。这是因为双三次插值默认网格间距相等。

当网格数据均匀分布且单调时，可以使用"'*method'"的形式加快运算速度，如：

```
ZI = interp2(X,Y,Z,XI,YI,'*cubic')
```

【实例 5.9】绘制 $S(x)$ 函数与 $\text{sinc}(x)$ 函数的对比图。

在 MATLAB 中创建函数 s.m，用于实现 $S(x)$：

```
function y=s(x)
% S(x)
% x>=2      :   y = 0
% 1<=x<2    :   y = 4-8x+5x^2-x^3
% x<1       :   y = 1-2.5x^2+1.5x^3

x=abs(x);
sx = size(x);
x=x(:);
y=zeros(size(x));
for i=1:length(x)
    if x(i)>=2
        y(i) = 0;
    elseif x(i) >= 1
        y(i) = 4-8*x(i)+5*x(i).^2-1*x(i).^3;
    else
        y(i) = 1-2.5*x(i).^2+1.5*x(i).^3;
    end
end

y=reshape(y,sx);
```

在 MATLAB 命令行窗口输入以下命令，调用函数 s.m 和 MATLAB 预定义函数 sinc：

```
>> x1=-4:.1:4;
>> y1=sinc(x1);              % 调用 sinc 函数
>> plot(x1,y1,'r');
>> hold on;
>> y2=s(x1);                 % 调用 s 函数
>> plot(x1,y2,'b');
>> set(gcf,'color','w')
>> legend('sinc(x)','s(x)');
```

执行结果如图 5-19 所示。

由图 5-19 可知，$\text{sinc}(x) = \dfrac{\sin(\pi x)}{x}$ 函数在除了零点以外的其他整数点处取值均为零，因此有良好的插值功能。事实上，在信号处理中，sinc 函数用于无损地还原信号。$S(x)$ 函数在 $[-2,2]$ 区间内对 sinc 函数进行了某种程度上的逼近，使不同距离的网格点具有不同的累加权重。距离待插值点 (x,y) 超过 2 个单位的节点对待插值点的影响很弱，因此在 $S(x)$ 中将其设为零。

【实例 5.10】对某矩阵平板各个位置进行温度估计，已知平板上 3×5 栅格点上的温度值。平板长为 5 米，宽为 3 米。位于栅格点上的温度值为 44,25,20,24,30; 42,21,20,23,38; 25,23,19,27,40。分别使用最近邻插值、双线性插值、样条插值和双三次插值进行计算。

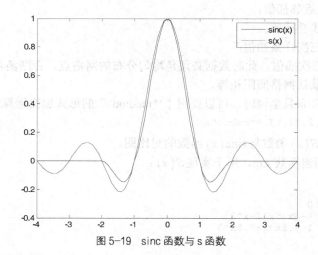

图 5-19 sinc 函数与 s 函数

在 MATLAB 中创建脚本 interp2_con.m，内容如下：

```
% interp2_con.m

%% 清理
clear,clc
close all

%%数据定义

% 网格点
x=1:5;
y=1:3;
[xx,yy]=meshgrid(x, y);

% 温度值
z=[44,25,20,24,30; 42,21,20,23,38; 25,23,19,27,40];

% 插值网格点
x0=1:.1:5;
y0=1:.1:3;
[xx0,yy0]=meshgrid(x0, y0);

% 插值方法
method={'nearest','linear','spline','cubic'};

%% 插值
for i=1:4

    % 用不同方法插值
    m=method{i};
    z0=interp2(xx,yy,z,xx0,yy0,m);

    % 绘图
    figure(i);
    stem3(xx,yy,z);
    hold on;
    mesh(xx0,yy0,z0);
    title(m);
    set(gcf,'color','w');
end
```

最近邻插值、双线性插值、样条插值和双三次插值的结果分别如图 5-20～图 5-23 所示。

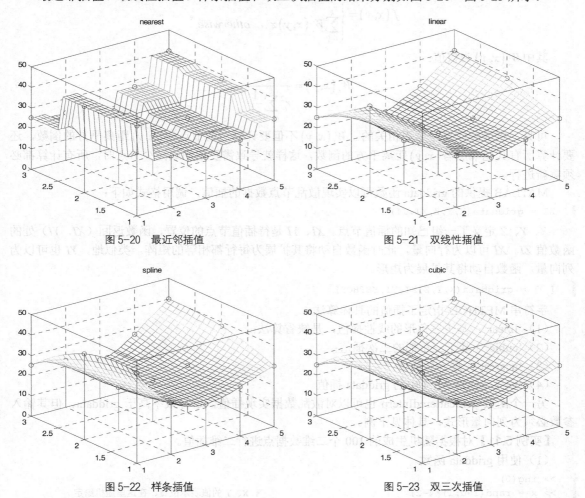

图 5-20　最近邻插值　　　　　　　　　　　图 5-21　双线性插值

图 5-22　样条插值　　　　　　　　　　　　图 5-23　双三次插值

双三次插值能较好地保留原函数信息，插值函数比较光滑。但计算相对复杂，在实时性要求较高的场合常使用双线性插值代替。

5.2.5　散乱节点插值

在二维平面上，已知的插值节点如果不是规律地排列在等距的网格节点上，而是不均匀地分布着，就无法使用上文介绍的线性插值和双三次插值。解决这个问题的一个方法是反距离加权平均法（Shepeard 法），其思想是，距离待插值点越远的点，对该点的贡献应当越小。

散乱节点插值问题可以描述如下：已知函数 $z = f(x, y)$ 在矩形区域 $[a,b] \times [c,d]$ 上散乱分布的 $k+1$ 个互异的节点 (x_i, y_i) 对应的函数值 z_i，求矩形区域中任一点 (x, y) 处的函数值。

在反距离加权平均法中，(x, y) 处的函数值由其他节点的函数值进行加权平均得到。各节点的权值大小与该节点到 (x, y) 的距离成反比。节点 (x_i, y_i) 到 (x, y) 的距离为：

$$r_{i,i} = \sqrt{(x - x_i)^2 + (y - y_i)^2}.$$

故插值函数可表示为：

$$f(x,y) = \begin{cases} z_i, & r_i = 0 \\ \sum_{i=0}^{k} W_i(x,y) z_i, & otherwise \end{cases}°$$

其中 $W_i(x,y)$ 为权值:

$$W_i(x,y) = \frac{1}{r_i^2 \sum_{m=0}^{k} \frac{1}{r_m^2}}°$$

可见,权值的计算是全局相关的。$W_i(x,y)$ 不但要计算当前节点与 (x,y) 距离平方的倒数,还要计算所有其他节点与 (x,y) 距离平方的倒数,这样就导致需要增加或减少节点时,所有计算都必须重新进行。

MATLAB 提供的 griddata 函数可以实现散乱节点数据的插值,调用格式如下:

```
ZI = griddata(X,Y,Z,XI,YI)
```

X、Y、Z 定义了一组已知的插值节点。XI、YI 是待插值节点的位置,函数返回 (XI,YI) 处的函数值 ZI。XI 可以为行向量,此时函数自动将其扩展为每行都相等的矩阵。类似地,YI 也可以为列向量,函数自动将其扩展为矩形。

```
[…] = griddata(X,Y,Z,XI,YI,METHOD)
```

字符串 METHOD 指定了插值的具体算法:
(1) 'linear':基于三角形的线性插值,是缺省算法;
(2) 'cubic':基于三角形的三次插值;
(3) 'nearest':最近邻插值;
(4) 'v4':MATLAB 4 中的 griddata 插值。

另一个函数 TriScatteredInterp 也可以对散乱数据实现插值,运行效率高于 griddata,但其输入参数必须为列向量形式,具体见下例。

【实例 5.11】对根据随机生成的 100 个二维数据点进行二维插值。
(1) 使用 griddata 函数。

```
>> rng(0)
>> x = rand(100,1)*4-2;                    % X、Y 的值表示位置,在这里随机给定
>> y = rand(100,1)*4-2;
>> z = x.*exp(-x.^2-y.^2);
>> ti = -2:.25:2;
>> [qx,qy] = meshgrid(ti,ti);
>> tic;qz = griddata(x,y,z,qx,qy,'v4');;toc   % 使用 griddata 进行插值
Elapsed time is 0.019171 seconds.
>> mesh(qx,qy,qz);                          % 绘图
>> hold on;
>> plot3(x,y,z,'o');
>> title('griddata');
>> set(gcf,'color','w')
```

所得插值结果如图 5-24 所示。
(2) 使用 TriScatteredInterp 函数。

```
>> rng(0)
>> x = rand(100,1)*4-2;
>> y = rand(100,1)*4-2;
>> z = x.*exp(-x.^2-y.^2);
>> ti = -2:.25:2;
>> [qx,qy] = meshgrid(ti,ti);
>> tic;F = TriScatteredInterp(x,y,z);toc     % 使用 TriScatteredInterp 函数,效率更高
```

```
Elapsed time is 0.002570 seconds.
>> ti = -2:.25:2;
>> [qx,qy] = meshgrid(ti,ti);
>> qz = F(qx,qy);
>> mesh(qx,qy,qz);
>> hold on;
>> plot3(x,y,z,'o');
>> title('TriScatteredInterp');
>> set(gcf,'color','w')
```

插值结果如图 5-25 所示。

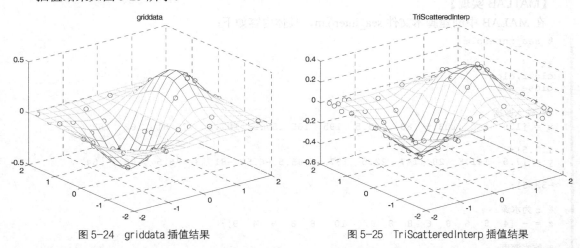

图 5-24 griddata 插值结果　　　　　图 5-25 TriScatteredInterp 插值结果

由图 5-24 和图 5-25 可以看出,两个函数均实现了散乱节点的插值。tic/toc 命令记录了调用函数的时间,TriScatteredInterp 函数比 griddata 快了大约一个数量级。

5.3 综合实例

【问题提出】

在船舶航行中,船只需要通过一个附近有群岛的区域。由于该区域附近存在陆地,水深情况不明,因此船只有可能搁浅。区域形状为 125×200 的矩形,已经测得部分矩形内和矩形外坐标点对应的水深,如表 5-4 所示。已知船只吃水深度为 5.5 米,求船只应避免进入的危险区域。

表 5-4　　　　　　　　　　　　　　水深表(米)

x	129	140	108.5	88	185.5	195	105
y	7.5	141.5	28	147	22.5	137.5	85.5
z(水深)	4	8	6	8	6	8	8
x	157.5	107.5	77	81	162	162	117.5
y	-6.5	-81	3	56.5	-66.5	84	-33.5
z(水深)	9	10	8	8.5	9	4	9

待求矩形区域为 $x:[75,200]$, $y:[-50,150]$。

【解题思路】

观察表格中的数据,可以发现位置点对 (x,y) 并不规则分布在网格中,因此应使用散乱节点插值方法进行插值。通过插值得到矩形中任一点处的水深值,与 5.5 米进行比较,即可判断该点是否属于"危险区域"。最后,将危险区域画出即可。

计算步骤如下：
（1）输入所给数据点；
（2）在 $x:[75,200]$，$y:[-50,150]$ 矩形区域进行二维散乱节点插值；
（3）根据插值结果画出矩形区域的海底地形图、等高线图；
（4）经过比较，标记出图中的"危险区域"。

考虑函数的性能因素，采用效率更高的 TriScatteredInterp 函数进行插值。

【MATLAB 实现】

在 MALAB 中创建脚本文件 sea_interp.m，具体内容如下：

```
% sea_interp.m

%%
clear,clc
close all

%% 输入数据
x = [129   140   103.5   88   185.5   195   105   157.5   107.5   77   81   162   162
117.5];
y = [7.5   141.5   28   147   22.5   137.5   85.5   -6.5   -81   3   56.5   -66.5   84
-33.5];

% z 为水深
z = - [4   8   6   8   6   8   8   9       10   8   8   9   4   9];

% 吃水深度
deep = -5.5;

%% 二维散乱插值

% 新的待插值点
x0 = 75:.5:200;
y0 = -50:.5:150;
[xx,yy] = meshgrid(x0,y0);

% 根据 x、y、z 进行插值
tic;
F = TriScatteredInterp(x',y',z','natural');

% 计算 xx、yy 处的水深
zz = F(xx,yy);
toc;

%% 显示地形图、等高线图
% 地形图
figure(1)
mesh(xx,yy,zz);
rotate3d
axis tight
title('矩形区域海底地形图');
hold on
plot3(x,y,z,'o')

% 等高线图
figure(2)
contour3(xx,yy,zz,20);
title('矩形区域三维等高线图')
```

```
%% 危险区域的二维和三维显示
zz(zz>=-5.5)=0;
figure(3)
mesh(xx,yy,zz);
rotate3d
axis tight
title('危险区域三维图');

figure(4)
contourf(xx,yy,zz,[-5.5,-5.5]);
title('危险区域二维图')
grid minor
```

运行脚本,可得插值后海底地形图和危险区域标记图。图 5-26 为矩形区域 $x:[75,200]$, $y:[-50,150]$ 的海底地形图,其中蓝色散点为给定的插值节点。图 5-27 为海底地形的三维等高线图。

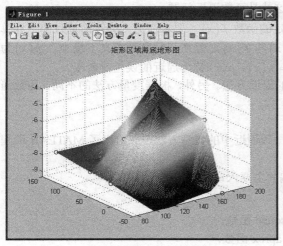

图 5-26 海底地形图

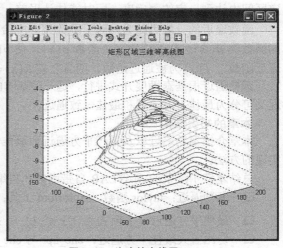

图 5-27 海底等高线图

图 5-28 显示了"危险区域"的位置。计算时将危险区域对应点的深度置为零,图中凸起的部分即为水深小于 5.5 米,可能导致船只搁浅的区域。图 5-29 则是危险区域的二维显示。

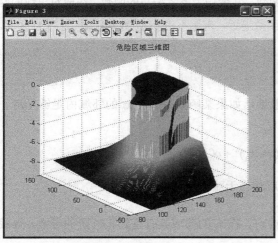

图 5-28 海底地形图

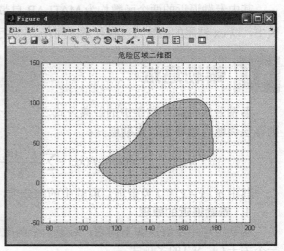

图 5-29 海底等高线图

第6章 MATLAB 函数逼近

对于一些较复杂的函数,为了便于研究,往往希望用更为简单的函数来近似表达,并要求在一定区间内达到一定的精确度,同时能估计误差,这就是函数逼近问题。

函数逼近的一般思路为:对于函数类 A 中给定的函数 $f(x)$,要求在另一类较简单且便于计算的函数类 $B(B \subset A)$ 中寻找一个函数 $p(x)$,使 $p(x)$ 与 $f(x)$ 之差在某种度量意义下最小。$p(x)$ 为逼近函数,$f(x)$ 为被逼近函数,两者之差 $R(x)=f(x)-p(x)$ 称为逼近的误差或余项。

泰勒逼近根据泰勒展开式进行,是一种基本的逼近方法。另外,根据度量方法的不同,函数逼近又可分为最佳平方逼近和最佳一致逼近。

本章的知识结构

本章介绍泰勒逼近以及最佳平方逼近和最佳一致逼近中的典型方法,并给出了 MATLAB 编程实现的方法。

总结本章中涉及的 MATLAB 自带函数和自编的主要入口函数:

- 泰勒逼近:taylor 函数,taylortool 工具;
- 最佳平方逼近(多项式为 $\{1,x,x^2,L\}$):squad 函数;
- 切比雪夫最佳平方逼近:che_apr 与 che_aprex 函数;
- 勒让德最佳平方逼近:legendre_apr 与 legendre_aprex 函数;
- 切比雪夫多项式降次(最佳一致逼近):cheuni_apr 与 cheuni_aprex 函数;
- 线性最佳一致逼近:che_linear 函数。

其中泰勒逼近的两个函数均为 MATLAB 自带函数,其余均为笔者编写的函数。在成对出现的函数中,以 ex 结尾的函数可以在任意区间 $[a,b]$ 进行函数逼近,末尾不带 ex 函数则仅限于 $[-1,1]$ 区间。

6.1 泰勒逼近

泰勒公式是高等数学中的经典公式之一。一般地,如果某函数在一点 x_0 的邻域内足够光滑,则在该邻域内能够进行泰勒展开:

$$f(x)=f(x_0)+\sum_{k=1}^{n}\frac{f^{(k)}(x_0)}{k!}(x-x_0)^k+o(|x-x_0|^n).$$

其中 $o(|x-x_0|^n)$ 为余项。取其中的部分项,就相当于对函数进行逼近。

1. 泰勒逼近的原理

泰勒定理用于解决如下问题:对于一个函数 $f(x)$,在 x_0 的邻域具有直到 $n+1$ 阶的导数,寻找一个关于 $(x-x_0)$ 的多项式:

$$p(x)=a_0+a_1(x-x_0)+a_2(x-x_0)^2+La_n(x-x_0)^n 。$$

以该多项式来近似表示 $f(x)$，使其与原函数之差是比 $(x-x_0)^n$ 高阶的无穷小。根据问题描述，应使 $p(x)$ 在 x_0 处的函数值以及各阶导数值均与 $f(x)$ 及其导数相等。即：

$$p(x_0)=f(x_0), p'(x_0)=f'(x_0);$$
$$p''(x_0)=f''(x_0), L, p^{(n)}(x_0)=f^{(n)}(x_0) 。$$

对 $p(x)$ 求导，即可求得 $p(x)$ 表达式中的系数 a_0, a_1, L, a_n。因为：

$$p'(x_0)=a_1+2a_2(x-x_0)+L=a_1 。$$

故 $a_1=p'(x_0)$。同理可得：

$$a_0=f(x_0), 2!a_2=f''(x_0);$$
$$3!a_0'''=f'''(x_0), L, n!a_n=f^{(n)}(x_0) 。$$

即：

$$a_0=f(x_0), a_1=f'(x_0);$$
$$a_2=\frac{f''(x_0)}{2!}, L, a_n=\frac{f^{(n)}(x_0)}{n!} 。$$

因此得到：

$$p(x)=f(x_0)+\sum_{k=1}^{n}\frac{f^{(k)}(x_0)}{k!}(x-x_0)^k 。$$

泰勒展开式的余项为：

$$R_n(x)=\frac{f^{(n+1)}(\xi)}{(n+1)!}(x-x_0)^{n+1} 。$$

它是比 $(x-x_0)^n$ 高阶的无穷小。

至此，一个在 x_0 附近邻域内具有 $n+1$ 阶导数的连续复杂函数被表示为一系列多项式的叠加。使用泰勒公式逼近函数时，只需取泰勒展开公式的前 k 项即可，k 值的取值可根据精确度要求进行选择。

2. 编程实现

MATLAB 提供了 taylor 函数对给定的符号表达式进行泰勒展开，其调用格式如下：

▌ `taylor(f)`

对符号表达式 f 进行五阶泰勒展开。taylor 函数可以指定展开的阶数：

▌ `taylor(f,n)`

函数按 $n-1$ 阶进行展开。展开的位置 x_0 也是可以设置的：

▌ `taylor(f,x_0)`

如 taylor(log(x),6,1) 表示对对数函数在 $x=1$ 处进行五阶展开。另外，MATLAB 符号数学工具箱提供了 taylortool 工具，能够显示一个图形界面，允许用户交互式地进行泰勒函数逼近，界面如图 6-1 所示。

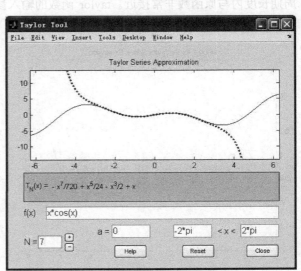

图 6-1 taylortool 工具界面

【实例 6.1】 对 $y = \sin(x)$ 在 $x_0 = 0$ 邻域进行七阶、十阶、十三阶和十六阶展开，对原函数进行逼近。

在 MATLAB 中创建脚本文件 draw_taylor.m，具体内容如下：

```
% draw_taylor.m
%
close all
clear,clc

% 定义函数
syms x;
f = sin(x);

%     画 sin(x)（n = 7, 10, 13, 16）阶泰勒级数的曲线
NN = 7:3:16;
x1 = -8:0.02:8;
for I = 1:4
    
    y = taylor(f,NN(I));              % n-1 阶泰勒展开
    y1 = subs(y,x,x1);                % 计算数值
    
    % 绘图
    figure(I);
    y0 = sin(x1);
    plot(x1, y0, 'b-');
    hold on
    plot(x1,y1, '-r');
    axis([-8,8,-2,2])
    s=sprintf('sin(x) %d -order Taylor Series Expansion', NN(I));
    title(s);
end
```

执行脚本，结果如图 6-2～图 6-5 所示。

随着阶数的增大，逼近函数与原函数相似的区间越来越大。当阶数为 16 时，逼近函数在两个周期长度内与原函数非常接近。taylor 函数的输入参数为符号函数，脚本中用 syms 命令定义符号变量，用 ezplot 函数绘制符号函数曲线图。

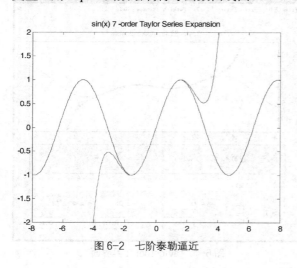
图 6-2 七阶泰勒逼近

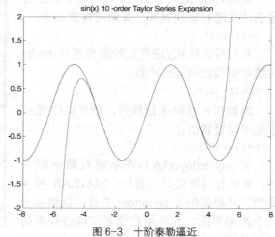
图 6-3 十阶泰勒逼近

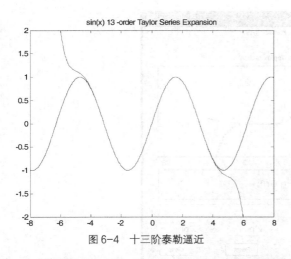
图 6-4 十三阶泰勒逼近

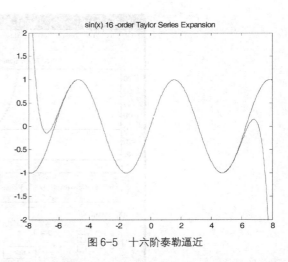
图 6-5 十六阶泰勒逼近

【实例 6.2】使用 taylortool 可视化工具求函数 $f(x)=\sin(\tan(x))-\tan(\sin(x))$ 在 $x=1$ 附近的逼近，以及 $g(x)=\dfrac{e^x}{x}$ 在 $x=0$ 附近的逼近。

在 MATLAB 命令行窗口输入以下命令：

```
>> taylortool('sin(tan(x)) - tan(sin(x))')
```

出现图 6-6 所示的界面：

如图 6-6，用户可在 $f(x)$ 编辑框内输入被逼近的函数表达式，N 为展开的阶数，a 为展开的位置。同时需要指定绘图的区间，默认为 $-2\times\text{pi}<x<2\times\text{pi}$。将 a 值改为 1，将阶数 N 改为 5，逼近函数变为图 6-7 所示的形状。

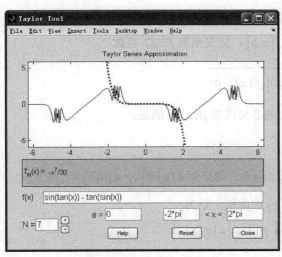

图 6-6 $N=7$, $a=0$

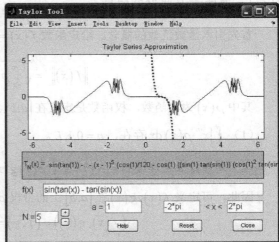

图 6-7 $N=5$, $a=1$

将函数表达式改为 $\exp(x)/x$，可得图 6-8 所示的逼近函数曲线：

在界面中还给出了逼近函数的表达式，如 $\exp(x)/x$ 函数的逼近函数为：

$$T_N(x)=\exp(1)+\left(\exp(1)(x-1)^2\right)/2-L-\left(11\exp(1)(x-1)^5\right)/30 \text{。}$$

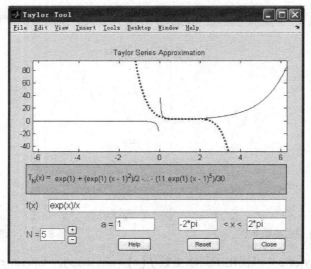

图 6-8 exp(x)/x

6.2 最佳平方逼近

任何连续函数都可以进行泰勒展开，然后通过取展开式的前若干项，构成泰勒逼近。泰勒逼近的原理非常简单，但收敛慢，在精度要求高时需要很高的阶数。在应用中往往采用其他逼近方法，判断这些方法及其参数的选择需要一定的标准来衡量，常用的是最佳平方逼近和最佳一致逼近。这一节介绍最佳平方逼近的原理及常用的正交多项式。

6.2.1 最佳平方逼近的原理

首先引入函数范数的概念。给定函数 $f(x) = C[a,b]$，定义函数 f 的 2-范数：

$$\|f(x)\|_2 = \sqrt{\int_a^b \rho(x)[f(x)]^2 \,dx} \, .$$

其中 $\rho(x)$ 为权函数。权函数是定义在 $[a,b]$ 上的非负函数 $\rho(x)$，满足：

(1) $\int_a^b |x|^n \rho(x) \,dx$ 存在，$n = 0,1,L$。

(2) 对任意非负连续的 $g(x)$，若 $\int_a^b \rho(x)g(x) \,dx = 0$，则必有 $g(x) \equiv 0, x \in [a,b]$。

因此，可定义 $f(x), g(x)$ 在 $[a,b]$ 上的带权 $\rho(x)$ 的内积，记为：

$$(f(x), g(x)) = (f, g) = \int_a^b \rho(x) f(x) g(x) \,dx \, .$$

因此函数的 2-范数可写为：

$$\|f\|_2 = \sqrt{(f,f)} \, .$$

最优平方逼近在 $\Phi(x) \subset C[a,b]$ 里寻找函数 $\varphi(x)$，使其在 2-范数意义下逼近 $f(x)$，即令

$$\|f(x) - \varphi(x)\|_2 = \sqrt{\int_a^b \rho(x)[f(x) - \varphi(x)]^2 \,dx}$$

取得最小值。这等价于寻找 $\varphi^*(x)$，满足：

$$\|f(x)-\varphi^*(x)\|_2^2 = \min_{\varphi(x)\in\Phi(x)}\|f(x)-\varphi(x)\|_2^2$$
$$= \min_{\varphi(x)\in\Phi(x)}\int_a^b \rho(x)\left[f(x)-\varphi(x)\right]^2 dx。$$

表示为内积：

$$(f-\varphi^*, f-\varphi^*) = \min_{\varphi\in\Phi}(f-\varphi, f-\varphi)。$$

下一步就要求解满足上式的 $\varphi^*(x)$。令 $L_p^2[a,b] = \{f\mid \|f\|_2 < \infty\}$，称 $L_p^2[a,b]$ 为 $\mathbf{R}$ 上的一个线性空间。假设 $\varphi_0, \varphi_1, \varphi_2, L, \varphi_n \in L_p^2[a,b]$，如果不存在 $n+1$ 个不全为零的数 $c_i(i=0,1,L,n)$，使得：

$$\|c_0\varphi_0 + c_1\varphi_1 + c_2\varphi_2 + L + c_n\varphi_n\|_2 = 0。$$

则称函数系 $\{\varphi_0, \varphi_1, \varphi_2, \cdots, \varphi_n\}$ 在 $L_p^2[a,b]$ 上线性无关。现假设 $\{\varphi_0, \varphi_1, \varphi_2, L, \varphi_n\}$ 为 $L_p^2[a,b]$ 上线性无关的函数系，记 $\Phi = \text{span}\{\varphi_0, \varphi_1, \varphi_2, \cdots, \varphi_n\}$，作为 $n+1$ 维空间中的基函数集。则 $\varphi^*(x)$ 可以表示为：

$$\varphi^*(x) = \sum_{j=0}^n a_j \varphi_j(x)。$$

问题转化为求多元函数

$$I(a_1, a_2, L, a_n) = \int_a^b \rho(x)\left[\sum_{i=0}^n a_i\varphi_i(x) - f(x)\right]dx。$$

的极小值问题。由多元函数求极值的必要条件 $\dfrac{\partial I}{\partial a_k} = 0$ 可知：

$$\frac{\partial I}{\partial a_k} = 2\int_a^b \rho(x)\left[\sum_{i=0}^n a_i\varphi_i(x) - f(x)\right]\varphi_k(x)dx = 0。$$

其中 $k = 0,1,L,n$。故：

$$\sum_{i=0}^n (\varphi_k, \varphi_i)a_i = (f, \varphi_k), \quad k = 0,1,L,n。$$

写为方程组：

$$\begin{pmatrix}(\varphi_0,\varphi_0) & (\varphi_0,\varphi_1) & L & (\varphi_0,\varphi_n)\\ (\varphi_1,\varphi_0) & (\varphi_1,\varphi_1) & L & (\varphi_1,\varphi_n)\\ M & M & O & M\\ (\varphi_n,\varphi_0) & (\varphi_n,\varphi_1) & L & (\varphi_n,\varphi_n)\end{pmatrix}\begin{pmatrix}a_0\\ a_1\\ M\\ a_n\end{pmatrix} = \begin{pmatrix}(f,\varphi_0)\\ (f,\varphi_1)\\ M\\ (f,\varphi_n)\end{pmatrix}。$$

这就是法方程组。由于 $\varphi_0, \varphi_1, \varphi_2, L, \varphi_n$ 在 $L_p^2[a,b]$ 上线性无关，所以法方程组的系数矩阵非奇异，方程组有唯一解 $a_k = a_k^*, k = 0,1,L,n$，因此可以得到逼近函数：

$$\varphi^*(x) = \sum_{j=0}^n a_j^* \varphi_j(x)。$$

由于上述解是由求解极值的必要条件推导而来的，因此还需要证明其充分性——$\varphi^*(x)$ 是最优平方逼近问题的最优解。因为：

$$\|f-\varphi\|_2^2 = (f-\varphi, f-\varphi) = (f-\varphi^* + \varphi^* - \varphi, f-\varphi^* + \varphi^* - \varphi)$$
$$= (f-\varphi^*, f-\varphi^*) + (\varphi-\varphi^*, \varphi-\varphi^*) + 2(f-\varphi^*, \varphi^*-\varphi)。$$

而 $\varphi^* - \varphi = \sum_{j=0}^{n}(a_j^* - a_j)\varphi_j(x)$，又有 $(f-\varphi^*, \varphi_k) = 0, k = 0,1,L,n$，故：

$$(f-\varphi^*, \varphi^*-\varphi) = \left(f-\varphi^*, \sum_{j=0}^{n}(a_j^* - a_j)\varphi_j\right) = \sum_{j=0}^{n}(a_j^* - a_j)(f-\varphi^*, \varphi_j) = 0。$$

因此，有：

$$\|f-\varphi\|_2^2 = \|f-\varphi^*\|_2^2 + \|\varphi^*-\varphi\|_2^2 \geq \|f-\varphi^*\|_2^2。$$

即证明了 $\|f-\varphi^*\|_2^2$ 为极小值。另外，可以证明最佳平方逼近的误差可以由下式给出：

$$\|f-\varphi^*\|_2^2 = \|f\|_2^2 - (f, \varphi^*)$$

求最佳平方逼近函数需要一个线性无关函数组，$\{1, x, x^2, L\}$ 就是一个最简单的多项式线性无关组。下面以 $\{1, x, x^2, L\}$ 为例说明求解最佳平方逼近函数的步骤：

（1）假设原函数 $f(x) \in C[a,b]$，取 $S = \{\varphi_0, \varphi_1, \varphi_2, L\} = \{1, x, x^2, L\}$，权函数 $\rho(x) = 1$，则可计算内积：

$$(\varphi_k, \varphi_j) = \int_0^1 x^k x^j \mathrm{d}x = \int_0^1 x^{k+j} \mathrm{d}x$$
$$= \frac{1}{k+j+1}(1^{k+j+1} - 0^{k+j+1})$$
$$= \frac{1}{k+j+1}, (k, j = 0,1,L,n)。$$

并假设：

$$(f, \varphi_k) = \int_0^1 f(x) x^k \mathrm{d}x = d_k, (k = 0,1,L,n)。$$

（2）由上可得法方程组 $Ga = d$：

$$\begin{pmatrix} 1 & \frac{1}{2} & L & \frac{1}{n+1} \\ \frac{1}{2} & \frac{1}{3} & L & \frac{1}{n+2} \\ M & M & M & M \\ \frac{1}{n+1} & \frac{1}{n+2} & L & \frac{1}{2n+1} \end{pmatrix} \begin{pmatrix} a_0 \\ a_1 \\ M \\ a_n \end{pmatrix} = \begin{pmatrix} d_0 \\ d_1 \\ M \\ d_n \end{pmatrix}$$

解方程组得 (a_0, a_1, L, a_n)，则逼近函数为：

$$p(x) = \sum_{j=0}^{n} a_j x^j。$$

MATLAB 没有现成的函数可以实现最佳平方逼近，以下为笔者编写的最佳平方逼近函数 squad.m。

```
function S = squad(obj, a, b, n)
```

```matlab
% 最佳平方逼近求解函数
% input:
% obj:       待逼近函数句柄
% a、b:      [a,b]为逼近的区间
% n:         逼近的阶数
% a、b、n 均为可选参数，有缺省值
% output:
% S:         长度为 n+1 的列向量，为基函数系数
% example:
% obj = @exp;
% S = squad(obj, 0,1,3);

% 参数处理
if ~exist ('a','var')
    a = 0;
end

if ~exist ('b','var')
    b = 1;
end

if ~exist('n','var')
    n=3;
end

% 法方程组的系数矩阵
% 对 weight(x) * phi_k(i) * phi_k(j)在区间[a,b]上求数值积分
wei = zeros(n+1, n+1);
for i=1:n+1
    for j=1:n+1
        wei(i,j) = quad(@(x)rho_phi(x, i-1, j-1), a, b);
    end
end

% 方程的值

d = zeros(n+1, 1);
for i=1:n+1
    d(i) = quad(@(x)fun_phi(x, i-1, obj), a, b);
end

% 左除法求解系数
S = wei\d;
%% 子函数
% k 阶基函数
function y = phi_k(x, k)
% 基函数
% 1,x,x^2,...

if k==0
    y= ones(size(x));
    return;
end
y = x.^k;

% 权函数
function y = weightx(x)
% 最简单的权函数
y = 1;
```

```
function y = rho_phi(x, i, j)
% 第 i 个基函数与第 j 个基函数的乘积,再乘以权函数 weightx

y = weightx(x) .* phi_k(x, i) .* phi_k(x, j);


function y = fun_phi(x, i, obj)
% obj 为待逼近函数
% i 为多项式阶数

y = (weightx(x).*phi_k(x,i)) .* obj(x);
```

调用格式为:

```
S = squad(obj, a, b, n)
```

或

```
S = squad(obj)
```

obj 为待逼近的函数句柄,squad 在区间 $[a,b]$ 上对 obj 进行 n 阶逼近,基多项式在内部调用的 phi_x 函数中给出。

函数中,先求出法方程组的系数矩阵 G,再求出法方程组等号右边的向量 d(变量 d),最后通过左除的方法求得线性方程组的解。其中调用了 quad 函数,是 MATLAB 自带的数值积分函数,可以根据给出的函数句柄和指定区间求一元函数的积分。函数还调用了以下自定义的子函数:

(1) rho_phi 函数:两个不同的基函数及权函数的乘积,用于计算基函数之间的积分。函数内容如下:

```
function y = rho_phi(x, i, j)
% 第 i 个基函数与第 j 个基函数的乘积,再乘以权函数 weightx

y = weightx(x) .* phi_k(x, i) .* phi_k(x, j);
```

其中调用了权函数 weightx 和基函数 phi_x,权函数可以是任意符合定义的函数,用户可自定义,在这里使用 1:

```
function y = weightx(x)
% 最简单的权函数
y = 1;
```

phi_x 为基多项式,在这里使用线性无关多项式函数组 $\{1, x, x^2, L\}$:

```
function y = phi_k(x, k)
% 基函数
% 1,x,x^2,...

if k==0
    y= ones(size(x));
    return;
end

y = x.^k;
```

(2) fun_phi 函数:权函数、基函数和待逼近函数的乘积。与 rho_phi 函数一样,fun_phi 函数也需要调用 phi_x 与 weightx 函数。

```
function y = fun_phi(x, i, obj)
% obj 为待逼近函数
% i 为多项式阶数

y = (weightx(x).*phi_k(x,i)) .* obj(x);
```

以上所述的四个函数均为子函数，包含在 squad.m 函数文件中，只在该文件内部有效。

【实例 6.3】 以 $\{1, x, x^2, L\}$ 为基函数，利用最佳平方逼近法在区间 $[-2, 2]$ 上对指数函数进行一阶和二阶多项式逼近。

在 MATLAB 命令行窗口输入以下命令：

```
>> obj=@exp;                           % 待逼近函数
>> S1 = squad(obj,-2,2,1);             % 一阶逼近多项式的系数
>> S1

S1 =

    1.8134
    1.4616
>> vpa(poly2sym(fliplr(S1'))),6)       % 一阶逼近的结果为直线 y=1.46157*x + 1.81343

ans =

1.46157*x + 1.81343
>> S2 = squad(obj,-2,2,2);             % 二阶逼近的系数
>> S2

S2 =

    0.9338
    1.4616
    0.6597
>> vpa(poly2sym(fliplr(S2'))),6)       % 二阶逼近的结果为抛物线

ans =

0.65973*x^2 + 1.46157*x + 0.93379
>> v1 = polyval(fliplr(S1'), -2:.1:2);  % 绘图
>> x=-2:.1:2;
>> plot(x,obj(x),'b');
>> hold on
>> plot(x,v1,'r--');
>> v2 = polyval(fliplr(S2'), x);
>> plot(x,v2,'m.-');
>> title('exp(x) 最佳平方逼近');
>> legend('exp(x)','1 -order', '2 -order')
```

上述命令中的 poly2sym 为 MATLAB 自带函数，用于将多项式系数向量转为符号表达式。vpa 则用于将有理式转化为具有一定精度的小数。polyval 函数用于求解多项式在给定位置的值。逼近结果如图 6-9 所示。

图 6-9 中的虚线所描绘的直线为一阶逼近，蓝色实线为指数函数曲线。二阶逼近多项式已经在一定程度上与指数函数的趋势相吻合。如果阶数进一步上升至三阶、四阶，就能达到较高精度，图 6-10 为三阶逼近多项式的曲线图。

然而，使用 $\{1, x, x^2, L\}$ 为线性无关组求逼近函数有一个极大的缺陷，根源在于上述的矩阵 G。矩阵 G 称为希尔伯特（Hilbert）矩阵，是一个数学上著名的病态矩阵。所谓病态矩阵，就是在由该矩阵构成的线性方程组中，只要矩阵元素发生微小变化，就引起方程组的解发生很大变化。且矩阵越大，病态越严重。由于计算机中表示的实数是有一定的精度的，因此由于含入误差的影响，使

得求解正确的结果变得异常困难，因此$\{1,x,x^2,L\}$只适合在低阶逼近时使用。这个问题的解决方案是舍弃$\{1,x,x^2,L\}$，转而使用正交基，也就是使用正交多项式进行最佳平方逼近，常用的正交多项式有切比雪夫多项式、勒让德多项式等。

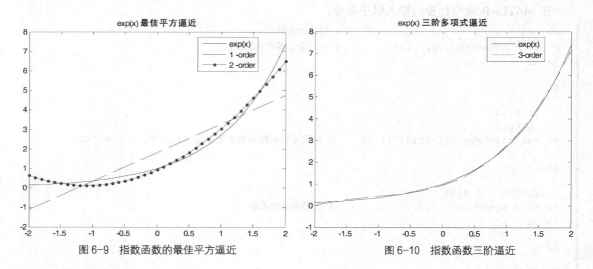

图 6-9　指数函数的最佳平方逼近　　　　　　图 6-10　指数函数三阶逼近

6.2.2　正交多项式

正交多项式是函数逼近的重要工具。如果$f(x),g(x)\in C[a,b]$，$\rho(x)$为$[a,b]$上的权函数，且满足：

$$(f(x),g(x))=\int_a^b \rho(x)f(x)g(x)\mathrm{d}x=0 。$$

则称$f(x)$、$g(x)$在区间$[a,b]$带权$\rho(x)$正交。如果函数族$\varphi_0(x),\varphi_1(x),L,\varphi_n(x)$满足：

$$(\varphi_i(x),\varphi_j(x))=\int_a^b \rho(x)\varphi_i(x)\varphi_j(x)\mathrm{d}x=\begin{cases}0, & j\neq x \\ A_k>0, & j=i\end{cases}$$

则称$\varphi_0(x),\varphi_1(x),L,\varphi_n(x)$是区间$[a,b]$带权$\rho(x)$的正交函数。进一步，如果$A_k=1$，则称为标准正交函数族。

设$\varphi_k(x)$是$[a,b]$上首项系数$\alpha_n\neq 0$的n次多项式，$\rho(x)$为$[a,b]$上的权函数。如果多项式序列$\{\varphi_k(x)\}_{k=0}^{\infty}$满足正交条件，则称该序列在$[a,b]$上带权$\rho(x)$正交。一般地，只要给定区间$[a,b]$及权函数，均可由一族线性无关的幂函数$\{1,x,x^2,x^n,L\}$利用逐个正交化来构造一个正交多项式序列：

$$\varphi_0(x)=1，$$

$$\varphi_k(x)=x^n-\sum_{j=0}^{n-1}\frac{(x^n,\varphi_j(x))}{(\varphi_j(x),\varphi_j(x))}\varphi_j(x),n=1,2,L 。$$

这样得到的正交多项式具有如下性质。

（1）$\varphi_n(x)$是具有最高次项系数为1的n次多项式。
（2）任何n次多项式均可表示为$\varphi_0(x),\varphi_1(x),L,\varphi_n(x)$的线性组合。

(3) 当 $k \neq j$ 时，$(\varphi_j(x), \varphi_k(x)) = 0$，且 $\varphi_k(x)$ 与任一次数小于 k 的多项式正交。

(4) 成立以下递推关系：
$$\varphi_{k+1}(x) = (x - \alpha_n)\varphi_n(x) - \beta_n \varphi_{n-1}(x), n = 0, 1, L;$$

其中：
$$\varphi_0(x) = 1, \varphi_{-1}(x) = 0;$$
$$\alpha_n = (x\varphi_n(x), \varphi_n(x))/(\varphi_n(x), \varphi_n(x));$$
$$\beta_n = (\varphi_n(x), \varphi_n(x))/(\varphi_{n-1}(x), \varphi_{n-1}(x))。$$

(5) 设 $\{\varphi_k(x)\}_{k=0}^{\infty}$ 是在 $[a,b]$ 上带权 $\rho(x)$ 的正交多项式序列，则 $\varphi_n(x)(n \geq 1)$ 的 n 个根都是在区间 $[a,b]$ 内的单重实根。

由于正交多项式的特殊性质，其求解最佳平方逼近问题的步骤可以简化如下：

(1) 假设 $f(x) \in C[a,b]$，取正交基 $\varphi_0(x), \varphi_1(x), L, \varphi_n(x)$ 及权函数 $\rho(x)$。由正交多项式的定义，有：
$$(\varphi_i, \varphi_j) = \begin{cases} 0, & i \neq j \\ (\varphi_i, \varphi_i), & i = j \end{cases}。$$

同时：
$$(f, \varphi_k) = \int_0^1 f(x) x^k dx = d_k, (k = 0, 1, L, n)。$$

(2) 由以上公式得到法方程组如下：
$$\begin{pmatrix} (\varphi_0, \varphi_0) & & & \\ & (\varphi_1, \varphi_1) & & \\ & & O & \\ & & & (\varphi_n, \varphi_n) \end{pmatrix} \begin{pmatrix} a_0 \\ a_1 \\ M \\ a_n \end{pmatrix} = \begin{pmatrix} (f, \varphi_0) \\ (f, \varphi_1) \\ M \\ (f, \varphi_n) \end{pmatrix}。$$

此时，方程组 $Ga = d$ 的系数矩阵 G 为对角矩阵，这样就避免了希尔伯特矩阵的病态问题。根据上式可直接解得：
$$a_j = \frac{(f, \varphi_j)}{(\varphi_j, \varphi_j)} = \frac{\int_a^b \rho(x) f(x) \varphi_j(x) dx}{\int_a^b \rho(x) \varphi_j(x) \varphi_j(x) dx}, j = 0, 1, L, n。$$

因此逼近函数为基函数的线性组合，以 a_j 为系数：
$$p(x) = \sum_{j=0}^{n} a_j \varphi_j(x)。$$

6.2.3 切比雪夫多项式

1. 切比雪夫逼近的原理

上一节的末尾给出了由一族线性无关的幂函数 $\{1, x, x^2, x^n, L\}$ 逐步正交化得到正交多项式的过程。各正交多项式族的不同之处主要体现在权函数 $\rho(x)$ 的选择上。

当权函数为：

$$\rho(x) = \frac{1}{\sqrt{1-x^2}},$$

区间为 $[-1,1]$ 时，由线性无关的序列 $\{1, x, x^2, x^n, L\}$ 正交化得到的多项式就称为切比雪夫（Chebyshev）多项式（第一类）。切比雪夫多项式可以简洁地表示为以下形式：

$$T_n(x) = \cos(n \arccos(x)), -1 \leq x \leq 1。$$

也可以将上式写为三角函数的形式，令 $x = \cos(\theta)$，则有：

$$T_n(x) = \cos(n\theta), 0 \leq \theta \leq \pi$$

切比雪夫多项式有以下性质：

（1）切比雪夫多项式的递推关系。

$$T_0(x) = 1, T_1(x) = x；$$
$$T_{n+1}(x) = 2x T_n(x) - T_{n-1}(x), n = 1, 2, L。$$

递推公式可由三角关系推出。首先，有以下等式成立：

$$\cos(n+1)\theta = 2\cos\theta\cos n\theta - \cos(n-1)\theta, n \geq 1。$$

再令 $x = \cos\theta$，即可得出：

$$T_2(x) = 2x^2 - 1；$$
$$T_3(x) = 4x^3 - 3x；$$
$$T_4(x) = 8x^4 - 8x^2 + 1。$$

（2）$T_n(x)$ 是 n 次多项式，其首项系数为 2^{n-1}。

（3）$T_n(x)$ 在 $[-1,1]$ 中有 n 个零点，$x_j = \cos\left(\frac{2j+1}{2n}\pi\right), j = 0, 1, L, n-1$。

（4）最值性：$|T_n(x)| \leq 1, n = 0, 1, L$。

（5）$T_n(x)$ 在区间 $[-1,1]$ 上有 $n+1$ 个极值点：

$$x_k = \cos\frac{k}{n}\pi, k = 1, 2, L, n。$$

$T_n(x)$ 在这些点上轮流取得最大值 +1 与最小值 –1。切比雪夫多项式的这一性质在下一节要介绍的最佳一致逼近中有重要应用。

（6）切比雪夫多项式 $T_n(x)$ 在区间 $[-1,1]$ 上带权 $\rho(x) = \frac{1}{\sqrt{1-x^2}}$，且有：

$$\int_{-1}^{1} \frac{T_n(x) T_m(x)}{\sqrt{1-x^2}} dx = \begin{cases} 0, & n \neq m \\ \frac{\pi}{2}, & n = m \neq 0 \\ \pi, & n = m = 0 \end{cases}。$$

在实际应用中，可根据精度要求截取有限项进行逼近。根据上式可以求切比雪夫逼近的系数，由法方程组 $Ga = d$ 可得：

$$a_j = \frac{(f,\varphi_j)}{(\varphi_j,\varphi_j)} = \frac{\int_a^b \rho(x)f(x)\varphi_j(x)\mathrm{d}x}{\int_a^b \rho(x)\varphi_j(x)\varphi_j(x)\mathrm{d}x}, \quad j=0,1,L,n \ .$$

在这里可以写为：

$$a_j = \frac{(f,T_j)}{(T_j,T_j)} = \frac{\int_{-1}^1 \frac{1}{\sqrt{1-x^2}}f(x)T_j(x)\mathrm{d}x}{\int_{-1}^1 \frac{1}{\sqrt{1-x^2}}T_j(x)T_j(x)\mathrm{d}x}, \quad j=0,1,L,n \ .$$

即：

$$a_0 = \frac{1}{\pi}\int_{-1}^1 \frac{f(x)}{\sqrt{1-x^2}}\mathrm{d}x \ ;$$

$$a_j = \frac{2}{\pi}\int_{-1}^1 \frac{T_n(x)f(x)}{\sqrt{1-x^2}}\mathrm{d}x, \quad j=1,2,L,n \ .$$

前 6 个切比雪夫多项式为：

$$T_0(x) = 1 \ ;$$
$$T_1(x) = x \ ;$$
$$T_2(x) = 2x^2 - 1 \ ;$$
$$T_3(x) = 4x^3 - 3x \ ;$$
$$T_4(x) = 8x^4 - 8x^2 + 1 \ ;$$
$$T_5(x) = 16x^5 - 20x^3 + 5x \ .$$

2. 切比雪夫逼近的编程实现

MATLAB 中没有现成的实现切比雪夫逼近的函数，这里给出笔者编写的版本。首先定义函数 che_gen(n)，用于根据递推公式生成 $0 \sim n$ 阶切比雪夫多项式的系数，并将系数保存于细胞数组中，具体内容如下：

```
function che_co = che_gen(n)
% che_co: 生成切比雪夫多项式的系数
% input:
% n:  生成 0~n 次切比雪夫多项式
% che_co: 1*n+1 细胞数组，其中的元素是
% 表示多项式系数的行向量。如[1,2]表示1+2x

% 0~n 次，共有 n+1 个多项式
che_co = cell(1,n+1);

che_co{1} = 1;          % 1
che_co{2} = [0,1];      % 0+1*x

for i=3:n+1
    
    che_co{i} = zeros(1,i);
    
    % 公式：T(n)(x) = 2 * x * T(n-1)(x) - T(n-2)(x);
    che_co{i}(2:i) = che_co{i-1}*2;
    che_co{i}(1:i-2) = che_co{i}(1:i-2) - che_co{i-2};
end
```

下面举例说明函数的调用格式，生成 0 至 3 次切比雪夫多项式系数：

```
>> co = che_gen(3)          % 生成 0~3 次切比雪夫多项式系数
co =
    [1]    [1x2 double]    [1x3 double]    [1x4 double]
>> co{2}                    % 1+x
ans =
     0     1
>> co{3}                    % 2x^2-1
ans =
    -1     0     2
>> co{4}                    % 4x^3-3x
ans =
     0    -3     0     4
```

函数 che_gen 的返回结果 co 是一个细胞数组，co{i} 表示 $i-1$ 阶多项式的系数。在 MATLAB 中创建函数 che_i(x, i, che_co)，该函数将 che_gen 计算得到的多项式系数作为输入，计算自变量 x 的第 i 次多项式的函数值：

```
function y = che_i(x, i, che_co)
% che_i：输入自变量 x，计算其在第 i 阶
% 切比雪夫多项式下的函数值
% 切比雪夫多项式的系数由 che_co 给出，是
% che_gen 函数的返回值
% example:
% co = che_gen(3);
% x = -1:.1:1;
% y = che_i(x,2,co);

cof = che_co{i+1};
y = zeros(size(x));
for j = 1:i+1
    y = y + cof(j) .* x.^(j - 1);
end
```

【实例 6.4】在区间 $[-1,1]$ 上绘制 $0 \sim 4$ 次切比雪夫多项式的曲线。

运行以下脚本代码：

```
che_co = che_gen(4);                  % 生成切比雪夫多项式系数
x=-1:.02:1;
for i=0:4
    y(:,i+1) = che_i(x,i,che_co)';    % 将 x 代入计算多项式的值
end
plot(x,y(:,1),'b');                    % 绘图
hold on;
plot(x,y(:,2),'r');
plot(x,y(:,3),'m--');
plot(x,y(:,4),'k.-');
plot(x,y(:,5),'k-');
hold off
axis([-1.2,1.2,-1.2,1.2])
```

```
legend('0次','1次','2次','3次','4次','s','Location', 'best')
hold off
```

运行结果如图 6-11 所示。

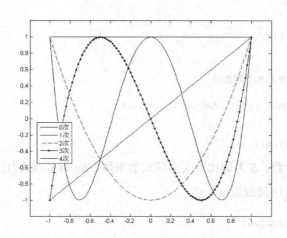

图 6-11　0 至 4 次切比雪夫多项式

从图 6-11 中可以看出，切比雪夫多项式曲线交替出现极大值 1 和极小值 -1。

创建函数 che_apr(obj,n)，用于对函数做 n 阶逼近，函数由句柄 obj 给出。具体内容如下：

```
function [S, Sx] = che_apr(obj,n)
% 最佳平方逼近求解函数
% input:
% obj:          待逼近函数句柄
% n:            逼近的次数,缺省为 3 次
% output:
% S:            长度为 n+1 的列向量，为切比雪夫多项式系数
% Sx:           长度为 n+1 的列向量，为 1,x,x^2,…的系数
% example:
% obj = @exp;
% [S,Sx] = che_apr(obj,3);

che_co = che_gen(n);
a = zeros(n+1,1);
for i=1:n+1
    a(i) = quad( @(x)fun_phi(x, i-1, obj, che_co), -1,1) *2/pi;
end

S=a;
S(1)=S(1)/2;

Sx = zeros(n+1,n+1);
for i=1:n+1
    Sx(i,1:i) = che_co{i} * S(i);
end

Sx = sum(Sx)';

%% 子函数
```

```
% 权函数
function y = weightx(x)
% 最简单的权函数
y = 1./sqrt(1-x.^2);


function y = fun_phi(x, i, obj, che_co)
% obj 为待逼近函数
% i 为多项式系数
% che_co 为包含多项式系数的细胞数组

y = weightx(x) .* che_i(x,i,che_co).* obj(x);
```

函数的调用格式为：

```
[S,Sx] = che_apr(obj,n);
```

其中，n 为逼近的阶数。S 为切比雪夫多项式的系数，Sx 为多项式 $\{1,x,x^2,L\}$ 的系数。

【实例 6.5】 在 $[-1,1]$ 区间逼近 $y = x^6$。

```
>> obj=@(x)x.^6;
>> [S,Sx] = che_apr(obj,6)

S =                    % 切比雪夫多项式系数

    0.3125
         0
    0.4688
         0
    0.1875
   -0.0000
    0.0313


Sx =                   % 1, x, x² 的系数

   -0.0000
   -0.0000
    0.0001
    0.0000
   -0.0005
   -0.0000
    1.0004
```

从输出结果 Sx 中可以看出，切比雪夫逼近 $y = x^6$ 的结果为 $y = 1.0004x^6 - 0.0005x^4 + 0.0001x^2$，与原函数非常接近。

che_apr 函数只能在 $[-1,1]$ 区间逼近某个函数，对于不在这个区间内的函数，可以使用变量代换解决。假设待逼近函数为 $g(x), x \in [a,b]$，令 $t = 2\dfrac{x-a}{b-a} - 1$，则：

$$f(t) = g(x) = g\left(\dfrac{t+1}{2}(b-a) + a\right), t \in [-1,1]。$$

然后对 $f(t)$ 进行逼近即可。得到关于变量 t 的多项式系数后，再将 $t = 2\dfrac{x-a}{b-a} - 1$ 代入，即可得到关于 x 的逼近多项式系数。

在 MATLAB 中定义函数 che_aprex(obj,a,b,n)，内容如下：

```
function Sx = che_aprex(obj,a,b,n)
% 对函数句柄 obj 指定的函数进行 n 阶切比雪夫逼近
% obj 函数定义域为区间[a,b], 采用最佳平方逼近
% a 默认值为-1,
% b 缺省值为1
% n 缺省值为3

if ~exist('a','var')
    a = -1;
end

if ~exist('b','var')
    b = 1;
end

if ~exist('a','var')
    n = 3;
end

% 变量代换 obj_g 接受-1~1 的变量作为输入
obj_g = @(t)obj((t+1)./2*(b-a)+a);

% 进行逼近, Sx 为 1,x,x^2,…的系数
[~, Sx] = che_apr(obj_g,n);

% 系数变换
co_ex = [2./(b-a), -2*a./(b-a)-1];

% t=c x + d
c = co_ex(1);
d = co_ex(2);

% ((Sx(n) (c x +d )+ Sx(n-1))(c x +d) + Sx(n-2)) (c x +d) + … +Sx(1)
tmp = Sx(end);
for i=length(Sx):-1:2
    tmp = conv(tmp, [d,c]);
    tmp(1) = tmp(1) + Sx(i-1);
end

Sx = tmp;
```

函数可接受任意区间上的连续函数作为待逼近函数, 区间和逼近的阶数分别由 $[a,b]$ 和 n 指定。

【实例 6.6】在 $[-2,2]$ 区间上用切比雪夫多项式对指数函数做二阶和三阶逼近。

```
>> obj=@exp;                        % 待逼近函数为指数函数
>> x=-2:.1:2;
>> y0=obj(x);                       % 指数函数在 x 处的值
>> Sx1 = che_aprex(obj,-2,2,1)      % [-2,2]上的一阶逼近

Sx1 =

    2.2796    1.5906

>> Sx2 = che_aprex(obj,-2,2,2)      % 2 阶逼近

Sx2 =

    0.9017    1.5906    0.6890

>> Sx3 = che_aprex(obj,-2,2,3)      % 3 阶逼近

Sx3 =
```

```
    0.9017    0.9524    0.6890    0.2127
>> y1 = polyval(fliplr(Sx1),x);        % 计算函数值并画图
>> y2 = polyval(fliplr(Sx2),x);
>> y3 = polyval(fliplr(Sx3),x);
>> plot(x,y0);
>> hold on
>> plot(x,y1,'k-');
>> plot(x,y2,'b--');
>> plot(x,y3,'m--');
>> legend('exp(x)','1 -order','2 -order', '3 -order')
```

切比雪夫多项式的逼近效果如图 6-12 所示。

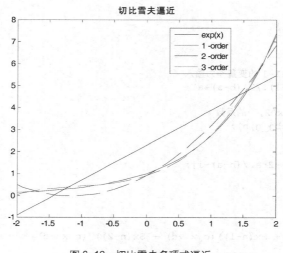

图 6-12 切比雪夫多项式逼近

6.2.4 勒让德多项式

当权函数为 $\rho(x)=1$，区间为 $[-1,1]$ 时，由线性无关的序列 $\{1,x,x^2,x^n,L\}$ 正交化得到的多项式就称为勒让德（Legendre）多项式。勒让德多项式 $p_n(x)$ 是 n 阶多项式，可用罗德里格公式表示为：

$$p_n(x) = \frac{1}{2^n n!} \frac{d^n}{dx^n}\left[\left(x^2-1\right)^n\right]。$$

勒让德多项式有以下性质：

（1）不同阶数的勒让德多项式两两正交，且满足：

$$\int_{-1}^{1} p_n(x)p_m(x)dx = \begin{cases} 0, & m \neq n \\ \dfrac{2}{2n+1}, & m = n \end{cases}。$$

（2）勒让德多项式根据阶数的不同，分别为奇函数或偶函数。

$$p_n(-x) = (-1)^n p_n(x)。$$

（3）类似切比雪夫多项式，勒让德多项式也存在递推关系，每一个多项式可由前两个多项式推导得到：

$$p_0(x)=1,\ p_1(x)=x;$$

$$p_{n+1}(x)=\frac{2n+1}{n+1}xp_n(x)-\frac{n}{n+1}p_{n-1}(x), n=1,2,L\text{。}$$

因此可以利用勒让德多项式进行函数逼近。由于勒让德多项式是正交多项式，因此法方程组中矩阵 G 是一个对角阵，由 $Ga=d$ 可得：

$$a_m=\frac{(f,p_m)}{(p_m,p_m)}=\frac{\int_{-1}^{1}f(x)p_m(x)\mathrm{d}x}{\int_{-1}^{1}p_m(x)p_m(x)\mathrm{d}x},\ m=0,1,L,n;$$

即：

$$a_m=\frac{2m+1}{2}\int_{-1}^{1}f(x)p_m(x)\mathrm{d}x,\ m=1,2,L,n\text{。}$$

前 6 个勒让德多项式为：

$$p_0(x)=1;$$
$$p_1(x)=x;$$
$$p_2(x)=\frac{1}{2}(3x^2-1);$$
$$p_3(x)=\frac{1}{2}(5x^3-3x);$$
$$p_4(x)=\frac{1}{8}(35x^4-30x^2+3);$$
$$p_5(x)=\frac{1}{8}(63x^5-70x^3+15x)\text{。}$$

MATLAB 中的函数 legendre_gen(n)，用于生成 $0\sim n$ 阶勒让德多项式的系数：

```
function legendre_co = legendre_gen(n)
% legend_co: 生成勒让德多项式的系数
% input:
% n:   生成0~n次勒让德多项式
% che_co: 1*n+1 细胞数组，其中的元素是
% 表示多项式系数的行向量。如[1,2]表示1+2x

% 0~n 次，共有n+1 个多项式
legendre_co = cell(1,n+1);

legendre_co{1} = 1;          % 1
legendre_co{2} = [0,1];      % 0+1*x

for i=3:n+1
    
    legendre_co{i} = zeros(1,i);
    
    % 公式： p(n)(x) = (2n-1)/n * x * p(n-1)(x) - (n-1)/n * p(n-2)(x);
    legendre_co{i}(2:i) = legendre_co{i-1}*(2*i-3)/(i-1);
    legendre_co{i}(1:i-2) = legendre_co{i}(1:i-2) - legendre_co{i-2}*(i-2)/(i-1);
end
```

类似切比雪夫多项式中的 che_gen 函数，该函数的返回值是一个细胞数组。再定义函数 legendre_i，接受 x 作为输入自变量，计算 x 在第 i 次勒让德多项式下的函数值：

```
function y = legendre_i(x, i, legendre_co)
% che_i：输入自变量x，计算其在第i阶
% 勒让德多项式下的函数值
% 勒让德多项式的系数由legendre_co给出，是
% legendre_gen函数的返回值
% example:
% co = legendre_gen(3);
% x = -1:.1:1;
% y = legendre_i(x,2,co);

cof = legendre_co{i+1};
y = zeros(size(x));
for j = 1:i+1
    y = y + cof(j) .* x.^(j - 1);
end
```

【实例6.7】 在区间$[-1,1]$上显示$0 \sim 4$阶勒让德多项式对应的函数曲线。

运行以下脚本：

```
legendre_co = legendre_gen(4);              % 计算勒让德多项式系数
x=-1:.02:1;
for i=0:4
    y(:,i+1) = legendre_i(x,i,legendre_co)'; % 计算x处对应的多项式值
end
plot(x,y(:,1),'b');                          % 绘图
hold on;
plot(x,y(:,2),'r');
plot(x,y(:,3),'m--');
plot(x,y(:,4),'k.-');
plot(x,y(:,5),'k-');
hold off
axis([-1.2,1.2,-1.2,1.2])
legend('0次','1次','2次','3次','4次','Location','best')
hold off
title('0~4阶勒让德多项式')
```

执行结果如图 6-13 所示：

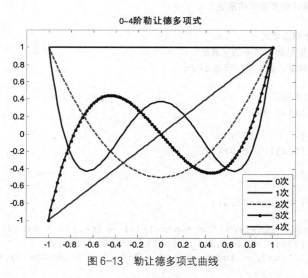

图 6-13 勒让德多项式曲线

使用勒让德多项式进行函数逼近的 MATLAB 函数 legendre_apr 的代码如下，该函数需要调用上文提到的 legendre_gen 和 legendre_i 函数，并在内部定义了子函数 fun_phi。

6.2 最佳平方逼近

```
function [S, Sx] = legendre_apr(obj,n)
% 最佳平方逼近求解函数
% input:
% obj:      待逼近函数句柄
% n:        逼近的次数，缺省为 3 次
% output:
% S:        长度为 n+1 的列向量，为勒让德多项式系数
% Sx:       长度为 n+1 的列向量，为 1,x,x^2,… 的系数
% example:
% obj = @exp;
% [S,Sx] = legendre_apr(obj,3);

legendre_co = legendre_gen(n);
S = zeros(n+1,1);

for i=1:n+1
    S(i) = quad( @(x)fun_phi(x, i-1, obj, legendre_co), -1,1) *(2*i-1)/2;
end

Sx = zeros(n+1,n+1);
for i=1:n+1
    Sx(i,1:i) = legendre_co{i} * S(i);
end

Sx = sum(Sx)';


%% 子函数

function y = fun_phi(x, i, obj, legendre_co)
% obj 为待逼近函数
% i 为多项式系数
% legendre_co 为包含多项式系数的细胞数组

y = legendre_i(x,i,legendre_co).* obj(x);
```

函数的返回值 S 为勒让德多项式的系数，Sx 为多项式 $\{1,x,x^2,L\}$ 的系数。使用以下代码即可验证函数的正确性：

```
>> [S, Sx] = legendre_apr(@(x)x.^6,6);
>> Sx'

ans =

   -0.0000   -0.0000    0.0000    0.0000    0.0000   -0.0000    1.0000
```

输出的系数 Sx 表示逼近结果为 $y = x^6$，与原函数一致。类似切比雪夫多项式插值，上述的 legendre_apr 函数只能对 $[-1,1]$ 之间的函数进行逼近，在 legendre_apr 函数外封装一个函数 legendre_aprex，对变量进行代换，实现任意区间（不包括 ∞ 与 –∞ ）上连续函数的勒让德逼近。

```
function Sx = legendre_aprex(obj,a,b,n)
% 对函数句柄 obj 指定的函数进行 n 阶勒让德逼近
% obj 函数定义域为区间[a,b]，采用最佳平方逼近
% a 默认值为-1,
% b 缺省值为 1
% n 缺省值为 3

if ~exist('a','var')
```

```
        a = -1;
end

if ~exist('b','var')
    b = 1;
end

if ~exist('a','var')
    n = 3;
end

% 变量代换 obj_g 接受-1~1 的变量作为输入
obj_g = @(t)obj((t+1)./2*(b-a)+a);

% 进行逼近,Sx 为 1,x,x^2,…的系数
[~, Sx] = legendre_apr(obj_g,n);

% 系数变换
co_ex = [2./(b-a), -2*a./(b-a)-1];

% t=c x + d
c = co_ex(1);
d = co_ex(2);

% ((Sx(n) (c x +d )+ Sx(n-1))(c x +d) + Sx(n-2)) (c x +d) + … +Sx(1)
tmp = Sx(end);
for i=length(Sx):-1:2
    tmp = conv(tmp, [d,c]);
    tmp(1) = tmp(1) + Sx(i-1);
end

Sx = tmp;
```

【实例 6.8】 利用勒让德多项式实现区间 $[-2,2]$ 上指数函数的 $1\sim3$ 阶逼近。

```
>> obj = @exp;
>> x=-2:.1:2;
>> y0=obj(x);
>> Sx1 = legendre_aprex(obj,-2,2,1)       % 一阶逼近

Sx1 =

    1.8134    1.4616

>> Sx2 = legendre_aprex(obj,-2,2,2)       % 二阶逼近

Sx2 =

    0.9338    1.4616    0.6597

>> Sx3 = legendre_aprex(obj,-2,2,3)       % 三阶逼近

Sx3 =

    0.9338    0.9642    0.6597    0.2072

>> y1 = polyval(fliplr(Sx1),x);
>> y2 = polyval(fliplr(Sx2),x);
>> y3 = polyval(fliplr(Sx3),x);
>> plot(x,y0);
>> hold on
>> plot(x,y1,'k-');
```

```
>> plot(x,y2,'b--');
>> plot(x,y3,'m--');
>> title('勒让德逼近')
>> legend('exp(x)','1 -order','2 -order', '3 -order')
```

执行结果如图 6-14 所示。

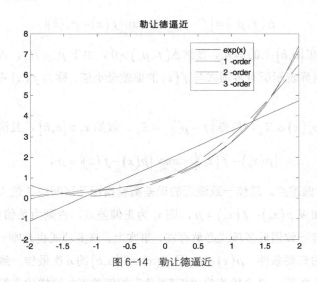

图 6-14 勒让德逼近

次数为三次时，多项式曲线与指数函数已经非常接近。

6.3 最佳一致逼近

最佳一致逼近采用的误衡量量指标与最佳平方逼近不同。最佳平方逼近主要是为了寻找一个多项式，使得逼近函数与原函数误差的 2-范数最小：

$$\|f(x)-\varphi(x)\|_2 = \sqrt{\int_a^b \rho(x)[f(x)-\varphi(x)]^2 \mathrm{d}x}。$$

而最佳一致逼近则将误差的最大值最小化。

1. 最佳一致逼近的原理

关于一致逼近多项式是否存在的问题，德国数学家维尔斯特拉斯（Weierstrass）给出了以下定理：

若 $f(x)$ 为区间 $[a,b]$ 上的连续函数，则对于任意 $\varepsilon>0$，总存在多项式 $p(x)$，使对一切 $a\leqslant x\leqslant b$，有：

$$|f(x)-p(x)|<\varepsilon。$$

以上定理从理论上肯定了闭区间上连续函数可以用多项式以任意精度逼近，即"只要阶数足够高，要多精确就能有多精确"。一般实际应用时，总是希望多项式的阶数越小越好，因此最佳一致逼近研究的内容就是在固定 n 的情况下，找到那个最优的多项式。

假设待逼近函数 $f(x)\in C[a,b]$，在 n 阶多项式空间 $H_n = \mathrm{span}\{1,x,x^2,L,x^n\}$ 中求出多项式 $p_n(x)$，使其误差：

$$\|f(x)-p_n^*(x)\|_\infty = \max_{a\leqslant x\leqslant b}|f(x)-p_n^*(x)| = \min_{P_n\in H_n}\|f(x)-P_n\|。$$

这就是最佳一致逼近（均匀逼近）问题，又称切比雪夫逼近问题。其中 $\|g\|_\infty$ 为无穷范数，表示元素绝对值的最大值，如向量 $[-2,1,3]$ 的无穷范数为 $\max(\text{abs}([-2,1,3]))=3$。

引入偏差的定义。已知 $p_n(x) \in H_n$，$f(x) \in [a,b]$，称

$$\Delta(f,p_n) = |f - p_n|_\infty = \max_{a \le x \le b} |f(x) - p_n(x)|$$

为 $f(x)$ 与 $p_n(x)$ 在 $[a,b]$ 上的偏差。显然 $\Delta(f,p_n) > 0$，由于 $p_n \in H_n$，$\Delta(f,p_n)$ 的全体组成一个集合，该集合的下确界表示所有多项式与 $f(x)$ 的偏差最小值，称为 $f(x)$ 在 $[a,b]$ 上的最小偏差，记为 E_n。

一般地，总存在 $p_n^*(x) \in H_n$，使得 $\|f - p_n^*\|_\infty = E_n$。假如 $x_0 \in [a,b]$，且满足：

$$|p(x_0) - f(x_0)| = \max_{a \le x \le b} |p(x) - f(x)| = \mu，$$

则称 x_0 为 $p(x)$ 的偏差点。最佳一致逼近的误差衡量指标是区间中的最大误差，偏差点就是取得最大误差的位置。如果 $p(x_0) - f(x_0) = \mu$，则 x_0 为正偏差点，否则为负偏差点。

上文已经说明最佳一致逼近多项式必然存在，事实上，该多项式也是唯一的。这里给出被称为最佳一致逼近多项式的充要条件。$p(x) \in H_n$ 是 $f(x) \in C[a,b]$ 的 n 次最佳一致逼近多项式的充要条件是 $p(x)$ 在 $[a,b]$ 上至少有 $n+2$ 个轮流为"正""负"的偏差点，这样的点组称为切比雪夫交错点组，每一个点又称为交错点，这一结论被称为切比雪夫定理。可以看出，最佳一致逼近多项式与原函数的误差是非常均匀的，因为只有将误差尽量分散才能实现最大误差的最小化。

2. 切比雪夫多项式的应用

切比雪夫交错点组的得名与切比雪夫多项式有关。切比雪夫多项式 $T_n(x)$ 有一个重要的性质：在区间 $[-1,1]$ 中所有 n 次首 1 多项式中，

$$\omega_n(x) = \frac{1}{2^{n-1}} T_n(x)$$

是其中与零的偏差最小的一个，其偏差等于 $\dfrac{1}{2^{n-1}}$。因为 $\omega_n(x) = \dfrac{1}{2^{n-1}} T_n(x) = x^n - p_{n-1}^*(x)$，且：

$$\max_{-1 \le x \le 1} |\omega_n(x)| = \frac{1}{2^{n-1}} \max_{-1 \le x \le 1} |T_n(x)| = \frac{1}{2^{n-1}}；$$

而点 $x_k = \cos\dfrac{k}{n}\pi$ $(k=0,1,L,n)$ 为切比雪夫交错点组，因此在区间 $[-1,1]$ 上，x^n 的 $n-1$ 次最佳一致逼近多项式为 $p_{n-1}^*(x)$，即证明了 $\omega_n(x)$ 是与零偏差最小的多项式，这就是切比雪夫多项式的极值性质，这个性质使得切比雪夫多项式成为逼近其他函数的有力工具。

然而，对任意 $f(x) \in C[a,b]$ 求解 n 次一致逼近多项式仍然相当困难。切比雪夫多项式往往用于多项式的降次，即在尽量降低偏差的前提下用低次多项式逼近高次多项式。假如待逼近函数 $f(x)$ 是 n 次多项式，则其 $n-1$ 次最佳一致逼近多项式 $p_{n-1}^*(x)$ 可以被精确求出。

假设 $f(x) \approx P_n(x)$，将多项式次数由 n 改为 $n-1$，使用 $p_{n-1}^*(x)$ 代替 $P_n(x)$，使 $p_{n-1}^*(x) \in H_{n-1}$ 与

原函数 $f(x)$ 的偏差尽量小：

$$\max_{x\in[-1,1]}\left|f\left(x-p_{n-1}^*(x)\right)\right| \leqslant \max_{x\in[-1,1]}\left|f\left(x-p_n(x)\right)\right| + \max_{x\in[-1,1]}\left|\bar{p}_n(x)\right|;$$

假设 $P_n(x)$ 的首项系数为 a_n，则取 $\bar{p}_n(x) = a_n \dfrac{T_n(x)}{2^{n-1}}$，可以达到最小的精度损失。因此：

$$p_{n-1}^*(x) = p_n(x) - \bar{p}_n(x)。$$

【实例 6.9】 $f(x) = 2x^3 + x^2 + 2x - 1$，$x \in [-1, 1]$，求 $f(x)$ 的 2 次最佳一致逼近多项式。

假设所求的 2 次最佳一致逼近多项式为 $p(x)$，因此 $f(x) - p(x)$ 是一个三次多项式，且 $f(x) - p(x)$ 的值应尽量小。在所有的三次多项式中，$\omega_3(x) = \dfrac{T_3(x)}{2^2} = x^3 - \dfrac{3}{4}x$ 是与零相差最小的一个，故令：

$$\frac{f(x) - p(x)}{2} = \omega_3(x);$$

解得：

$$p(x) = f(x) - 2\omega_3(x) = x^2 + \frac{7}{2}x - 1。$$

针对这一类多项式降次问题，笔者编写了 MATLAB 函数 cheuni_apr(co_n, m)，具体内容如下：

```
function co_m = cheuni_apr(co_n, m)
% 利用切比雪夫多项式进行多项式降次
% 采用最佳一致逼近
% input:
% co_n 为多项式系数，常数项在前
% 如[1,2]表示 1+2x
% m 表示将 co_n 降维 m 次多项式
% output:
% co_m 为输出的 m 次多项式系数

n = length(co_n)-1;
if n <= m || n<1 || m<0
    co_m = co_n;
    return;
end

che_co = che_gen(n);

for i=n:-1:m+1
    che_con = che_co{i+1};  % 切比雪夫 n-1 次多项式系数
    co_n = co_n - co_n(end) * che_con / 2.^(i-1);
    co_n(end)=[];
end

co_m = co_n;
```

调用格式为：

```
co_m = cheuni_apr(co_n, m)
```

co_m 为 m 次多项式系数，函数将 n 次多项式系数 co_n 降为 m 次，区间限定为 $[-1,1]$。$f(x) = 2x^3 + x^2 + 2x - 1$, $x \in [-1,1]$ 的 2 次多项式最佳一致逼近问题可用以下代码解得：

```
>> co_n = [-1,2,1,2];
>> co_m = cheuni_apr(co_n,2)          % 二阶逼近

co_m =

   -1.0000    3.5000    1.0000
```

即 $p(x) = x^2 + \dfrac{7}{2}x - 1$，验证了上文分析的正确性。

【实例6.10】对 $f(x) = 5x^2 + 20x - 1$, $x \in [-1,1]$ 进行逼近，比较最佳平方逼近与最佳一致逼近。

```
>> co_n = [-1,20,5];
>> co_m = cheuni_apr(co_n,1)          % 最佳一致逼近

co_m =

    1.5000   20.0000

>> y0=@(x)-1+20*x+5*x.^2;
>> Sx = legendre_aprex(y0,-1,1,1)     % 勒让德最佳平方逼近

Sx =

    0.6667   20.0000

>> x=-1:.02:1;                         % 绘图
>> y00=y0(x);
>> y1=@(x)co_m(1)+co_m(2)*x;
>> y11=y1(x);
>> y2=@(x)Sx(1)+Sx(2)*x;
>> y22=y2(x);
>> plot(x,y00)
>> hold on
>> plot(x,y11,'r--')
>> plot(x,y22,'k-')
>> legend('原函数','最佳一致逼近','最佳平方逼近')
```

执行结果如图 6-15 所示。

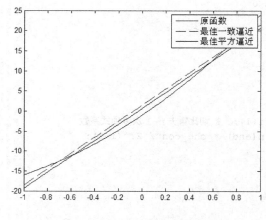

图 6-15　一致逼近与平方逼近

6.3 最佳一致逼近

如图 6-15 所示，红色虚线（运行后可看到）为一致逼近多项式直线。实线为最佳平方逼近，该直线位于红色虚线下方，两者平行。可以看出，在区间的两端，最佳平方估计与原函数相差较大，而最佳一致逼近的直线则在区间各处的误差更均匀一些。

3. 线性最佳一致逼近

对任意给出的一个函数求最佳一致逼近多项式是相当困难的，这里将次数 n 限定为 1 次，即线性的情况。假设 $f(x) \in C[a,b]$，且 $f''(x)$ 在区间之内不变号，为了求最佳一致多项式 $p_1(x) = a_0 + a_1 x$，则至少应有 3 个点 $a \leq x_1 < x_2 < x_3 \leq b$，使得：

$$p_1(x_k) - f(x_k) = (-1)^k \sigma \max_{a \leq x \leq b} |p_1(x) - f(x)|, \sigma = \pm 1, k = 1, 2, 3 。$$

由于事先假定原函数的二阶导数不变号，因此 $f'(x)$ 单调，故 $f'(x) - a_1$ 在 (a,b) 内只有一个零点，记为 x_2，所以：

$$p_1'(x) - f'(x) = a_1 - f'(x) = 0 。$$

即 $f'(x_2) = a_1$。另外两个偏差点必为区间端点，即 $x_1 = a, x_3 = b$，且：

$$p_1(a) - f(a) = p_1(b) - f(b) = -(p1(x_2) - f(x_2)) 。$$

这样就得到了方程组：

$$\begin{cases} a_0 + a_1 a - f(a) = a_0 + a_1 b - f(b) \\ a_0 + a_1 a - f(a) = f(x_2) - (a_0 + a_1 x_2) \end{cases} 。$$

解得：

$$a_0 = \frac{f(a) + f(x_2)}{2} - \frac{f(b) - f(a)}{b - a} \frac{a + x_2}{2} 。$$

$$a_1 = \frac{f(b) - f(a)}{b - a} = f'(x_2) 。$$

直线方程为：

$$y = \frac{1}{2}(f(x) + f(x_2)) + a_1 \left(x - \frac{a + x_2}{2} \right) 。$$

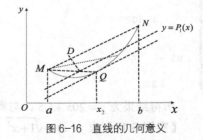

图 6-16 直线的几何意义

如图 6-16 所示，直线的斜率与区间端点连线的斜率相同，也与 x_2 这一点处切线的斜率相同。另外，直线还经过起点与 x_2 连线（MQ）的中点。

由上可知，求某一阶导数单调的连续函数的线性最佳逼近，关键在于确定 x_2 的位置。为了确保运算效率，使用数值求导的方法近似确定 x_2。以下为笔者编写的函数 che_linear：

```
function [a0, a1, err] = che_linear(obj,a,b)
% 对obj函数进行线性最佳一致逼近
% input:
% obj:      待逼近函数句柄，其一阶导数单调（二阶导数不变号）
% a, b:     逼近区间上下限
% output:
% a0,a1:    直线方程为 y = a1 x + a0

if a >= b
    a0 = [];
```

```
        a1 = [];
        return;
end

% 数值求导
N = 10000;
x = linspace(a,b,N);
y=obj(x);
dy = gradient(y)/(x(2)-x(1));

d2y = gradient(dy);

if ~( all(d2y>0) || all(d2y<0) )
    disp('一阶导数不单调,结果正确性无法保证');
end

% 确定x2
k = (obj(b)-obj(a))/(b-a);
[~,ind] = min( abs(dy - k) );
x2 = x(ind);

% 计算a0,a1
a1 = k;
a0 = (obj(a)+obj(x2))/2 - k*(a+x2)/2;

% 计算逼近的偏差
yx = a0 + a1*x;
err = max(abs(yx - y));
```

下面以实例 6.10 中的一次逼近为例介绍该函数的调用格式：

```
>> y0 = @(x)-1+20*x+5*x.^2

y0 = 

    @(x)-1+20*x+5*x.^2

>> [a0,a1]=che_linear(y0,-1,1)

a0 = 

    1.5000


a1 = 

    20
```

所得结果为 $y = 20x + 1.5$，与实例 6.10 相同。

【**实例 6.11**】求 $f(x) = \sqrt{1+x^2}$ 在区间 $[0,1]$ 上的最佳一次逼近多项式。

根据公式：

$$a_1 = \frac{f(b)-f(a)}{b-a} = f'(x_2);$$

可算得：

$$a_1 = \frac{\sqrt{2}-1}{1-0} = \sqrt{2}-1 \approx 0.414。$$

$f(x)$ 的一阶导数 $f'(x)=\dfrac{x}{\sqrt{1+x^2}}$，故有：

$$\frac{x_2}{\sqrt{1+x_2^2}}=\sqrt{2}-1;$$

上式两边取平方，可解得：

$$x_2=\sqrt{\frac{\sqrt{2}-1}{2}}。$$

因此：

$$a_0=\frac{f(a)+f(x_2)}{2}-\frac{f(b)-f(a)}{b-a}\frac{a+x_2}{2};$$

$$=\frac{1+\sqrt{1+x_2^2}}{2}-a_1\frac{x_2}{2}\approx 0.955。$$

故一次逼近方程为：

$$p(x)=0.955+0.414x。$$

由于在一次逼近中，区间端点必为交错点，因此逼近的偏差可以由下式求得：

$$err=|p(x)-f(x)|\approx 0.0449。$$

在 MATLAB 中，通过调用 che_linear 函数实现上述计算过程：

```
>> obj = @(x)sqrt(1+x.^2);              % 函数句柄定义
>> a=0;
>> b=1;
>> [a0,a1,err]=che_linear(obj,a,b)      % [0,1]上进行线性最佳一致逼近

a0 =

    0.9551


a1 =

    0.4142


err =

    0.0449
>> x=0:.02:1;
>> plot(x,obj(x));
>> hold on
>> plot(x,a0+a1*x,'r--');
>> title('sqrt(1+x^2)的一次逼近')
>> legend('sqrt(1+x^2)','0.4142 + 0.9551*x')
```

一次逼近的直线如图 6-17 所示。

che_linear 函数将区间 $[a,b]$ 分为 $N=1000$ 等分，然后计算数值微分。如果区间比较大，x_2 的值可能不够精确，读者可自行增大 N，使之适应区间大小的变化。

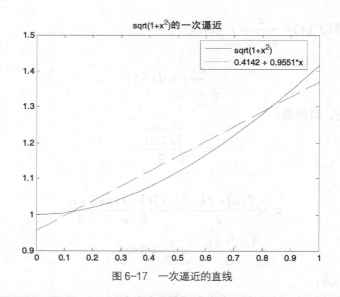

图 6-17 一次逼近的直线

6.4 综合实例——泰勒展开式的降次

【问题提出】

泰勒展开逼近是一种常用的连续函数逼近方法。但泰勒展开计算较为复杂，收敛速度慢，且达到相同的精度需要的多项式阶数更高。

指数函数 $y = e^x$ 在零附近的五阶泰勒展开式为：

$$p_4(x) = 1 + x + \frac{x^2}{2} + \frac{x^3}{6} + \frac{x^4}{24} + \frac{x^5}{120}。$$

此时，$p_5(x)$ 在 $[-2, 2]$ 区间的误差约为：

$$|R_5(x)| \leqslant \frac{e^2}{6!}|x^6| \approx 0.6568。$$

$p_5(x)$ 阶数较高，希望使用三阶多项式逼近指数函数，若取泰勒展开式的前四项，则：

$$p_2(x) = 1 + x + \frac{x^2}{2} + \frac{x^3}{6};$$

其误差为：

$$|R_3(x)| \leqslant \frac{e^2}{4!}|x^4| \approx 4.9260。$$

误差过大，难以接受，曲线对比如图 6-18 所示。

图 6-18 中，五阶逼近多项式的曲线与指数函数几乎重合，三阶逼近曲线则与指数函数有较大偏差。使用最佳一致逼近的方法，找出偏差最小的三阶逼近多项式 $p_3^*(x)$。

【解题思路】

最佳一致逼近多项式的求解较为困难。切比雪夫多项式只能精确地求出 n 阶多项式 $p_n(x)$ 的 $n-1$ 阶最佳一致逼近多项式 $p_{n-1}^*(x)$。

在这里，可以先求出五阶多项式的四阶近似，再求该四阶多项式的三阶近似多项式，即可达到降低逼近误差的目的。

6.4 综合实例——泰勒展开式的降次

【MATLAB 实现】

6.2 节已给出利用切比雪夫多项式进行降次的函数 cheuni_apr，该函数循环迭代，能够一次完成多次降次。但是由于切比雪夫多项式的性质，该函数只能求解 $[-1,1]$ 区间的多项式降次问题，因此需要在外层封装一个函数 cheuni_aprex，使用变量 t，将任意 $[a,b]$ 区间的自变量 x 换为 $t \in [-1,1]$，然后调用 cheuni_apr 进行降次，最后再将 t 换为 x。

cheuni_aprex 函数的内容如下：

```
function co_m = cheuni_aprex(co_n, a,b, m)
% 利用切比雪夫多项式进行多项式降次
% 采用最佳一致逼近
% input:
% co_n 为多项式系数，常数项在前
% 如[1,2]表示 1+2x
% m 表示将 co_n 降维 m 次多项式
% a,b: 自变量的区间为[a,b]
% output:
% co_m 为输出的 m 次多项式系数

if ~exist('a','var')
    a = -1;
end

if ~exist('b','var')
    b = 1;
end

if ~exist('m','var')
    m = 3;
end

co = [(b-a)/2, (b-a)/2+a];
c1 = co(1);
d1 = co(2);
tmp1 = co_n(end);
for i=length(co_n):-1:2
    tmp1 = conv(tmp1, [d1,c1]);
    tmp1(1) = tmp1(1) + co_n(i-1);
end

co_n1 = tmp1;

Sx = cheuni_apr(co_n1,m);

% 系数变换
co_ex = [2./(b-a), -2*a./(b-a)-1];

% t=c x + d
c2 = co_ex(1);
d2 = co_ex(2);

% ((Sx(n) (c x +d )+ Sx(n-1))(c x +d) + Sx(n-2)) (c x +d) + … +Sx(1)
tmp = Sx(end);
for i=length(Sx):-1:2
    tmp = conv(tmp, [d2,c2]);
    tmp(1) = tmp(1) + Sx(i-1);
end

co_m = tmp;
```

调用 cheuni_aprex 函数，即可实现多项式的降次。在这个实例中，待降次的多项式为：

$$p_4(x) = 1 + x + \frac{x^2}{2} + \frac{x^3}{6} + \frac{x^4}{24} + \frac{x^5}{120}。$$

因此系数向量为 $\left[1, 1, \frac{1}{2}, \frac{1}{6}, \frac{1}{24}, \frac{1}{120}\right]$。在 MATLAB 命令行窗口输入以下命令：

```
>> y5=@(x)1+x+1/2*x.^2+1/6*x.^3+1/24*x.^4+1/120*x.^5;      % 待逼近多项式
>> x=-2:.05:2;                                              % 区间
>> y3=@(x)1+x+1/2*x.^2+1/6*x.^3;                            % 取前4项
>> co_m = cheuni_aprex([1,1,1/2,1/6,1/24,1/120], -2,2, 3)   % 利用切比雪夫多项式进行降次

co_m =

    0.9167    0.9583    0.6667    0.2083

>> y33=@(x)co_m(1)+x*co_m(2)+x.^2*co_m(3)+x.^3*co_m(4);     % 降次结果
>> plot(x,exp(x),'b',x,y5(x),'r',x,y3(x),'--',x,y33(x),'k--')
>> plot(x,y5(x),'r',x,y3(x),'--',x,y33(x),'k--')
>> legend('5次 Taylor','3次 Taylor','3次一致逼近')
>> title('一致逼近用于多项式降次')
```

执行结果如图 6-19 所示。

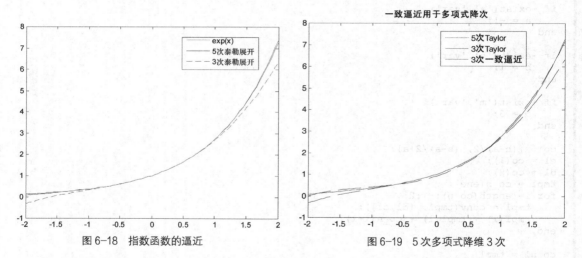

图 6-18 指数函数的逼近　　　　　图 6-19 5次多项式降维 3次

图 6-19 中，蓝色虚线为泰勒三次逼近多项式对应的曲线。其余两条曲线为原始的 5 次多项式与一致逼近 3 次多项式，两者非常接近，误差较小。泰勒三次逼近多项式则在 $[-2,-1]$、$[1,2]$ 区间误差明显。在 MATLAB 中计算 $[-2,2]$ 区间内泰勒三次多项式和三次一致逼近多项式的实际偏差：

```
>> err=max(abs(y5(x)-y33(x)))        % 降次的误差

err =

    0.1000

>> err=max(abs(y5(x)-y3(x)))         % 泰勒展开前4项作为逼近多项式的误差

err =

    0.9333
```

可以看到，三次一致逼近的误差几乎比泰勒三次逼近误差下降了一个数量级。

第 7 章 MATLAB 曲线与曲面拟合

第 6 章的函数逼近给出了用简单函数近似代替复杂函数的方法。然而，在工程实践中，往往只能获得变量的若干个数据，而无从得知其函数关系。此时就需要从离散的数据中计算出一个函数表达式，通常有两种方法：

（1）插值。比较有实用价值的是分段插值。插值所得的函数在给定的数据点上与原始数据完全一致。

（2）拟合。拟合后所得的函数通常与原始数据不完全相等，是一种近似关系。拟合的理论依据在于，实际获得的数据往往包含一定误差，因此，如果完全按原始数据进行插值，可能无法反映变量间的函数关系，而拟合则能在一定程度上避免这一点。

本章的知识结构

本章主要对最常用的最小二乘拟合进行原理分析，并给出一个笔者编写的通用最小二乘函数。然后介绍了 MATLAB 中的拟合函数及拟合工具箱的使用方法。涉及的函数及功能如表 7-1 所示。

表 7-1　　　　　　　　　　　　　　　拟合函数

	一元函数拟合	多元函数拟合
线性拟合（$y=ax+b$）	lsqlin	regress
多项式拟合（$y=ax^n+bx^{n-1}+\cdots$）	polyfit	
非线性拟合（任意基函数）	least_square_fit（笔者编写）	nlinfit、lsqcurvefit

7.1 最小二乘拟合

拟合问题可以被抽象为这样一个系统：它的输入是一组实际观测数据，输出是在某种意义下最优的函数关系，如图 7-1 所示。

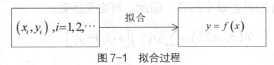

图 7-1　拟合过程

$y=f(x)$ 最佳地描述了数据点 (x_i, y_i)。其中最常见的是一元函数的拟合，例如，给定一组散点坐标，将其拟合为一段二次函数，如图 7-2 所示。

通常，要求拟合的函数在某种意义下与原数据点的误差最小，ssss 其中最常用的是最小二乘拟合。最小二乘拟合与逼近理论中的最佳平方逼近类似，都采用误差的平方和作为衡量误差大小的标准。

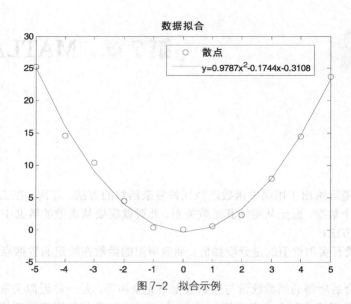

图 7-2 拟合示例

最小二乘拟合可以按自变量的维度分为一元函数拟合和多元函数拟合，也可以按照基函数的不同分为线性拟合、多项式拟合和非线性拟合。事实上，无论给定多少数据点，只要构造的函数足够复杂，总可以精确地使函数值与数据点完全相符，但这样就失去了拟合的意义。一般，在拟合中，拟合函数都由若干基函数的加权和构成，即：

$$s^*(x) = a_0^* \varphi_0(x) + a_1^* \varphi_1(x) + L + a_n^* \varphi_n(x) = \sum_{i=0}^{n} a_i^* \varphi_i(x)。$$

$s^*(x)$ 为所求拟合函数，$s^*(x) \in \Phi = \mathrm{span}\{\varphi_0, \varphi_1, L, \varphi_n\}$，即 $s^*(x)$ 只能由函数集 Φ 中的函数构成。对于线性拟合，基函数是一次函数；对于多项式拟合，基函数是 $\{1, x, x^2, x^3, L\}$；对于非线性拟合，基函数可以为任意函数。

假设有一系列实验数据 (x_i, y_i) 及各点的加权系数 $\rho(x_i)$，最小二乘问题就是在某个函数类 $\mathrm{span}\{\varphi_0, \varphi_1, L, \varphi_n\}$ 中求函数 $s^*(x)$，满足：

$$\|\delta\|^2 = \sum_{i=0}^{m} \rho(x_i) \left[s^*(x_i) - y_i \right]^2 = \min_{s \in \Phi} \sum_{i=0}^{m} \rho(x_i) \left[s(x_i) - y_i \right]^2。$$

其中 $s(x)$ 为函数类中的任意函数。为了找到数据拟合的最小二乘解，只需找到恰当的系数 $a_k^* (k = 0, 1, L, n)$，使 $s^*(x)$ 的误差最小即可。因此，可定义函数：

$$Y(a_0, a_1, L) = \sum_{i=0}^{m} \rho(x_i) \left[s(x_i) - y_i \right]^2$$

$$= \sum_{i=0}^{m} \rho(x_i) \left[\sum_{j=0}^{n} a_j \varphi_j(x_i) - y_i \right]^2。$$

问题转化为求多元函数 $Y(a_0, a_1, L)$ 的极小值点。由极值的必要条件，对上式求导，可得方程组：

$$\sum_{j=0}^{n}(\varphi_j,\varphi_k)a_j=(y,\varphi_k),$$

其中 $(\varphi_j,\varphi_k)=\sum_{i=0}^{m}\rho(x_i)\varphi_j(x_i)\varphi_k(x_i)$,$(y,\varphi_k)=\sum_{i=0}^{m}\rho(x_i)y_i\varphi_k(x_i)$。得到法方程组如下：

$$\begin{pmatrix}(\varphi_0,\varphi_0),(\varphi_0,\varphi_1),L,(\varphi_0,\varphi_n)\\(\varphi_1,\varphi_0),(\varphi_1,\varphi_1),L,(\varphi_1,\varphi_n)\\M\quad M\quad M\\(\varphi_n,\varphi_0),(\varphi_n,\varphi_1),L,(\varphi_n,\varphi_n)\end{pmatrix}\begin{pmatrix}a_0\\a_1\\M\\a_n\end{pmatrix}=\begin{pmatrix}(y,\varphi_0)\\(y,\varphi_1)\\M\\(y,\varphi_n)\end{pmatrix}。$$

当各基函数 φ_i 线性无关时，方程组有唯一解 $a_k=a_k^*,k=0,1,L,n$，得到拟合函数：

$$s^*(x)=\sum_{i=0}^{n}a_i^*\varphi_i(x)。$$

> **注意** 加权系数 $\rho(x_i)$ 与数据点相对应，表示该数据点的重要程度。通常加权系数均取为 1 即可。当数据实验次数不同，或可信程度不同时，可引入加权系数，赋予不同的数据点不同的权重。

根据上述原理，在这里给出一个笔者编写的拟合函数 least_square_fit，用户给定输入数据和基函数句柄，即可求得各基函数对应的系数。

```
function [co,err] = least_square_fit(x, y, phifun, wei)
% 最小二乘拟合函数。可自由指定基函数。
% input:
% x:        散点的横坐标值
% y:        散点的纵坐标值，与 x 对应。
% phifun:   基函数句柄构成的细胞数组
% wei:      散点的权系数
% output:
% co:       各基函数的系数
% err:      拟合函数在各数据点处的误差
% example:
% x = -3:3;
% y = x.^2-2+3*rand(size(x));
% f = {@(x)ones(size(x)),@(x)x,@(x)x.^2};
% [co,err]=least_square_fit(x,y,f)

if ~exist('wei','var')
    wei = ones(size(x));
end

x = x(:)';
y = y(:)';

% 基函数个数
N = length(phifun);

% 求法方程组 A*co = b
A = zeros(N);
b = zeros(1,N);
```

```
for i=1:N
    fi = phifun{i};
    for j=1:N
        fj = phifun{j};
        A(i,j) = sum( wei.*fi(x).*fj(x) );
    end
    b(i) = sum( wei.*fi(x).*y );
end

% 解法方程组
co = A\b';

% 求拟合误差
ys = zeros(1,length(x));
for i=1:N
    ys = ys + co(i)*phifun{i}(x);
end
err = y - ys;
```

函数的调用格式为：

```
[co,err] = least_square_fit(x, y, phifun, wei)
```

事实上，MATLAB 自带了求解超定方程组的函数和运算符。在不考虑权系数的情况下，可以将最小二乘拟合问题转化为求解以下超定方程的问题：

$$\begin{cases} a_0\varphi_0(x_0)+a_1\varphi_1(x_0)+L a_n\varphi_n(x_0)=y_0 \\ a_0\varphi_0(x_1)+a_1\varphi_1(x_1)+L a_n\varphi_n(x_1)=y_1 \\ \quad M \\ a_0\varphi_0(x_m)+a_1\varphi_1(x_m)+L a_n\varphi_n(x_m)=y_m \end{cases}$$

求解以上方程，得到一组解 $a_k = a_k^*, k = 0,1,L,n$，使方程在最小二乘意义下误差最小。以下为对应的笔者编写的函数 least_square_fit2：

```
function [co,err] = least_square_fit2(x, y, phifun)
% 最小二乘拟合函数。不包含权系数。
% input:
% x:       散点的横坐标值
% y:       散点的纵坐标值，与 x 对应。
% phifun:  基函数句柄构成的细胞数组
% output:
% co:      各基函数的系数
% err:     拟合函数在各数据点处的误差
% example:
% x = -3:3;
% y = x.^2-2+3*rand(size(x));
% f = {@(x)ones(size(x)),@(x)x,@(x)x.^2};
% [co,err]=least_square_fit2(x,y,f)

x = x(:)';
y = y(:);

% 基函数个数
M = length(x);
N = length(phifun);
```

```
% 构造方程组
A = zeros(M, N);
for i=1:N
    A(:,i) =  phifun{i}(x');
end

co = A\y;

% 求拟合误差
ys = zeros(1,length(x));
for i=1:N
    ys = ys + co(i)*phifun{i}(x);
end
err = y' - ys;
```

调用格式为：

```
[co,err] = least_square_fit2(x, y, phifun)
```

【实例 7.1】已知一组实验数据，如表 7-2 所示。

表 7-2　　　　　　　　　　　　　　　实验数据

x_i	19	25	31	38	45
y_i	19.5	32.3	49.0	73.0	98.7

分别用二次多项式和函数族 $\{1, \log(x), \sin(x)\}$ 对数据进行拟合。

（1）二次多项式拟合。

```
>> x=[19,25,31,38,45]
>> y=[19.5,32.3,49,73,98.7];
>> f1 = {@(x)ones(size(x)), @(x)x, @(x)x.^2};
>> [co,err]=least_square_fit2(x,y,f1)
co =

   -4.7950
    0.4982
    0.0402


err =
    0.3146   -0.4892   -0.2878    0.8050   -0.3425

>> ys = co(1)*f1{1}(x)+co(2)*f1{2}(x)+co(3)*f1{3}(x);
>> plot(x,y,'o');
>> hold on
>> plot(x,ys,'r-');
>> legend('数据点','二次拟合')
>> title('二次拟合')
>> set(gcf,'color','w');
>> figure,plot(x,y-ys)
>> axis([15,45,-3,3])
>> grid on
>> title('二次拟合的残差')
>> set(gcf,'color','w');
```

拟合结果为 $y = 0.0402x^2 + 0.4982x - 4.795$，拟合曲线如图 7-3 所示，残差如图 7-4 所示。

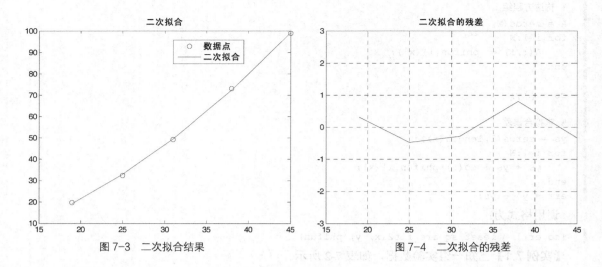

图 7-3 二次拟合结果　　　　　　　　　图 7-4 二次拟合的残差

(2) 使用函数族 $\{1, \log(x), \sin(x)\}$ 进行拟合。

```
>> x=[19,25,31,38,45]
>> y=[19.5,32.3,49,73,98.7];
>> f2 = {@(x)ones(size(x)), @(x)log(x), @(x)sin(x)};
>> [co,err]=least_square_fit2(x,y,f2)

co =
 -213.4725
   77.8490
   17.3438

err =
    1.1514   -2.5183    2.1475   -1.8502    1.0696

>> ys = co(1)*f2{1}(x)+co(2)*f2{2}(x)+co(3)*f2{3}(x);
>> plot(x,y,'o');
>> hold on
>> plot(x,ys,'r-');
>> legend('数据点','自定义拟合')
>> title('自定义拟合')
>> set(gcf,'color','w');
>> figure,plot(x,y-ys)
>> axis([15,45,-3,3])
>> grid on
>> title('自定义拟合的残差')
>> set(gcf,'color','w');
```

拟合结果为 $y = 17.3438\sin(x) + 77.849\log(x) - 213.4725$，拟合曲线和残差分别如图 7-5 和图 7-6 所示。

可以看出，拟合的效果与给定的数据点和选用的基函数族有关，最小二乘算法在给定的函数族上找到最优的基函数系数，使拟合函数与原始数据偏差达到最小。具体应用时，可尝试使用不同的基函数，或根据实验数据本身固有的规律以找到最优的拟合方案。

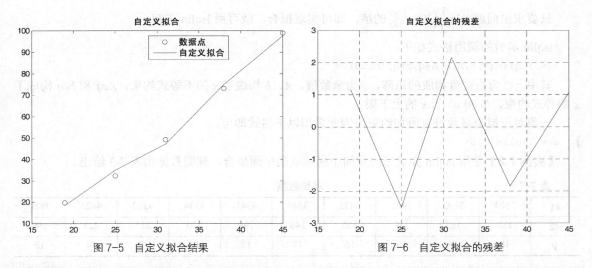

图 7-5 自定义拟合结果 　　　　　　　图 7-6 自定义拟合的残差

7.2 MATLAB 拟合函数

表 7-1 给出了本章要介绍的、也是实际当中最常用的几个拟合函数。其中，lsqlin 和 lsqcurvefit 是最优化工具箱中的函数。各函数的功能如下：

- ❑ lsqlin、regress：多元线性拟合。
- ❑ polyfit：一元多项式拟合。
- ❑ nlinfit、lsqcurvefit：多元非线性拟合。

7.2.1 多元线性拟合——lsqlin、regress

lsqlin 是多元、带约束条件的线性拟合，功能十分强大。它用于解决下式所表示的问题：

$$\min_x \frac{1}{2}\|Cx-d\|_2^2,\begin{cases}Ax \leqslant b\\ Aeq \cdot x = beq\\ lb \leqslant x \leqslant ub\end{cases}。$$

相当于求解一个超定方程，且对解附加了不等式约束条件 $Ax \leqslant b$、等式约束条件 $Aeq \cdot x = beq$ 和上下界约束 $lb \leqslant x \leqslant ub$。由于最小二乘拟合问题也可以表示为一个超定方程的形式，因此，可以利用优化工具箱的函数 lsqlin 来进行线性拟合。上式中的 x 即所求基函数系数，相应地，上式中的约束也是对基函数系数的约束。

在多元线性拟合中，选取的基函数为 $x_1, x_2, L, x_n, 1$，所求系数为 a_1, a_2, L, a_{n+1}，拟合函数为：

$$f(x_1, x_2, L, x_n) = \sum_{i=1}^{n} a_i x_i + a_{n+1};$$

可得超定方程：

$$\begin{cases}a_1 x_{11} + a_2 x_{21} + L + a_n x_{n1} + a_{n+1} = y_1\\ a_1 x_{11} + a_2 x_{21} + L + a_n x_{n1} + a_{n+1} = y_2\\ M\\ a_1 x_{1k} + a_2 x_{2k} + L + a_n x_{nk} + a_{n+1} = y_k\end{cases}。$$

只要求出问题 $\min\limits_{a} \frac{1}{2}\|Xa-y\|_2^2$ 的解,即可实现拟合,故可用 lsqlin 求解。

lsqlin 函数的调用格式如下:

```
x = lsqlin(C,d,A,b,Aeq,beq,lb,ub)
```

其中,C 为自变量构成的矩阵,d 为函数值。A、b 构成了 x 的不等式约束,Aeq 和 beq 构成了 x 的等式约束,lb 和 ub 为 x 的上下限。

一般对于拟合系数没有附加约束,因此采用以下格式即可:

```
x = lsqlin(C,d)
```

【实例7.2】 使用 lsqlin 完成三维空间中坐标点的平面拟合。观测数据由表 7-3 给出。

表 7-3　　　　　　　　　　　　　　观测数据

x1	3504	3693	3436	3433	3449	4341	4354	4312	4425	3850
x2	130	165	150	150	140	198	220	215	225	190
y	18	15	18	16	17	15	14	14	14	15

在 MATLAB 命令行窗口输入以下命令:

```
>> x1 = [3504   3693   3436   3433   3449   4341   4354   4312   4425   3850]';
>> x2 = [ 130    165    150    150    140    198    220    215    225    190]';
>> y  = [  18     15     18     16     17     15     14     14     14     15]';
>> X  = [ x1 x2 ones(size(x1))];
>> b = lsqlin(X,y)

b =
    0.0009
   -0.0507
   21.2230

>> ys = x1*b(1)+x2*b(2)+b(3);
>> y'-ys'

ans =
    0.2836   -1.1097    1.3563   -0.6410   -0.1616   -0.0074    0.0955   -0.1209    0.2864
    0.0187
>> [xx1,xx2]=meshgrid(3400:10:4500,130:2:250);
>> ys1 = xx1*b(1)+xx2*b(2)+b(3);
>> mesh(xx1,xx2,ys1);
>> mesh(xx1,xx2,ys1);
>> hold on;
>> plot3(x1,x2,y,'o')
>> title('lsqlin 二元拟合');
>> set(gcf,'color','w');
>> view(30,10)
```

拟合平面如图 7-7 所示。

regress 函数通常出现在线性回归的场合,可以完成一元或多元函数的线性拟合,调用格式如下:

```
[b,bint,r,rint,stats] = regress(y,X)
```

类似 lsqlin 函数,regress 将最小二乘拟合转化为求解超定方程组的问题:

$$\begin{cases} a_1 x_{11} + a_2 x_{21} + L + a_n x_{n1} + a_{n+1} = y_1 \\ a_1 x_{11} + a_2 x_{21} + L + a_n x_{n1} + a_{n+1} = y_2 \\ \quad\quad\quad\quad M \\ a_1 x_{1k} + a_2 x_{2k} + L + a_n x_{nk} + a_{n+1} = y_k \end{cases}$$

与 lsqlin 函数不同，regress 函数不包含额外的约束条件，参数的顺序也不相同。在上述方程组 $Xa = y$ 中，两个函数的调用格式为：

- b=lsqlin(X,y);
- b=regress(y,X);

b 为所求系数。regress 函数的输出参数还很多，bint 是 $n\times 2$ 矩阵，表示每个系数的 95% 置信区间；r 为 $m\times 1$ 向量，是各数据点处的残差；rint 是 $m\times 2$ 矩阵，用于判断离群点；stats 是包含 4 个元素的向量，其元素分别为 R^2 值，F 值，F 值对应的概率，以及误差的方差估计。

regress 函数侧重于回归分析，输出参数多与概率模型有关。

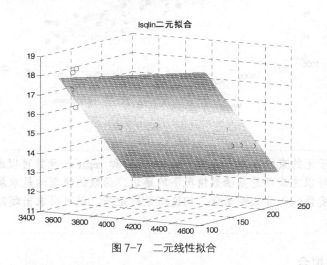

图 7-7 二元线性拟合

【实例 7.3】用 regress 函数拟合 MATLAB 自带数据。

```
>> load carsmall
>> x1 = Weight;
>> x2 = Horsepower;
>> y = MPG;
>> X = [ones(size(x1)) x1 x2 x1.*x2];
>> b = regress(y,X)
b =
   60.7104
   -0.0102
   -0.1882
    0.0000
>> x1fit = min(x1):100:max(x1);
>> x2fit = min(x2):10:max(x2);
>> [X1FIT,X2FIT] = meshgrid(x1fit,x2fit);
>> YFIT = b(1) + b(2)*X1FIT + b(3)*X2FIT + b(4)*X1FIT.*X2FIT;
>> mesh(X1FIT,X2FIT,YFIT)
>> xlabel('Weight')
>> ylabel('Horsepower')
>> zlabel('MPG')
>> view(50,10)
>> hold on
>> scatter3(x1,x2,y,'filled')
>> set(gcf,'color','w');
>> title('regress 二元拟合')
```

拟合结果如图 7-8 所示。

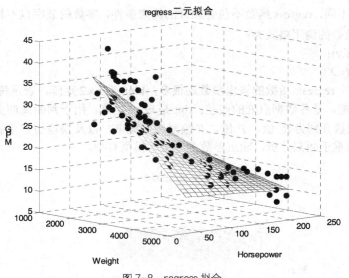

图 7-8 regress 拟合

> **注意** 用于无约束的多元线性拟合时，lsqlin 和 regress 函数可以通用。事实上，这两个函数可以完成任意基函数情况下的逼近。函数的原理均是求解超定方程，因此，只要将变量代入非线性函数，构造好系数矩阵，就可以求出超定方程的解，从而完成拟合。

7.2.2 一元多项式拟合

理论上拟合时基函数是可以任意选取的，实践中考虑到运算代价、精度等因素，往往使用幂函数 $\{1, x, x^2, x^3, L\}$ 作为基函数，所得的拟合函数为多项式形式，称为多项式拟合。

值得一提的是，在函数逼近中，也可以使用多项式作为基函数，对待逼近函数进行逼近。此时，如果选用幂函数作为基函数，则由于病态矩阵的问题，往往导致结果出现错误，不得不引入正交多项式以解决这个问题。这是由于幂函数范数的特性引起的，而在插值中，并不需要计算幂函数的范数，只需要代入离散的数据点求和即可，因此不会引起病态矩阵问题。当然，如果使用正交多项式作为基函数，可以得到对角矩阵，可以简化计算。

MATLAB 提供了 polyfit 函数求解多项式拟合问题，有三种调用格式。第一种调用格式为：

```
p = polyfit(x,y,n)
```

其中 x、y 为同型向量，(x_i, y_i)，$i = 0,1,2,L$ 为已知的数据样本点。n 为拟合多项式的次数，返回值 p 是一个长度为 $n+1$ 的行向量 $[p_1, p_2, L, p_{n+1}]$，表示如下多项式：

$$p(x) = p_1 x^n + p_2 x^{n-1} + L + p_n x + p_{n+1}。$$

函数还可以返回一个包含拟合信息的结构体，调用格式为：

```
[p,S] = polyfit(x,y,n)
```

S 是一个结构体，包含 R、df 和 $normr$ 三个字段，可以用于误差估计和预测。S 的形式如下：

7.2 MATLAB 拟合函数

```
>> S
S =

        R: [3x3 double]
       df: 0
    normr: 1.1102e-016
```

此外，polyfit 函数还可以对输入的 x 进行归一化再进行拟合，调用格式为：

```
[p,S,mu] = polyfit(x,y,n)
```

mu 是一个包含两个元素的行向量，其元素分别为 x 均值和标准差，即 $mu = [\text{mean}(x), \text{std}(x)]$。这种形式相当于：

```
[p,S] = polyfit((x-mean(x))/std(x),y,n)
```

【实例 7.4】 使用 polyfit 函数拟合表 7-4 中的离散数据：

表 7-4　　　　　　　　　　　　离散数据表

x	0	1	2	3	4	5	6	7	8	9	10
y	1.8	0.5	1.4	−0.5	0.3	1.7	1.4	1.9	1	−0.9	1.5

表中包含 11 项离散数据点。polyfit 函数需要给定拟合的多项式次数，然而这一点在事先往往难以确定，因此需要用不同的多项式次数试算才能确定。

在 MATLAB 中创建脚本 polyfit_example1.m，内容如下：

```
% polyfit_example1.m
% polyfit

%%
clear,clc
close all

%% 样本数据
x = 0:10;
y = [1.8, 0.5, 0, -0.5, 0.3, 1.5, 1.7, 1.9, 1, -0.9, 0.5];

%% 拟合
figure(1);
e = zeros(1,6);
for t=1:8
    % 进行 t 次拟合，p 为多项式系数
    p = polyfit(x,y,t);
    
    % 计算 x0 处的函数值
    x0 = 0:.1:10;
    y0 = polyval(p, x0);
    
    % 绘图
    subplot(2,4,t);
    plot(x,y,'bo',x0,y0,'r-');
    title(sprintf('%d次', t));
    
    % 计算误差
    er = polyval(p,x);
    e(t) = norm(er-y);
end

%% 绘制误差曲线
figure;
plot(1:8,e,'o-');
```

```
title('误差下降曲线');
xlabel('次数');
ylabel('拟合误差');
grid on
```

脚本对数据进行 1 至 8 次多项式最小二乘拟合,并绘制各拟合曲线,如图 7-9 所示,拟合误差如图 7-10 所示。

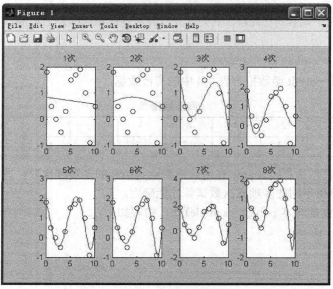

图 7-9 拟合曲线

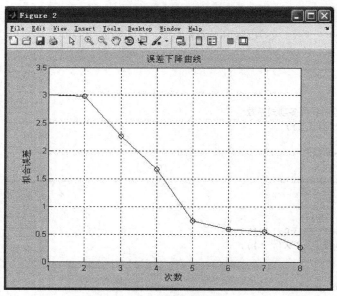

图 7-10 误差下降曲线

从图 7-9 中可以看出,随着拟合次数的增加,曲线越来越贴近原始数据点,而图 7-10 也显示,误差逐渐呈现下降趋势。

但随着次数的增加，曲线的光滑性逐渐下降，如 8 次拟合多项式曲线中部分区域呈现急剧下降和上升状态，数值特性较差。因此拟合的次数绝不是越多越好。拟合本身的意义在于反映数据的变化趋势，忽略噪声，而不是精确地刻画原始数据点。

【实例 7.5】 某份数据只包含 3 个数据点，如表 7-5 所示，用多项式进行拟合。

表 7-5　　　　　　　　　　　　　　　　样本数据

x	1	2	3
y	0.3	1	0.7

使用 polyfit 进行 1 至 3 次拟合。

```
>> x=1:3;                          % 定义数据
>> y=[0.3,1,0.7];
>> p1 = polyfit(x,y,1);            % 拟合
>> p2 = polyfit(x,y,2);
>> p3 = polyfit(x,y,3);            % 3 次拟合时系统提出警告
Warning: Polynomial is not unique; degree >= number of data points.
> In polyfit at 71
>> x0 = 1:.2:3;                    % 显示结果
>> y1 = polyval(p1,x0);
>> y2 = polyval(p2,x0);
>> y3 = polyval(p3,x0);
>> plot(x,y,'o',x0,y1,'r-',x0,y2,'k--',x0,y3,'m.-');
>> set(gcf,'color','w');
>> title('1 至 3 次多项式拟合')
>> legend('原始数据','1 次','2 次','3 次');
```

拟合结果如图 7-11 所示。

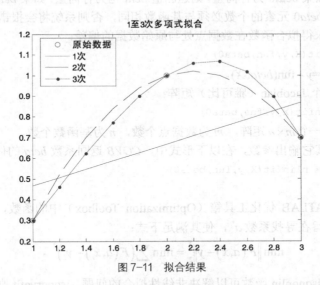

图 7-11　拟合结果

如图 7-11 所示，直线为 1 次拟合结果，黑色虚线为 2 次拟合结果，品色点划线为 3 次拟合结果。其中，2 次和 3 次拟合都与原始数据点完全重合，且 3 次拟合时出现警告信息：

| Warning: Polynomial is not unique; degree >= number of data points.

表示次数超过了数据点的个数。最小二乘拟合可以转化为求解一个线性方程组的最小二乘解的问题，因此，如果数据点的个数 m 恰好等于多项式系数的个数 $n+1$，则方程恰好有唯一解，且所得曲线恰好通过原始数据点。如果 $m > n+1$，则函数给出最小二乘意义上的最优解，曲线无法精确

通过每一个点,这也是最常见的情况。如果 $m < n+1$,则求解结果不唯一,这样进行的拟合毫无意义,应降低拟合次数 n。

7.2.3 非线性拟合

MATLAB 中的 nlinfit 和 lsqcurvefit 函数均能实现非线性函数的拟合。非线性拟合,即拟合所采用的基函数可以为任意连续函数,而并不限定为线性或幂函数。这两个函数的调用均需要用户给出基函数句柄,并将基函数及其系数合并在一个总的函数句柄中。例如,基函数为 1、指数函数、正弦函数时,函数形如:

$$y = a + b\,e^x + c\sin(x)。$$

可以将句柄写为:

```
f = @(a,x)a(1)+a(2)*exp(x)+a(3)*sin(x)
```

这是匿名句柄,也可以写为函数文件的形式:

```
function y=myfun(a,x)
y = a(1)+a(2)*exp(x)+a(3)*sin(x);
```

引用该句柄时再采用@myfun 的形式。

1. nlinfit

nlinfit 函数来自统计工具箱。除了求出拟合函数的系数外,还给出了其它统计信息。基本的调用格式如下:

```
beta = nlinfit(X,y,fun,beta0)
```

X、y 为给定的数据,fun 为上文所述的函数句柄,$beta0$ 则是一个系数初始化向量,函数在 $beta0$ 附近计算拟合系数。如果 $beta0$ 为行向量,则返回值 $beta$ 也为行向量;如果 $beta0$ 为列向量,则 $beta0$ 也为同型的列向量。$beta0$ 元素的个数必须与基函数相同,否则系统将会报错或提出警告。

nlinfit 函数可以求得拟合函数在数据点处与原始数据的偏差:

```
[beta,r] = nlinfit(X,y,fun,beta0)
```

其中 r 为残差。$r=y$ - fun($beta, X$)。

以下形式返回一个 Jacobian(雅可比)矩阵:

```
[beta,r,J] = nlinfit(X,y,fun,beta0)
```

雅可比矩阵 J 是一个 $m \times n$ 矩阵,m 为数据点个数,n 为基函数个数。

nlinfit 函数还有其它输出参数,在以下形式中,$COVB$ 返回系数 $beta$ 的估计协方差矩阵:

```
[beta,r,J,COVB] = nlinfit(X,y,fun,beta0)
```

2. lsqcurvefit

lsqcurvefit 是 MATLAB 优化工具箱(Optimization Toolbox)中的函数,其调用格式与 nlinfit 有一定相似之处。它旨在寻找系数 a^*,使其满足下式:

$$\min_a \|F(a,x)-y\|_2^2 = \min_a \sum_i \left(F(a,x_i)-y_i\right)^2。$$

优化工具箱中的 lsqnonlin 函数可以解决非线性拟合的问题,lsqcurvefit 则对其进行了封装,使之更适合处理拟合问题。

lsqcurvefit 函数最常见的调用形式为:

```
x = lsqcurvefit(fun,x0,xdata,ydata)
```

x 为所求系数向量。fun 为函数句柄,$x0$ 为系数初始化向量,函数从 $x0$ 开始寻找恰当的 x 值。$xdata$ 与 $ydata$ 则为原始数据。这种形式所得结果与 $beta$ = nlinfit($X,y,fun,beta0$)相同。

7.2 MATLAB 拟合函数

lsqcurvefit 函数还可以给出拟合的残差:

```
[x,resnorm,residual] = lsqcurvefit(fun,x0,xdata,ydata)
```

resnorm 为各数据点处的误差的平方和,即 resnorm=sum((fun(x,xdata)-ydata).^2)。

而 residual 为各点处的残差:

```
residual =fun(x,xdata)-ydata。
```

【实例 7.6】根据实例 7.1 中的数据,使用函数族 $\{1, x, \log(x), \sin(x)\}$ 作为基函数,比较 nlinfit、lsqcurvefit 和自定义函数 least_square_fit2 的拟合效果。实验数据如表 7-6 所示。

表 7-6 实验数据

x_i	19	25	31	38	45
y_i	19.5	32.3	49.0	73.0	98.7

在 MATLAB 命令行窗口输入下列命令:

```
>> x=[19,25,31,38,45];                                    % 给定的数据
>> y=[19.5,32.3,49,73,98.7];
>> handle = @(a,x)a(1)+a(2)*x+a(3)*log(x)+a(4)*sin(x)    % 函数句柄。a 为系数,x 为自变量

handle =

    @(a,x)a(1)+a(2)*x+a(3)*log(x)+a(4)*sin(x)

>> tic;[a,r]=nlinfit(x,y,handle,rand(4,1));toc            % 使用 nlinfit 拟合,并计时
Elapsed time is 0.077452 seconds.
>> a                                                       % nlinfit 的拟合系数

a =

  106.2617
    5.0736
  -62.2955
    1.5420

>> r                                                       % 残差。实际数据-拟合数据

r =

    0.0339   -0.0764    0.0014    0.0894   -0.0483

>> tic;[aa,es,res] = lsqcurvefit(handle,rand(4,1),x,y);toc  % 使用 lsqcurvefit 拟合

Local minimum found.

Optimization completed because the size of the gradient is less than
the default value of the function tolerance.

<stopping criteria details>

Elapsed time is 0.141434 seconds.
>> aa                                                      % lsqcurvefit 的拟合系数

aa =
```

199

```
        106.2617
          5.0736
        -62.2955
          1.5420

>> res                                              % lsqcurvefit 的拟合残差。拟合数据
-实际数据
res =

   -0.0339    0.0764   -0.0014   -0.0894    0.0483

>> edit least_square_fit2
>> phifun = {@(x)ones(size(x)),@(x)x,@(x)log(x),@(x)sin(x)};
>> tic;[co,err] = least_square_fit2(x, y, phifun);toc    % 使用自定义函数进行拟合
Elapsed time is 0.005537 seconds.
>> co                                                    % 所得系数

co =

        106.2617
          5.0736
        -62.2955
          1.5420

>> err                                              % 残差。实际数据-拟合数据

err =

    0.0339   -0.0764    0.0014    0.0894   -0.0483
```

可以看到，三种函数的求解结果是相同的。其中以自定义函数 least_square_fit2 的运算速度最快。nlinfit 和 lsqcurvefit 函数需要用户提供系数的初始化值，但经反复测试表明，采用随机给定的初始化值，最终总能求得相同的结果，表明函数具备较强的顽键性。

nlinfit 与 least_square_fit2 的残差相同，其计算方法是使用实际数据减去拟合结果，lsqcurvefit 函数算得的残差与其相反，计算方法是使用拟合结果减去实际数据。

最终拟合结果约为：

$$y = 106.3 + 5.1x - 62.3\log(x) + 1.5\sin(x)$$

使用以下代码显示拟合结果：

```
>> plot(x,y,'o');
>> hold on;
>> x0 = 19:.2:45;
>> y0 = handle(a,x0);
>> plot(x0,y0,'r-');
>> set(gcf,'color','w');
>> title('y=106.3+5.1x-62.3log(x)+1.5sin(x)');
>> figure;
>> plot(x,err,'o-');
>> axis([15,45,-0.2,0.2])
>> grid on
>> title('残差');
```

拟合曲线与残差分别如图 7-12 和图 7-13 所示。

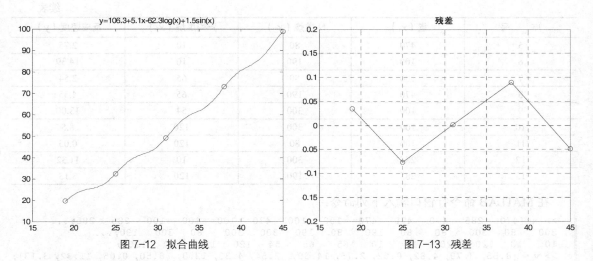

图 7-12　拟合曲线　　　　　　　　　　　图 7-13　残差

3. 多元非线性拟合

nlinfit 与 lsqcurvefit 均可以完成多元非线性拟合。在进行多元非线性拟合中，输入参数中的函数句柄必须接受矩阵形式的输入作为自变量，并返回一个向量的结果。

例如，基函数为 1、指数函数、正弦函数，包含两个自变量时，函数形如：

$$y = a + b\,e^{x1} + c\sin(x2)。$$

因此，样本点以 $(x1_i, x2_i, y_i)$ 的形式出现。如果在样本矩阵 x 中，每行为一个数据点，每列为一个变量，则可以将句柄写为：

```
f = @(a,x)a(1)+a(2)*exp(x(:,1))+a(3)*sin(x(:,2))
```

此时句柄函数的返回值是一个列向量。如果在样本矩阵 x 中，每列为一个数据点，每行为一个变量，则可以将句柄写为：

```
f = @(a,x)a(1)+a(2)*exp(x(1,:))+a(3)*sin(x(2,:))
```

此时句柄函数的返回值是一个行向量。

【实例 7.7】 在化学反应中，反应速度与反应物含量密切相关。研究人员根据化学动力学原理建立了反应速度的数学模型，形式为：

$$y = \frac{\beta_1 x_2 - \dfrac{x_3}{\beta_5}}{1 + \beta_2 x_1 + \beta_3 x_2 + \beta_4 x_3}。$$

这是一个三元函数模型。其中，x_1, x_2, x_3 为自变量，表示三种反应物的含量，y 为反应物。模型中有 5 个待确定的参数 $\beta_1 \sim \beta_5$，需要根据实验数据进行拟合。氢采用 100、285、470 三种浓度，N 戊烷采用 80、190、300 三种浓度，异构戊烷采用 10、54、65、120 四种浓度进行实验，观测反应速度，所得实验数据如表 7-7 所示。

表 7-7　　　　　　　　　　　　　化学反应实测数据

序　号	氢（x_1）	N 戊烷（x_2）	异构戊烷（x_3）	反应速度（y）
1	470	300	10	8.55
2	285	80	10	3.79
3	470	300	120	4.82
4	470	80	120	0.02

续表

序 号	氢 (x_1)	N 戊烷 (x_2)	异构戊烷 (x_3)	反应速度 (y)
5	470	80	10	2.75
6	100	190	10	14.39
7	100	80	65	2.54
8	470	190	65	4.35
9	100	300	54	13.00
10	100	300	120	8.5
11	100	80	120	0.05
12	285	300	10	11.32
13	285	190	120	3.13

在 MATLAB 命令行窗口输入下列命令：

```
>> x=[470   285   470   470   470   100   100   470   100   100   100   285   285;...
300    80   300    80    80   190    80   190   300   300    80   300   190;...
10    10   120   120    10    10    65    65    54   120   120    10   120];
>> y = [8.55, 3.79, 4.82, 0.02, 2.75, 14.39,  2.54, 4.35, 13.0,  8.50, 0.05, 11.32, 3.13];
>> handle = @(a,x)(a(1)*x(2,:)-x(3,:)./a(5))./(1+a(2)*x(1,:)+a(3)*x(2,:)+a(4)*x(3,:));
>> beta0=rand(1,5);
>> [beta,r]=nlinfit(x,y,handle,beta0);
>> beta

beta =

    1.2526    0.0628    0.0400    0.1124    1.1914

>> r

r =

  Columns 1 through 10

    0.1321   -0.1642   -0.0909    0.0310    0.1142    0.0498   -0.0262    0.3115   -0.0292    0.1096

  Columns 11 through 13

    0.0716   -0.1501   -0.3026
```

故反应速度模型可表示为下式：

$$y = \frac{1.25x_2 - \dfrac{x_3}{1.19}}{1 + 0.06x_1 + 0.04x_2 + 0.11x_3}。$$

如果对矩阵 x 取转置，则其它参数也必须相应进行变化：

```
>> x=[470   285   470   470   470   100   100   470   100   100   100   285   285;...
300    80   300    80    80   190    80   190   300   300    80   300   190;...
10    10   120   120    10    10    65    65    54   120   120    10   120];
>> y = [8.55, 3.79, 4.82, 0.02, 2.75, 14.39,  2.54, 4.35, 13.0,  8.50, 0.05, 11.32, 3.13]';
>> handle = @(a,x)(a(1)*x(:,2)-x(:,3)./a(5))./(1+a(2)*x(:,1)+a(3)*x(:,2)+a(4)*x(:,3));
>>  beta0=rand(1,5);
>> [beta,r]=nlinfit(x,y,handle,beta0);
>> beta

beta =

    1.2526    0.0628    0.0400    0.1124    1.1914

>> [beta,r]=nlinfit(x,y,handle,beta0');
>> beta
```

```
beta =

    1.2526
    0.0628
    0.0400
    0.1124
    1.1914
```

7.3 MATLAB 拟合工具箱

MATLAB 将与数据拟合相关的函数集合在一起，构成了曲线拟合工具箱（Curve Fitting Toolbox），它提供了丰富的内置函数，可实现复杂的拟合工作，甚至允许用户使用自定义的方程进行参数拟合。此外，它还将函数集成为一个可视化的图形界面程序，使用户可以在不写代码的情况下轻松完成曲线或曲面的拟合，并展示误差等指标。用户也可以将图形界面中的操作转为 M 函数文件的形式，使得相同的操作可以由 M 文件运行得到。

在某些版本的 MATLAB 中，曲面拟合工具箱是一个单独的工具箱，在 MATLAB R2011b 中已经将其合并至曲线拟合工具箱。

1. 拟合工具箱的启动

可以通过两种方法启动曲线（曲面）拟合工具箱，最简单的方法是在 MATLAB 命令窗口输入 cftool 命令：

```
>> cftool
```

也可以通过 MATLAB 集成开发环境中的"开始"按钮进入工具箱。依次单击"Start"→"Toolbox"→"Curve Fitting"→"Curve Fitting Tool（cftool）"，即可打开拟合工具箱，如图 7-14 所示。

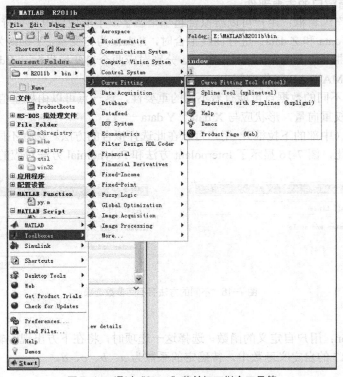

图 7-14 通过"Start"菜单打开拟合工具箱

打开的拟合工具箱界面如图 7-15 所示。

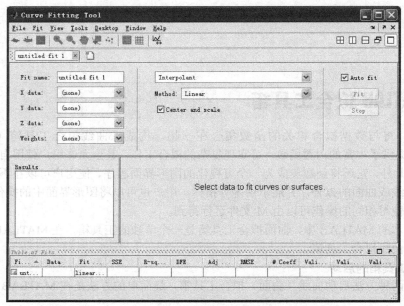

图 7-15　曲线拟合工具箱

如图 7-15，除了菜单栏与工具栏外，窗口主要由上下两部分组成。上半部分用于供用户输入信息，下半部分主要用于显示拟合结果。

2．拟合工具箱窗口的主要部件

（1）"Fit name"编辑框：用户可以给拟合起一个名字，不能使用中文字符。

（2）X data、Y data 和 Z data：进行曲线拟合时，X data 为自变量，Y data 为因变量，两者应有相同的形状。进行曲面拟合时，X data、Y data 分别对应两个自变量坐标，Z data 为因变量。这里的变量必须存在于 MATLAB 工作空间中。

（3）Weights：不同的数据点可能有着不同的重要性，这一点可以由权重值体现出来。Weights 从工作空间中选择权重向量，形状应与 X data、Y data 一致。

（4）拟合方法（中部的下拉框）：用户可以在此选择拟合的方法。选择不同的方法之后，下方的选项也会发生变化，图 7-16 显示了 Interpolant 方法和 Polynomial 方法对应的不同参数设置。

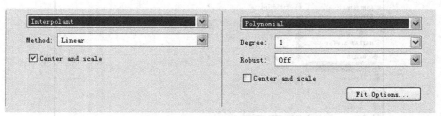

图 7-16　不同的方法有不同参数选项

可选的方法有：

Custom Equation：用户自定义的函数。选择这一选项时，将在下方出现编辑框，用户可添加自定义函数。在图 7-17 的自定义函数中，待确定的系数为 a、b、c、d。

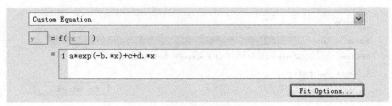

图 7-17 自定义函数的选项

Exponential：指数函数。选择指数函数时，可以选择 Number of terms 为 1 或 2，对应不同的函数形式（见图 7-18）：

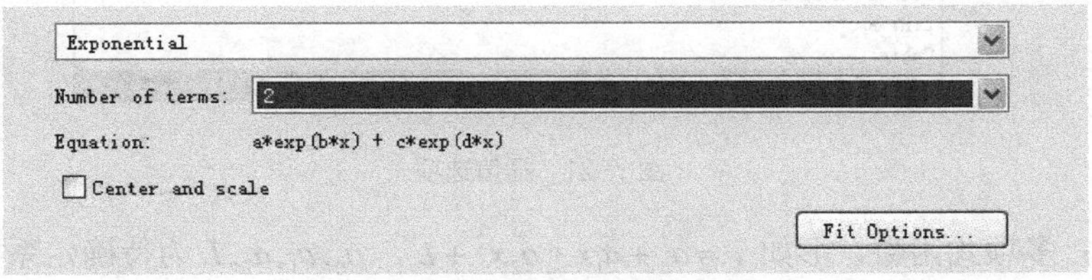

图 7-18 指数函数的选项

当将 Number of terms 选为 1 时，函数形如 $y = ae^{bx}$，a、b 为待定的系数；当将 Number of terms 选为 2 时，函数形如 $y = ae^{bx} + ce^{dx}$，a、b、c、d 为待定的系数。

Fourier：傅里叶函数。同样地，根据参数的不同，函数的形式也有一定的区别，如图 7-19 所示。

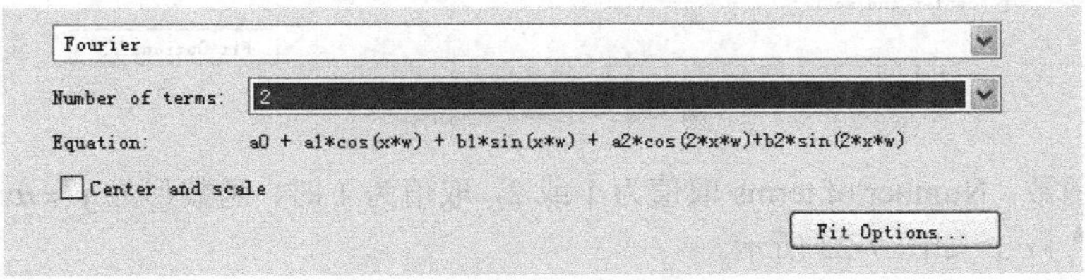

图 7-19 傅里叶函数的选项

傅里叶函数包含一个常数和若干个余弦、正弦函数对。Number of terms 可以取任意正整数，假设 Number of terms 取值为 n，则函数形式为：

$$y = a_0 + \sum_{i=1}^{n} a_i \cos(w_i x) + b_i \sin(w_i x),$$

其中 $a_0, a_i, b_i, i = 1, 2, L$ 为待确定的系数。

Gaussian：高斯函数。Number of terms 可以取任意正整数，假设 Number of terms 取值为 n，则函数形式为：

$$y = \sum_{i=1}^{n} a_i \exp\left(\left(-\frac{x - b_i}{c_i}\right)^2\right),$$

其中 a_i、b_i、c_i 为待确定的系数，如图 7-20 所示。

Interpolant：插值函数，插值时误差为零。可以在下方的下拉框中选择插值方法，如最近邻插值（Nearest neighbor）、线性插值（Linear）、立方插值（Cubic）和保形分段三次埃尔米特插值（Shape-preserving，PCHIP），如图 7-21 所示。

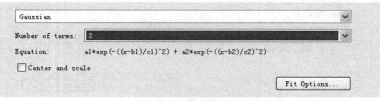

图 7-20　高斯函数的选项

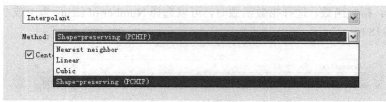

图 7-21　插值选项

Polynomial：多项式函数，形如 $y = a_0 + a_1 x + a_2 x^2 + L$， a_0, a_1, a_2, L 为待确定系数。Degree 表示多项式的最高次数，Robust 为顽健性（见图 7-22）。

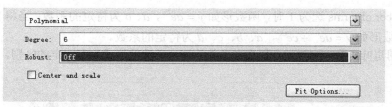

图 7-22　多项式拟合选项

Power：幂函数。Number of terms 取值为 1 或 2，取值为 1 时，函数形如 $y = ax^b$；取值为 2 时，函数形如 $y = ax^b + c$，如图 7-23 所示。

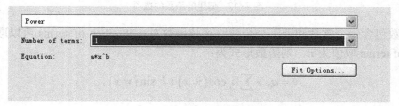

图 7-23　幂函数拟合选项

Rational：有理函数。有理函数的分子和分母都是多项式，其最高次项的次数是可以设置的。

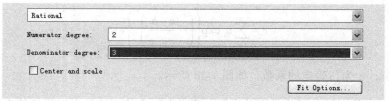

图 7-24　有理函数拟合选项

如图 7-24 所示，分子的最高次项次数为 2，分母的最高次项次数为 3，形式为：

$$y = \frac{p_1 x^2 + p_2 x + p_3}{x^3 + q_1 x^2 + q_2 x + q_3},$$

其中 p_1、p_2、p_3、q_1、q_2、q_3 为待确定的参数。

Smoothing Spline：平滑样条拟合函数。可以设置光滑程度，如图 7-25 所示：

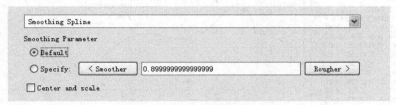

图 7-25　平滑样条函数拟合选项

Sum of Sin Functions：正弦函数类，如图 7-26 所示。

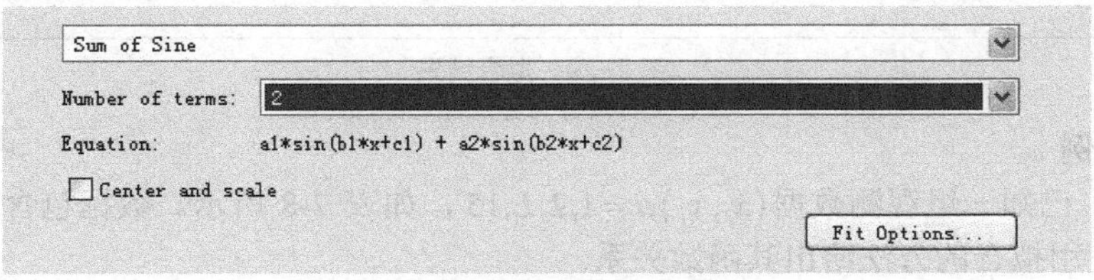

图 7-26　正弦函数类的拟合选项

Number of terms 可取任意正整数，假设 Number of terms 取值为 n，则函数形如：

$$y = \sum_{i=1}^{n} a_i \sin(b_i x + c_i),$$

函数为多个正弦函数的叠加，其中 a_i, b_i, c_i 为待确定的系数。

Weibull：威布尔函数，函数形如 $y = abx^{b-1}\exp(-ax^b)$，a,b 为待确定的系数，如图 7-27 所示。

部分函数还有详细的选项可以设置，单击 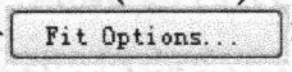 Fit Options... 按钮，可以打开选项设置对话框。如威布尔函数的选项设置对话框如图 7-28 所示。

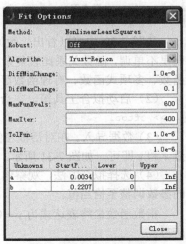

图 7-27　威布尔函数图　　　　　图 7-28　选项设置对话框

（5）拟合结果。在这个区域给出了拟合的结果，包括函数的形式、各系数的大小、置信区间和误差（SSE）等参数。同时，在右侧也将显示拟合曲线图，并在下方列出拟合名称、拟合方法、误差（SSE）、系数个数等拟合结果参数，如图 7-29 所示。

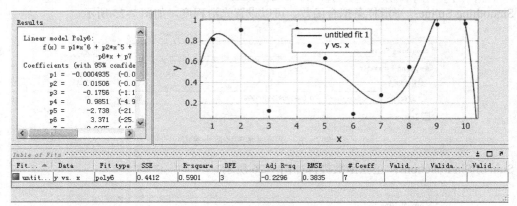

图 7-29　拟合结果

3. 拟合实例

【实例 7.8】已知一组观测数据 $(x_i, y_i), i = 1, 2, L, 15$，如表 7-8 所示。数据包含噪声，服从的函数关系未知。使用拟合的方法给出其函数关系。

表 7-8　　　　　　　　　　　　　数据样本

x	0	0.25	0.4	0.7	0.8	0.9	1	1.2
y	6.7	6.4	6.2	5.6	4.7	4.9	5	5.3
x	1.5	1.8	2	2.2	2.4	2.5	2.7	
y	5.8	4.8	1.8	-5	8	10	15	

（1）输入并显示观测数据，观测并分析可能服从的函数关系。散点图如图 7-30 所示。

```
>> x=[0,0.25,0.4,0.7,0.8,0.9,1,1.2,1.5,1.8,2,2.2,2.4,2.5,2.7];
>> y=[6.7,6.4,6.2,5.6,4.7,4.9,5,5.3,5.8,4.8,1.8,-5,8,10,15];
>> plot(x,y,'o');
>> title('散点图');
>> grid on
```

从图 7-30 中可以看出，数据的前半部分相对比较平稳，后半部分则有较大的波动。数据在区间里不单调，函数关系比较复杂，因此无法使用简单的线性拟合等方式得出关系式。可以尝试指数函数、多项式函数、有理函数等。

（2）启动拟合工具箱。在命令窗口输入以下命令即可：

```
>> cftool
```

（3）数据导入。在对话框左侧的下拉框中选择 X data 和 Y data，分别选择在第一步中定义的变量 x 和 y 即可，如图 7-31 所示。Z data 和 Weights 在本实例中用不到，维持原状即可。

（4）选择拟合方法，观察结果。以 SSE 误差值小于 20 和较好的曲线平滑度为目标，将各方法的参数调整至恰当值。

指数函数最终表达式为 $y = 0.000027e^{4.9} + 7.5e^{-0.5}$，平方和误差 SSE=101.6，拟合曲线如图 7-32 所示。

傅里叶函数采用 5 个正弦、余弦函数对，平方和误差 SSE=13.8，拟合曲线如图 7-33 所示。

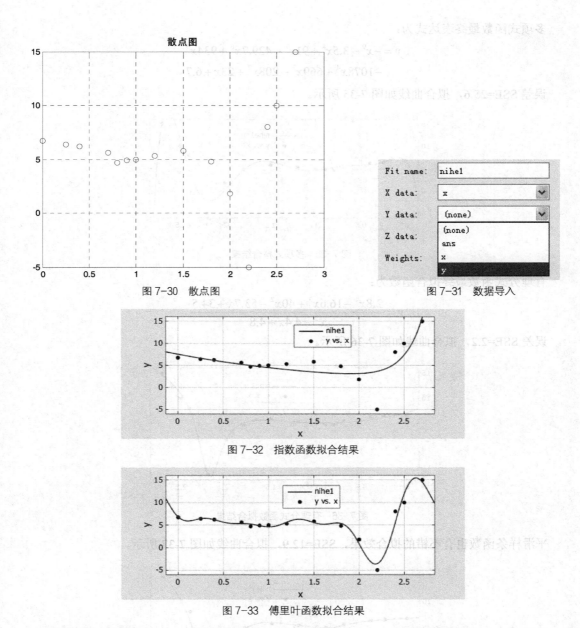

图 7-30 散点图 图 7-31 数据导入

图 7-32 指数函数拟合结果

图 7-33 傅里叶函数拟合结果

高斯函数采用参数 5 时，拟合效果较好，平方和误差 SSE=0.23，拟合曲线如图 7-34 所示。

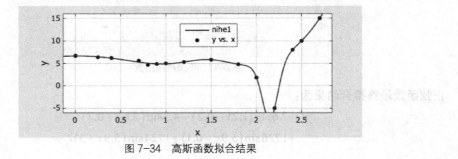

图 7-34 高斯函数拟合结果

多项式函数最终表达式为：
$$y = -x^9 - 3.5x^8 + 91x^7 - 429.7x^6 + 934x^5 \\ -1078x^4 + 669x^3 - 208x^2 + 23x + 6.7,$$

误差 SSE=25.6，拟合曲线如图 7-35 所示。

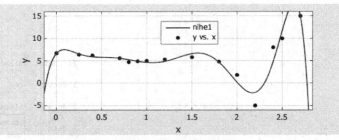

图 7-35　多项式拟合结果

有理分式函数最终拟合函数为：
$$y = \frac{2.8x^4 - 16.6x^3 + 40x^2 - 53.7x + 34.5}{x^2 - 4.4x + 4.8},$$

误差 SSE=2.2，拟合曲线如图 7-36 所示。

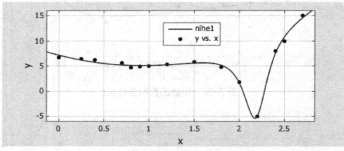

图 7-36　有理分式函数拟合结果

平滑样条函数也有不错的拟合效果，SSE=12.9，拟合曲线如图 7-37 所示。

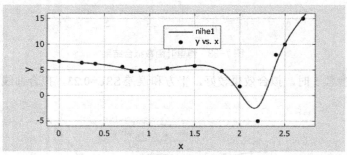

图 7-37　平滑样条函数

正弦函数最终拟合结果为：
$$y = 7.6\sin(1.2x - 0.2) + 4.3\sin(2.6x + 0.7) \\ + 1726\sin(5.9x - 0.1) + 1724\sin(5.9x + 3),$$

7.3 MATLAB 拟合工具箱

平方和误差 SSE=26，拟合曲线如图 7-38 所示。

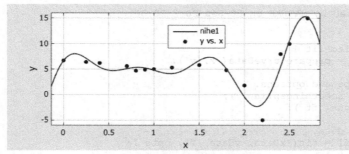

图 7-38 正弦函数拟合结果

良好的拟合应该在确保较小的误差的同时，使函数曲线有良好的平滑度，并能正确反映数据的变化趋势。综上所述，平滑样条函数、高斯函数、有理分式均具有非常好的拟合效果。

（5）拟合的保存。使用拟合工具进行的一次拟合称为一次会话（Session），在"File"菜单中可以打开、关闭和保存拟合会话，如图 7-39 所示。

单击"Save Session As"命令，将弹出保存对话框，将本次拟合操作保存为 SFIT 格式的文件，如图 7-40 所示。

图 7-39 与会话有关的菜单命令

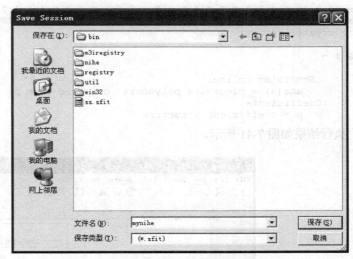

图 7-40 另存为 SFIT 文件

下次启动拟合工具 cftool 进入主界面后，选择"File"菜单中的"Load Session"命令，找到保存的 SFIT 文件，即可打开该拟合会话。

单击 Generate Code 命令，可以将拟合操作转为 MATLAB 代码：

```
function [fitresult, gof] = createFit1(x, y)
%CREATEFIT1(X,Y)
%  Create a fit.
%
%  Data for 'untitled fit 1' fit:
%      X Input : x
%      Y Output: y
%  Output:
%      fitresult : a fit object representing the fit.
%      gof : structure with goodness-of fit info.
```

```
%
% See also FIT, CFIT, SFIT.

% Auto-generated by MATLAB on 06-Sep-2012 20:30:01


%% Fit: 'untitled fit 1'.
[xData, yData] = prepareCurveData( x, y );

% Set up fittype and options.
ft = fittype( 'smoothingspline' );
opts = fitoptions( ft );

% Fit model to data.
[fitresult, gof] = fit( xData, yData, ft, opts );

% Plot fit with data.
figure( 'Name', 'untitled fit 1' );
h = plot( fitresult, xData, yData );
legend( h, 'y vs. x', 'untitled fit 1', 'Location', 'NorthEast' );
% Label axes
xlabel( 'x' );
ylabel( 'y' );
grid on
```

给定新数据 $y = [7.6, 6.9, 9.4, 9.2, 7.6, 11, 10, 11, 13, 14, 5, -4, 14, 11, 19]$，调用 createFit 函数即可实现拟合：

```
x=[0,0.25,0.4,0.7,0.8,0.9,1,1.2,1.5,1.8,2,2.2,2.4,2.5,2.7];
>> yy=[7.6,6.9,9.4,9.2,7.6,11,19,11,13,14,5,-4,14,11,19];
>> createFit(x,yy)

ans =

     Smoothing spline:
       ans(x) = piecewise polynomial computed from p
     Coefficients:
       p = coefficient structure
```

执行结果如图 7-41 所示。

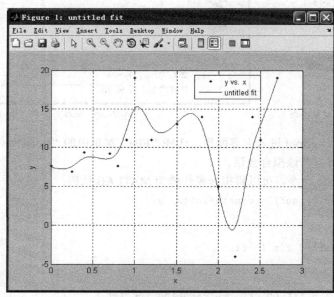

图 7-41 新数据的拟合结果

7.4 综合实例——临床药物注射问题

【问题提出】

在临床实践中,每种新的药物在正式使用之前,必须确定给药方案。药物在一定浓度范围内才能起到抗病的功效,而在药物进入人体以后,其浓度是不断下降的,下降到一定程度,就必须再次给药,以维持药效。

一般都以血药浓度作为药物浓度的衡量指标,血药浓度就是单位体积血液中的药物含量。人体内部的构造十分复杂,为简单起见,医学中通常将整个机体简化为一个房室,在房室内药物是均匀的。快速静脉注射后,药物达到峰值,随后随着代谢的进行迅速下降,这就是一室模型。

为了确保药效,避免副作用,药物浓度必须维持在一定区间 $c_1 < c < c_2$ 中,假设 $c_1 = 100$,$c_2 = 200$。临床中已经通过实践获得了一些数据,如表 7-9 所示。本例的问题是,如何根据这些数据设计一个给药方案,使得血药浓度满足上述条件。

表 7-9   时间-血药浓度表

时间 T(h)	0.25	0.5	1	1.5	2	3	4	8	16
浓度 C(μg/ml)	177	172	157.6	130	110	70	51	30	4

【解题思路】

给药方案的目标是血药浓度符合给定的 $c_1 < c < c_2$ 条件,需要确定每次注射剂量 D_0 和间隔时间 T_0。因此,需要知道一定剂量的药物注射进人体后,多长时间浓度下降为 c_1。

然而浓度下降的函数是未知的,只有一部分时间与浓度的对应数据。因此,第一步是对表 7-9 的数据进行拟合,得出函数关系式。第二步再根据关系式确定给药方案。

(1)拟合。首先观察散点数据图,如图 7-42 所示。

观察图 7-42 中的数据点,可以发现数值大致呈现指数下降的趋势。从原理上分析,当血药浓度越高的时候,药物代谢进行得也越快,

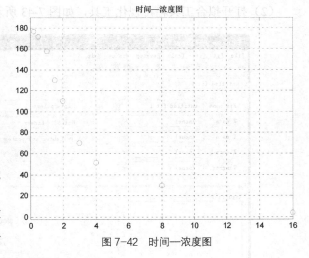

图 7-42 时间—浓度图

因此浓度下降的速度就越快。假设比例系数为 k,血药浓度为 c,则有:

$$\frac{dc}{dt} = -kc ;$$

解该微分方程,有:

$$c(t) = C_0 e^{-kt} ;$$

其中 C_0 为待定的常数,表示初始时刻的血药浓度,即刚注射时的浓度。假设血液容积为 v,则有:

$$C_0 = \frac{d}{v} ;$$

其中 d 为注射量，此次试验的注射量为 200 ml。可见，血药浓度的下降曲线可以用一个指数函数来描绘，通过拟合可以求得该函数：

$$y = \frac{d}{v}e^{-kt}。$$

（2）计算给药浓度和时间间隔。第一次注射之前，血药浓度为零，因此应注射较大剂量，使浓度达到上限 $c2$，即注射量应为：

$$d0 = c2 \times v,$$

后续注射时，血液中已包含一定浓度的药物，故剂量与第一次注射不同。当浓度下降到 $c1$ 时，就可以进行后续注射了，注射量为：

$$di = (c2 - c1) \times v。$$

给药的间隔为浓度从 $c2$ 下降到 $c1$ 的时间：

$$c_1 = c2 e^{-k\tau} \Rightarrow \tau = \frac{1}{k}\ln\frac{c2}{c1}。$$

【MATLAB 实现】

首先通过拟合得出血药浓度的下降函数。

（1）在命令行窗口执行以下代码，定义原始数据：

```
>> x=[0.25, 0.5, 1, 1.5, 2, 3, 4, 8, 16];
>> y=[177, 172, 157.6, 130, 110, 70, 51, 30, 4];
```

（2）打开拟合工具箱可视化工具，如图 7-43 所示。

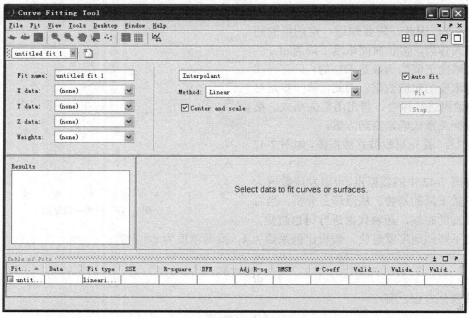

图 7-43 拟合工具箱

（3）导入数据。变量 x、y 已经存在于 MATLAB 工作空间中，在对话框左侧选择 X data 为 x，Ydata 为 y，如图 7-44 所示。

（4）选择拟合方法。上文的分析已经指出，血药浓度服从指数函数规律。选择拟合方法为指数函数，Number of terms 参数为 1，如图 7-45 所示。

7.4 综合实例——临床药物注射问题

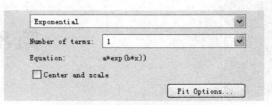

图 7-44　导入数据　　　　　　　　图 7-45　选择拟合方法为指数函数

随后系统自动进行拟合，并在下方给出拟合结果和拟合曲线。拟合函数为 $y=199.1e^{-0.3045t}$，平方误差和 SSE=515.4，拟合曲线如图 7-46 所示。

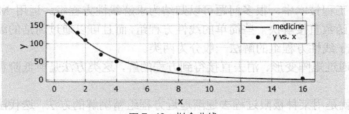

图 7-46　拟合曲线

得到拟合函数后，计算给药参数：首次给药剂量 $d0$、平时给药剂量 di 和给药时间间隔 τ。

```
>> c1=100
c1 =
   100

>> c2=200
c2 =
   200

>> v = 200000/199.1
v =
   1.0045e+003

>> d0 = c2*v
d0 =
   2.0090e+005

>> di = (c2-c1)*v
di =
   1.0045e+005

>> tao = 1/0.3045 * log(200/100)
tao =
   2.2763
```

因此，初次注射量应为 $d0 \approx 200000\mu g = 200mg$，此后每次的注射量为 $d1 \approx 100000\mu g = 100mg$，注射的间隔大约为 2.5 小时。

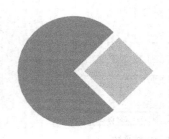

第 8 章　MATLAB 求解线性方程组

在自然科学和工程技术中，很多问题可以归结为求解线性方程组。运用 MATLAB，不仅可以利用其提供的相关函数直接解决一些简单的线性方程组，而且可以通过简洁的编程来解决一些复杂的线性方程组。关于线性方程组的解法一般分为两类。

- 直接法：通过矩阵变形、消去直接得到方程的解，这类方法是解低阶稠密矩阵方程组的有效方法。
- 迭代法：就是用某种极限过程去逐渐逼近方程组精确解的方法，迭代法是解大型稀疏矩阵方程组的重要方法。

本章的知识结构

通过本章的介绍，读者既能应用 MATLAB 中相应的函数求解线性方程组，又能通过编程灵活使用迭代法和其他的特殊解法来求解线性方程组。

8.1 线性方程组

1. 线性方程组

设有 n 个未知数 m 个方程的线性方程组：
$$\begin{cases} a_{11}x_1 + a_{12}x_2 + \cdots + a_{1n}x_n = b_1 \\ a_{21}x_1 + a_{22}x_2 + \cdots + a_{2n}x_n = b_2 \\ a_{31}x_1 + a_{32}x_2 + \cdots + a_{3n}x_n = b_3 \\ \vdots \\ a_{m1}x_1 + a_{m2}x_2 + \cdots + a_{mn}x_n = b_m \end{cases}$$

该线性方程组也可以写成向量 x 为未知元的向量方程：$Ax = b$。当常数项 b_1，b_2，…，b_m 不全为零时，线性方程组称为 n 元非齐次线性方程组；当常数项 b_1，b_2，…，b_m 全为零时，线性方程组称为 n 元齐次线性方程组。

2. 正定矩阵

设 M 是 n 阶方阵，如果对任何非零向量 z，都有 $z'Mz > 0$，其中 z' 表示 z 的转置，就称 M 为正定矩阵。

判定定理 1：对称矩阵 A 为正定的充分必要条件是：A 的特征值全为正。

判定定理 2：对称矩阵 A 为正定的充分必要条件是：A 的各阶顺序主子式都为正。

判定定理 3：任意矩阵 A 为正定的充分必要条件是：A 合同于单位矩阵。

3. 矩阵相关基础知识

定理：若 $|A| \neq 0$，则矩阵 A 可逆，且 $A^{-1} = \dfrac{1}{|A|} A^*$，其中 A^* 为矩阵 A 的伴随矩阵。

定理：n 元线性方程组 $Ax=b$：
（1）无解的充分必要条件是 $R(A) < R(A,b)$；
（2）有唯一解的充分必要条件是 $R(A) = R(A,b) = n$；
（3）有无限多解的充分必要条件是 $R(A) = R(A,b) < n$。

克拉默法则：如果线性方程组：$\begin{cases} a_{11}x_1 + a_{12}x_2 + \cdots + a_{1n}x_n = b_1 \\ a_{21}x_1 + a_{22}x_2 + \cdots + a_{2n}x_n = b_2 \\ a_{31}x_1 + a_{32}x_2 + \cdots + a_{3n}x_n = b_3 \\ \vdots \\ a_{n1}x_1 + a_{n2}x_2 + \cdots + a_{nn}x_n = b_n \end{cases}$ 的系数矩阵 A 的行列式不等于零，

即 $|A| = \begin{vmatrix} a_{11} & \cdots & a_{1n} \\ \vdots & & \vdots \\ a_{n1} & \cdots & a_{nn} \end{vmatrix} \neq 0$，那么方程组有唯一解：$x_1 = \frac{|A_1|}{|A|}$，$x_2 = \frac{|A_2|}{|A|}$，$\cdots$，$x_n = \frac{|A_n|}{|A|}$。

8.2 符号解法

MATLAB 的符号数学工具箱中提供了线性方程的符号求解函数，如 solve。所得到的符号解可由函数 vpa 转换成浮点数近似值。此方法可以得到方程组的精确解。

solve 函数的调用格式如下：

```
solve(eq)
solve(eq, var)
solve(eq1, eq2, …, eqn)
g = solve(eq1, eq2,…, eqn, var1, var2, …, varn)
```

【实例 8.1】 求解一元二次方程：$ax^2 + bx + c = 0$ 的解。

```
%在 MATLAB 命令行窗口中输入如下命令
>> clc
>> clear all
>> syms a b c x;
>> solve('a*x^2 + b*x + c')

ans =

 -(b + (b^2 - 4*a*c)^(1/2))/(2*a)
 -(b - (b^2 - 4*a*c)^(1/2))/(2*a)
```

【实例 8.2】 求解 $ax^2 + bx + c = 0$ 关于变量 b 的解。

```
%在 MATLAB 命令行窗口中输入如下命令
>> clc
>> clear all
>> syms a b c x;
>> solve('a*x^2 + b*x + c','b')

ans =

-(a*x^2 + c)/x
```

【实例 8.3】 求解二元线性方程组：$\begin{cases} x_1 + x_2 = 1 \\ x_1 - 11x_2 = 5 \end{cases}$。

```
%在 MATLAB 命令行窗口中输入如下命令
>> clc
>> clear all
>> syms x;
>> S = solve('x + y = 1','x - 11*y = 5');
>> S = [S.x S.y]

S =

[ 4/3, -1/3]
```

【实例 8.4】 求解二元线性方程组：$\begin{cases} 3x_1 - 2x_2 = 12 \\ 2x_1 + x_2 = 1 \end{cases}$。

```
%在 MATLAB 命令行窗口中输入如下命令
>> clc
>> clear all
>> [x1, x2]=solve('3*x1-2*x2=12','2*x1+x2=1')

x1 =

2

x2 =

-3
```

【实例 8.5】 求解齐次线性方程组：$\begin{cases} x_1 + 2x_2 + 2x_3 + x_4 = 0 \\ 2x_1 + x_2 - 2x_3 - 2x_4 = 0 \\ x_1 - x_2 + 4x_3 - 3x_4 = 0 \end{cases}$。

```
%在 MATLAB 命令行窗口中输入如下命令
>> clc
>> clear all
>> syms x4;
>> [x1, x2, x3]=solve('x1+2*x2+2*x3+x4=0','2*x1+x2-2*x3-2*x4=0','x1-x2-4*x3-3*x4=0')

x1 =

(5*x4)/3 + 2*z


x2 =

- (4*x4)/3 - 2*z


x3 =

z
```

【实例 8.6】 用符号求解函数来求解以下线性方程组：$\begin{cases} 2x_1 - x_2 - x_3 + x_4 = 2 \\ x_1 + x_2 - 2x_3 + x_4 = 4 \\ 4x_1 - 6x_2 + 2x_3 - 2x_4 = 4 \\ 3x_1 + 6x_2 - 9x_3 + 7x_4 = 9 \end{cases}$。

```
%在 MATLAB 命令行窗口中输入如下命令
>> clc
>> clear all
>> [x1, x2, x3, x4] = solve('2*x1-x2-x3+x4=2','x1+x2-2*x3+x4=4','4*x1-6*x2+2*x3-2*x4=4',
'3*x1+6*x2-9*x3+7*x4=9')
```

```
x1 =
z + 4

x2 =
z + 3

x3 =
z

x4 =
-3
```

【实例 8.7】 求解非齐次线性方程组：$\begin{cases} x_1 + x_2 - 3x_3 - x_4 = 1 \\ 3x_1 - x_2 - 3x_3 + 4x_4 = 4 \\ x_1 + 5x_2 - 9x_3 - 8x_4 = 0 \end{cases}$。

```
%在 MATLAB 命令行窗口中输入如下命令
>> clc
>> clear all
>> [x1, x2, x3]=solve('x1+x2-3*x3-x4=1','3*x1-x2-3*x3+4*x4=4','x1+5*x2-9*x3-8*x4=0')

x1 =

(3*z)/2 - (3*x4)/4 + 5/4

x2 =

(7*x4)/4 + (3*z)/2 - 1/4

x3 =

z
```

【实例 8.8】 用符号求解函数来求解以下线性方程组：

$$\begin{cases} 10x_1 - x_2 = 9 \\ -x_1 + 10x_2 - 2x_3 = 7 \\ -2x_2 + 10x_3 = 6 \end{cases}。$$

```
%在 MATLAB 命令行窗口中输入如下命令
>> clc
>> clear all
>> [x1, x2, x3]=solve('10*x1-x2=9','-x1+10*x2-2*x3=7','-2*x2+10*x3=6')

x1 =
473/475

x2 =
91/95

x3 =
376/475

>> vpa([x1, x2, x3],4)
```

```
ans =
[ 0.9958, 0.9579, 0.7916]
```

【实例 8.9】 求解齐次线性方程组：$\begin{cases} 2x_1 + 3x_2 - x_3 - 7x_4 = 0 \\ 3x_1 + x_2 + 2x_3 - 7x_4 = 0 \\ 4x_1 + x_2 - 3x_3 + 6x_4 = 0 \\ x_1 - 2x_2 + 5x_3 - 5x_4 = 0 \end{cases}$。

```
%在 MATLAB 命令行窗口中输入如下命令
>> clc
>> clear all
>> [x1, x2, x3, x4] =solve('2*x1+3*x2-x3-7*x4=0',...
'3*x1+x2+2*x3-7*x4=0','4*x1+x2-3*x3+6*x4=0','x1-2*x2+5*x3-5*x4=0')

x1 =
-z/2

x2 =
(7*z)/2

x3 =
(5*z)/2

x4 =
z
```

【实例 8.10】 求解齐次线性方程组：$\begin{cases} 3x_1 + 4x_2 - 5x_3 + 7x_4 = 0 \\ 2x_1 - 3x_2 + 3x_3 - 2x_4 = 0 \\ 4x_1 + 11x_2 - 13x_3 + 16x_4 = 0 \\ 7x_1 - 2x_2 + x_3 + 3x_4 = 0 \end{cases}$。

```
%在 MATLAB 命令行窗口中输入如下命令
>> clc
>> clear all
>>[x1, x2, x3, x4]=solve('3*x1+4*x2-5*x3+7*x4=0', '2*x-3*x2+3*x3-2*x4=0', '4*x1+11*x2-13*x3+16*x4=0',
'7*x1-2*x2+x3+3*x4=0')

x1 =

(3*z)/17 - (13*x4)/17


x2 =

(3*z)/17 - (13*x4)/17


x3 =

(19*z)/17 - (20*x4)/17


x4 =
z
```

8.3 求逆法

MATLAB 中求解线性方程最直接的方法是矩阵求逆法，它适用于系数矩阵的数据无规律且系数矩阵的阶数比较小的情况。如果系数矩阵的阶数太大的话，系数矩阵求逆就需要花费很长时间。

1. 齐次线性方程求解

当齐次线性方程 $AX=0$，$rank(A)=r<n$ 时，该方程有无穷多个解，怎样用 MATLAB 求它的一个基本解？

【实例 8.11】齐次线性方程 $AX=0$，$rank(A)=r<n$ 时，要用 MATLAB 求它的一个基本解，用中的命令 $x=null(A,r)$ 即可。其中：$r=rank(A)$，A 为：

$$A = \begin{bmatrix} 1 & 1 & 1 & 1 & -3 & -1 & 1 \\ 1 & 0 & 0 & 0 & 1 & 1 & 0 \\ -2 & 0 & 0 & -1 & 0 & -1 & -2 \end{bmatrix}, 求其基本解。$$

```
%在MATLAB命令行窗口中输入如下命令
>> clc
>> clear all
>> A=[1 1 1 1 -3 -1 1; 1 0 0 0 1 1 0; -2 0 0 -1 0 -1 -2];
>> r=rank(A);
>> y=null(A, r )
y =

   -0.1031   -0.0385   -0.5283    0.1804
    0.4370   -0.5708    0.4381    0.3022
   -0.1911   -0.1426    0.1355   -0.8513
    0.7659    0.4573    0.0028   -0.2480
    0.3161   -0.3617   -0.1450   -0.2684
   -0.2130    0.4003    0.6733    0.0879
   -0.1733   -0.3902    0.1902   -0.1004
```

其列向量为 $AX=0$ 的一个基本解。

2. 左除法求解

在 MATLAB 中用左除法求解，线性方程可以直接用左除法 "\" 求解。

【实例 8.12】用左除法求解下列线性方程组：

$$\begin{cases} 0.4096x_1 + 0.1234x_2 + 0.3678x_3 + 0.2943x_4 = 0.4043 \\ 0.2246x_1 + 0.3872x_2 + 0.4015x_3 + 0.1129x_4 = 0.1550 \\ 0.3645x_1 + 0.1920x_2 + 0.3781x_3 + 0.0643x_4 = 0.4240 \\ 0.1784x_1 + 0.4002x_2 + 0.2786x_3 + 0.3927x_4 = -0.2557 \end{cases}$$

```
%在MATLAB命令行窗口中输入如下命令
>> clc
>> clear all
%用左除法求解，在MATLAB命令行窗口中输入求解程序
>> A=[0.4096 0.1234 0.3678 0.2943;...
0.2246 0.3872 0.4015 0.1129;...
0.3645 0.1920 0.3781 0.0643;...
0.1784 0.4002 0.2786 0.3927];
>> B=[0.4043 0.1550 0.4240 -0.2557]';
>> X=A\B

X =

   -0.1819
```

```
   -1.6630
    2.2172
   -0.4467
```

由计算结果可知，方程组的解为 $[x_1, x_2, x_3, x_4] = [-0.1819, -1.6630, 2.2172, -0.4467]^T$。

【实例 8.13】 用左除法求解如下线性方程组：

$$\begin{cases} x_1 + 4x_2 + 3x_3 = 1 \\ -x_1 - 2x_2 + 7x_3 = 4 \\ 9x_1 + 3x_2 + 3x_3 = 4 \end{cases}。$$

```
%在 MATLAB 命令行窗口中输入如下命令
>> clc
>> clear all
%用左除法求解，在 MATLAB 命令行窗口中输入求解程序
>> A=[1 4 3;-1 -2 7;9 3 3];
>> b=[1 4 4]';
>> x=A\b
x =
    0.3440
   -0.2482
    0.5496
```

由计算结果可知，方程组的解为 $[x_1, x_2, x_3] = [0.3440, -0.2482, 0.5496]$。

【实例 8.14】 用左除法求解如下线性方程组：

$$\begin{cases} 22x_1 + 44x_2 - 33x_3 = 15 \\ 75x_1 - 26x_2 - 62x_3 = 74 \\ -20x_1 + 63x_2 + 3x_3 = -94 \end{cases}。$$

```
%在 MATLAB 命令行窗口中输入如下命令
>> clc
>> clear all
%用左除法求解，在 MATLAB 命令行窗口中输入求解程序
>> A=[22 44 -33; 75 -26 -62; -20 63 3];
>> b=[15 74 -94]';
>> x=A\b
x =
  -23.3482
   -7.6553
  -26.2270
```

由计算结果可知，方程组的解为 $[x_1, x_2, x_3] = [-23.3482, -7.6553, -26.2270]$。

3. 求逆函数 inv 求解

在 MATLAB 中，线性方程可以用求逆函数 inv 求解。

【实例 8.15】 用求逆法求解如下线性方程组：

$$\begin{cases} -4x_1 - 8x_2 - 23x_3 + 3x_4 = 4 \\ x_1 + 4x_2 + 6x_3 + 3x_4 = 12 \\ -x_1 - 2x_2 + 7x_3 + 3x_4 = 33 \\ 9x_1 + 3x_2 - 3x_3 + 3x_4 = -3 \end{cases}。$$

```
%在 MATLAB 命令行窗口中输入如下命令
>> clc
>> clear all
%用逆矩阵法求解，在 MATLAB 命令行窗口中输入求解程序:
>> A=[-4 -8 -23 3; 1 4 6 3;-1 -2 7 3;9 3 -3 3];
>> b=[4 12 33 -3]';
```

```
>> x=inv(A)*b
x =
   -0.4305
   -3.0854
    1.6268
    5.0037
```

由计算结果可知,方程组的解为 $[x_1, x_2, x_3, x_4] = [-0.4305, -3.0854, 1.6268, 5.0037]$。

【实例 8.16】 用求逆法求解如下线性方程组:

$$\begin{cases} x_1 + 0.5x_2 + 3x_3 + 0.25x_4 = 21 \\ 0.3x_1 + 0.2x_2 + 0.17x_3 + 9x_4 = 45 \\ 0.25x_1 + 0.2x_2 + 0.67x_3 + 0.125x_4 = -33 \\ 0.16x_1 + 0.14x_2 + 0.5x_3 + 4.1x_4 = 15 \end{cases}$$

```
%在 MATLAB 命令行窗口中输入如下命令
>> clc
>> clear all
%用逆矩阵法求解,在 MATLAB 命令行窗口中输入求解程序:
>> A=[1 0.5 3 0.25; 0.3 0.2 0.17 9;0.25 0.2 0.67 0.125; 0.16 0.14 0.5 4.1];
>> b=[21 -2 45 -33]';
>> x=inv(A)*b

x =

  229.5031
  398.1560
 -134.6790
  -14.1763
```

由计算结果可知,方程组的解为 $[x_1, x_2, x_3, x_4] = [229.5031, 398.1560, -134.6790, -14.1763]$。

8.4 矩阵分解法

在数值运算中,矩阵除了能用来运行一些简单的操作外,解方程组是其更主要的应用。通常用矩阵的变换去解方程组是非常麻烦的,影响速度,也会影响精度,所以在解方程组之前对方程组的系数矩阵进行分解是非常必要的。下面将要介绍矩阵分解的相关内容。

8.4.1 Cholesky 分解

若系数矩阵 A 为对称正定矩阵,则 Cholesky 分解可将矩阵 A 分解成上三角矩阵和其转置的乘积,即:$A=R^TR$。其中 R 为上三角矩阵,R^T 为 R 的转置,是下三角矩阵,这种分解称为 Cholesky 分解。

与 Cholesky 分解有关的函数格式如下:

```
R=chol(A): %对 A 进行 Cholesky 分解,使得 A=R^TR;
[R, p]=chol(A): %对 A 进行 Cholesky 分解,使得 A=R^TR。
```

- 参数 ep:代表要被关闭的引擎指针。

> **注意**
> 如果 A 对称正定,则 p<0;否则,p 为一个正整数;
> 如果 A 满秩,R 是为 p1 阶的上三角矩阵,且有 RTR A(1:(p1), 1:(p1))。

实现分解后,方程组 $Ax=b$ 的解写成 $x=R\backslash(RT\backslash b)$ 的形式。

【实例 8.17】对下列矩阵进行 Cholesky 分解。

$$A = \begin{bmatrix} 16 & 4 & 8 \\ 4 & 5 & -4 \\ 8 & -4 & 22 \end{bmatrix}$$

```
%在 MATLAB 命令行窗口中输入如下命令
>> clc
>> clear all
>> A=[16 4 8;4 5 -4;8 -4 22];
>> l=chol(A)

l =

     4     1     2
     0     2    -3
     0     0     3
```

【实例 8.18】建立一个 pascal 矩阵，对这个矩阵进行 Cholesky 分解。

```
%在 MATLAB 命令行窗口中输入如下命令
>> clc
>> clear all
>> A=pascal(4)
A =

     1     1     1     1
     1     2     3     4
     1     3     6    10
     1     4    10    20
>> [R,p]=chol(A)
R =

     1     1     1     1
     0     1     2     3
     0     0     1     3
     0     0     0     1
p =

     0
```

输出 R 的计算结果为：$R = \begin{bmatrix} 1 & 1 & 1 & 1 \\ 0 & 1 & 2 & 3 \\ 0 & 0 & 1 & 3 \\ 0 & 0 & 0 & 1 \end{bmatrix}$，并且 A 矩阵是正定的。

【实例 8.19】首先建立一个 gallery 矩阵，对这个矩阵进行 Cholesky 分解。

```
%在 MATLAB 命令行窗口中输入如下命令
>> clc
>> clear all
>> A=gallery('moler',5)
A =

     1    -1    -1    -1    -1
    -1     2     0     0     0
    -1     0     3     1     1
    -1     0     1     4     2
    -1     0     1     2     5
>> [R,p] =chol(A)
R =

     1    -1    -1    -1    -1
     0     1    -1    -1    -1
     0     0     1    -1    -1
```

```
     0     0     0     1    -1
     0     0     0     0     1
p =
     0
```

输出 R 的计算结果为：$R = \begin{bmatrix} 1 & -1 & -1 & -1 & -1 \\ 0 & 1 & -1 & -1 & -1 \\ 0 & 0 & 1 & -1 & -1 \\ 0 & 0 & 0 & 1 & -1 \\ 0 & 0 & 0 & 0 & 1 \end{bmatrix}$，并且 A 矩阵是正定的。

【实例 8.20】 Cholesky 分解法求解线性方程组实例。用 Cholesky 分解法求解以下线性方程组。

$$\begin{cases} 9x_1 - 36x_2 + 30x_3 = 1 \\ -36x_1 + 192x_2 - 180x_3 = 1 \\ 30x_1 - 180x_2 + 180x_3 = 1 \end{cases}$$

```
%在 MATLAB 命令行窗口中输入如下命令
>> clc
>> clear all
%在 MATLAB 命令行窗口中输入求解程序
>> A=[9 -36 30;-36 192 -180;30 -180 180];
>> b=ones(3,1);
>> R=chol(A)
R =
    3.0000  -12.0000   10.0000
         0    6.9282   -8.6603
         0         0    2.2361
>> x=R\(R'\b)
x =
    1.8333
    1.0833
    0.7833
```

输出 R 的计算结果为：$R = \begin{bmatrix} 3.0000 & -12.0000 & 10.0000 \\ 0 & 6.9282 & -8.6603 \\ 0 & 0 & 2.2361 \end{bmatrix}$。

由计算结果可知，方程组的解为 $\begin{bmatrix} x_1 \\ x_2 \\ x_3 \end{bmatrix} = \begin{bmatrix} 1.8333 \\ 1.0833 \\ 0.7833 \end{bmatrix}$。

8.4.2 LU 分解

矩阵的 LU 分解也叫三角分解，还有的书称之为 Doolittle 分解，它是将矩阵分解为一个单位下三角矩阵与上三角矩阵的乘积。只要矩阵非奇异，这种分解总是可以进行的。

MATLAB 提供了 lu 函数来求矩阵 A 的 LU 分解，常用格式为：

```
[L,U]=lu(X);    %LU=X
[L,U,P]=lu(X);  %满足 LU=PX
```

- ❏ 参数 U 为上三角矩形；

- 参数 L 为下三角矩形或其变换形式；
- 参数 P 为单位矩阵的行变换矩阵。

分解以后，方程组 $Ax = b$ 的解可写为 $x=U\backslash(L\backslash b)$ 或 $x=U\backslash(L\backslash P\times b)$。

【实例 8.21】 对下列矩阵进行 LU 分解。

$$A = \begin{bmatrix} 1 & 2 & 3 \\ 2 & 4 & 1 \\ 4 & 6 & 7 \end{bmatrix}$$

```
%在 MATLAB 命令行窗口中输入如下命令
>> clc
>> clear all
>> A=[1 2 3; 2 4 1;4 6 7];
>> [l,u]=lu(A)

l =

    0.2500    0.5000    1.0000
    0.5000    1.0000         0
    1.0000         0         0


u =

    4.0000    6.0000    7.0000
         0    1.0000   -2.5000
         0         0    2.5000
```

【实例 8.22】 把矩阵 $A = \begin{bmatrix} 1 & 2 & 3 \\ 4 & 5 & 6 \\ 7 & 8 & 9 \end{bmatrix}$ 进行 LU 分解。

```
%在 MATLAB 命令行窗口中输入如下命令
>> clc
>> clear all
>> A=[1 2 3; 4 5 6; 7 8 9]
A =

     1     2     3
     4     5     6
     7     8     9
>> [L,U]=lu(A)

L =

    0.1429    1.0000         0
    0.5714    0.5000    1.0000
    1.0000         0         0
U =

    7.0000    8.0000    9.0000
         0    0.8571    1.7143
         0         0    0.0000
```

下三角矩阵变换形式 $U = \begin{bmatrix} 7 & 8 & 9 \\ 0 & 0.8571 & 1.7143 \\ 0 & 0 & 0 \end{bmatrix}$，下三角矩阵变换形式 $L = \begin{bmatrix} 0.1429 & 1 & 0 \\ 0.5714 & 0.5 & 1 \\ 1 & 0 & 0 \end{bmatrix}$。

```
>> [L,U,P]=lu(A)
```

```
L =
    1.0000         0         0
    0.1429    1.0000         0
    0.5714    0.5000    1.0000
U =
    7.0000    8.0000    9.0000
         0    0.8571    1.7143
         0         0    0.0000
P =
     0     0     1
     1     0     0
     0     1     0
```

下三角矩阵变换形式 $U = \begin{bmatrix} 7 & 8 & 9 \\ 0 & 0.8571 & 1.7143 \\ 0 & 0 & 0 \end{bmatrix}$，下三角矩阵变换形式 $L = \begin{bmatrix} 1 & 0 & 0 \\ 0.1429 & 1 & 0 \\ 0.5714 & 0.5 & 1 \end{bmatrix}$，单

位矩阵的行变换矩阵 $P = \begin{bmatrix} 0 & 0 & 1 \\ 1 & 0 & 0 \\ 0 & 1 & 0 \end{bmatrix}$。

8.4.3 QR 分解

矩阵的 QR 分解就是把矩阵分解为一个正交矩阵和一个上三角矩阵的乘积。MATLAB 中对矩阵 A 进行 QR 分解的函数调用格式如下：

```
[Q,R]=qr(A):       %求得正交矩阵 Q 和上三角矩阵 R，Q 和 R 满足 A=QR
[Q,R,E]=qr(A)      %求得正交矩阵 Q、上三角矩阵 R 和 E 单位矩阵的变换形式，R 的对角线元素按大小降序排列，满
                    足 AE=QR
[Q,R,E]=qr(A,0)    %产生矩阵 A 的"经济大小"分解
[Q,R,E]=qr(A,0)    %E 的作用是使得 R 的对角线元素降序，且 Q*R=A*E
```

实现分解以后，方程组 $Ax = b$ 的解可写为 $x = R\backslash(Q\backslash b)$ 或 $x = E(R\backslash(Q\backslash b))$。

【实例 8.23】 把矩阵 $A = \begin{bmatrix} 1 & 2 & 3 \\ 4 & 5 & 6 \\ 7 & 8 & 9 \\ 10 & 11 & 12 \end{bmatrix}$ 进行 QR 分解。

```
%在 MATLAB 命令行窗口中输入如下命令
>> clc
>> clear all
>> A=[1 2 3;4 5 6;7 8 9;10 11 12];
>> [Q,R]=qr(A)
Q =
    0.0776    0.8331   -0.5456    0.0486
    0.3105    0.4512    0.6912   -0.4714
    0.5433    0.0694    0.2543    0.7971
    0.7762   -0.3124   -0.3999   -0.3743
R =
   12.8841   14.5916   16.2992
```

```
     0      1.0413    2.0826
     0        0       0.0000
     0        0          0
```

【实例 8.24】 QR 分解法求解线性方程组实例。用 QR 分解法求解以下线性方程组：

$$\begin{cases} x_1 + 0.5x_2 + 0.3333x_3 + 0.25x_4 = 1 \\ 0.5x_1 + 0.3333x_2 + 0.25x_3 + 0.2x_4 = 2 \\ 0.3333x_1 + 0.25x_2 + 0.2x_3 + 0.1667x_4 = 2 \\ 0.25x_1 + 0.2x_2 + 0.1667x_3 + 0.1429x_4 = 1 \end{cases}$$

```
%在 MATLAB 命令行窗口中输入如下命令
>> clc
>> clear all
%在 MATLAB 命令行窗口中输入求解程序：
>> A=[   1.0000    0.5000    0.3333    0.2500;
         0.5000    0.3333    0.2500    0.2000;
         0.3333    0.2500    0.2000    0.1667;
         0.2500    0.2000    0.1667    0.1429];
>> b=[1 2 2 1]';
>> [Q,R]=qr(A)
>> x=R\(Q\b)
Q =
    0.8381   -0.5226    0.1539   -0.0273
    0.4191    0.4415   -0.7261    0.3198
    0.2793    0.5290    0.1350   -0.7899
    0.2095    0.5021    0.6564    0.5226
R =
    1.1931    0.6705    0.4749    0.3699
         0    0.1185    0.1257    0.1176
         0         0    0.0062    0.0096
         0         0         0    0.0001
x =
  1.0e+003 *

    0.1546
   -1.8578
    4.5882
   -3.0156
```

由计算结果可知，方程组的解为 $\begin{bmatrix} x_1 \\ x_2 \\ x_3 \\ x_4 \end{bmatrix} = \begin{bmatrix} 154.6 \\ -1857.8 \\ 4588.2 \\ -3.0156 \end{bmatrix}$。

8.5 迭代法

在实际应用中（例如在运筹学、图论等领域中），往往会出现这样一种情况：系数矩阵阶数很高（例如 105），但系数矩阵含零元素相对较多，如果用前面的几种分解法去求解的话，非零元素反而增多了，这就有点得不偿失了。

本节介绍另一类常用的求解方法——迭代法。迭代法是将求一组解转换为求一个近似解序列的过程，并用最终的近似解来逼近真实解。迭代法需要考虑以下 3 个重要的问题。

❑ 迭代的初始值：考虑初始值的选取是否有范围限制，不同的初始值对最终的迭代结果是否有影响。

- 迭代算法：考虑怎样由当前的迭代结果得出下次迭代的初始值；由于不同的算法会带来不同的误差，所以应考虑算法使误差放大还是减少。
- 迭代的收敛性：考虑迭代是否收敛，收敛的过程是快还是慢。

以上问题的具体分析请参考数值分析的教材，下面讲述运用 MATLAB 编程实现的几种常见迭代法。

8.5.1 Gauss-Seidel 迭代法

1. Gauss-Seidel 迭代的概念

已知方程组 $Ax=b$，且 A 为非奇异，则 A 可以写成 $A=(D-L)-U$。

其中，$D=diag[a_{11},a_{22},\cdots,a_{nn}]$，$-L$ 为 A 的严格下三角部分（不包括对角线元素），$-U$ 为 A 的严格上三角部分（不包括对角线元素），则 $x=(D-L)^{-1}Ux+(D-L)^{-1}b$，由此构造迭代公式为：

$$x_{k+1}=Gx_x+w，$$

其中，$G=(D-L)^{-1}U$，$w=(D-L)^{-1}b$，这种迭代方法称为 Gauss-Seidel 迭代法。

2. Gauss-Seidel 的程序实现

在 MATLAB 中编程实现 Gauss-Seidel 迭代法的函数为 gauseidel，如表 8-1 所示。

表 8-1　　　　　　　　　　　　迭代法函数 gauseidel

函数	gauseidel
功能	用 Gauss-Seidel 迭代法求线性方程组 Ax=b 的解
格式	[x,n]= gauseidel (A, b, x0, eps, M)

其中，A 为线性方程组的系数矩阵；b 为线性方程组中的常数向量；$x0$ 为迭代初始向量；eps 为解的精度控制（此参数可选）；M 为迭代步数控制（此参数可选）；x 为线性方程组的解；n 为求出所需精度的解实际的迭代步数

Gauss-Seidel 的 MATLAB 程序代码如下：

```
function [x,n]=gauseidel(A,b,x0,eps,M)
%采用 Gauss-Seidel 迭代法求线性方程组 Ax=b 的解
%线性方程组的系数矩阵：A
%线性方程组中的常数向量：b
%迭代初始向量：x0
%解的精度控制：eps
%迭代步数控制：M
%线性方程组的解：x
%求出所需精度的解实际的迭代步数：n

if nargin==3
    eps= 1.0e-6;
    M = 200;
elseif nargin == 4
    M = 200;
elseif nargin<3
    error
    return;
end
D=diag(diag(A));        %求 A 的对角矩阵
L=-tril(A,-1);          %求 A 的下三角矩阵
U=-triu(A,1);           %求 A 的上三角矩阵
G=(D-L)\U;
f=(D-L)\b;
x=G*x0+f;
n=1;                    %迭代次数
```

```
%迭代过程
while norm(x-x0)>=eps
    x0=x;
    x=G*x0+f;
    n=n+1;
    if(n>=M)
        disp('Warning: 迭代次数太多,可能不收敛!');
        return;
    end
end
```

3. Gauss-Seidel 的程序实例

【实例 8.25】用 Gauss-Seidel 迭代法求解以下线性方程组,其中取初始值为[0,0,0]。

$$\begin{cases} 10x_1 - x_2 = 9 \\ -x_1 + 10x_2 - 2x_3 = 7 \\ -2x_2 + 10x_3 = 6 \end{cases}$$

```
%用 Gauss-Seidel 迭代法求解,在MATLAB命令行窗口中输入求解程序:
>> clc
>> clear all
>> A=[10 -1 0;-1 10 -2;0 -2 10];
>> B=[9;7;6];
>> x0 = [0;0;0];
>> [x,n]=gauseidel(A,B,x0)

x =

    0.9958
    0.9579
    0.7916
n =

    7
```

【实例 8.26】 Gauss-Seidel 迭代法求解线性方程组实例。用 Gauss-Seidel 迭代法求解以下线性方程组,其中取初始值为[1,1,1]。

$$\begin{cases} 1.4449x_1 + 0.7948x_2 + 0.8801x_3 = 1 \\ 0.6946x_1 + 1.9568x_2 + 0.1730x_3 = 0 \\ 0.6213x_1 + 0.5226x_2 + 1.9797x_3 = 1 \end{cases}$$

```
%在MATLAB命令行窗口中输入如下命令
>> clc
>> clear all
>> A = [1.4449    0.7948    0.8801;
        0.6946    1.9568    0.1730;
        0.6213    0.5226    1.9797];
>> b=[1 0 1]';
>> x0=zeros(3,1);
>> [x,n]=gauseidel(A,b,x0)
%输出的计算结果为:
x =

    0.5929
   -0.2443
    0.3835
%输出的迭代次数为:
n =11
```

可见,经过 11 步迭代,Gauss-Seidel 迭代法求出方程组的解为:$[x_1, x_2, x_3] = [0.5929, -0.2443, 0.3835]$。

【实例 8.27】用 Gauss-Seidel 迭代法求解以下线性方程组，其中取初始值为[0,0,0]。

$$\begin{bmatrix} 10 & -1 & 2 & 0 \\ -1 & 11 & -1 & 3 \\ 2 & -1 & 10 & -1 \\ 0 & 3 & -1 & 8 \end{bmatrix} \begin{bmatrix} x_1 \\ x_2 \\ x_3 \\ x_4 \end{bmatrix} = \begin{bmatrix} 6 \\ 25 \\ -11 \\ 15 \end{bmatrix}$$

```
%在MATLAB命令行窗口中输入如下命令
>> clc
>> clear all
>> A=[10 -1 2 0;-1 11 -1 3;2 -1 10 -1;0 3 -1 8];
>> B=[6 25 -11 15]';
>> x0 = [0;0;0;0];
>> [x,n]=gauseidel(A,B,x0)
%输出的计算结果为:
x =

    1.0000
    2.0000
   -1.0000
    1.0000
%输出的迭代次数为:
n =

     8
```

经过 8 步迭代，Gauss-Seidel 求出了方程组的解为 $[x_1, x_2, x_3, x_4]^T = [1.0000, 2.0000, -1.0000, 1.0000]^T$。

8.5.2 SOR 超松弛迭代法

1. SOR 超松弛迭代的概念

已知方程组 $Ax = b$，且 A 为非奇异，则 A 可以写成 $A = (D - \omega L) - ((1-\omega)D + \omega U)$。

其中，$D = diag[a_{11}, a_{22}, \cdots, a_{nn}]$，$-L$ 为 A 的严格下三角部分（不包括对角线元素），$-U$ 为 A 的严格上三角部分（不包括对角线元素），ω 是一个事先选好的常数，称为松弛因子。当 $\omega > 1$ 时称为松弛法，也称为 SOR 法；当 $\omega < 1$ 时称低松弛法；其迭代公式为：

$$x_{k+1} = Bx_k + f，$$

其中，$B = (D - \omega L)^{-1} [(1-\omega)D + \omega U]$，$f = \omega(D - \omega L)^{-1}$。

$x_{k+1} = (D - \omega L)^{-1} [(1-\omega)D + \omega U] x_k + \omega(D - \omega L)^{-1} b$。

关于超松弛迭代法的收敛性有如下结论：

若系数矩阵 A 对称正定，当 $0 < \omega < 2$，SOR 迭代法收敛。

2. SOR 超松弛迭代的程序实现

在 MATLAB 中编程实现超松弛迭代法的函数为 SOR，如表 8-2 所示。

表 8-2　　　　　　　　　　　松弛迭代法函数 SOR

函数	SOR
功能	用超松弛迭代法求线性方程组 $Ax=b$ 的解
格式	$[x, n]$=SOR ($A, b, x0, w, eps, M$)

其中，A 为线性方程组的系数矩阵；b 为线性方程组中的常数向量；$x0$ 为迭代初始向量；w 为松弛因子；eps 为解的精度控制（此参数可选）；M 为迭代步数控制（此参数可选）；x 为线性方程组的解；n 为求出所需精度的解实际的迭代步数

超松弛迭代法的 MATLAB 程序代码如下：

```
function [x,n]=SOR(A,b,x0,w,eps,M)
%采用超松弛迭代法求线性方程组 Ax=b 的解
%线性方程组的系数矩阵：A
%线性方程组中的常数向量：b
%迭代初始向量：x0
%松弛因子：w
%解的精度控制：eps
%迭代步数控制：M
%线性方程组的解：x
%求出所需精度的解实际的迭代步数：n

if nargin==4
    eps= 1.0e-6;
    M = 200;
elseif nargin<4
    error
    return
elseif nargin ==5
    M = 200;
end
if(w<=0 || w>=2)         %收敛条件要求
    error;
    return;
end
D=diag(diag(A));         %求A的对角矩阵
L=-tril(A,-1);           %求A的下三角矩阵
U=-triu(A,1);            %求A的上三角矩阵
B=inv(D-L*w)*((1-w)*D+w*U);
f=w*inv((D-L*w))*b;
x=B*x0+f;
n=1;                     %迭代次数
    %迭代过程
while norm(x-x0)>=eps
    x0=x;
    x =B*x0+f;
    n=n+1;
    if(n>=M)
        disp('Warning：迭代次数太多，可能不收敛！');
        return;
    end
end
```

3. SOR 超松弛迭代的程序实例

【实例 8.28】当 $\omega = 1.103$ 时，用超松弛迭代法求解以下线性方程组，其中取初始值为[0,0,0]。

$$\begin{cases} 10x_1 - x_2 = 9 \\ -x_1 + 10x_2 - 2x_3 = 7 \\ -2x_2 + 10x_3 = 6 \end{cases}$$

```
%在MATLAB命令行窗口中输入如下命令
>> clc
>> clear all
>> A=[10 -1 0;-1 10 -2;0 -2 10];
>> B=[9;7;6];
>> x0 = [0;0;0];
>> [x,n]=SOR(A,B,x0,1.103)
%输出的计算结果为：
x =
    0.9958
```

```
    0.9579
    0.7916
%输出的迭代次数为:
n =

    8
```

可见,经过 8 步迭代,SOR 迭代法求出了方程组的解为 $[x_1, x_2, x_3]^T = [0.9958, 0.9579, 0.7916]^T$。

【实例 8.29】超松弛迭代法求解线性方程组实例。用超松弛迭代法求解以下线性方程组,其中取初始值为[0,0,0]。

$$\begin{cases} 4x_1 + 3x_2 = 24 \\ 3x_1 + 4x_2 - x_3 = 30 \\ -x_2 + 4x_3 = -24 \end{cases}$$

```
%在MATLAB命令行窗口中输入如下命令
>> clc
>> clear all
>>A=[ 4 3 0; 3 4 -1; 0 -1 4];
>>b=[ 24 30 -24]';
>> x0=[0 0 0]';
>> [x,n]=SOR(A,b,x0,1.25)
输出的计算结果为:
x =
    3.0000
    4.0000
   -5.0000
输出的迭代次数为:
n =14
```

可见,经过 14 步迭代,SOR 迭代法求出了方程组的解为 $[x_1, x_2, x_3]^T = [3, 4, -5]^T$。

【实例 8.30】当 $\omega = 1.103$ 时,用超松弛迭代法求解以下线性方程组,其中取初始值为[0,0,0]。

$$\begin{bmatrix} 10 & -1 & 2 & 0 \\ -1 & 11 & -1 & 3 \\ 2 & -1 & 10 & -1 \\ 0 & 3 & -1 & 8 \end{bmatrix} \begin{bmatrix} x_1 \\ x_2 \\ x_3 \\ x_4 \end{bmatrix} = \begin{bmatrix} 6 \\ 25 \\ -11 \\ 15 \end{bmatrix}$$

```
%在MATLAB命令行窗口中输入如下命令
>> clc
>> clear all
>> A=[10 -1 2 0;-1 11 -1 3;2 -1 10 -1;0 3 -1 8];
>> B=[6 25 -11 15]';
>> x0 = [0;0;0;0];
>> [x,n]=SOR(A,B,x0,1.103)
%输出的计算结果为:
x =

    1.0000
    2.0000
   -1.0000
    1.0000
%输出的迭代次数为:
n =

    9
```

经过 9 步迭代，SOR 迭代法求出了方程组的解为 $[x_1, x_2, x_3, x_4]^T = [1.0000, 2.0000, -1.0000, 1.0000]^T$。

8.5.3 Jacobi 迭代法

1. Jacobi 迭代的概念

已知方程组 $Ax = b$，且 A 为非奇异，则 A 可以写成 $A = D - L - U$。

其中，$D = diag[a_{11}, a_{22}, \cdots, a_{nn}]$，$-L$ 为 A 的严格下三角部分（不包括对角线元素），$-U$ 为 A 的严格上三角部分（不包括对角线元素），则 $x = D^{-1}(L+U)x + D^{-1}b$，由此构造迭代公式为：

$$x_{k+1} = Bx_k + f$$

其中，$f = D^{-1}b$，$B = D^{-1}(L+U) = I - D^{-1}A$，这种迭代方法称为 Jacobi 迭代法。

2. Jacobi 迭代举例说明

下面将举例说明 Jacobi 迭代：

已知线性方程组为 $\begin{cases} 10x_1 - x_2 = 9 \\ -x_1 + 10x_2 - 2x_3 = 7 \\ -2x_2 + 10x_3 = 6 \end{cases}$。

由 $A = \begin{bmatrix} 10 & -1 & 0 \\ -1 & 10 & -2 \\ 0 & -2 & 10 \end{bmatrix}$，可以将矩阵 A 写成 $A = D - L - U$。

求得 $D = \begin{bmatrix} 10 & 0 & 0 \\ 0 & 10 & 0 \\ 0 & 0 & 10 \end{bmatrix}$、$L = \begin{bmatrix} 0 & 0 & 0 \\ 1 & 0 & 0 \\ 0 & 2 & 0 \end{bmatrix}$、$U = \begin{bmatrix} 0 & 1 & 0 \\ 0 & 0 & 2 \\ 0 & 0 & 0 \end{bmatrix}$。

3. Jacobi 迭代的程序实现

在 MATLAB 中编程实现 Jacobi 迭代法的函数为 jacobi，如表 8-3 所示。

表 8-3　　　　　　　　　　　Jacobi 迭代法函数 jacobi

函数	jacobi
功能	用 Jacobi 迭代法求线性方程组 $Ax=b$ 的解
格式	[x,n]= jacobi (A, b, x0, eps, varargin)

其中，A 为线性方程组的系数矩阵；b 为线性方程组中的常数向量；$x0$ 为迭代初始向量；eps 为解的精度控制（此参数可选）；$varargin$ 为迭代步数控制（此参数可选）；x 为线性方程组的解；n 为求出所需精度的解实际的迭代步数

Jacobi 迭代法的 MATLAB 程序代码如下：

```
function [x,n]=jacobi(A,b,x0,eps,varargin)
%采用 Jacobi 迭代法求线性方程组 Ax=b 的解
%线性方程组的系数矩阵：A
%线性方程组中的常数向量：b
%迭代初始向量：x0
%解的精度控制：eps
%迭代步数控制：varargin
%线性方程组的解：x
%求出所需精度的解实际的迭代步数：n

if nargin==3
    eps= 1.0e-6;
    M = 200;
elseif nargin<3
    error
    return
elseif nargin ==5
```

```
        M = varargin{1};
end

D=diag(diag(A));        %求 A 的对角矩阵
L=-tril(A,-1);          %求 A 的下三角矩阵
U=-triu(A,1);           %求 A 的上三角矩阵
B=D\(L+U);
f=D\b;
x=B*x0+f;
n=1;                    %迭代次数
%迭代过程
while norm(x-x0)>=eps
    x0=x;
    x =B*x0+f;
    n=n+1;
    if(n>=M)
        disp('Warning:迭代次数太多,可能不收敛! ');
        return;
    end
end
```

4. Jacobi 迭代的程序实例

【实例 8.31】 用 Jacobi 迭代法求解以下线性方程组，其中取初始值为[0,0,0]。

$$\begin{cases} 10x_1 - x_2 = 9 \\ -x_1 + 10x_2 - 2x_3 = 7 \\ -2x_2 + 10x_3 = 6 \end{cases}$$

```
%在 MATLAB 命令行窗口中输入如下命令
>> clc
>> clear all
>> A=[10 -1 0;-1 10 -2;0 -2 10];
>> B=[9;7;6];
>> x0 = [0;0;0];
>> [x,n]=jacobi(A,B,x0)

x =

    0.9958
    0.9579
    0.7916

n =

    11
```

【实例 8.32】 用 Jacobi 迭代法求解以下线性方程组，其中取初始值为[0,0,0]。

$$\begin{bmatrix} 10 & -1 & 2 & 0 \\ -1 & 11 & -1 & 3 \\ 2 & -1 & 10 & -1 \\ 0 & 3 & -1 & 8 \end{bmatrix} \begin{bmatrix} x_1 \\ x_2 \\ x_3 \\ x_4 \end{bmatrix} = \begin{bmatrix} 6 \\ 25 \\ -11 \\ 15 \end{bmatrix}$$

```
%在 MATLAB 命令行窗口中输入如下命令
>> clc
>> clear all
>> A=[10 -1 2 0;-1 11 -1 3;2 -1 10 -1;0 3 -1 8];
>> B=[6 25 -11 15]';
>> x0 = [0;0;0;0];
>> [x,n]=jacobi(A,B,x0)
```

```
%输出的计算结果为:
x =

    1.0000
    2.0000
   -1.0000
    1.0000
%输出的迭代次数为:
n =

    19
```

经过 19 步迭代，Jacobi 迭代法求出了方程组的解为 $[x_1, x_2, x_3, x_4]^T = [1.0000, 2.0000, -1.0000, 1.0000]^T$。

【**实例 8.33**】用 Jacobi 迭代法求解以下线性方程组，其中取初始值为[1,1,1]。

$$\begin{cases} 0.9889x_1 - 0.0005x_2 - 0.0002x_3 = 1 \\ -0.0046x_1 + 0.9946x_2 + 0.0077x_3 = 0 \\ -0.0002x_1 + 0.0092x_2 + 0.9941x_3 = 1 \end{cases}$$

```
%在 MATLAB 命令行窗口中输入如下命令
>> clc
>> clear all
>> A = [ 0.9889   -0.0005   -0.0002;...
 -0.0046    0.9946    0.0077;...
 -0.0002    0.0092    0.9941];
>> b=[1 0 1]';
>> x0 = ones(3,1);
>> [x,n]=jacobi(A,b,x0)
输出的计算结果为:
x =
1.0114
-0.0031
1.0062
输出的迭代次数为:
n =4
```

可见，经过 4 步迭代，Jacobi 法求出了方程组的解为：$[x_1, x_2, x_3] = [1.0114, -0.0031, 1.0062]$。

8.5.4 Bicg 迭代法

1. Bicg 迭代概念

Bicg 迭代法是用双共轭梯度法求解线性方程组的方法，它对求解的线性方程组的矩阵没有正定性的要求。Bicg 迭代法的迭代格式如下：

（1）任意 $x_0 \in R$，计算 $r_0 = b - Ax_0$，选取 r_0^* 使得 $r_0^T r_0^* \ne 0$，并取 $p_0 = r_0$，$p_0^* = r_0^*$，同时指定算法终止的常数 $\varepsilon > 0$，$k = 0$；

（2）如果 $\|r_k\| < \varepsilon$，则算法终止，输出 $x_k \approx x^*$，否则进入第三步；

（3）计算 $\alpha_k = \dfrac{r_k^T r_k^*}{p_k^T A^T p_k^*}$，$x_{k+1} = x_k + \alpha_k p_k$；

（4）计算：$r_{k+1} = r_k - \alpha_k A p_k$，$r_{k+1}^* = r_k^* - \alpha_k A^T p_k^*$，$\beta_k = \dfrac{r_{k+1}^T r_{k+1}^*}{r_k^T r_k^*}$，$p_{k+1} = r_{k+1} + \beta_k p_k$，$p_{k+1}^* = r_{k+1}^* + \beta_k p_k^*$；

（5）置 $k = k+1$，转入第二步。

2. Bicg 调用格式

在 MATLAB 中有现成的函数可实现 Bicg 迭代法，其调用格式如下：

```
x = bicg(A,b)
bicg(A,b,tol)
bicg(A,b,tol,maxit)
bicg(A,b,tol,maxit,M)
bicg(A,b,tol,maxit,M1,M2)
bicg(A,b,tol,maxit,M1,M2,x0)
```

3. Bicg 迭代法的程序实例

【实例 8.34】用 Bicg 迭代法求解对称正定方程组 $Ax = B$，其中，B 随机选取，系数矩阵 A 为 100 阶矩阵：

$$A = \begin{bmatrix} 10 & 1 & & & & & \\ 1 & 10 & 1 & & & & \\ & 1 & 10 & \ddots & & & \\ & & \ddots & \ddots & 10 & 1 & \\ & & & & 1 & 10 & 1 \\ & & & & & 1 & 10 \end{bmatrix}$$

建立 ex8_34.m 文件，输入：

```
clc
clear all
n = 100;
A = 10 * eye(n) + diag(ones(n-1,1),-1) + diag(ones(n-1,1),1);
b = rand(n,1);
tol = 1.0e-6;
x = bicg(A,b,tol,1000);
```

单击"运行"按钮，结果输出如下：

```
% bicg converged at iteration 6 to a solution with relative residual 8e-007.
x =

    0.0731
    0.0837
   -0.0043
    0.0863
    0.0544
    0.0020
    0.0232
    0.0441
     ......
   -0.0065
    0.0344
```

【实例 8.35】用 Bicg 迭代法求解以下线性方程组，其中取初始值为[0,0,0]。

$$\begin{bmatrix} 10 & -1 & 2 & 0 \\ -1 & 11 & -1 & 3 \\ 2 & -1 & 10 & -1 \\ 0 & 3 & -1 & 8 \end{bmatrix} \begin{bmatrix} x_1 \\ x_2 \\ x_3 \\ x_4 \end{bmatrix} = \begin{bmatrix} 6 \\ 25 \\ -11 \\ 15 \end{bmatrix}$$

```
%在 MATLAB 命令行窗口中输入如下命令
>> clc
>> clear all
>> A=[10 -1 2 0;-1 11 -1 3;2 -1 10 -1;0 3 -1 8];
>> B=[6 25 -11 15]';
>> x0 = [0;0;0;0];
```

```
>> tol = 1.0e-6;
>> x = bicg(A,B,tol,4)
bicg converged at iteration 4 to a solution with relative residual 7.9e-017
%输出的计算结果为：
>> x =

    1.0000
    2.0000
   -1.0000
    1.0000
```

Bicg 迭代法求出了方程组的解为 $[x_1, x_2, x_3, x_4]^T = [1.0000, 2.0000, -1.0000, 1.0000]^T$。

8.6 综合实例

【实例 8.36】 一般情况下，Gauss-Seidel 迭代法比 Jacobi 迭代法要收敛得快一些。但是这也不是绝对的，在某些情况下，Jacobi 迭代收敛，而 Gauss-Seide 迭代却不能收敛。对下列方程组，分别用 Jacobi 和 Gauss-Seidel 法求解，看是否收敛，其中取初始值为[0,0,0]。

$$\begin{bmatrix} 1 & 2 & -2 \\ 1 & 1 & 1 \\ 2 & 2 & 1 \end{bmatrix} \begin{bmatrix} x_1 \\ x_2 \\ x_3 \end{bmatrix} = \begin{bmatrix} 9 \\ 7 \\ 6 \end{bmatrix}$$

```
%在MATLAB命令行窗口中输入如下命令
>> clc
>> clear all
>> A=[1 2 -2;1 1 1;2 2 1];
>> B=[9;7;6];
>> x0 = [0;0;0];
>> [x,n]=jacobi(A,B,x0)

x =

   -27
    26
     8

n =

     4

%用Gauss-Seidel迭代法求解，在MATLAB命令行窗口中输入求解程序：
>> [x,n]=gauseidel(A,B,x0)
Warning: 迭代次数太多，可能不收敛！

x =

  1.0e+063 *

   -3.8084
    3.8149
   -0.0129


n =

   200
```

【实例 8.37】 两点边值问题差分法线性方程组求解问题。考虑两点边值问题：

$$\begin{cases} \varepsilon \dfrac{\partial^2 y}{\partial x^2} + \dfrac{dy}{dx} = a, \ 0 < a < 1 \\ y(0) = 0, \ y(1) = 1 \end{cases}$$

已知它的精确解为：$y = \dfrac{1-a}{1-e^{-\frac{1}{\varepsilon}}}(1 - e^{-\frac{x}{\varepsilon}}) + ax$。

用差分法离散得到线性方程组，用不同的迭代法求解，并比较所得结果，分别考虑 $\varepsilon = 1$，$a = \dfrac{1}{2}$，$n = 100$ 和 $\varepsilon = 0.1$，$\varepsilon = 0.01$ 时解的情况。

（1）思路分析：

首先将区间 $[0,1]$ n 等分，令 $h = \dfrac{1}{n}$，$x_i = ih$，$i = 1, 2, \cdots, n-1$，并用差分法离散上述问题，得到差分方程为：

$$\varepsilon \dfrac{y_{i-1} - 2y_i + y_{i+1}}{h^2} + \dfrac{y_{i+1} - y_i}{h} = a \ 。$$

简化一下得到：$(\varepsilon + h)y_{i+1} - (2\varepsilon + h)y_i + 2\varepsilon y_{i-1} = ah^2$。

从而离散后得到的线性方程组的系数矩阵为：

$$A = \begin{bmatrix} -(2\varepsilon + h) & \varepsilon + h & & & \\ \varepsilon & -(2\varepsilon + h) & \varepsilon + h & & \\ & \varepsilon & -(2\varepsilon + h) & \ddots & \\ & & \ddots & \ddots & \varepsilon + h \\ & & & \varepsilon & -(2\varepsilon + h) \end{bmatrix} \ 。$$

右端项 $b = (ah^2, ah^2, \cdots, ah^2 - h - \varepsilon)$。

（2）在程序文件中输入下面程序，并保存为 ex8_37.m。

```
n = 100;
h = 1 / n;
epsilon = 1;
a = 0.5;
tol = 1.0e-5;
A = -(2 * epsilon + h) * eye(n-1) + diag(epsilon*ones(n-2,1),-1) +...
    diag((epsilon+h)*ones(n-2,1),1);
b = a * h * h * ones(n-1,1);
b(n-1) = b(n-1) - h -epsilon;
x = zeros(n-1,1);
x = jacobi(A,b,x,tol);
%x = seidel(A,b,x,tol);
%w=1.9;
%x = sor(A,b,x,w,tol);
```

（3）在 jacobi 程序文件中输入下面程序，并保存为 jacobi.m。

```
function x = jacobi(A,b,x0,tol)
D = diag(diag(A));
L = -tril(A,-1);
U = -triu(A,1);
B = D \ (L + U);
g = D \ b;
x = B * x0 + g;
n = 1;
while norm(x - x0) > tol
    x0 = x;
    x= B * x0 + g;
    n = n + 1;
end
x,n
```

（4）在 seidel 程序文件中输入下面程序，并保存为 seidel.m。

```
function x = seidel(A,b,x0,tol)
D=diag(diag(A));
L = -tril(A,-1);
U = -triu(A,1);
B = (D - L) \ U;
g = (D - L) \ b;
x = B * x0 +g;
n=1;
while norm(x - x0) > tol
    x0 = x;
    x= B * x0 + g;
    n = n + 1;
end
x,n
```

（5）在 sor 程序文件中输入下面程序，并保存为 sor.m。

```
function x = sor(A,b,x0,w,tol)
D=diag(diag(A));
L = -tril(A,-1);
U = -triu(A,1);
B = (D - w * L) \ ((1 - w) * D + w * U);
g = (D - w * L) \ b * w;
x = B * x0 +g;
n=1;
while norm(x - x0) >= tol
    x0 = x;
    x= B * x0 + g;
    n = n + 1;
end
x,n
```

（6）5 单击"运行"按钮，Jacobi 迭代法的结果输出如下：

```
x =
    0.0129
    0.0256
    0.0383
    0.0509
    0.0635
    0.0760
    0.0883
    0.1007
    0.1129
    ......
n =
    11796
```

可以看出 Jacobi 迭代法在求解线性方程组时要迭代 11796 步才收敛。

（7）单击"运行"按钮，Seidel 迭代法的结果输出如下：

```
x =
    0.0128
    0.0255
    0.0382
    0.0507
    0.0632
    0.0756
    ......
n =
    6227
```

可以看出 Seidel 迭代法在求解线性方程组时要迭代 6227 步才收敛。

(8) 单击"运行"按钮，sor 迭代法的结果输出如下：

```
x =
    0.0129
    0.0256
    0.0383
    0.0509
    0.0635
    0.0760
    ......
n =
    472
```

可以看出，sor 迭代法在求解线性方程组时要迭代 472 步才收敛。

第9章 MATLAB 求解非线性方程组

对线性方程，通常可以用特征值法或直接调用 root 函数求解。而面对非线性方程，一般可采用遍历法、二分法和迭代法求解。遍历法由于计算量大，精度差，一般只有搜索到根区时才能使用。非线性方程是常见的一类方程，但是非线性方程（组）的理论远不如线性方程（组）成熟和有效，特别是非线性方程组解的存在唯一性还没有完全解决，判断其解的存在性和解的个数几乎没有可行的方法。本章利用 MATLAB 提供的函数，可以求解一些简单的非线性方程，通过编程，可以解决一些较为复杂的非线性方程。

本章的知识结构

非线性方程的解法大体上有搜索法、二分法、简单迭代法、牛顿迭代法、弦截法和多项式方程求根。通过本章的学习，读者能够熟练掌握 MATLAB 中的非线性方程求解相关的函数，而且能通过编程实现多种求解非线性方程的数值算法。

9.1 二分法

1. 二分法的原理

若函数 $f(x)$ 在区间 $[a,b]$ 内单调连续，且 $f(a)f(b)<0$，则在闭区间 $[a,b]$ 内必然存在方程 $f(x)=0$ 的根 x^*，如图 9-1 所示。

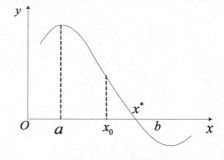

图 9-1 二分法的图形解释

2. 二分法步骤

二分法的具体求解步骤如下。

（1）计算函数 $f(x)$ 在区间 $[a,b]$ 中点的函数值 $f(\frac{a+b}{2})$，并进行下面的判断：

如果 $f(a)f(\frac{a+b}{2})<0$，转到步骤（2）；

如果 $f(a)f(\frac{a+b}{2})>0$，令 $a=\frac{a+b}{2}$，转到步骤（1）；

如果 $f(a)f(\frac{a+b}{2})=0$，则 $x=\frac{a+b}{2}$ 为一个根。

（2）如果 $\left|a-\frac{a+b}{2}\right|<\varepsilon$（$\varepsilon$ 为预先给定的精度），则 $x=\frac{b+3a}{4}$ 为一个根，否则令 $b=\frac{a+b}{2}$，转到步骤（1）。

3. 二分法步骤示范

求方程 $x^2 - 2 = 0$ 的正数解的步骤如表 9-1 所示。

表 9-1　　　　　　　　　　　　　　　二分法的步骤

	a	b	c	$f(a) \times f(b)$	解的范围	Δ
1	1	2	1.5	—	1~1.5	0.5
2	1	1.5	1.25	+	1.25~1.5	0.25
3	1.25	1.5	1.375	+	1.375~1.5	0.125
4	1.375	1.5	1.475	—	1.375~1.475	0.1
5	1.375	1.475	1.425	—	1.425~1.475	0.05
6	1.375	1.425	1.400	+	1.400~1.425	0.025
7	1.400	1.425	1.4125	+	1.4125~1.425	0.0125
8	1.4125	1.425	1.41825	—	1.4125~1.41825	0.00675
9	1.4125	1.41825	1.415375	—	1.4125~1.415375	0.002875
10	1.4125	1.415375	1.413938	+	1.413938~1.415375	0.001437
11	1.413938	1.415375	1.414656	—	1.413938~1.414656	0.000718

4. 二分法的编程实现

在 MATLAB 中编程实现二分法的函数为：**HalfInterval**。

功能：用二分法求函数在某个区间上的一个零点。

调用格式：

```
root=HalfInterval (f,a,b,eps)
```

其中，f 为函数名；a 为区间左端点；b 为区间右端点；eps 为根的精度；$root$ 为求出的函数零点。

二分法的 MATLAB 程序代码如下：

```
function root=HalfInterval(f,a,b,eps)
%用二分法求函数 f 在区间[a,b]上的一个零点
%函数名：f
%区间左端点：a
%区间右端点：b
%根的精度：eps
%求出的函数零点：root

if(nargin==3)
    eps=1.0e-4;
end

f1=subs(sym(f),findsym(sym(f)),a);              %两个端点的函数值
f2=subs(sym(f),findsym(sym(f)),b);
if(f1==0)
    root=a;
end
if(f2==0)
    root=b;
end
if(f1*f2>0)
    disp('两端点函数值乘积大于 0!');
    return;
else
    root=FindRoots(f,a,b,eps);                  %调用求解子程序
```

```
end
function r=FindRoots(f,a,b,eps)
f_1=subs(sym(f),findsym(sym(f)),a);
f_2=subs(sym(f),findsym(sym(f)),b);
mf=subs(sym(f),findsym(sym(f)),(a+b)/2);       %中点函数值
if(f_1*mf>0)
    t=(a+b)/2;
    r=FindRoots(f,t,b,eps);                    %右递归
else
    if(f_1*mf==0)
        r=(a+b)/2;
    else
        if(abs(b-a)<=eps)
            r=(b+3*a)/4;                       %输出根
        else
            s=(a+b)/2;
            r=FindRoots(f,a,s,eps);            %左递归
        end
    end
end
end
```

5. 二分法实例

【实例 9.1】采用二分法求方程 $x^3-3x+1=0$ 在区间 $[0,1]$ 上的一个根。

```
%用二分法求解,在 MATLAB 命令行窗口中输入求解程序:
>> clc
>> clear all
>> r=HalfInterval('x^3-3*x+1',0,1)
r =

    0.3473
```

可见，方程 $x^3-3x+1=0$ 在区间 $[0,1]$ 上的一个根为 $x=0.3473$。

【实例 9.2】用二分法求解 $x^2-x-1=0$ 的正根，要求误差小于 0.05。

```
%用二分法求解,在 MATLAB 命令行窗口中输入求解程序:
>> clc
>> clear all
>> r=HalfInterval('x^2-x-1',0,10,0.05)

r =

    1.6113
```

可见，方程 $x^2-x-1=0$ 在区间 $[0,10]$ 上的一个根为 $x=1.6113$。

> **注意** 在区间很大时，二分法收敛接近根的速度很快，而当区间较小时，二分法靠近根的速度变得相当缓慢，且计算量较大。难以满足高精度的要求，因此可以为其他各种迭代法提供迭代初值。

9.2 迭代法

非线性方程（组）的求解一般采用迭代法进行。迭代法是一种重要的逐次逼近方法。这种方法用某个固定公式反复校正根的近似值，使之逐步精确化，最后得到满足精度要求的结果。

常见的迭代算法有：
- 不动点迭代；
- 牛顿法；

- 弦截法；
- 抛物线法；
- 威格斯坦法（Wegstein）。

1. 不动点迭代法

- 从给定的初值 x_0，按某个固定公式可以得到一个数列：$\{x_0, x_1, x_2, \cdots, x_k, \cdots\}$；
- 如果这个数列有极限，则迭代格式是收敛的。这时数列 $\{x_k\}$ 的极限 $x^* = \lim\limits_{k \to \infty} x_k$ 就是方程的根；
- 上述求非线性代数方程式数值解的方法称为直接迭代法（或称为不动点迭代法）。这个方法虽然简单，但根本问题在于要判断当 $k \to \infty$ 时，x_k 是否收敛于 x^*，也就是必须找出收敛的充分条件。

2. 正确点迭代格式

【实例 9.3】$f(x) = x^2 - 2x - 3$，正确的收敛迭代格式如下。

构造迭代格式如下：
$x = \sqrt{2x+3}$，即 $\phi(x) = \sqrt{2x+3}$，取 $x_0 = 4$。

得到迭代格式如下：
$x_{k+1} = \sqrt{2x_k + 3}$，$k = 0, 1, 2, \cdots$。

求得 $x_1 = \sqrt{2x_0 + 3} = \sqrt{11} = 3.317$；
$x_2 = \sqrt{2x_1 + 3} = \sqrt{9.634} = 3.104$；
$x_3 = 3.034$，$x_4 = 3.011$，$x_5 = 3.004$。

当 k 越来越大时，x_k 的值越来越接近于精确根 $x^* = 3$。

【实例 9.4】$f(x) = x^2 - 2x - 3$，发散的迭代格式如下。

构造迭代格式如下：
$x = \frac{1}{2}(x^2 - 3)$，即 $\phi(x) = \frac{1}{2}(x^2 - 3)$，取 $x_0 = 4$。

得到迭代格式如下：
$x_{k+1} = \frac{1}{2}(x_k^2 - 3)$，$k = 0, 1, 2, \cdots$。

求得 $x_1 = \frac{1}{2}(x_0^2 - 3) = 6.5$；

$x_3 = 191.070$。

当 k 越来越大时，x_k 的值越来越远离精确根。

【实例 9.5】$f(x) = x^2 - 2x - 3$，错误的收敛迭代格式如下。

构造迭代格式如下：
$x = \frac{3}{x-2}$，即 $\phi(x) = \frac{3}{x-2}$，取 $x_0 = 4$。

得到迭代格式如下：
$x_{k+1} = \frac{3}{x_k - 2}$，$k = 0, 1, 2, \cdots$。

求得 $x_1 = \frac{3}{x_0 - 2} = \frac{3}{2} = 1.5$；

$x_2 = \frac{3}{x_1 - 2} = \frac{3}{-0.5} = -6$；

$x_3 = \frac{3}{x_2 - 2} = -0.375$，$x_4 = -1.263$，$x_5 = -0.919$，$x_6 = -1.028$，$x_7 = -0.99$。

当 k 越来越大时，x_k 的值越来越接近-1。

9.2.1 牛顿法

1. 牛顿法的原理

设方程式 $f(x)=0$ 的近似根为 x_0，则 $f(x)$ 对 x_0 的泰勒级数展开式为：

$$f(x) = f(x_0) + (x-x_0)f'(x_0) + \frac{(x-x_0)^2}{2!}f''(x_0) + \cdots ；$$

$$f(x) \approx f(x_0) + (x-x_0)f'(x_0) = 0 ；$$

$$x = x_0 - \frac{f(x_0)}{f'(x_0)} ； \quad x_{n+1} = x_n - \frac{f(x_n)}{f'(x_n)} 。$$

2. 牛顿法的几何原理

弦截法本质上是一种割线法，它从两端向中间逐渐逼近方程的根。牛顿法本质上是一种切线法，它从一端向一个方向逼近方程的根，其递推公式为：

$$x_{n+1} = x_n - \frac{f(x_n)}{f'(x_n)} 。$$

初始值可以取 $f'(a)$ 和 $f'(b)$ 的较大者，这样可以加快收敛速度。

和牛顿法有关的还有简化牛顿法和牛顿下山法。

3. 牛顿法的编程实现

在 MATLAB 中编程实现牛顿法的函数为：NewtonRoot。

功能：用牛顿法求函数在某个区间上的一个零点。

调用格式：$root$= NewtonRoot (f, a, b, eps)。

其中，f 为函数名；a 为区间左端点；b 为区间右端点；eps 为根的精度；$root$ 为求出的函数零点。

牛顿法的 MATLAB 程序代码如下：

```
function root=NewtonRoot(f,a,b,eps)
%用牛顿法求函数f在区间[a,b]上的一个零点
%函数名: f
%区间左端点: a
%区间右端点: b
%根的精度: eps
%求出的函数零点: root

if(nargin==3)
    eps=1.0e-4;
end

f1=subs(sym(f),findsym(sym(f)),a);
f2=subs(sym(f),findsym(sym(f)),b);
if(f1==0)
    root=a;
end
if(f2==0)
    root=b;
end

if(f1*f2>0)
    disp('两端点函数值乘积大于0!');
```

```
        return;
    else
        tol=1;
        fun=diff(sym(f));                                    %求导数
        fa=subs(sym(f),findsym(sym(f)),a);
        fb=subs(sym(f),findsym(sym(f)),b);
        dfa=subs(sym(fun),findsym(sym(fun)),a);
        dfb=subs(sym(fun),findsym(sym(fun)),b);
        if(dfa>dfb)                                          %初始值取两端点导数较大者
            root=a-fa/dfa;
        else
            root=b-fb/dfb;
        end
        while(tol>eps)
            r1=root;
            fx=subs(sym(f),findsym(sym(f)),r1);
            dfx=subs(sym(fun),findsym(sym(fun)),r1);         %求该点的导数值
            root=r1-fx/dfx;                                  %迭代的核心公式
            tol=abs(root-r1);
        end
end
```

4. 牛顿法的实例

【实例9.6】用牛顿法求解求方程 $\lg x + \sqrt{x} = 2$ 在区间[1,4]上的一个根，迭代初始值为2。

```
%用牛顿迭代法求解，在MATLAB命令行窗口中输入求解程序:
>> clc
>> clear all
>> r=NewtonRoot('sqrt(x)+log(x)-2',1,4,2)
%输出计算结果为:
r =
    1.6667
```

【实例9.7】分别从两个区间[0.5,1.5]和[0.1,1]上采用牛顿法求解方程 $\dfrac{1}{\sqrt{x}} + x - 2 = 0$ 的根。

```
%用牛顿迭代法求解，在MATLAB命令行窗口中输入求解程序:
>> clc
>> clear all
>> r=NewtonRoot('1/sqrt(x)+x-2',0.5,1.5,0.8)     %迭代区间为[0.5,1.5]，初始值为0.8
%输出计算结果为:

r =
    1.0026

>> r=NewtonRoot('1/sqrt(x)+x-2',0.1,1,0.5)       %迭代区间为[0.1,1]，初始值为0.5
%输出计算结果为:
r =
    1
```

【实例9.8】采用牛顿法求方程 $\sqrt{x} - x^3 + 2 = 0$ 在区间[0.5,2]上的一个根。

```
%用牛顿迭代法求解，在MATLAB命令行窗口中输入求解程序:
>> clc
>> clear all
>> r=NewtonRoot('sqrt(x)-x^3+2',0.5,2)
输出计算结果为:
r =1.4759
```

由计算结果可知，$\sqrt{x}-x^3+2=0$ 在区间 [0.5,2] 上的一个根为 $x=1.4759$。

需要注意的是，初始值的选择不要使得方程导数为 0。

9.2.2 简化牛顿法

1. 简化牛顿法的原理

将牛顿法下山法的递推公式改为：

$$x_{n+1}=x_n-\lambda f(x_n)。$$

为保证收敛，系数 λ 只须满足 $0<\lambda<\dfrac{2}{f'(x_n)}$。如果 λ 取常数 $\dfrac{1}{f'(x_0)}$，则称为简化牛顿法。

2. 简化牛顿法的编程实现

在 MATLAB 中编程实现简化牛顿法的函数为：SimpleNewton。

功能：用简化牛顿法求函数在某个区间上的一个零点。

调用格式：root= SimpleNewton (*f*, *a*, *b*, *eps*)。

其中，*f* 为函数名；*a* 为区间左端点；*b* 为区间右端点；*eps* 为根的精度；*root* 为求出的函数零点。

简化牛顿法的 MATLAB 代码如下：

```
function root=SimpleNewton(f,a,b,eps)
%用简化牛顿法求函数 f 在区间[a,b]上的一个零点
%函数名：f
%区间左端点：a
%区间右端点：b
%根的精度：eps
%求出的函数零点：root

if(nargin==3)
    eps=1.0e-4;
end

f1=subs(sym(f),findsym(sym(f)),a);
f2=subs(sym(f),findsym(sym(f)),b);
if(f1==0)
    root=a;
end
if(f2==0)
    root=b;
end

if(f1*f2>0)
    disp('两端点函数值乘积大于0!');
    return;
else
    tol=1;
    fun=diff(sym(f));                          %求导数
    fa=subs(sym(f),findsym(sym(f)),a);
    fb=subs(sym(f),findsym(sym(f)),b);
    dfa=subs(sym(fun),findsym(sym(fun)),a);
    dfb=subs(sym(fun),findsym(sym(fun)),b);

    if(dfa>dfb)                                %初始值取两端点导数较大者
        df0=1/dfa;
        root=a-df0*fa;
    else
```

```
            df0=1/dfb;
            root=b-df0*fb;
        end
        while(tol>eps)
            r1=root;
            fx=subs(sym(f),findsym(sym(f)),r1);
            root=r1-df0*fx;                    %迭代的核心公式，其中 df0 为常数
            tol=abs(root-r1);
        end
end
```

3. 简化牛顿法的实例

【**实例 9.9**】简化牛顿法求解非线性方程应用实例。采用简化牛顿法求方程 $\sqrt{x}-x^3+2=0$ 在区间[1.2,2]上的一个根。

```
%用简化牛顿法求解，在MATLAB命令行窗口中输入求解程序:
>> clc
>> clear all
>> r=SimpleNewton('sqrt(x)-x^3+2',1.2,2)
%输出计算结果为:
r = 1.4759
```

由计算结果可知，$\sqrt{x}-x^3+2=0$ 在区间[1.2,2]上的一个根为 $x=1.4759$。

9.2.3 割线迭代法

1. 割线迭代法的概念

牛顿法的每步都要计算导数值 $f'(x)$，有时导数计算比较麻烦，为了减少计算量，用 x_k、x_{k-1} 点上的差分代替得：

$$x_{k+1}=x_k+\frac{f(x_k)(x_k-x_{k-1})}{f(x_k)f(x_{k-1})}。$$

此为割线法的迭代公式。

2. 割线迭代法的程序实现

在 MATLAB 中编程实现割线迭代法的函数为：gerline。

功能：用割线迭代法求函数在某个区间上的一个零点。

调用格式：*root*= gerline (*x*0, *x*1)。

其中，*x*0 为函数在 $k-1$ 时的初始值；*x*1 为函数在 k 时的初始值。

割线迭代法的 MATLAB 程序代码如下：

```
function root= gerline (x0, x1)
%用割线迭代法求函数 f 在区间[a,b]上的一个零点
%函数名:gerline
%区间左端点: 在 k 时的初始值
%区间右端点: 在 k-1 时的初始值
x2 = x1-fc(x1)*(x1-x0)/(fc(x1)-fc(x0));
n=1;
while(abs(x1-x0)>=1.0e-4)&(n<=100000000)
x0=x1;x1=x2;
x2=x1-fc(x1)*(x1-x0)/(fc(x1)-fc(x0));
n=n+1;
end
root(1) = x2;
root(2) = n;
```

3. 割线迭代法的程序实例

【实例 9.10】 用割线迭代法求解非线性方程 $f(x) = x^3 - 3x - 1 = 0$ 在 $x_0 = 2$ 附近的根，误差限为 10^{-4}，取 $x_{k-1} = 2$，$x_k = 1.9$。

创建 fc.m 文件：

```
function y = fc(x)

y=x^3-3*x-1;
```

用割线迭代法求解：

```
%在MATLAB命令行窗口中输入求解程序:
>> clc
>> clear all
>> root= gerline ('x^3-3*x-1', 2, 1.9)
>> gerline(2,1.9)
输出计算结果为:
root =

    1.8794    4.0000
```

可见，方程在区间$[1.9, 2]$上的一个根为 $x = 1.8794$。

9.2.4 黄金分割法

1. 黄金分割法的概念

二分法是把求解区间的长度逐次减半，而黄金分割法是把求解区间逐次缩短为前次的 0.618 倍。它的求解步骤如下。

（1）设 $t_1 = a + (1 - 0.618) \times (b - a)$，$t_2 = a + 0.618 \times (b - a)$，且 $f_1 = f(t_1), f_2 = f(t_2)$；

（2）如果 $|t_1 - t_2| < \varepsilon$（给定的最小区间长度），则输出方程的根为 $\dfrac{t_1 + t_2}{2}$；否则转到步骤（3）；

（3）如果 $f_1 \times f_2 < 0$，则令 $a = t_1$，$b = t_2$，转步骤（1），否则如果 $f_1 * f(a) > 0$，令 $a = t_2$，反之令 $b = t_1$，转到步骤（1）。

2. 黄金分割法的程序实现

在 MATLAB 中编程实现黄金分割法的函数为：hj。

功能：用黄金分割法求函数在某个区间上的一个零点。

调用格式：*root*= *hj* (*f*, *a*, *b*, *eps*)。

其中，*f* 为函数名；*a* 为区间左端点；*b* 为区间右端点；*eps* 为根的精度；*root* 为求出的函数零点。

黄金分割法的 MATLAB 程序代码如下：

```
function root=hj(f,a,b,eps)
%用黄金分割法求函数f在区间[a,b]上的一个零点
%函数名: f
%区间左端点: a
%区间右端点: b
%根的精度: eps
%求出的函数零点: root

if(nargin==3)
    eps=1.0e-4;
end

f1=subs(sym(f),findsym(sym(f)),a);
f2=subs(sym(f),findsym(sym(f)),b);
```

```
    if(f1==0)
        root=a;
    end
    if(f2==0)
        root=b;
    end

    if(f1*f2>0)
        disp('两端点函数值乘积大于0!');
        return;
    else
        t1=a+(b-a)*0.382;
        t2=a+(b-a)*0.618;
        f_1=subs(sym(f),findsym(sym(f)),t1);
        f_2=subs(sym(f),findsym(sym(f)),t2);
        tol=abs(t1-t2);
        while(tol>eps)                                  %精度控制
            if(f_1*f_2<0)
                a=t1;                                   %区间两端点都调整
                b=t2;
            else
                fa=subs(sym(f),findsym(sym(f)),a);
                if(f_1*fa>0)
                    a=t2;                               %同号左端点调整
                else
                    b=t1;                               %异号右端点调整
                end
            end
            t1=a+(b-a)*0.382;
            t2=a+(b-a)*0.618;
            f_1=subs(sym(f),findsym(sym(f)),t1);
            f_2=subs(sym(f),findsym(sym(f)),t2);
            tol=abs(t2-t1);
        end
        root=(t1+t2)/2;                                 %输出根
    end
```

3. 黄金分割法的程序实例

【实例9.11】用黄金分割法求解方程$\sqrt{x}-x^3+2=0$在区间[0.5,2]上的一个根。

```
%用黄金分割法求解，在MATLAB命令行窗口中输入求解程序：
>> clc
>> clear all
>> r=hj('sqrt(x)-x^3+2',0.5,2)
%输出计算结果为：
r =

    1.4760
```

由计算结果可知，$\sqrt{x}-x^3+2=0$在区间[0.5, 2]上的一个根为$x=1.476$。

【实例9.12】采用黄金分割法求方程$x^3-3x+1=0$在区间[0,1]上的一个根。

```
%用黄金分割法求解，在MATLAB命令行窗口中输入求解程序：
>> clc
>> clear all
>> r=hj('x^3-3*x+1',0,1)
%输出计算结果为：
r =0.3473
```

可见，方程在区间[0,1]上的一个根为$x=0.3473$，与二分法求出来的结果相同。

【实例9.13】用黄金分割法求解方程$\sqrt{x}-x^3+2=0$在区间[0.5,2]上的一个根。

```
%用黄金分割法求解, 在MATLAB命令行窗口中输入求解程序:
>> clc
>> clear all
>> r=hj('sqrt(x)-x^3+2',0.5,2)
%输出计算结果为:
r =
    1.4760
```

由计算结果可知,$\sqrt{x}-x^3+2=0$ 在区间 $[0.5,2]$ 上的一个根为 $x=1.476$。

9.2.5 抛物线法

1. 抛物线法的概念

弦截法其实是用不断缩短的直线来近似函数 $f(x)$,而抛物线法则采用三个点来近似函数 $f(x)$,并且用抛物线与横轴的交点来逼近函数 $f(x)$ 的根。它的算法过程如下:

(1) 选定初始值 x_0, x_1, x_2,并计算 $f(x_0), f(x_1), f(x_2)$ 和以下差分:

$$f[x_2, x_1] = \frac{f(x_2) - f(x_1)}{x_2 - x_1};$$

$$f[x_1, x_0] = \frac{f(x_1) - f(x_0)}{x_1 - x_0};$$

$$f[x_2, x_1, x_0] = \frac{f[x_2, x_1] - f[x_1, x_0]}{x_2 - x_0}。$$

一般取 $x_0 = a$,$x_1 = b$,$a < x_2 < b$。

> **注意** 不要使三点共线。

(2) 用牛顿插值法对三点 $(x_0, f(x_0)), (x_1, f(x_1)), (x_2, f(x_2))$ 进行插值得到一条抛物线,它有两个根:

$$x_3 = x_2 + \frac{-B \pm \sqrt{B^2 - 4AC}}{2C},$$

其中:

$$A = f(x_2),\ C = f[x_2, x_1, x_0],$$
$$B = f[x_2, x_1] + f[x_2, x_1, x_0](x_2 - x_1)。$$

两个根中只取靠近 x_2 的那个根,即 ± 号取与 B 同号,

即:

$$x_3 = x_2 - \frac{2A}{B + \text{sgn}(B)\sqrt{B^2 - 4AC}}。$$

(3) 用 x_1, x_2, x_3 代替 x_0, x_1, x_2,重复以上步骤,并有以下递推公式:

$$x_{n+1} = x_n - \frac{2A_n}{B_n + \text{sgn}(B_n)\sqrt{B_n^2 - 4A_nC_n}},$$

其中:

$$A_n = f(x_n), C_n = f[x_n, x_{n-1}, x_{n-2}],$$
$$B_n = f[x_n, x_{n-1}] + f[x_n, x_{n-1}, x_{n-2}](x_n - x_{n-1})。$$

(4)进行精度控制。

2. 抛物线法的程序实现

在 MATLAB 中编程实现抛物线法的函数为：Parabola。

功能：用抛物线法求函数在某个区间上的一个零点。

调用格式：root = Parabola (*f*, *a*, *b*, *x*, *eps*)。

其中，*f* 为函数名；

a 为区间左端点；

b 为区间右端点；

x 为初始迭代点；

eps 为根的精度；

root 为求出的函数零点。

抛物线法的 MATLAB 程序代码如下：

```
function root=Parabola(f,a,b,x,eps)
%用抛物线法求函数f在区间[a,b]上的一个零点
%函数名:f
%区间左端点:a
%区间右端点:b
%初始迭代点:x
%根的精度:eps
%求出的函数零点:root

if(nargin==4)
    eps=1.0e-4;
end

f1=subs(sym(f),findsym(sym(f)),a);
f2=subs(sym(f),findsym(sym(f)),b);
if(f1==0)
    root=a;
end
if(f2==0)
    root=b;
end

if(f1*f2>0)
    disp('两端点函数值乘积大于0!');
    return;
else
    tol=1;
    fa=subs(sym(f),findsym(sym(f)),a);
    fb=subs(sym(f),findsym(sym(f)),b);
    fx=subs(sym(f),findsym(sym(f)),x);
    d1=(fb-fa)/(b-a);
    d2=(fx-fb)/(x-b);
    d3=(d2-d1)/(x-a);
    B=d2+d3*(x-b);
    root=x-2*fx/(B+sign(B)*sqrt(B^2-4*fx*d3));
    t=zeros(3);
    t(1)=a;
    t(2)=b;
    t(3)=x;
    while(tol>eps)
        t(1)=t(2);                    %保存三个点
```

```
            t(2)=t(3);
            t(3)=root;
            f1=subs(sym(f),findsym(sym(f)),t(1));        %计算三点的函数值
            f2=subs(sym(f),findsym(sym(f)),t(2));
            f3=subs(sym(f),findsym(sym(f)),t(3));
            d1=(f2-f1)/(t(2)-t(1));                      %计算三个差分
            d2=(f3-f2)/(t(3)-t(2));
            d3=(d2-d1)/(t(3)-t(1));
            B=d2+d3*(t(3)-t(2));                         %计算算法中的B
            root=t(3)-2*f3/(B+sign(B)*sqrt(B^2-4*f3*d3));
            tol=abs(root-t(3));
    end
end
```

3. 抛物线法的程序实例

【实例 9.14】抛物线法求解非线性方程应用实例 1。采用抛物线法求方程 $\lg x+\sqrt{x}=2$ 在区间 [1,4]上的一个根，迭代初始值为 2。

```
%在MATLAB命令行窗口中输入求解程序：
>> clc
>> clear all
>> r=Parabola('sqrt(x)+log(x)-2',1,4,2)
r =1.8773
```

【实例 9.15】抛物线法求解非线性方程应用实例 2。分别从两个区间[0.5,1.5]和[0.1,1]上采用抛物线法求方程 $\dfrac{1}{\sqrt{x}}+x-2=0$ 的根。

```
%在MATLAB命令行窗口中输入求解程序：
>> clc
>> clear all
>> r=Parabola('1/sqrt(x)+x-2',0.5,1.5,0.8)    %迭代区间为[0.5,1.5]，初始值为0.8
r =1

>> r=Parabola('1/sqrt(x)+x-2',0.1,1,0.5)      %迭代区间为[0.1,1]，初始值为0.5
r =0.3820
```

由此可以看出抛物线法也能求出方程 $\dfrac{1}{\sqrt{x}}+x-2=0$ 的两个根。

【实例 9.16】抛物线法求解方程 $\sqrt{x}-x^3+2=0$ 在区间[0.5,2]上的一个根。

```
%在MATLAB命令行窗口中输入求解程序：
>> clc
>> clear all
>> r=Parabola('sqrt(x)-x^3+2',0.5,2,0.8)
%输出计算结果为：
r =

    1.4759
```

由计算结果可知，$\sqrt{x}-x^3+2=0$ 在区间[0.5,2]上的一个根为 $x=1.4759$。

9.2.6 不动点迭代法

1. 不动点迭代的概念

表达方法 1：求方程 $f(x)=0$ 的根，可以先把方程改写成如下的形式：$x=f(x)+x$，于是得到不动点迭代法的其中一种迭代公式：$x_n=f(x_{n-1})+x_{n-1}$。

表达方法 2：设一元函数 f 是连续的，要解的方程是 $f(x) = 0$，为了进行迭代，变换方程形式为 $x = \varphi(x)$，于是构造迭代公式 $x_{k+1} = \varphi(x_k)$。若 $\lim\limits_{k \to \infty} x_k = x^*$，则称此迭代为不动点迭代。

此种不动点迭代法很有可能不收敛，因为它的本质是求函数 $y = f(x) + x$ 与直线 $y = x$ 的交点，而它们不一定存在交点。即使收敛，其速度也十分慢，因此有了艾特肯加速迭代与史蒂芬森加速迭代。

2. 不动点迭代的程序实现

在 MATLAB 中编程实现不动点迭代法的函数为：StablePoint。

功能：用不动点迭代法求函数的一个零点。

调用格式：[*root,n*] = StablePoint (*f, x0, eps*)。

其中，f 为函数名；$x0$ 为初始迭代向量；*eps* 为根的精度；*root* 为求出的函数零点；n 为迭代步数。

不动点迭代法的 MATLAB 程序代码如下：

```
function [root,n]=StablePoint(f,x0,eps)
%用不动点迭代法求函数的一个零点
%初始迭代向量：x0
%根的精度：eps
%求出的函数零点：root
%迭代步数：n

if(nargin==2)
    eps=1.0e-4;
end

tol=1;
root=x0;
n=0;
while(tol>eps)
    n=n+1;
    r1=root;
    root=subs(sym(f),findsym(sym(f)),r1)+r1;    %迭代的核心公式
    tol=abs(root-r1);
end
```

3. 不动点迭代程序实例

【**实例 9.17**】不动点迭代法求解非线性方程应用实例。采用不动点迭代法求方程 $\dfrac{1}{\sqrt{x}} + x - 2 = 0$ 的一个根。

```
%在 MATLAB 命令行窗口中输入求解程序：
>> clc
>> clear all
>> [r,n]=StablePoint('1/sqrt(x)+x-2',0.5)
r =0.3820
n = 4
```

从计算结果可以看出，经过 4 步迭代，得出方程 $1/\sqrt{x} + x - 2 = 0$ 的一个根为 $x = 0.3820$。

【**实例 9.18**】对方程 $3x^2 - e^x = 0$，确定迭代函数 φ，使得 $x = \varphi(x)$，并求一根。构造迭代函数 $\varphi = \ln(3x^2)$。

```
%在 MATLAB 命令行窗口中输入求解程序：
>> clc
>> clear all
```

```
>> [r,n]=StablePoint('1/sqrt(x)+x-2',0.5)
r =0.3820
n = 4
```

从计算结果可以看出，经过 4 步迭代，得出方程 $3x^2 - e^x$ 的一个根为 $x = 0.3820$。

9.2.7 牛顿下山法

1. 牛顿下山迭代法的概念

牛顿下山法的收敛速度很快，很容易就可得出方程的根。牛顿法下山法的迭代公式为：

$$x^{n+1} = x^n - \omega(F'(x^n))^{-1}F(x^n)。$$

2. 牛顿下山法的步骤

应用数值法编写 MATLAB 算法，其大体可分为如下 4 个部分：

（1）选择一个初始点 P，P 表示当输入角给定的情况下，假设动平台几何中心在绝对坐标系下的度量；

（2）利用反解验证所选择的初始点 P 是不是最优解。当不是时，先取 $\omega =1$，根据 $x^{n+1} = x^n - \omega(F'(x^n))^{-1}F(x^n)$，求 x_{n+1}；

（3）判断是否满足下降条件 $|F(x_{n+1})| < |F(x_n)|$，不满足时，再取 $\lambda = \frac{1}{2}\lambda$；

（4）然后验证条件是否满足 $|F(x_{n+1})| < |F(x_n)|$，当满足此条件时，此时就可得出该并联机构的正解迭代过程终止，否则转入步骤（2）继续迭代，直到满足此条件得出该并联机构的位置正解。

3. 牛顿下山法的程序实现

在 MATLAB 中编程实现牛顿下山法的函数为：NewtonDown。

功能：用牛顿下山法求函数在某个区间上的一个零点。

调用格式：*root*= NewtonDown (*f*, *a*, *b*, *eps*)。

其中，*f* 为函数名；*a* 为区间左端点；*b* 为区间右端点；*eps* 为根的精度；*root* 为求出的函数零点。

牛顿下山法的 MATLAB 程序代码如下：

```
function root=NewtonDown(f,a,b,eps)
%用牛顿下山求函数 f 在区间[a,b]上的一个零点
%函数名: f
%区间左端点: a
%区间右端点: b
%根的精度: eps
%求出的函数零点: root

if(nargin==3)
    eps=1.0e-4;
end

f1=subs(sym(f),findsym(sym(f)),a);
f2=subs(sym(f),findsym(sym(f)),b);
if(f1==0)
    root=a;
end
if(f2==0)
    root=b;
end
if(f1*f2>0)
    disp('两端点函数值乘积大于0!');
```

```
        return;
    else
        tol=1;
        fun=diff(sym(f));
        fa=subs(sym(f),findsym(sym(f)),a);
        fb=subs(sym(f),findsym(sym(f)),b);
        dfa=subs(sym(fun),findsym(sym(fun)),a);
        dfb=subs(sym(fun),findsym(sym(fun)),b);
        if(dfa>dfb)                                  %迭代初始值的选取
            root=a;
        else
            root=b;
        end
        while(tol>eps)
            r1=root;
            fx=subs(sym(f),findsym(sym(f)),r1);
            dfx=subs(sym(fun),findsym(sym(fun)),r1);
            toldf=1;
            alpha=2;
            while toldf>0                            %此循环为下山因子的选取过程
                alpha=alpha/2;
                root=r1-alpha*fx/dfx;                %迭代的核心公式
                fv=subs(sym(f),findsym(sym(f)),root);
                toldf=abs(fv)-abs(fx);
            end
            tol=abs(root-r1);
        end
end
```

4. 牛顿下山法程序实例

【实例 9.19】牛顿下山法求解非线性方程应用实例。采用牛顿下山法求方程 $\sqrt{x}-x^3+2=0$ 在区间[1.2,2]上的一个根。

用牛顿下山法求解，在 MATLAB 命令行窗口中输入求解程序：
```
>> clc
>> clear all
>> r=NewtonDown('sqrt(x)-x^3+2',1.2,2)
```
输出计算结果为：
```
r =1.4759
```

由计算结果可知，$\sqrt{x}-x^3+2=0$ 在区间[1.2,2]上的一个根为 $x=1.4759$。

【实例 9.20】用牛顿下山法求解方程 $\sqrt{x}-x^3+2=0$ 在区间[0.5,2]上的一个根。

用牛顿下山法迭代法求解，在 MATLAB 命令行窗口中输入求解程序：
```
>> clc
>> clear all
>> r=NewtonDown('sqrt(x)-x^3+2',0.5,2)
%输出计算结果为
r =

    1.4759
```

由计算结果可知，$\sqrt{x}-x^3+2=0$ 在区间[0.5,2]上的一个根为 $x=1.4759$。

9.3 综合实例

【实例 9.21】用牛顿下山法解非线性方程组。要求数值解 $X_k=(x_k,y_k,z_k)^T$ 精确到 10^{-8}。

$$\begin{cases} 3x - \cos(yz) - \dfrac{1}{2} = 0 \\ x^2 - 81(y+0.1)^2 + \sin z + 1.06 = 0 \\ e^{(-xy)} + 20z + \dfrac{10\pi - 3}{3} = 0 \end{cases}$$

```
%在 MATLAB 的 M 文件中输入求解程序:
clear;clc;
syms x y z
X=[x,y,z];
p=rand(1,3)            %随机生成初始值 x(0)
f(1)=3*x-cos(y*z)-1/2;
f(2)=x^2-81*(y+0.1)^2+sin(z)+1.06;
f(3)=exp(-x*y)+20*z+(10*pi-3)/3;
f=[f(1);f(2);f(3)];    %非线性方程组 f 的表达式
lamda=1;               %取 λ=1
df=jacobian([f(1),f(2),f(3)],[x,y,z]);   %f 的 jacobi 矩阵，即 f 的导数
q1=-lamda*(inv(df))*f;                    %线性方程组 df*Δx=-λ*f 的解 Δx 的表达式
q2=subs(q1,X,p);                          %用数值替代所有的变量，即得到 Δx 在初值下的数值
q=q2';
x=p+q;                                    %x(k+1)=x(k)+Δx(k) 在 k=0 时候第一次迭代的值
f_shu=subs(f,X,p);                        %f 在初始值为 p 时的函数值
while 1                                   %开始循环
    p=x;                                  %开始进行迭代
    f_shu=subs(f,X,p);
    q1=-lamda*(inv(df))*f;
    q2=subs(q1,X,p);
    q=q2';
    x=p+q
    f_shu1=subs(f,X,x);
        if (norm(f_shu1)<norm(f_shu))&&norm(x-p)<10^(-8)
                                          %进行判定，如果满足条件则跳出循环
        break
        else if norm(f_shu1)>=norm(f_shu)&&norm(x-p)<10^(-8)
            lamda=1/2*lamda
          end
        end
end
x=vpa(x,8)
```

在 MATLAB 命令行窗口显示如下：

```
p =

    0.1622    0.7943    0.3112


x =

    0.5009    0.1372    -0.5204


x =

    0.5004    0.0397    -0.5226


x =

    0.5001    0.0057    -0.5235
```

```
x =
    0.5000    0.0002   -0.5236

x =
    0.5000    0.0000   -0.5236

x =
    0.5000    0.0000   -0.5236

x =
    0.5000    0.0000   -0.5236

x =
[ 0.5, 0.00000000000000000055267358, -0.52359878]
```

即最后得到的解为 $x = [0.5 \quad -0.00000000000000000055267358 \quad -0.52359878]$。

【实例 9.22】用牛顿法求解非线性方程组。

$$\begin{cases} x_1^2 - 10x_1 + x_2^2 + x_3 + 7 = 0 \\ x_1 x_2^2 + x_3^2 - 2x_3 = 0 \\ x_1^2 + x_2^2 - 3x_2 + x_3^2 = 0 \end{cases}$$

（1）在程序文件中输入下面程序，并保存为 fun_non.m。

```
function y = fun_non(x)
y(1,1) = x(1,1)^2 - 10 * x(1,1) + x(2,1)^2 + x(3,1) + 7;
y(2,1) = x(1,1) * x(2,1)^2 + x(3,1)^2 - 2 * x(3,1);
y(3,1) = x(1,1)^2 + x(2,1)^2 - 3 * x(2,1) + x(3,1)^2;
```

（2）在程序文件中输入下面程序，并保存为 dfun_non.m。

```
function y = dfun_non(x)
y = [2*x(1,1)-10,2*x(2,1),1;
    x(2,1)^2,2*x(1,1)*x(2,1),2*x(3,1)-2;
    2*x(1,1),2*x(2,1)-3,2*x(3,1)]];
```

（3）在程序文件中输入下面程序，并保存为 ex9_22.m。

```
m = 3;
% x0 = zeros(m,1);
x0 = (1:2:5)';
tol = 1.0e-6;
x = x0 - dfun_non(x0)\fun_non(x0);
n = 1;
while (norm(x-x0)>tol) && (n<1000)
    x0 = x;
    x = x0 - dfun_non(x0)\fun_non(x0);
    n = n + 1;
end
x,n
```

（4）单击"运行"按钮，结果输出如下：

```
x =
    0.7645
    0.2096
    0.0169
n =
    5
```

（5）选矢量(1.2.5)'作为初始值，单击"运行"按钮，结果输出如下：
```
x =
    1.0000
    1.0000
    1.0000
n =
    7
```

【实例 9.23】 用哈雷迭代法求解非线性方程组。

$$\begin{cases} x_1^2 - 10x_1 + x_2^2 + x_3 + 7 = 0 \\ x_1 x_2^2 + x_3^2 - 2x_3 = 0 \\ x_1^2 + x_2^2 - 3x_2 + x_3^2 = 0 \end{cases}$$

（1）在程序文件中输入下面程序，并保存为 d2fun_non.m。
```
function y = d2fun_non(x,x0)
y1 = [2 0 0;
    0 2 0;
    0 0 0]*x0;
y2 = [0 2*x(2,1) 0;
    2*x(2,1) 2*x(1,1) 0;
    0 0 2]*x0;
y3 = 2*eye(3)*x0;
y = [y1, y2, y3];
```

（2）在程序文件中输入下面程序，并保存为 ex9_23.m。
```
m = 3;
x0 = zeros(m,1);
% x0 = (1:2:5)';
tol = 1.0e-6;
x = x0 - (eye(m) - 1/2 * (dfun_non(x0) \ d2fun_non(x0,(dfun_non(x0) \ fun_non(x0))))) \ ...
    (dfun_non(x0) \ fun_non(x0));
n = 1;
while (norm(x-x0)>tol) && (n<1000)
    x0 = x;
    x = x0 - (eye(m) - 1/2 * (dfun_non(x0) \ d2fun_non(x0,(dfun_non(x0) \ fun_non(x0))))) \ ...
        (dfun_non(x0) \ fun_non(x0));
    n = n + 1;
end
x,n
```

（3）单击"运行"按钮，结果输出如下：
```
x =
    0.7645
    0.2096
    0.0169
n =
    5
```

（4）选矢量 (1:3:5)' 作为初始值，单击"运行"按钮，结果输出如下：
```
x =
    1.0000
    1.0000
    1.0000
n =
    6
```

第 10 章　MATLAB 概率统计

概率论与数理统计是一门研究随机现象并找出其统计规律的学科,广泛应用于社会、经济、科学等各个领域。MATLAB 中的统计工具箱(Statistics Toolbox)包含了 200 多个用于概率统计方面的功能函数,且具有简单的操作接口。

概率统计是 MATLAB 科学计算的关键核心部分,利用 MATLAB 的强大工具箱来解决概率统计问题,无论是对理论研究还是对科学工程实施都是非常重要的。

本章的知识结构
本章详细地介绍了随机数生成、随机变量的统计值、参数估计、假设检验和回归等。

10.1　概率统计工具箱

MATLAB 中的统计工具箱是一套建立在 MATLAB 数值计算环境下的统计分析工具,能够支持范围广泛的统计计算任务。

统计工具箱主要包括如下两类工具。

- 概率统计的数值计算函数:

可以通过命令行或用户的应用程序调用,多数为 MATLAB 中的 M 文件。

- 交互式图形工具函数:

能够通过图形用户界面(GUI)来使用的交互式图形工具。

表 10-1 给出了统计工具箱中函数的主要分类。

表 10-1　　　　　　　　　　统计工具箱中函数的主要分类

函 数 分 类	具 体 描 述	函 数 分 类	具 体 描 述
概率分布	参数估计	概率分布	逆累积分布函数
	累积分布函数		随机数产生器
	概率密度函数		分配函数的矩
实验设计	构建统计模型	统计的过程控制	统计的过程控制
主成分分析	对数据进行降维处理	聚集分析	将有相似的特性的项目列入群体中
假设检验	假设的统计检验	线性模型	对数据进行线性模型拟合
描述统计学	针对数据抽样的描述统计	非线性回归	非线性回归模型的拟合
统计作图	统计的作图	统计的过程控制	统计的过程控制

10.2 随机数生成

要想分析概率统计，就必须要知道随机数。随机数是概率统计得以继续进行的基础，下面小节将就这方面进行详细的介绍。

1. random 各分布随机数据

random 函数的调用格式如下：

```
Y = random(name,A)
Y = random(name,A,B)
Y = random(name,A,B,C)
Y = random(…,m,n,…)
```

【实例 10.1】产生一个 2 行 4 列，期望为 0，标准差为 1 的正态分布随机数。

```
%在命令行窗口输入如下命令
>> clc
>> clear all
>> x1 = random('Normal',0,1,2,4)

x1 =

    0.5377   -2.2588    0.3188   -0.4336
    1.8339    0.8622   -1.3077    0.3426
```

【实例 10.2】产生一个 3 行 4 列，均值为 2，标准差为 0.3 的正态分布随机数。

```
%在命令行窗口输入如下命令
>> clc
>> clear all
>> x1 = random('norm',2,0.3,3,4)

x1 =

    1.6793    2.4315    2.4111    1.9276
    1.7572    2.0976    1.4865    2.0958
    1.1167    1.7735    1.9693    2.0939
```

【实例 10.3】依次生成参数为 1 到 6 的（1 行 6 列）的 Poisson 随机数。

```
%在命令行窗口输入如下命令
>> clc
>> clear all
>> x2 = random('Poisson',1:6,1,6)

x2 =

    4    2    3    7    4    9
```

2. 几何分布随机数

geornd 函数的调用格式如下：

```
R = geornd(P)
R = geornd(P,m,n,…)
R = geornd(P,[m,n,…])
```

【实例 10.4】生成参数依次为 $1/2, 1/2^2$，到 $1/2^6$ 的 6 个几何随机数。

```
%在命令行窗口输入如下命令
>> clc
>> clear all
>> r1 = geornd(1 ./ 2.^(1:6))
```

```
r1 =
     1     1     5    16     5    34
```

【实例 10.5】 生成参数为 0.01 的（1 行 5 列）5 个几何随机数。

```
%在命令行窗口输入如下命令
>> clc
>> clear all
r2 = geornd(0.01,[1 5])

r2 =
    59     8   124    27    28
```

3. Beta 分布随机数

betarnd 函数的调用格式如下：

```
R = betarnd(A,B)
R = betarnd(A,B,m,n,…)
R = betarnd(A,B,[m,n,…])
```

【实例 10.6】 Beta 分布随机数相关实例。

```
%在命令行窗口输入如下命令
>> clc
>> clear all
>> a = [1 1;2 2];
>> b = [1 2;1 2];
>> r = betarnd(a,b)
r =
    0.3227    0.0455
    0.8317    0.3270

>> r = betarnd(10,10,[1 5])
r =
    0.6657    0.4944    0.6804    0.4714    0.5384

>> r = betarnd(4,2,2,3)
r =
    0.4177    0.4868    0.5840
    0.8425    0.6220    0.7847
```

4. normrnd 正态分布随机数据

normrnd 函数的调用格式如下：

```
R = normrnd(mu,sigma)
R = normrnd(mu,sigma,m,n,…)
R = normrnd(mu,sigma,[m,n…])
```

【实例 10.7】 利用 normrnd 函数产生几个正态分布的随机数据。

```
%在命令行窗口输入如下命令
>> clc
>> clear all
>> X1 = normrnd(1:6,1./(1:6))
X1 =
    0.1363    2.0387    2.5953    3.7216    4.9986    6.2554

>> X2 = normrnd(0,1,[1 6])
X2 =
```

```
    -0.7697    0.3714   -0.2256    1.1174   -1.0891    0.0326
>> X3 = normrnd([2 3 4; 8 9 10],0.1, 2, 3)
X3 =
    2.0553    3.1544    3.8508
    8.1101    9.0086    9.9258
>> X4 = normrnd(6,0.6, [3, 3])
X4 =
    5.3631    6.4488    5.5411
    7.4103    5.8845    5.1586
    5.6306    6.5332    5.1466
```

10.2.1 生成均匀分布随机数

rand 函数产生的是 0 到 1（不包括 1）的随机数，MATLAB 的 rand 函数生的是伪随机数，即由种子递推出来的相同的种子，生成相同的随机数。MATLAB 刚运行起来时，种子都为初始值，因此每次第一次执行 rand 函数得到的随机数都是相同的。

rand 函数格式如下：

```
r = rand(m,n)
r = rand([m,n])
r = rand(m,n,p,…)
```

1. 多次运行，生成相同随机数的方法：

用 rand('state',S)设定种子，S 为三十五阶向量，最简单的设为 0 就好。

【实例 10.8】用 rand('state',0)设定种子，生成一个均匀分布的十阶随机矩阵。

```
%在命令行窗口输入如下命令
>> clc
>> clear all
>> rand('state',0);rand(10)
ans =
    0.9501    0.6154    0.0579    0.0153    0.8381    0.1934    0.4966    0.7271    0.7948    0.1365
    0.2311    0.7919    0.3529    0.7468    0.0196    0.6822    0.8998    0.3093    0.9568    0.0118
    0.6068    0.9218    0.8132    0.4451    0.6813    0.3028    0.8216    0.8385    0.5226    0.8939
    0.4860    0.7382    0.0099    0.9318    0.3795    0.5417    0.6449    0.5681    0.8801    0.1991
    0.8913    0.1763    0.1389    0.4660    0.8318    0.1509    0.8180    0.3704    0.1730    0.2987
    0.7621    0.4057    0.2028    0.4186    0.5028    0.6979    0.6602    0.7027    0.9797    0.6614
    0.4565    0.9355    0.1987    0.8462    0.7095    0.3784    0.3420    0.5466    0.2714    0.2844
    0.0185    0.9169    0.6038    0.5252    0.4289    0.8600    0.2897    0.4449    0.2523    0.4692
    0.8214    0.4103    0.2722    0.2026    0.3046    0.8537    0.3412    0.6946    0.8757    0.0648
    0.4447    0.8936    0.1988    0.6721    0.1897    0.5936    0.5341    0.6213    0.7373    0.9883
```

2. 任意生成相同随机数的方法：

试着产生和时间相关的随机数，种子与当前时间有关。即：

```
rand('state',sum(100*clock));
rand(10)
```

只要执行 rand('state',sum(100*clock)); 当前计算机时间不同，生成的随机值就不同。
也就是如果时间相同,生成的随机数还是会相同。

【实例 10.9】在计算机速度足够快的情况下，试运行一下：

rand('state',sum(100*clock));A=rand(5,5);rand('state',sum(100*clock));B=rand(5,5);

```
%在命令行窗口输入如下命令
>> clc
>> clear all
>> rand('state',sum(100*clock));A=rand(5,5);rand('state',sum(100*clock));B=rand(5,5);
>> A

A =
    0.1321    0.3609    0.1983    0.6554    0.7078
    0.1051    0.3128    0.2144    0.7553    0.5980
    0.9631    0.8719    0.9294    0.1514    0.7804
    0.1598    0.6191    0.9949    0.0936    0.7588
    0.0713    0.0142    0.8287    0.5694    0.4034

>> B

B =
    0.1321    0.3609    0.1983    0.6554    0.7078
    0.1051    0.3128    0.2144    0.7553    0.5980
    0.9631    0.8719    0.9294    0.1514    0.7804
    0.1598    0.6191    0.9949    0.0936    0.7588
    0.0713    0.0142    0.8287    0.5694    0.4034
```

A 和 B 是相同的。所以建议再增加一个随机变量，变成：

```
rand('state',sum(100*clock)*rand(1));
```

据说 MATLAB 的 rand 函数还存在其他的根本性的问题，似乎是非随机性问题。

【实例 10.10】产生一个 3×4 维的随机矩阵。

```
%在命令行窗口输入如下命令
>> clc
>> clear all
>> R = rand(3,4)
R =
    0.6160    0.8308    0.9172    0.7537
    0.4733    0.5853    0.2858    0.3804
    0.3517    0.5497    0.7572    0.5678
```

【实例 10.11】在命令行中产生一个在区间[10, 20]内均匀分布的四阶随机矩阵。

```
%在命令行窗口输入如下命令
>> clc
>> clear all
>> a = 10; b = 20;
>> R=a+(b-a)*rand(4)
R =
   10.7585   19.3401   10.1190   13.1122
   10.5395   11.2991   13.3712   15.2853
   15.3080   15.6882   11.6218   11.6565
   17.7917   14.6939   17.9428   16.0198
```

【实例 10.12】建立一个 5×6 维的均匀分布于（0,1）上的矩阵，同时建立一个 5×5 维的均匀分布在（10,50）上的矩阵。

```
%在命令行窗口输入如下命令
>> clc
>> clear all
>> R = rand(5,6)

R =

    0.2630    0.0838    0.5383    0.9619    0.0844    0.9106
    0.6541    0.2290    0.9961    0.0046    0.3998    0.1818
    0.6892    0.9133    0.0782    0.7749    0.2599    0.2638
    0.7482    0.1524    0.4427    0.8173    0.8001    0.1455
    0.4505    0.8258    0.1067    0.8687    0.4314    0.1361
    a=10; b=50
>> R2 = a + (b-a)*rand(5)

R2 =

   44.7717   34.8822   19.5966   11.9862   23.5088
   33.1882   24.0381   14.9328   46.1086   46.0022
   31.9944   30.5300   17.3563   47.7915   24.7699
   15.7982   26.0723   19.5981   29.6346   14.4481
   44.1212   13.0387   26.6907   29.5701   41.2101
```

10.2.2 生成正态分布随机数

命令参数为 μ，σ 的正态分布的随机数据。

函数 normrnd 格式：

```
R = normrnd(mu,sigma)
R = normrnd(mu,sigma,v)
R = normrnd(mu,sigma,m,n)
```

> **注意** 在 MATLAB 中产生正态分布的参数分别为均值和标准差。在仿真的时候很容易将标准差用方差代替,造成仿真结果数据与期望的差别较大。

【实例 10.13】利用 normrnd 函数产生几个正态分布的随机向量。

```
%在命令行窗口输入如下命令
>> clc
>> clear all
>> X1 = normrnd(1:6,1./(1:6))
X1 =

    0.6651    2.2764    3.3464    3.7206    5.2521    6.1100

>> X2 = normrnd(0,1,[1 6])
X2 =

   -0.0679   -0.1952   -0.2176   -0.3031    0.0230    0.0513

>> X3 = normrnd([2 3 4; 8 9 10],0.1,2, 3)
X3 =

    2.0826    3.0467    4.0625
    8.1527    8.9790   10.0183

>> X4 = normrnd(6,0.6,[3,3])
X4 =
```

```
    5.3821    6.0811    5.4351
    6.5695    6.3091    5.9026
    6.1842    6.1568    5.9124
```

【实例 10.14】 产生一个指定均值和方差的随机分布矩阵：将 randn 函数产生的结果乘以标准差，然后加上期望均值即可。例如，产生均值为 0.6，方差为 0.1 的一个 5×5 维的随机数方式如下：

```
%在命令行窗口输入如下命令
>> clc
>> clear all
>> R = .6 + sqrt(0.1) * randn(5)
R =

    0.5289    1.3988    0.5442    0.7055    0.4494
    0.4137    1.1235    0.8503    0.7238    0.8726
    0.5071    0.6973    0.1788    0.7428    0.1694
    0.3319    0.2025   -0.1368    0.5588    0.7439
    0.2458    0.3263    0.1418    0.6581    0.3316
```

10.3 随机变量的统计值

随机变量的数字特征是与随机变量有关的某些数值，它们虽然不能完整地描述随机变量，但能描述随机变量在某些方面的重要特征。

本节主要讲述用 MATLAB 求解随机变量的期望、方差、标准差矩、几何平均数、算术平均数、中位数、最大值与最小值差、调和平均数、样本的偏斜度、协方差、相关系数和其他数字特征的方法。该部分所用到的命令函数属于统计工具的描述统计学（Descriptive Statistics）部分。

10.3.1 求期望

设离散性随机变量的分布律为：

$$P\{X = x_k\} = p_k, \quad k = 1, 2, \cdots;$$

则定义 X 的期望为：$E(X) = \sum_{k=1}^{\infty} x_k p_k$。

而对于来自总体 X 的一个样本，设其样本值为 $x = (x_1, x_2, \cdots, x_n)$，则定义样本均值为：

$$\bar{x} = \frac{1}{n} \sum_{i=1}^{n} x_i \, .$$

可以证明 $\bar{x}$ 依概率收敛于 X 的均值。因此通常用 $\bar{x}$ 来近似代替 X 的均值。MATLAB 中提供了函数 mean 来计算这种较为简单的均值，其调用格式如下。

```
M = mean(A)
M = mean(A,dim)
```

【实例 10.15】 在北京某大学的学生身高调查中，随机抽取 10 个男生，测得其身高如下：（身高：cm）174.5、165、180.6、174.5、179、163、175.3、190、174、177.9，求平均身高。

```
%在命令行窗口输入如下命令
>> clc
>> clear all
>> X = [174.5 165 180.6 174.5 179 163 175.3 190 174 177.9]

X =
```

```
      174.5000  165.0000  180.6000  174.5000  179.0000  163.0000  175.3000  190.0000  174.0000
  177.9000

>> mean(X)
ans =

  175.3800
```

【实例 10.16】下面给出的一组样本值来自于某一个未知分布,计算该分布的样本均值。
19.1,13.5,12.6,10,14.6,24,13.7,15,20,13.5

```
%在命令行窗口输入如下命令
>> clc
>> clear all
>> x=[19.1,13.5,12.6,10,14.6,24,13.7,15,20,13.5]
x =

  19.1000  13.5000  12.6000  10.0000  14.6000  24.0000  13.7000  15.0000  20.0000
  13.5000

>> m=mean(x)
%命令行窗口中输出结果为:
m =

  15.6000
```

由以上计算结果可知,该分布的样本均值为 15.6。

【实例 10.17】如下为来自总体的 3 个样本的样本值,分别计算其均值。

X_1: 2.1 3.5 5.0 1.5 3.0 3.2 4.2 2.5 3.0 1.8
X_2: 3.2 3.0 4.5 4.2 1.4 1.5 5.0 4.5 3.5 3.0
X_3: 2.4 2.6 4.2 3.5 3.2 3.3 4.0 4.2 3.6 2.8

```
%在命令行窗口输入如下命令
>> clc
>> clear all
%分别计算 3 个样本的均值
>> X1=[2.1  3.5  5.0  1.5  3.0  3.2  4.2  2.5  3.0  1.8];  %第一个样本
>> X2=[3.2  3.0  4.5  4.2  1.4  1.5  5.0  4.5  3.5  3.0];  %第二个样本
>> X3=[2.4  2.6  4.2  3.5  3.2  3.3  4.0  4.2  3.6  2.8];  %第三个样本
>> X=[X1;X2;X3];   %将 3 样本作为 X 的各行
>> m1=mean(X,2)   %计算 X 各行的均值,即得各样本

m1 =
    2.9800
    3.3800
    3.3800

>> X=[X1',X2',X3'];  %将 3 个样本作为 X 的各列
>> m2=mean(X)

m2 =
    2.9800    3.3800    3.3800
```

由以上计算结果可知,样本 $X1$ 的均值为 2.98,样本 $X2$ 的均值为 3.38,样本 $X3$ 的均值为 3.38。

【实例 10.18】设随机变量 X、Y 的联合分布律如表 10-2 所示,分别计算 $E(X)$,$E(Y)$,$E(X+3)$ 以及 $E(X+Y)$。

10.3 随机变量的统计值

表 10-2 X、Y 的联合分布律

X \ Y	1	2	3	4	P(Y=j)
0	1/10	0	0	0	1/10
1	0	4/10	2/10	1/10	7/10
2	0	0	0	2/10	2/10
P(X=i)	1/10	4/10	2/10	3/10	1

用均值定义计算，通过在 MATLAB 中编写程序 ex1303.m 来实现，具体代码如下所示。

```
%分别计算二维离散分布的均值
%在命令行窗口输入如下命令
>> clc
>> clear all
>> X=[0,1,2];
>> Y=[1,2,3,4];
>> Px=[0.1,0.7,0.2]; %X 各点对应的概率
>> Py=[0.1,0.4,0.2,0.3]; %Y 各点对应概率
>> mX=sum(X.*Px)  %E(X) sum 为求和函数。

mX =
    1.1000

>> mY=sum(Y.*Py)

mY =
    2.7000

>> z=X+3;
>> mX3=sum(z.*Px)  %E(X+3)

mX3 =
    4.1000

>> mXY=mX+mY %E(X+Y)

mXY =
    3.8000
```

MATLAB 中还给出了求其他形式均值的一些函数，其命令形式与 mean 函数相同。各命令具体含义详见表 10-3。

表 10-3 几种均值函数

函 数 名	功　能
geomean	求样本几何均值
harmmean	求样本调和平均值
nanmean	可忽略样本中的非数值输入，并计算相应均值
trimmean	消除输入样本中一些数值变化太大的值，然后再计算样本均值

如需了解表 10-3 中函数的详细用法，可到 MATLAB 的 Help 中的相关部分检索查询函数的详细使用说明。

10.3.2　求方差

方差是用来刻画随机变量 X 取值分散程度的一个量。其一般用下式表达：$D(X) = E\{[x-E(x)]^2\}$。

在应用上还引入与随机变量 X 具有相同量纲的量 $\sqrt{D(X)}$，记为 $\sigma(X)$，称为标准差或均方差。

X 的 k 阶中心矩应为：$E\{[X-E(X)]^k\}$，$k=2,3,\cdots$。

可知方差即为二阶中心矩。

对于一个样本来说，样本方差通常有两种形式表达，如下所示。

- 无偏估计式：$S^2 = \dfrac{1}{n-1}\sum\limits_{i=1}^{n}(x_i-\overline{x})^2$。

- 有偏估计式：$S^2 = \dfrac{1}{n}\sum\limits_{i=1}^{n}(x_i-\overline{x})^2$。

样本标准差也对应有如下两种形式：

$$S=\sqrt{S^2}=\sqrt{\dfrac{1}{n-1}\sum_{i=1}^{n}(x_i-\overline{x})^2} \text{ 或 } S=\sqrt{S^2}=\sqrt{\dfrac{1}{n}\sum_{i=1}^{n}(x_i-\overline{x})^2}$$

样本的 k 阶中心矩为：$B_k = \dfrac{1}{n}\sum\limits_{i=1}^{n}(x_i-\overline{x})^k$，$k=2,3\cdots$。

MATLAB 中用方差函数 var 来计算样本方差，用标准差函数 std 来计算样本的标准差，用矩函数 moment 计算样本的各阶中心矩，具体用法如下。

var 方差函数的格式如下：

```
V = var(X)         %若 X 为向量则返回向量的样本方差值，若 X 为矩阵则返回矩阵各列向量方差组成的行向量。其采用无偏估计式计算方差。
V = var(X,1)       %函数采用有偏估计式计算 X 的方差，即前置因子为 1/n。var(X,0)等同于 var(X)，其采用无偏估计式计算方差，前置因子为 1/(n-1)。
V = var(X,w)       %函数返回 X 以 w 为权的方差。对于矩阵 X，w 的元素个数必须等于 X 的行数；对于向量 X，w 的元素个数与 X 元素个数相同。
V = var(X, flag, dim)  %函数返回 X 在特定维上的方差，dim 用于指定维数，flag 用于指定选择的计算式。即 flag=0，选择无偏估计式计算；flag=1，选择有偏估计式计算。
```

此外，nanvar 是忽略非数（NaNs）的方差计算函数的方差，调用格式与 var 相同。

【实例 10.19】 求下面 10 个男生同学身高的样本方差，（身高：cm）165、180.5、174.5、179、163、175.3、190、174、177.9、160，求其样本方差。

```
%在命令行窗口输入如下命令
>> clc
>> clear all
>> X = [165 180.5 174.5 179 163 175.3 190 174 177.9 160]

X =

  165.0000  180.5000  174.5000  179.0000  163.0000  175.3000  190.0000  174.0000  177.9000
  160.0000

>> var(X)

ans =

   82.0373
```

10.3.3 求标准差

std 标准差函数格式如下：

```
s = std(X)
s = std(X,flag)
s = std(X,flag,dim)
```

10.3 随机变量的统计值

$s = \text{std}(X)$：函数返回向量（矩阵）X 的标准差（前置因子 $1/n-1$）。

$s = \text{std}(X, flag)$：$flag=0$，前置因子为 $1/n-1$；$flag=1$，前置因子为 $1/n$。

$s = \text{std}(X, flag, dim)$：函数返回 X 在特定维上的标准差，dim 用于指定维数，$flag$ 用于指定选择的计算式。

nanstd 函数的用法同 std，前者是忽略非数的标准差计算函数的标准差。

【实例 10.20】 求下列样本的样本方差和样本标准差，方差和标准差。

135 138.26 154.5 159 163 145.35 134 155 164.9 144.44

```
%在命令行窗口输入如下命令
>> clc
>> clear all
>> X = [135 138.26 154.5 159 163 145.35 134 155 164.9 144.44];
X =
  135.0000  138.2600  154.5000  159.0000  163.0000  145.3500  134.0000  155.0000  164.9000
  144.4400

>> DX = var(X,1)      %求方差
DX =
  118.4333

>> sig = std(X,1)     %求标准差
sig =
   10.8827

>> DX1 = var(X)       %求样本方差
DX1 =
  131.5926

>> sig = std(X)       %求样本标准差
sig =
   11.4714
```

从上面的结果中可以看出样本标准差和标准差的差别。

【实例 10.21】 样本方差、标准差计算实例。分别计算向量 $x=[-1,-1,1,2]$ 的方差和标准差以及加权后的方差和标准差，其中加权向量为 $w=[1,2,3,4]$。（加权方差和标准差值指的是计算样本方差或标准差时，各样本值要乘以相应的权值，然后再除以总的权值。）

```
%在命令行窗口输入如下命令
>> clc
>> clear all
%计算 x 的方差和标准差
>> x=[-1 -1 1 2];    %输入向量 x
>> w=[1 2 3 4];      %权向量 w
%用各种命令形式计算方差
>> v1=var(x)
v1 =
    2.2500      %var(X)

>> v2=var(x,0)
v2 =
    2.2500      %var(X,0)

>> v3=var(x,1)
v3 =
    1.6875      %var(X,1)
```

```
>> v4=var(x,w)
v4 =
    1.5600        %var(X,w)

%用各种命令形式计算向量标准差
>> s1=std(x)
s1 =
    1.5000                    %std(X)

>> s2=std(x,1)
s2 =
    1.2990                    %std(X,1)

>> s3=std(x,w)
s3 =
    1.2490                    %std(X,w)
```

10.3.4 矩

moment 矩函数的格式如下：

m=moment(X, order)   %函数返回向量（矩阵）X 的 k 阶中心矩。Order 用于规定中心矩的阶数。
m=moment(X, order, dim)   %函数返回 dim 维上的 X 的中心矩。

【实例 10.22】 随机产生正态分布的一组随机数，计算其三阶中心矩。

```
%在命令行窗口输入如下命令
>> clc
>> clear all
%计算正态随机数的三阶矩
>> X=randn([5 4])            %产生正态分布的随机数矩阵，行数为 5，列数为 4
X =
   -0.4326    1.1909   -0.1867    0.1139
   -1.6656    1.1892    0.7258    1.0668
    0.1253   -0.0376   -0.5883    0.0593
    0.2877    0.3273    2.1832   -0.0956
   -1.1465    0.1746   -0.1364   -0.8323

>> m1=moment(X,3)                %计算矩阵 X 各列的三阶中心矩
m1 =
   -0.1135    0.0362    0.8780    0.0586

>> m2=moment(X,3,2)              %计算矩阵 X 各行的三阶中心矩，并返回 2 维上的中心矩
m2 =
    0.1983
   -1.7088
   -0.0227
    0.7167
   -0.0004
```

【实例 10.23】 求下列样本的样本方差和样本标准差，方差和标准差。

165 180.6 174.5 179 163 175.3 190 174 177.9 160

```
%在命令行窗口输入如下命令
>> clc
>> clear all
>> X = [165 180.6 174.5 179 163 175.3 190 174 177.9 160]
X =
  165.0000  180.6000  174.5000  179.0000  163.0000  175.3000  190.0000  174.0000  177.9000
  160.0000

>> DX = var(X,1)    %求方差
DX =
```

```
    73.9661
>> sig = std(X,1)    %求标准差
sig =

    8.6004
>> DX1 = var(X)    %求样本方差
DX1 =

    82.1846
>> sig = std(X)    %求样本标准差
sig =

    9.0656
```

从上面的结果中可以看出样本标准差和标准差的差别。

10.3.5 几何平均数

几何平均数不同于算术平均数，它的数学含义是 $M = (\prod_{i=1}^{n} x_i)^{\frac{1}{n}}$，在这里，样本数据为非负数值，常用于对数正态分布。

geomean 几何平均数的函数格式如下：

M=geomean(X)：%X 为向量，返回 X 中各元素的几何平均数
M=geomean(A)：%A 为矩阵，返回 A 中各列元素的几何平均数构成的向量

【实例 10.24】 计算向量的几何平均数。

```
%在命令行窗口输入如下命令
>> clc
>> clear all
>> A=[1 2 3 4]
A =

    1    2    3    4
>> M=geomean(A)
M =

    2.2134
```

【实例 10.25】 计算矩阵的几何平均数。

```
%在命令行窗口输入如下命令
>> clc
>> clear all
>> B= [1 2 3 4;2 3 4 9;2 9 0 5]
B =

    1    2    3    4
    2    3    4    9
    2    9    0    5

>> M2=geomean(B)
M2 =

    1.5874    3.7798         0    5.6462
```

10.3.6 算术平均数

mean 算术平均数的函数格式如下：

```
M=mean(X)      %X为向量，返回X中各元素的平均数
M=mean(A)      %A为矩阵，返回A中各列元素的平均数构成的向量
M=mean(A,dim)  %返回给出的维数内的平均值
```

【实例 10.26】求矩阵 $A = \begin{bmatrix} 1 & 3 & 4 & 5 \\ 2 & 3 & 4 & 6 \\ 1 & 3 & 1 & 5 \\ 4 & 7 & 9 & 6 \end{bmatrix}$ 的算术平均数。

```
%在命令行窗口输入如下命令
>> clc
>> clear all
>> A=[1 3 4 5;2 3 4 6;1 3 1 5;4 7 9 6]
A =

     1     3     4     5
     2     3     4     6
     1     3     1     5
     4     7     9     6

>> mean(A)
ans =
    2.0000    4.0000    4.5000    5.5000
>> mean(A,1)
ans =
    2.0000    4.0000    4.5000    5.5000
>> mean(A,3)
ans =

     1     3     4     5
     2     3     4     6
     1     3     1     5
     4     7     9     6
```

10.3.7 中位数

median 中位数的函数格式如下：

```
M = median(X)      %X为向量，返回X中各元素的中位数
M = median(A)      %A为矩阵，返回A中各元素的中位数构成的向量
M = median(A,dim)  %返回给出的维数内的平均值
```

【实例 10.27】计算矩阵 $A = \begin{bmatrix} 1 & 3 & 4 & 5 \\ 2 & 3 & 4 & 6 \\ 1 & 3 & 1 & 5 \\ 4 & 7 & 9 & 6 \end{bmatrix}$ 中各列元素的中位数。

```
%在命令行窗口输入如下命令
>> clc
>> clear all
>> A=[1 3 4 5;2 3 4 6;1 3 1 5;4 7 9 6]
```

```
A =
     1     3     4     5
     2     3     4     6
     1     3     1     5
     4     7     9     6
>> M=median(A)
M =
    1.5000    3.0000    4.0000    5.5000
```

【实例 10.28】 计算矩阵 $A = \begin{bmatrix} 1 & 2 & 4 & 6 \\ 3 & 4 & 5 & 7 \\ 8 & 9 & 6 & 0 \\ 4 & 6 & 8 & 1 \end{bmatrix}$ 中各列元素的中位数。

```
%在命令行窗口输入如下命令
>> clc
>> clear all
>> A=[1 2 4 6;3 4 5 7;8 9 6 0;4 6 8 1]
A =
     1     2     4     6
     3     4     5     7
     8     9     6     0
     4     6     8     1
>> M=median(A)
M =
    3.5000    5.0000    5.5000    3.5000
```

10.3.8 最大值与最小值差

range 最大值与最小值差的函数格式如下：
```
range(X)
y = range(X,dim)
```

【实例 10.29】 求矩阵 $A = \begin{bmatrix} 1 & 2 & 3 \\ 2 & 8 & 9 \\ 3 & 6 & 2 \end{bmatrix}$ 中各列元素的最大值与最小值之差。

```
%在命令行窗口输入如下命令
>> clc
>> clear all
>> A=[1 2 3;2 8 9;3 6 2]
A =
     1     2     3
     2     8     9
     3     6     2
>> Y= range(A)
Y =
     2     6     7
```

10.3.9 调和平均数

调和平均值的数学含义是 $M = n / \sum_{i=1}^{n} \frac{1}{x_i}$，样本数据为非零数值，主要用于验证偏斜分布。

harmmean 调和平均数的函数格式如下：

```
M = harmmean(X)      %X 为向量，返回 X 中各元素的调和平均值
M = harmmean(A)      %A 为矩阵，返回 X 中各列元素的调和平均值构成的向量
harmmean(X,dim)
```

【实例 10.30】 求两个矩阵的调和平均值。

```
%在命令行窗口输入如下命令
>> clc
>> clear all
%示例 1
>> A = [1 2 4 6; 3 4 5 7; 8 9 6 0; 4 6 8 1]

A =

     1     2     4     6
     3     4     5     7
     8     9     6     0
     4     6     8     1
>> M1 = harmmean(A)
M1 =

    2.3415    3.8919    5.3933         0

%示例 2
>> B = [1 6 0 9]

B =
     1     6     0     9

>> M2 = harmmean(B)

M2 =
     0

%示例 3
>> C=[1 3 4 5]

C =
     1     3     4     5

>> M3 = harmmean(C)

M3 =
    2.2430
```

【实例 10.31】 求两个矩阵的调和平均值。

```
%在命令行窗口输入如下命令
>> clc
>> clear all
%示例 1
>> B=[7 5 6 5]

B =

     7     5     6     5

>> test2=harmmean(B)
```

```
test2 =

    5.6376

%示例 2
>> A=[8 9 6 0;3 4 5 7;1 2 4 6;4 6 8 1]

A =

    8    9    6    0
    3    4    5    7
    1    2    4    6
    4    6    8    1

>> test1=harmmean(A)

test1 =

    2.3415    3.8919    5.3933         0
```

10.3.10 样本的偏斜度

样本的偏斜度的数学含义是 $y = \dfrac{E(x-\mu)^3}{\sigma^3}$，偏斜度样本数据是关于均值不对称的一个测度。如果偏斜度为负，说明均值左边的数据比右边的数据更散。如果偏斜度为正，说明均值右边的数据比左边的数据更散，因而正态分布的偏斜度为0。

skewness 样本的偏斜度的函数格式如下：

```
y = skewness(X)        %X 为向量，返回 X 的元素的偏斜度；X 为矩阵，返回 X 各列元素的偏斜度构成的行向量
y = skewness(X,flag)
```

【实例 10.32】计算样本的偏斜度。

```
>> clc
>> clear all
>> X = randn([5 4])
X =

    0.5377   -1.3077   -1.3499   -0.2050
    1.8339   -0.4336    3.0349   -0.1241
   -2.2588    0.3426    0.7254    1.4897
    0.8622    3.5784   -0.0631    1.4090
    0.3188    2.7694    0.7147    1.4172

>> y = skewness(X)
y =

   -0.9362    0.2333    0.4363   -0.4075
```

【实例 10.33】求两个矩阵的调和平均值。

```
%在命令窗口输入如下命令
>> clc
>> clear all
%示例 1
>> A = [1 2 4 6; 3 4 5 7; 8 9 6 0; 4 6 8 1]

A =

    1    2    4    6
```

```
            3        4        5        7
            8        9        6        0
            4        6        8        1
>> M1 = harmmean(A)
M1 =

    2.3415    3.8919    5.3933         0
```

10.3.11 协方差

随机变量 x、y 的协方差和相关系数的定义式如下：
$$\mathrm{cov}(x,y) = E\{[x-E(x)][y-E(y)]\}。$$

对于 n 维随机变量，通常用协方差矩阵描述它的二阶中心矩。如对于二维随机变量 (X,Y)，定义协方差矩阵形式为：
$$\begin{pmatrix} c_{11} & c_{12} \\ c_{21} & c_{22} \end{pmatrix}。$$

其中：
$$c_{11} = E\{[x-E(x)]^2\}，\ c_{12} = E\{[x-E(x)][y-E(y)]\}，\ c_{21} = E\{[y-E(y)][x-E(x)]\}，$$
$$c_{22} = E\{[y-E(y)]^2\}。$$

其相应的样本协方差形式此处不再给出。与样本方差形式类似，样本协方差也具有两种形式。

cov 协方差的函数格式如下：

`C = cov(X)` %X 为向量时，函数返回此向量的方差。X 为矩阵时，矩阵的每一行表示一组观察值，每一列代表一个变量。函数返回此矩阵的协方差矩阵，其中协方差矩阵的对角元素是 X 矩阵的列向量的方差值。

`C = cov(X,Y)` %返回 X、Y 的协方差矩阵，其中 X、Y 行数和列数相同。

`C = cov(X,1)`，`C = cov(X,Y,1)` %计算协方差矩阵时前置系数取 1/n。cov(X,0) 与 cov(X) 相同，都是取前置系数为 1/n-1，此用法可参考 var 函数。

【实例 10.34】 计算向量 x 和向量 y 的协方差。向量 x 与向量 y 分别如下所示：
$$x=[1, 2, 2, 2, 1, 2]、\ y=[2, 3, 2, 2, 3, 2]。$$

```
%在命令行窗口输入如下命令
>> clc
>> clear all
%计算向量之间的协方差
>> x=[1,2,2,2,1,2];
>> y=[2,3,2,2,3,2];
>> cx=cov(x)       %计算向量 x 的协方差，可知其等于 x 方差
cx =
    0.2667

>> vx=var(x)       %x 方差
vx =
    0.2667

>> cxy=cov(x,y)    %x、y 协方差
cxy =
    0.2667   -0.0667
   -0.0667    0.2667
```

【实例 10.35】 根据如下所示的数据计算各变量的均值、方差以及它们之间的协方差矩阵和相关系数。几组变量数据：

$$VOL = [89, 92, 92, 92, 89, 92, 94, 89, 89, 91];$$
$$HP = [49, 55, 70, 53, 70, 55, 80, 73, 66, 78];$$
$$MPG = [65.4, 55.9, 49.0, 46.5, 46.2, 45.4, 43.4, 39.3, 39.6, 38.9];$$
$$SP = [96, 97, 105, 96, 105, 97, 107, 103, 100, 106]。$$

```
%在命令行窗口输入如下命令
>> clc
>> clear all
%计算各变量均值、方差以及它们之间的协方差矩阵和相关系数矩阵
>> VOL=[89 92 92 92 89 92 94 89 89 91]';
>> HP=[49 55 70 53 70 55 80 73 66 78]';
>> MPG=[65.4 55.9 49.0 46.5 46.2 45.4 43.4 39.3 39.6 38.9]';
>> SP=[96 97 105 96 105 97 107 103 100 106]';
>> X=[VOL,HP,MPG,SP];            %将变量数据按列存到一个矩阵中
>> m=mean(X)                      %计算 X 均值,得各变量样本的均值
m =
   90.9000   64.9000   46.9600  101.2000
>> v=var(X)                       %计算 X 方差,得各个变量样本值之间方差
v =
    3.2111  123.2111   68.6471   19.9556
>> cX=cov(X)                      %计算变量之间的相关矩阵
cX =
    3.2111    2.4333   -0.7822    1.0222
    2.4333  123.2111  -64.8600   47.8000
   -0.7822  -64.8600   68.6471  -20.4356
    1.0222   47.8000  -20.4356   19.9556
>> cv=diag(cX)        %取相关矩阵对角元素
cv =
    3.2111
  123.2111
   68.6471
   19.9556
>> corX=corrcoef(X)     %计算变量之间的相关系数
corX =
    1.0000    0.1223   -0.0527    0.1277
    0.1223    1.0000   -0.7052    0.9640
   -0.0527   -0.7052    1.0000   -0.5521
    0.1277    0.9640   -0.5521    1.0000
```

10.3.12 相关系数

随机变量 x、y 的协方差和相关系数的定义式如下：

$$\text{cof}(x,y) = \frac{\text{cov}(x,y)}{\sqrt{D(x)}\sqrt{D(y)}}。$$

corrcoef 相关系数的函数格式如下：

```
R=corrcoef(X)      %返回矩阵 X 的相关系数矩阵,其各点值对应于相关矩阵的各点值除以相应的标准差。
R = corrcoef(x,y)    %返回 x、y 的相关系数矩阵。若 x、y 分别为列向量,则该命令等同于 R=corrcoef([x y])。
[R,P] =corrcoef(…)    %返回的 P 矩阵是不相关假设检验的 p 值。
[R, P, RLO, RUP] =corrcoef(…)    %对于每一个 R 值,返回的 95%置信区间为[RLO,RUP]。
[…] = corrcoef(…, 'param1', val1, 'param2', val2,…)    %设定特殊的可选项。
```

【实例 10.36】 求矩阵 $A = \begin{bmatrix} 1 & 2 & 3 \\ 4 & 0 & -1 \\ 1 & 3 & 9 \end{bmatrix}$ 的相关系数矩阵。

```
%在命令行窗口输入如下命令
>> clc
>> clear all
>> A=[1 2 3;4 0 -1;1 3 9]
A =
     1     2     3
     4     0    -1
     1     3     9
>> C1=corrcoef(A)          %求矩阵A的相关系数矩阵
C1 =
    1.0000   -0.9449   -0.8030
   -0.9449    1.0000    0.9538
   -0.8030    0.9538    1.0000
>> C1=corrcoef(A(:,2),A(:,3))    %求A的第2列与第3列列向量的相关系数矩阵
C1 =
    1.0000    0.9538
    0.9538    1.0000
```

【实例 10.37】 协方差和相关系数计算实例。计算向量 x 和向量 y 的协方差和相关系数。向量 x 与向量 y 分别如下所示：

$$x=[3,2,1,2,3,2]，y=[2,1,4,3,1,2]。$$

```
%在命令行窗口输入如下命令
>> clc
>> clear all
%计算向量之间的协方差和相关系数
>> x=[3,2,1,2,3,2];
>> y=[2,1,4,3,1,2];
>> cx=cov(x)              %计算向量x的协方差，可知其等于x方差

cx =

    0.5667

>> vx=var(x)              %x方差

vx =

    0.5667

>> cxy=cov(x,y)           %x、y协方差

cxy =

    0.5667   -0.6333
   -0.6333    1.3667

>> cor=corrcoef(x,y)    %x、y相关系数

cor =

    1.0000   -0.7197
   -0.7197    1.0000
```

10.3.13 其他数字特征

除了上面介绍的几类重要的数字特征外，MATLAB 的统计工具箱中还有很多对数据性质进行描述的函数，下面通过一些表格对这些函数进行简单介绍。表 10-4 给出数据比较和简单计算类函数，表 10-5 给出了几种特殊的统计学函数。

表 10-4　　　　　　　　　　　　数据比较和简单计算类函数

函 数 名	功 能
max	求样本中的最大值元素
nanmax	忽略样本中的非数求最大值元素
min	求样本中的最小值元素
nanmin	忽略样本中的非数求最小值元素
median	求随机变量的中值
ssnanmedian	忽略样本中的非数求中值
sum	求样本元素的累和
nansum	忽略样本中的非数求和
cumtrapz	梯形累和函数
cumsum	求此样本值之前的元素和
mad	计算样本绝对偏差的均值或中值，由参数设定
sort	将样本值按从小到大排列
sortrows	将样本的行作为一个整体进行排序
range	求样本值中最大值和最小值之差
prctile	求样本在不同分位数上的值
iqr	求四分位差值，即样本在 75%分位点与 25%分位点上的取值之差

表 10-5　　　　　　　　　　　　一些特殊函数

函 数 名	功 能
jackknife	计算 jackknife 样本的特定统计量
bootstrp	通过对数据进行 bootstrap 重采样计算相应的统计量
bootci	计算 bootstrap 统计量的置信区间
tabulate	以矩阵形式给出样本值的频数表

10.4 参数估计

参数估计是概率统计学中经常使用的概念，包括置信区间、置信度、最大似然估计等参数，这些参数对于较多样本的考察具有很实用的价值。

参数估计主要包括点估计和区间估计。设总体 X 的分布函数的形式为已知，但它的一个或多个参数为未知，借助于总体 X 的一个样本来估计总体未知参数的值的问题称为参数的点估计问题。以区间形式给出包含参数真值的范围和此区间包含真值的可信程度的估计叫作区间估计，这样的区间叫作置信区间。

点估计方法种类很多，如矩估计法、极大似然估计法和最小二乘估计法等。下面重点介绍极大似然估计以及它的区间估计。MATLAB 的统计工具箱中对一些常用的特殊分布也提供了相应的极大似然估计函数（以 fit 结尾），具体见表 10-6。

表 10-6　　　　　　　　　　　参数点估计函数表

函 数 名	常用调用格式	函 数 功 能
betafit	phat=betafit(x) [phat,pci]=betafit(x,alpha)	phat 为 Beta 分布的 a、b 参数的极大似然估计值；pci 为 alpha 水平的置信区间
binofit	phat=binofit(x,n) [phat,pci]=binofit(x,n,alpha)	phat 为二项分布中事件发生概率的极大似然估计；pci 为 alpha 水平的置信区间
evfit	phat=evfit(x) [phat,pci]=evfit(x,alpha)	phat 为极值分布的均值和标准差极大似然估计；pci 为 alpha 水平置信区间
expfit	phat=expfit(x) [phat,pci]=expfit(x,alpha)	phat 为指数分布的参数 μ 的极大似然估计；pci 为 alpha 水平置信区间
gamfit	phat=gamfit(x) [phat,pci]=gamfit(x,alpha)	phat 为 γ 分布参数的极大似然估计；pci 为 alpha 水平置信区间
lognfit	phat=lognfit(x) [phat,pci]=lognfit(x,alpha)	phat 为对数正态分布的均值和标准差的极大似然估计；pci 为 alpha 水平的置信区间
nbinfit	phat=nbinfit(x) [phat,pci]=nbinfit(x)	phat 为负二项分布参数的极大似然估计；pci 同上
normfit	[muhat,sigmahat]=normfit(x) [muhat,sigmahat,muci,sigmaci]=normfit(x,alpha)	muhat、sigmahat 分别为正态分布的均值和标准差的极大似然估计；muci、sigmaci 为相应的 alpha 水平的置信区间
poissfit	lambdshat=poissfit(x) [lambdshat,lambdaci]=poissfit(x,alpha)	lambdshat 为泊松分布的参数 λ 的极大似然估计；lambdaci 为 alpha 水平置信区间
raylfit	phat=raylfit(x) [phat,pci]=raylfit(x,alpha)	phat 为瑞利分布参数的极大似然估计；pci 为 alpha 水平的置信区间
uniffit	[ahat,bhat]=uniffit(x) [ahat,bhat,aci,bci]=uniffit(x)	ahat、bhat 分别为连续均匀分布的 a、b 参数的极大似然估计；aci、bci 为 alpha 水平置信区间
wblfit	phat=wblfit(x) [phat,pci]=wblfit(x,alpha)	phat 为韦伯分布参数的极大似然估计；pci 为 alpha 水平置信区间

下面通过实例说明该类函数的具体用法。

10.4.1　均匀分布的参数估计

unifit 均匀分布参数估计的函数格式如下：

```
[ahat,bhat] = unifit(data)             %均匀分布参数的最大似然估计
[ahat,bhat,ACI,BCI] = unifit(data)      %置信度95%的参数估计和置信区间
[ahat,bhat,ACI,BCI] = unifit(data,alpha)    %返回水平alpha的参数估计和置信区间
```

【实例 10.38】用函数 unifit 求解均匀参数的最大似然估计。

```
%在命令行窗口输入如下命令
>> clc
>> clear all
>> r = unifrnd(10,12,100,2);
>> [ahat,bhat,aci,bci] = unifit(r)
ahat =

   10.0238   10.0093
bhat =

   11.9923   11.9238
aci =
```

```
         9.9639    9.9510
        10.0238   10.0093
    bci =
        11.9923   11.9238
        12.0521   11.9820
```

【实例 10.39】 求均匀分布向量 X=[1 3 5 7 9 11 13 15 17 19]的最大似然估计。

```
%在命令行窗口输入如下命令
>> clc
>> clear all
>> X=[1 3 5 7 9 11 13 15 17 19];
>> [aht, bat, ACI, BCI]=unifit(X, 0.04)
aht =
     1
bat =
    19
ACI =
  -431
     1
BCI =
    19
   451
```

ACI 和 BCI 是水平为 0.04 的置信区间。

【实例 10.40】 协方差和相关系数计算实例。计算向量 x 和向量 y 的协方差和相关系数。向量 x 与向量 y 分别如下所示：

$$x=[4,2,3,2,2,5]；y=[1,3,1,3,1,3]。$$

```
%在命令行窗口输入如下命令
>> clc
>> clear all
%计算向量之间的协方差和相关系数
>> x=[4,2,3,2,2,5];
>> y=[1,3,1,3,1,3];
>> cx=cov(x)            %计算向量 x 的协方差，可知其等于 x 方差

cx =

    1.6000

>> vx=var(x)            %x 方差

vx =

    1.6000

>> cxy=cov(x,y)         %x、y 协方差

cxy =

    1.6000         0
         0    1.2000
```

10.4.2 正态分布的参数估计

normfit 正态分布参数估计的函数格式如下：

```
% muhat,sigmahat 分别为正态分布的参数μ和σ的估计值，muci,sigmaci 分别为置信区间，其置信度为
  (1-α)×100%
[muhat,sigmahat,muci,sigmaci] = normfit(data)
[muhat,sigmahat,muci,sigmaci] = normfit(data,alpha)    %alpha 用于给出显著水平α，默认为 0.05，
置信度为 95%
```

【实例 10.41】 用函数 normfit 求解正态分布参数估计。

```
%在命令行窗口输入如下命令
>> clc
>> clear all
>> data = normrnd(10,2,100,2);
>> [mu,sigma,muci,sigmaci] = normfit(data)
mu =

    10.0160   10.2212
sigma =

     1.8063    1.8669
muci =

     9.6576    9.8507
    10.3744   10.5916
sigmaci =

     1.5859    1.6391
     2.0983    2.1687
```

【实例 10.42】 有两组正态随机数据，每组中有 100 个数值，其均值为 9，均方差为 1，求 96% 的置信区间和参数估计值。

```
%在命令行窗口输入如下命令
>> clc
>> clear all
>> X=normrnd(9,1,100,2);
>> [muhat,sigmahat,muci,sigmaci] = normfit(X,0.04)
muhat =

     8.8786    8.8924
sigmahat =

     0.9723    1.0072
muci =

     8.6762    8.6828
     9.0809    9.1021
sigmaci =

     0.8485    0.8790
     1.1379    1.1787
```

10.4.3　二项分布的参数估计

binofit 二项分布的参数估计的函数格式如下：

```
phat = binofit(x,n);        %二项分布的概率的最大似然估计
[phat,pci] = binofit(x,n);  %置信度为 95%的参数估计和置信区间
[phat,pci] = binofit(x,n,alpha);   %返回水平为 alpha 的参数估计和置信区间
```

【实例 10.43】 进行二项分布的参数估计。

```
%在命令行窗口输入如下命令
>> clc
>> clear all
>> X = binornd(26,0.8)       %产生二项分布的随机数
```

```
X =

    14

>> [phat, pci] = binofit(X, 26, 0.95)      %求概率的估计值和置信区间,置信度为95%

phat =

    0.5385


pci =

    0.5129    0.5630
```

10.4.4　mle——指定分布的参数估计

mle 指定分布的参数估计的函数格式如下:

```
phat = mle('dist',data)       %X 为数据样本,返回用 dist 指定分布的最大似然估计值,dist 为分布函数名
[phat,pci] = mle('dist',data) %X 为数据样本,默认置信度为 95%
```

【实例 10.44】 指定分布的参数估计。

```
%在命令行窗口输入如下命令
>> clc
>> clear all
>> X = binornd(20, 0.8)    %产生二项分布的随机数

X =

    18

>> [p, pci] = mle('bino',X,0.04,20)    %求概率的估计值和置信区间,置信度为95%

p =

    0.9000

pci =

    0.6726
    0.9890
```

【实例 10.45】 利用 mle 函数进行指定分布的参数估计。

```
%在命令行窗口输入如下命令
>> clc
>> clear all
%示例1
>> data = binornd(20,0.75,100,1);

>> [phat,pci] = mle(data,'distribution','binomial',...
                    'alpha',.05,'ntrials',20);
phat =

    0.7470
pci =

    0.7273
    0.7659
%示例2
>> X=binornd(20,0.8)
```

```
X =

    13
>> [phat,pci] = mle('bino',X,0.04,20)
phat =

    0.6500
pci =

    0.3978
    0.8527
```

10.5 假设检验

假设检验是对总体的参数或总体分布函数形式的某种假设进行判断的过程。假设检验主要包括以下几个步骤。

(1) 根据问题的要求，设置原假设 H_0 和备择假设 H_1。
(2) 选择合适的检验统计量。在 H_0 成立的条件下，确定其概率分布。
(3) 确定拒绝域。对给定的显著性水平α，由统计量的分布查表或计算确定出临界值，进而得到 H_0 的拒绝域。
(4) 根据样本观察值计算出统计量值。
(5) 根据统计量的值是否落入拒绝域，进行拒绝或保留 H_0 的判断。

MATLAB 的统计工具箱提供了表 10-7 所示的几种假设检验函数。

表 10-7 假设检验函数

函 数 名	调 用 格 式	函 数 功 能
chi2gof	H=chi2gof(X) [H,P]=chi2gof(X)	单样本分布服从正态分布的 x^2 检验。返回检验结果 H 和 P 值
jbtest	H=jbtest(X) H=jbtest(X,alpha)	单样本分布服从正态分布的雅克比检验
kstest	H=kstest(X,cdf)	单样本服从任意特殊分布的检验，其中 cdf 规定特殊分布的累积分布函数
kstest2	H=kstest2(X1,X2,cdf)	两个样本的同分布检验
lillietest	H=lillietest(X)	单样本分布服从正态分布的 Lilliefors 检验
ranksum	H=ranksum(x,y)	两个独立样本来自具有相同中值的分布的检验
runstest	H=runstest(X)	原假设：样本值是按照随机顺序排列的
signtest	p=signtest(x,y)	成对数据样本的相应数据之差来自中值为 0 的分布的检验，返回 p 值
ttest	H=ttest(x,m) H=ttest(x,y)	t 检验假设 x 中数据来自均值为 m 的分布；检验两个样本来自具有同均值的分布
ttest2	H=ttest2(x,y)	t 检验两个方差未知的正态样本具有相同均值
vartest	H=vartest(X,V)	x^2 检验正态样本方差为 V
vartest2	H=vartest2(X,Y)	F 检验两个独立正态样本具有相同方差
vartestn	Vartestn(X)	原假设：矩阵 X 各列来自具有相同方差的正态分布。备择假设：矩阵 X 各列为方差不同的正态分布
ztest	H=ztest(x,m,sigma)	z 检验标准差为 sigma 的正态样本的均值为 m

表中 X 为输入样本；H 为检验结果，其值为 0 支持原假设，其值为 1 拒绝原假设；显著水平 α 默认值为 0.05，也可以在参数中进行设定；p 值是拒绝原假设的最小的 α 值。

10.5 假设检验

下面介绍其中几种重要形式的假设检验。

10.5.1 t 检验法

ttest—t 检验法的函数格式如下：

```
h = ttest(x, m)    %x 为正态总体的样本，m 为均值μ，显著性水平为 0.05
h = ttest(x, m, alpha)    % alpha 为给定显著性水平
%sig 为观察值的概率，当 sig 为小概率时则对原假设提出质疑，ci 为真正均值μ的 1-alpha 置信区间
[h, sig, ci] = ttest(x, m, alpha, tail)
```

【实例 10.46】 在某砖厂生产的一批砖中，随机地抽取 6 块进行抗断强度试验，测得结果（单位：kg/cm^2）如下：32.56、29.66、32.64、30.00、31.87、32.03；设砖的抗断强度服从正态分布，问这批砖的平均抗断强度是否不大于 32.50(kg/cm^2)；取（α=0.05）。

```
%由题意可得如下假设：
```
$H_0 : \mu \leqslant 32.50$
$H_1 : \mu > 32.50$
```
%由于其为方差未知，检验均值大小的假设检验问题，故选择 t 统计量进行检验。具体用下列程序实现。
%在命令行窗口输入如下命令
>> clc
>> clear all
>> x=[32.56  29.66  32.64  30.00  31.87  32.03];
>> m=32.5;
>> h=ttest(x,m,0.05,'right')
%输出结果为：
h =
    0
```

由 h=0 可知在显著性水平为 0.05 的情况下，不能拒绝原假设，即认为这批砖的平均抗断强度不大于 32.5 kg/cm^2。

【实例 10.47】 某种机械器件的长度 X（cm）服从正态分布，μ、σ^2 均未知。现测得 20 个器件的长度如下：

159、280、238、101、212、224、379、179、264、222、362、168、250、149、260、485、170、190、226.5、230，问是否有理由认为该器件的平均长度大于 225（cm）？

```
%未知σ²，在水平α = 0.05下检验，假设：
```
$H_0 : \mu < \mu_0 = 225$
$H_1 : \mu > 225$
```
%在命令行窗口输入如下命令
>> clc
>> clear all
>> X=[159 280 238 101 212 224 379 179 264 222 362 168 250 149 260 485 170 190 226.5 230]
X =

  Columns 1 through 12

  159.0000  280.0000  238.0000  101.0000  212.0000  224.0000  379.0000  179.0000  264.0000
  222.0000  362.0000  168.0000

  Columns 13 through 20

  250.0000  149.0000  260.0000  485.0000  170.0000  190.0000  226.5000  230.0000

>> [h,sig,ci]=ttest(X,225,0.05,1)
h =
    0
sig =
```

```
    0.2688
ci =
  203.1978    Inf
```

10.5.2 u 检验法

ztest——u 检验法的函数格式如下：

```
%在 α=0.05 水平上检验标准差已知为 sigma 的正态分布样本均值是否为 m。x 为矩阵时，函数分别检验 x 的每一列，
并返回一个向量形式的结果。
h=ztest(x,m,sigma)
%对显著性水平加以限制，为 alpha 规定的值。
h = ztest(x, m, sigma, alpha)
%tail（取值见表 10-8）对三种备择假设形式进行选择，sig 为 p 值，ci 为 1-alpha 置信区间。
[h, sig, ci]=ztest(x, m, sigma, alpha, tail)
```

表 10-8　　　　　　　　单样本均值检验：tail 取值及选择的备择假设

tail 取值	备择假设形式
'both'（默认值）	样本均值不等于 $m(\bar{x} \neq m)$
'right'	样本均值大于 $m(\bar{x} > m)$
'left'	样本均值小于 $m(\bar{x} < m)$

【实例 10.48】 某车间用一台包装机包装食盐，食盐重量是一个随机变量，它服从正态分布。当机器正常时，其均值为 0.5kg，标准差为 0.02。某日开工后检验包装机是否正常，随机抽取所包装的食盐 10 袋，称得净重为（kg）：

0.499、0.507、0.499、0.508、0.524、0.508、0.491、0.512、0.519、0.492，

问机器是否正常？

```
%总体 μ 和 σ 已知，那么这个题目是当 σ² 为已知时，在水平 α=0.05 下，根据样本值判断 μ≠0.5 还是 μ=0.5，为此
提出假设：
```

原假设 $H_0: \mu = \mu_0 = 0.5$；

备择假设 $H_1: \mu \neq 0.5$。

```
%在命令行窗口输入如下命令
>> clc
>> clear all
>> X = [0.499, 0.507, 0.499, 0.508, 0.524, 0.508, 0.491, 0.512, 0.519, 0.492]
X =
    0.4990    0.5070    0.4990    0.5080    0.5240    0.5080    0.4910    0.5120    0.5190
    0.4920

>> [h, sig, ci, zval] = ztest(X, 0.5, 0.015, 0.05, 0)

h =

     0


sig =

    0.2136       %样本观察值的概率


ci =
```

```
       0.4966      0.5152    %置信区间,均值为 0.5 在此区间之间

zval =

    1.2438    %统计量的值
```

通过结果可以知道 $h=0$,说明在水平 $\alpha=0.05$ 的情况下,可接受原假设,即认为包装机工作是正常的。

【实例 10.49】某糖厂有一台自动打包机打包,额定标准每包质量为 100kg。设每包质量服从正态分布,且根据以往经验,其方差 $\sigma^2 = (0.4)^2$。

某天开工后,为检查打包机工作情况,随机地抽取 9 包,称得质量(单位:kg)如下:
99、98.5、102.5、101、98、99、102、102.1、100.5,问这天打包机工作是否正常?设显著性水平为 0.05。

```
%由题意可提出如下假设:
原假设 H0: μ=100;
备择假设 H1: μ≠100。
%由于该样本服从正态分布且方差已知,因此可以用 z 统计量检验假设。具体通过下面的程序实现。
%在命令行窗口行输入如下命令
>> clc
>> clear all
>> x=[99  98.5  102.5  101  98  99  102  102.1  100.5];
>> m=100;
>> h=ztest(x,m,0.4)
%输出结果为:
h =
     1
%在 MATLAB 命令行窗口中继续输入:
>> [h,sig,ci]=ztest(x,m,0.4)
%输出结果为:
h =
     1
sig =
    0.0303
ci =
  100.276         100.5502
```

由 $h=1$ 知拒绝原假设,即这天打包机打包的质量与规定质量有显著差异。另外可得 p 值为 0.0303 以及包含均值真值的 95%置信区间为[100.276,100.5502]。

10.5.3 秩和检验

ranksum 秩和检验的函数格式如下:

```
p = ranksum(x,y,alpha)    %x、y 为两个总体的样本,可以不等长,alpha 为显著水平
[p,h] = ranksum(x,y,alpha)  %h 为检验结果,h=0 表示 x 与 y 的总体差别不显著,h=1 表示 x 与 y 的总体差别显著
[p,h,stats] = ranksum(x,y,alpha)   %stats 中包括 ranksum 为秩和统计量的值以及 zval 为过去计算 p 的正态统计量的值
```

【实例 10.50】某商店为了确定向公司 A 或公司 B 购买某种商品,将 A 和 B 公司以往的各次进货的次品率进行比较,数据如下所示,设两个数据相互独立。问两个公司的商品的质量有无显著差异。设两家公司的商品的次品的密度最多只要一个平移,取 $\alpha=0.05$。

A:7.0 3.5 9.6 8.1 6.2 5.1 10.4 4.0 2.0 10.5
B:5.7 3.2 4.1 11.0 9.7 6.9 3.6 4.8 5.6 8.4 10.1 5.5 12.3

```
%在命令行窗口输入如下命令
>> clc
>> clear all
%示例1
>> A=[7.0 3.5 9.6 8.1 6.2 5.1 10.4 4.0 2.0 10.5];
>> B=[5.7 3.2 4.1 11.0 9.7 6.9 3.6 4.8 5.6 8.4 10.1 5.5 12.3];
>> [p,h,stats]=ranksum(A,B,0.05)
p =
0.8282

h =
     0

stats =
        zval: -0.2171
     ranksum: 116
```

通过结果可知：一方面，两个样本总体均值相等的概率为 0.8282，不接近于 0；另一方面，$h=0$ 也说明可以接受原假设 H_0，即认为两家公司的商品的质量无明显差异。

```
%示例2
>> x = unifrnd(0,1,10,1);
>> y = unifrnd(0.25,1.25,15,1);
>> [p,h] = ranksum(x,y)
p =
    0.4881
h =
     0
```

10.5.4 符号秩检验

signrank 符号秩检验的函数格式如下：

`p = signrank(x,y,alpha);` %x、y 为两个总体的样本，长度必须相同，alpha 为显著性水平，p 为两个样本 x 和 y 的中位数相等的概率，p 接近于 0 则可对原假设质疑。

`[p,h] = signrank(x,y,alpha);` %h 为检验结果，h=0 表示 x 与 y 中位数之差不显著；h=1 表示 x 与 y 中位数之差显著。

`[p,h,stats] = signrank(x,y,alpha);` %stats 中包括 signrank 为符号秩统计量的值以及 zval 为过去计算 p 的正态统计量的值。

【实例 10.51】 两个正态随机样本的中位数相等的假设检验。

```
%在命令行窗口输入如下命令
>> clc
>> clear all
>> clear
>> x= normrnd(0,1,20,1);
>> y = normrnd(0,2,20,1);
>> [p,h,stats] = signrank(x,y,0.05)
%输出结果为：
p =
    0.6542

h =
     0

stats =
          zval: -0.4480
    signedrank: 93
%通过结果可知：h=0 表示 X 与 Y 的中位数之差不显著
```

10.6 回归

回归分析（Regression Analysis）是研究一个变量 Y 与其他若干变量 X 之间相关关系的一种数学工具。它是在一组试验或观测数据的基础上，寻找被随机性掩盖了的变量之间的依存关系。粗略地讲，可以理解为用一种确定的函数关系去近似代替比较复杂的相关关系。这个函数称为回归函数，在实际问题中称为经验公式。

回归分析所研究的主要问题就是如何利用变量 X、Y 的观察值（样本），对回归函数进行统计推断，包括对它进行估计及检验与它有关的假设等。

回归分析包含的内容广泛。此处将讨论一元多项式回归、多元线性回归、非线性回归以及逐步回归。

10.6.1 线性回归

线性回归包括一元多项回归，多元线性回归。线性回归，是利用数理统计中回归分析，来确定两种或两种以上变量间相互依赖的定量关系的一种统计分析方法，运用十分广泛。其表达形式为 $y=w'x+e$，e 为误差服从均值为 0 的正态分布。回归分析中，只包括一个自变量和一个因变量，且二者的关系可用一条直线近似表示，这种回归分析称为一元线性回归分析。如果回归分析中包括两个或两个以上的自变量，且因变量和自变量之间是线性关系，则称为多元线性回归分析。

一元线性回归分析：

曲线拟合：已知离散点上的数据集，即已知在点集上的函数值，构造一个解析函数（其图形为一曲线）使在原离散点上尽可能接近给定的值。

1. 用函数 polyfit 估计模型参数，其具体调用格式如下：

polyfit 函数是 MATLAB 中用于进行曲线拟合的一个函数，其数学基础是最小二乘法曲线拟合原理。

polyfit 实现，其调用格式如下：

```
p = polyfit(x,y,n)  % x, y 为将要拟合的数据，它是用数组的方式输入。输出参数 p 为拟合多项式
y=p1x^n+...+pnx+a,共n+1 个系数。
[p,S] = polyfit(x,y,n)
[p,S,mu] = polyfit(x,y,n)
```

- x 为源数据点对应的横坐标，可为行向量、矩阵；
- y 为源数据点对应的纵坐标，可为行向量、矩阵；
- n 为表示多项式的最高阶数，一阶直线拟合，二阶抛物线拟合，并非阶次越高越好，看拟合情况而定。
- S 为包含 x 的范德蒙矩阵 QR 分解的 R 对角线、自由度以及残差；
- mu 为返回 x 的均值和标准差。

2. 输出估计值与残差的计算用函数 polyval 实现，其具体调用格式如下：

polyval 函数是 MATLAB 中用于输出估计值与残差的一个函数，作用是用多项式系数 x 向量求 y 向量，使用方法是返回 n 次多项式 p 在 x 处的值。

polyval 实现，其调用格式如下：

```
y = polyval(p,x)  %Y 为 X 在估计参数为 p 的线性模型作用下的输出。
[y,delta] = polyval(p,x,S)
y = polyval(p,x,[],mu)
[y,delta] = polyval(p,x,S,mu)
```

- p 为 polyfit 的输入变量，是一个长度为 n+1 的向量，其元素为按降幂排列的多项式系数；
- S 为输入变量 S 为 polyfit 的输出；
- delta 为为误差估计；
- mux 为 x 的均值和标准差。
- 在线性回归模型中，y±delta 以 50%的概率包含函数在 x 处的真值。

3. 模型预测的置信区间用 polyconf 实现，具体调用格式如下：

polyconf 用于多项式评价和置信区间估计，对 ployfit 拟合的函数进行评价与估计。polyconf 实现，其调用格式如下：

```
Y = polyconf(p,X)    %返回预测的95%置信区间为 Y±DELTA；
[Y,DELTA]=polyconf(p,X,S)  %求polyfit所得的回归多项式在x处的预测值Y及预测值的显著性为1-alpha
的置信区间DELTA；
[Y,DELTA] = polyconf(p,X,S,param1,val1,param2,val2,...)
```

- p 为 polyfit 函数的返回值；
- x 为 polyfit 函数的 x 值；
- S 为 polyfit 函数的 S 值；
- DELTA 缺省时为 0.05。它假设 polyfit 函数数据输入的误差是独立正态的，并且方差为常数；

4. 交互式画图工具 polytool，调用格式如下：

polytool 是一款交互式画图工具。polytool 实现，其调用格式如下：

```
polytool(x,y)    %用1次多项式拟合y，x的值，默认值为1。
polytool(x,y,n)  %用n次多项式拟合y，x的值。
polytool(x,y,n,alpha)
polytool(x,y,n,alpha,xname,yname)
h = polytool(...)
```

- alpha 是置信区间，默认值为 0.05；

10.6.2 非线性回归

非线性回归包括如下几个用于计算回归参数、预测输出、置信区间以及输出交互图像的函数。

1. 非线性最小二乘参数估计

对于非线性方程的系数估计通常采用最小二乘估计，又叫做非线性最小二乘回归。在 MATLAB 中采用 nlinfit 实现非线性最小二乘回归，其调用格式如下。

```
beta = nlinfit(X, Y, fun, beta0);    %返回非线性回归方程系数的最小二乘估计值
[beta, r, J] = nlinfit(X, Y, fun, beta0);
```

- fun 为用户提供形如 Y = f(beta, X)的函数；
- beta0 为系数初值；
- 返回拟合系数 beta、残差 R 和 Jacobi 矩阵 J。

2. 最小二乘估计参数的置信区间

用非线性最小二乘法估计的系数，其置信区间用 nlparci 计算。其输入为 nlinfit 函数的输出 beta，r，J。函数具体调用格式为：

```
ci = nlparci(beta, r, J);    %返回系数beta的95%置信区间
ci=nlparci(beta,r,J,alpha);  %返回系数beta的100(1-alpha)%置信区间
```

3. 最小二乘估计模型的预测输出及其置信区间

非线性最小二乘估计模型的预测输出及其置信区间用 nlpredci 计算，具体调用格式如下：

```
[ypred, delta]=nlpredci(FUN, inputs, beta, r, J);  %返回模型在对应inputs处的输出预测值ypred，
```

%并给出 95%的置信区间为[ypred-delta, ypred+delta];
[ypred, delta]=nlpredci(FUN, inputs, beta, r, J, alpha); %返回模型在对应 inputs 处输出预测值
%ypred 以及其 100(1-alpha)%的置信区间[ypred-delta, ypred+delta]。

4. 非线性拟合和预测的交互图形工具

nlintool 是非线性拟合和预测的交互图形工具，其具体调用格式如下：

nlintool(X, Y, fun, beta0); %返回 X、Y 的非线性最小二乘法的曲线拟合图，并画出 95%置信区间
nlintool(X, Y, fun, beta0, alpha); %给出曲线拟合图及 100(1-alpha)%置信区间
nlintool(X, Y, fun, beta0, alpha, 'xname', 'yname'); %给出曲线拟合图和置信区间，标出 x、y 变量名称

10.7 综合实例

【实例 10.52】已知 x=0:0.1:1，y=[-0.447 1.978 3.28 6.16 7.08 7.34 7.66 9.56 9.48 9.30 11.2]，求用 polyfit 和 polyval 函数拟合出的曲线图（见图 10-1）。

```
%在命令行窗口输入如下命令
>> clc
>> clear all
>> clear
>> x=0:0.1:1;
>> y=[-0.447 1.978 3.28 6.16 7.08 7.34 7.66 9.56 9.48 9.30 11.2];
>> A=polyfit(x,y,2);
>> z=polyval(A,x);
>> plot(x,y,'r*',x,z,'b')
```

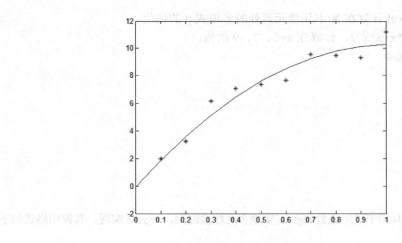

图 10-1　曲线拟合的函数图

【实例 10.53】以一简单数据组来说明什么是线性回归。假设有一组数据型态为 y=y(x)，其中 x={0, 1, 2, 3, 4, 5}，y={0, 20, 60, 68, 77, 110}。

如果要以一个最简单的方程式来近似这组数据，则用一阶的线性方程式最为适合。从 polyfit 函数得到的输出值就是上述的各项系数，并计算这个线性方程式的 y 值与原数据 y 值间误差平方的总合（见图 10-2）。

```
%在命令行窗口输入如下命令
>> clc
>> clear all
>> clear
```

```
>> x=[0 1 2 3 4 5];
>> y=[0 20 60 68 77 110];
>> coef=polyfit(x,y,1);  % coef 代表线性回归的二个输出值
>> a0=coef(1); a1=coef(2);
>> ybest=a0*x+a1;  % 由线性回归产生的一阶方程式
>> sum_sq=sum((y-ybest).^2);  % 误差平方总合为 356.82
>> axis([-1,6,-20,120])
>> plot(x,ybest,x,y,'o'), title('Linear regression estimate'), grid
```

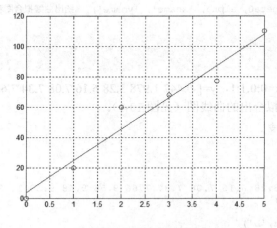

图 10-2　曲线拟合的函数图

【**实例 10.54**】polyval 计算在 X 中任意元素处的多项式 p 的估值。

对多项式 p(x)=1+2*x+3*x^2，计算在 x=5、7、9 的值。

```
%在命令行窗口输入如下命令
>> clc
>> clear all
>> clear
>> x=[5,7,9];
>>p=[3,2,1];
>> polyval(p,x)
%结果为
ans =

    86   162   262
```

多元线性回归：

在 MATLAB 统计工具箱中使用函数 regress 实现多元线性回归。regress 实现，其调用格式如下：

```
b = regress(y,X)
[b,bint] = regress(y,X)
[b,bint,r] = regress(y,X)
[b,bint,r,rint] = regress(y,X)
[b,bint,r,rint,stats] = regress(y,X)
[...] = regress(y,X,alpha)
```

- ❏ 1-alpha 为置信水平，alpha 不写时默认 0.05；
- ❏ B 为回归系数；
- ❏ bint 为回归系数的区间估计；
- ❏ r 为残差；
- ❏ rint 为置信区间；
- ❏ stats 为用于检验回归模型的统计量。有 4 个数值：判定系数 R^2，F 统计量观测值，检验的 p 的值，误差方差的估计。

10.7 综合实例

> **说明** 相关系数 r^2 越接近 1,说明回归方程越显著；F>F(1-alpha)时拒绝,F 越大,说明回归方程越显著；与 F 对应的概率为 p。

其中因变量数据向量 Y 和自变量数据矩阵 X 按以下排列方式输入：

$$X = \begin{bmatrix} 1 & x_{11} & \cdots & x_{1k} \\ 1 & x_{21} & \cdots & x_{2k} \\ \vdots & \cdots & \cdots & \vdots \\ 1 & x_{n1} & \cdots & x_{nk} \end{bmatrix}, \quad Y = \begin{bmatrix} y_{1k} \\ y_{2k} \\ \vdots \\ y_{nk} \end{bmatrix};$$

【实例 10.55】如何估计多元线性回归的系数（见图 10-3），以 MATLAB 自带的数据为样本，示例代码如下。

```
clc
clear all
clear
load carsmall  %此数据样本 MATLAB 自带
x1 = Weight;   %取这 3 个变量作为拟合对象,x1、x2 自变量，y 应变量
x2 = Horsepower;
y = MPG;

%用相互作用项计算线性模型的回归系数
X = [ones(size(x1)) x1 x2 x1.*x2];
b = regress(y,X);

%绘制数据和模型
scatter3(x1,x2,y,'filled')
hold on
x1fit = min(x1):100:max(x1);
x2fit = min(x2):10:max(x2);
[X1FIT,X2FIT] = meshgrid(x1fit,x2fit);
YFIT = b(1) + b(2)*X1FIT + b(3)*X2FIT + b(4)*X1FIT.*X2FIT;
mesh(X1FIT,X2FIT,YFIT)
xlabel('Weight')
ylabel('Horsepower')
zlabel('MPG')
view(50,10)
```

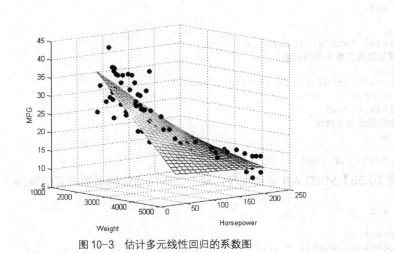

图 10-3 估计多元线性回归的系数图

【实例 10.56】已知，x=[1.1389 1.0622 0.9822 0.934 0.9251 0.9158]; y=[0.03 1 5.03 15.05 19.97

30.3];

其中拟合函数为 y=-k*ln(x+a)-b，求利用 nlinfit 函数进行非线性参数拟合（见图 10-4）。

```
%在命令行窗口输入如下命令
clc
clear all
clear
x=[1.1389 1.0622 0.9822 0.934 0.9251 0.9158];
y=[0.03 1 5.03 15.05 19.97 30.3];
myfunc=inline('-beta(1)*log(x+beta(2))-beta(3)','beta','x');
beta=nlinfit(x,y,myfunc,[0 0 0]);
k=beta(1),a=beta(2),b=beta(3) %test the model
xx=min(x):max(x);
yy=-k*log(x+a)-b;
plot(x,y,'o',x,yy,'r')
```

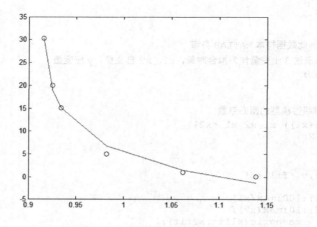

图 10-4 nlinfit 非线性参数拟合图

【实例 10.57】已知，x=2:10; y=8*sin(x).*exp(x)-12./log(x)。

对于函数 y=a*sin(x)*exp(x)-b/log(x)，现在已经有多组(x,y)的数据，求取最佳的 a、b 值。

```
clc
clear all
clear
x=2:10;
y=8*sin(x).*exp(x)-12./log(x);
%上面假如是我们事先获得的值
a=[1 2];
f=@(a,x)a(1)*sin(x).*exp(x)-a(2)./log(x);
%使用 nlinfit
nlinfit(x,y,f,a)
%在命令行显示如下命令
>>ans =

    8.0000   12.0000
```

【实例 10.58】MATLAB 实例程序，最小二乘法估计的系数的置信区间。

```
clc
clear all
clear
load reaction
[beta,resid,J,Sigma] = ...
    nlinfit(reactants,rate,@hougen,beta);
```

```
ci = nlparci(beta,resid,'jacobian',J)
%在命令行显示如下命令
>> ci =

   -0.7467    3.2519
   -0.0377    0.1632
   -0.0312    0.1113
   -0.0609    0.2857
   -0.7381    3.1208
```

【实例 10.59】MATLAB 实例程序,预测的函数值,以及它的置信区间。

```
clc
clear all
clear
load reaction;

[beta,resid,J,Sigma] = nlinfit(reactants,rate,@hougen,...
beta);

newX = reactants(1:2,:);
[ypred, delta] = nlpredci(@hougen,newX,beta,resid,...
'Covar',Sigma);
ypred =

    8.4179
    3.9542


delta =

    0.2805
    0.2474
```

第 11 章 MATLAB 求解微分方程组

常微分方程作为微分方程的基本类型之一，在自然界与工程界有很广泛的应用。很多问题的数学表述都可以归结为常微分方程的定解问题。很多偏微分方程问题，也可以化为常微分方程问题来近似求解。MATLAB 中提供了求解函数和求解器，可以实现常微分方程的解析求解和数值求解，而且还可以通过编程实现一些常见的数值解法。

本章的知识结构

通过本章的学习，读者能够熟练使用 MATLAB 的求解函数和求解器，以及通过编程进行常微分方程的求解。

11.1 常微分方程

11.1.1 微分方程组的符号解

函数 dsolve 可以用来计算常微分方程的符号解。常微分方程由包含表达微分的字母 D 的符号表达式来表示。而符号 $D2$、$D3$，…DN 分别对应于第 2，第 3，…第 N 阶导数。例如 $D2y$ 等同于表达式 d^2y/dt^2，因变量就是 D 后面的变量，而默认的自变量是 t。符号变量的名字不能包含字母 D。自变量可以由 t 改变为其他符号变量，作为最后一个输入变量包含在函数 dsolve 中。

初始条件可以由附加方程来指定。如果没有指定初始条件，那么结果将会包括积分常数项 $C1$、$C2$ 等。函数 dsolve 输出的格式设置同函数 solve 是一样的。也就是说可以设定好返回变量的个数来调用 dsolve 函数，或者也可以让求解微分方程的解返回到一个架构数组。

dsolve 函数的调用格式如下：

```
dsolve('eq1','eq2',…,'cond1','cond2',…,'v')
dsolve(…,'IgnoreAnalyticConstraints',value)
```

❏ 参数 ep：代表要被关闭的引擎指针；
❏ 返回值：为 0 表示关闭成功，返回 1 表示发生错误。

【实例 11.1】调用 dsolve 命令来求解两个线性一阶方程构成的方程组示例。

$$\begin{cases} \dfrac{df}{dt} = 3f + 4g \\ \dfrac{dg}{dt} = -4f + 3g \end{cases}$$

```
%在命令行窗口输入如下命令
>> clc
>> clear all
%输入两个线性一阶方程
```

```
>> S = dsolve('Df = 3*f+4*g','Dg= -4*f+3*g')
S =
    f: [1x1 sym]
    g: [1x1 sym]
>> f = S.f
f =
C2*cos(4*t)*exp(3*t) + C1*sin(4*t)*exp(3*t)
>> g = S.g
g =
C1*cos(4*t)*exp(3*t) - C2*sin(4*t)*exp(3*t)
%如果想在初始条件下重新对方程求解,可以使用以下命令
>> [f g] = dsolve('Df = 3*f+4*g','Dg= -4*f+3*g','f(0)=0,g(0)=1')
f =
sin(4*t)*exp(3*t)
g =
cos(4*t)*exp(3*t)
```

11.1.2 欧拉法

欧拉法(Euler)是简单有效的常微分方程数值解法,欧拉法有多种形式的算法,其中简单欧拉法是一种单步递推算法。

1. 基本原理

对于一个简单的一阶微分方程:

$$y' = f(x,y);$$

其中初始值为:

$$y(x_0) = y_0。$$

欧拉法等同于将函数微分转换为数值差分,如下式:

$$y'(x) = \frac{y(x+h) - y(x)}{h}。$$

故原方程变形为:

$$y_{n+1} = y_n + hf(x_n, y_n)。$$

2. 算法的程序实现

在 MATLAB 中编程实现欧拉法的函数为:MyEuler,如表 11-1 所示。

表 11-1　　　　　　　　　　　　　　　MyEuler 函数

函数	MyEuler
功能	以欧拉法求解常微分方程
格式	[outx,outy] = MyEuler(fun, x0, xt, y0, PointNum)

其中,fun 为函数名;x0 为自变量区间初值;xt 为自变量区间终值;y0 为函数在 x0 处的值;PointNum 为自变量在[x0, xt] 上所取的点数;outx 为输出自变量区间上所取点的 x 值;outy 为对应点上的函数值

欧拉法的 MATLAB 程序代码如下:

```
function [outx,outy]=MyEuler(fun,x0,xt,y0,PointNum)
%用前向差分的欧拉法解微分方程 y'=fun
%函数 f(x,y): fun
%自变量的初值和终值: x0,xt
%y0 表示函数在 x0 处的值，输入初值为列向量形式
%自变量在[x0,xt]上取的点数: PointNum
%outx:所取的点的 x 值
%outy:对应点上的函数值
if nargin<5 | PointNum<=0        %如果函数仅输入 4 个参数值，则 PointNum 默认值为 100
    PointNum=100;
end
if nargin<4                       %y0 默认值为 0
    y0=0;
end
h=(xt-x0)/PointNum;               %计算步长 h
x=x0+[0:PointNum]'*h;             %自变量数组
y(1,:) = y0(:)';                  %输入存为列向量
for k = 1:PointNum
    f=feval(fun,x(k),y(k,:));     %计算 f(x,y)在每个迭代点的值
    f=f(:)';
    y(k + 1, :) =y(k, :) +h*f;    %对于所取的点 x 迭代计算 y 值
end
outy=y;
outx=x;
plot(x,y)                         %画出方程解的函数图
```

3. 实例分析

【**实例 11.2**】欧拉法求解常微分方程应用实例。用欧拉法求常微分方程

$$\begin{cases} y' = \sin x + y \\ y(x_0) = 1, x_0 = 0 \end{cases}$$

当 $h = 0.2$ 和 $h = 0.4$ 时的数值解，与精确解进行对比，并画出解的图形。

首先建立函数文件 **myfun01.m**：

```
function f=myfun01(x,y)
f=sin(x)+y;
```

通过在相同的积分区间上设定不同的取点数，从而改变步长，可得到不同的欧拉解。以下程序即可实现此功能，并给出了几乎等于精确解的微分方程符号解，如文件 **ex9_2.m** 所示。

```
function ex9_2()
[x1,y1]=MyEuler('myfun01',0,2*pi,1,16);             %欧拉法所得的解
h1=2*pi/15 %计算取步长
[x11,y11]=MyEuler('myfun01',0,2*pi,1,32);           %欧拉法所得的解
h2=pi/15 %计算步长
y=dsolve('Dy=y+sin(t)','y(0)=1');                   %该常微分方程的符号解
for k=1:33
    t(k)=x11(k);
    y2(k)=subs(y,t(k));                             %求其对应点的离散解
end
plot(x1,y1,'+b',x11,y11,'og',x11,y2,'*r')
legend('h=0.4 的欧拉解','h=0.2 的欧拉解','符号解')
```

运行程序后，输出图 11-1 所示的图形。

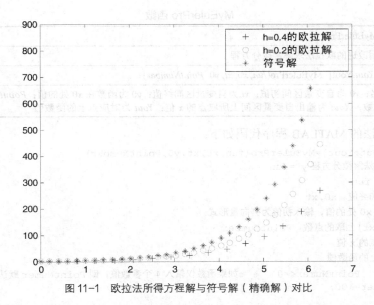

图 11-1　欧拉法所得方程解与符号解（精确解）对比

从图 11-1 中可以看出，用欧拉法得到的解和用符号法得到的解之间存在一定的误差，且取的步长越小，欧拉解越接近精确解。

由于向前差商比较简单，此处仅举向前差商的例子。另外还有两种差商，分别为向后差商和中心差商。有兴趣的读者可以参考相关资料，编写相应的 MATLAB 程序，其基本思想是一致的。

11.1.3　改进的欧拉法

改进的欧拉法实际上是通过预估—校正过程对梯形公式进行修正，从而简化迭代过程的方法，又称为 Henu 算法。

1. 基本原理

改进的欧拉法的具体求解过程如下：

对方程 $y' = f(x, y)$ 两边由 x_n 到 x_{n+1} 积分，并利用梯形公式，可得：

$$y_{n+1} = y_n + \frac{h}{2}[f(x_n, y_n) + f(x_{n+1}, y_{n+1})] \text{；}$$

其中初始值为：

$$y(x_0) = y_0 \text{。}$$

由上可知，所得到的迭代式为隐式格式。计算中为了保证一定的精确度，避免迭代过程计算量太大，一般先用显式公式算出初始值，再用隐式公式进行一次修正。此过程称为预估—校正过程。

具体迭代公式如下：

$$\bar{y}_{n+1} = y_n + hf(x_n, y_n) \text{；}$$

$$y_{n+1} = y_n + \frac{h}{2}[f(x_n, y_n) + f(x_{n+1}, \bar{y}_{n+1})] \text{。}$$

2. 算法的程序实现

在 MATLAB 中编程实现改进的欧拉法的函数为：**MyEulerPro**，如表 11-2 所示。

第 11 章 MATLAB 求解微分方程组

表 11-2　　　　　　　　　　　　　　MyEulerPro 函数

函数：	MyEulerPro
功能：	用改进的欧拉法求解常微分方程
格式：	[*Xout*,Yout]=MyEulerPro(*fun, x0, xt, y0, PointNumber*)

其中，*fun* 为函数名；*x0* 为自变量区间初值；*xt* 为自变量区间终值；*y0* 为函数在 *x0* 处的值；*PointNumber* 为自变量在 [*x0, xt*] 上所取的点数；*Xout* 为输出自变量区间上所取点的 *x* 值；*Yout* 为对应点上的函数值

改进的欧拉法的 MATLAB 程序代码如下：

```
function [Xout,Yout]=MyEulerPro(fun,x0,xt,y0,PointNumber)
% 用改进的欧拉法解微分方程 y'=fun
%函数 f(x,y): fun
%自变量的初值和终值：x0,xt
%y0 表示函数在 x0 处的值，输入初值为列向量形式
%自变量在[x0,xt]上取的点数：PointNumber
%Xout:所取的点的 x 值
%Yout:对应点上的函数值
if nargin<5 | PointNumer<=0         %如果函数仅输入 4 个参数值，则 PointNumer 默认值为 100
    PointNumer=100;
end
if nargin<4  %y0 默认值为 0
    y0=0;
end
h=(xt-x0)/PointNumber;                %计算所取的两个离散点之间的距离
x=x0+[0:PointNumber]'*h;              %表示出离散的自变量 x
y(1,:)=y0(:)';
for i=1:PointNumber                   %迭代计算过程
    f1=h*feval(fun,x(i),y(i,:));
    f1=f1(:)';
    f2=h*feval(fun,x(i+1),y(i,:)+f1);
    f2=f2(:)';
    y(i+1,:)=y(i,:)+1/2*(f1+f2);
end
Xout=x;
Yout=y;
```

3. 实例分析

【**实例 11.3**】改进的欧拉法求解常微分方程应用实例。利用改进的欧拉法求常微分方程：

$$\begin{cases} y' = \sin x + y \\ y(x_0) = 1, x_0 = 0 \end{cases}$$

用改进的欧拉法求解，比较两种解法的结果，并画出解的图形。

编写 MATLAB 程序 ex11_3.m：

```
function ex11_3()
%比较改进的欧拉法、简单欧拉方法以及微分方程符号解
clc
clear
[x3,y3]=MyEulerPro('myfun01',0,2*pi,1,128);
[x,y1]=MyEuler('myfun01',0,2*pi,1,128);            %欧拉法所得的解
y=dsolve('Dy=y+sin(t)','y(0)=1');                   %该常微分方程的符号解
for k=1:129
    t(k)=x(k);
    y2(k)=subs(y,t(k));                            %求其对应点的离散解
end
plot(x,y1,'-b',x3,y3,'og',x,y2,'*r')
legend('简单欧拉解','改进欧拉解','符号解')
```

运行程序后，输出图 11-2 所示的图形。

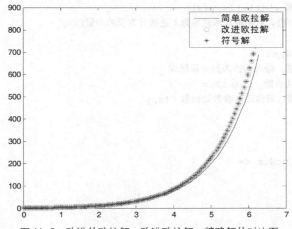

图 11-2 改进的欧拉解、改进欧拉解、精确解的对比图

如图 11-2 所示，改进欧拉解与精确解几乎完全吻合，而简单欧拉解与精确解还有一定的误差。由此可见，改进的欧拉法较之简单欧拉法更为精确。

11.1.4 龙格—库塔法

尽管改进的欧拉法相对于简单欧拉法较为精确，但是对于很多实际的问题，运用这两种方法仍然得不到足够精确的解。龙格—库塔法（Runge-Kutta）是较之前两种方法计算精度更高的方法。

1. 基本原理

在龙格—库塔法中，四阶龙格—库塔法的局部截断误差约为 $o(h^5)$，被广泛应用于解微分方程的初值问题。其算法公式为：

$$y_{n+1} = y_n + \frac{h}{6}(k_1 + 2k_2 + 2k_3 + k_4);$$

其中：

$$\begin{cases} k_1 = f(x_n, y_n) \\ k_2 = f(x_n + \frac{1}{2}h, y_n + \frac{1}{2}hk_1) \\ k_3 = f(x_n + \frac{1}{2}h, y_n + \frac{1}{2}hk_2) \\ k_4 = f(x_n + h, y_n + hk_3) \end{cases}$$

2. 四阶龙格—库塔算法的编程实现

在 MATLAB 中编程实现四阶龙格—库塔算法的函数为：MyRunge_Kutta，如表 11-3 所示。

表 11-3　　　　　　　　　　　MyRunge_Kutta 函数

函数	MyRunge_Kutta
功能	用四阶龙格—库塔算法求解常微分方程
格式	[x, y]=MyRunge_Kutta(fun, x0, xt, y0, PointNum, varargin)

其中，fun 为函数名；x0 为自变量区间初值；xt 为自变量区间终值；y0 为函数在 x0 处的值；PointNum 为自变量在 [x0, xt] 上所取的点数；varargin 为可选项参数；x 为输出自变量区间上所取点的 x 值；y 为对应点上的函数值

四阶龙格—库塔法的 MATLAB 程序代码如下：

```
function [x,y] = MyRunge_Kutta(fun,x0,xt,y0,PointNum,varargin)
用龙格—库塔法解微分方程 y'(t)=f(x,y(x))
%此程序可解高阶的微分方程。只要将其形式写为上述微分方程的向量形式
%函数 f(x,y): fun
%自变量的初值和终值：x0,xt
%y0 表示函数在 x0 处的值，输入初值为列向量形式
%自变量在[x0,xt]上取的点数：PointNum
%varargin 为可选输入项，可传适当参数给函数 f(x,y)
%x: 所取的点的 x 值
%y: 对应点上的函数值

if nargin < 4 | PointNum <= 0
    PointNum= 100;
end
if nargin < 3
    y0 = 0;
end
y(1,:) = y0(:)';                                              %初值存为行向量形式
h = (xt-x0)/(PointNum-1);                                     %计算步长
x = x0+[0:PointNum]'*h;                                       %得 x 向量值
for k = 1:PointNum                                            %迭代计算
f1 = h*feval(fun,x(k),y(k,:),varargin{:});
f1 = f1(:)';                                                  %得公式中 k1
f2 = h*feval(fun,x(k) + h/2,y(k,:) + f1/2,varargin{:});
f2 = f2(:)';                                                  %得公式中 k2
f3 = h*feval(fun,x(k) + h/2,y(k,:) + f2/2,varargin{:});
f3 = f3(:)';                                                  %得公式中 k3
f4 = h*feval(fun,x(k) + h,y(k,:) + f3,varargin{:});
f4 = f4(:)';                                                  %得公式中 k4
y(k + 1,:) = y(k,:) + (f1 + 2*(f2 + f3) + f4)/6;     %得 y(n+1)
end
```

3. 实例分析

【实例 11.4】龙格—库塔法求解常微分方程应用实例。采用龙格—库塔法求解微分方程：

$$\begin{cases} y' = -y+1 \\ y(x_0) = 0, x_0 = 0 \end{cases};$$

比较与简单欧拉法、改进的欧拉法的求解结果以及各种方法的运行时间，并画出解的图形。
容易得到该微分方程的真值解为：$y = 1 - \exp(-x)$。

MATLAB 程序如下：ex11_4.m

```
%用三种不同方法解微分方程
clear, clf                                                    %清除内存中的变量
x0=0;
xt=2;
Num=100;
h=(xt-x0)/(Num-1);
x =x0+[0:Num]*h;
a = 1;
yt = 1-exp(-a*x);                                             %真值解
fun = inline('-y + 1','x','y');                               %用 inline 构造函数 f(x,y)
```

```
y0 = 0;                                                    %设定函数初值
PointNum = 4;                                              %设定取点数
[x1,ye] = MyEuler(fun,x0,xt,y0,PointNum);
[x2,yh] = MyEulerPro(fun,x0,xt,y0,PointNum);
[x3,yr] = MyRunge_Kutta(fun,x0,xt,y0,PointNum);
plot(x,yt,'k', x1,ye,'b:', x2,yh,'g:', x3,yr,'r:')
legend('真值','简单欧拉法解','改进的欧拉法解','龙格—库塔法解')
hold on
plot(x1,ye,'bo',x2,yh,'b+', x3,yr,'r*')
PointNum= 1000;                                            %估计各算法运行 PointNum 步迭代的时间
tic   %计时开始
[x1,ye] = MyEuler(fun,x0,xt,y0,PointNum);
time_Euler = toc                                           %得到欧拉法的运行时间
tic
[x1,yh] = MyEulerPro(fun,x0,xt,y0,PointNum);
time_EulerPro = toc                                        %得到改进的欧拉法运行时间
tic
[x1,yr] = MyRunge_Kutta(fun,x0,xt,y0,PointNum);
time_RK4 = toc                                             %得到龙格—库塔法运行时间
```

运行后得到：

```
>> ex1207
time_Euler = 0.2544

time_EulerPro = 0.4887

time_RK4 =1.0195
```

运行的结果如图 11-3 所示。

由运算结果可知，龙格—库塔法可得到与真值几乎相同的微分方程数值解。但其相应的程序运行时间较长，几乎是简单欧拉法的 5 倍（欧拉法运行时间是 0.2544s，而龙格—库塔法运行时间是 1.0195s）。

4．求解器 solver 中的龙格—库塔法求解

前面讲到，求解器 solver 中的 ode23 采用二阶、三阶龙格—库塔法；ode45 采用四阶、五阶龙格—库塔法。

【实例 11.5】求解器 solver 中的龙格—库塔法求解应用实例 1。分别采用二、三、四、五阶龙格—库塔方法求解以下方程：

$$\begin{cases} y' = -3y^2 + 2x^2 + 3x, \text{且} 0 \leqslant x \leqslant 1 \\ y(x_0) = 1, x_0 = 0 \end{cases}$$

解法一：用二阶、三阶龙格—库塔函数求解。

```
%用 ode23 得到微分方程解并计算出该算法运行时间
%在命令行窗口输入如下命令
>> clc
>> clear all
>> fun =inline('-3*y^2+2*x.^2+3*x','x','y');               %用 inline 构造函数 f(x,y)
>> [x,y]=ode23(fun,[0,1],1);                               %可得到 x,y 输出向量值
>> ode23(fun,[0,1],1),hold on                              %可得到输出的函数图
```

结果如图 11-4 所示。

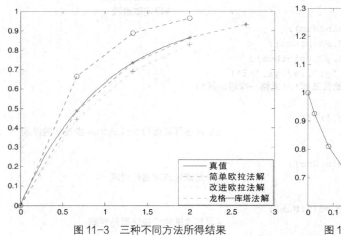

图 11-3 三种不同方法所得结果

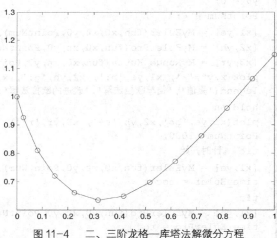

图 11-4 二、三阶龙格—库塔法解微分方程

解法二：用四阶、五阶龙格—库塔函数求解。

```
%用ode45 得到微分方程解,并计算出该算法运行时间
>> fun =inline('-3*y^2+2*x.^2+3*x','x','y');    %用inline 构造函数 f(x,y)
>> ode45(fun,[0,1],1),hold on                    %可得到输出的函数图
>> tic
>> [x,y]=ode45(fun,[0,1],1);
>> t1=toc
>> tic
>> [x,y]=ode23(fun,[0,1],1);
>> t2=toc
%命令窗口显示 t1、t2 值。
t1 = 0.0256
t2 =0.0166
```

图 11-5 所示为函数的解结果。

由图 11-4 和图 11-5 所示可知，用两个函数求解得到的结果相同。而 ode23 比 ode45 的运行速度要快一些。

【**实例 11.6**】求解器 solver 中的龙格—库塔法求解应用实例 2。采用 ode45 求解如下二阶方程：

$$\begin{cases} y'(1) = y(1)[1-0.1y(2)] \\ y'(2) = y(2)[-0.5+0.02y(1)] \end{cases}$$

初始条件为：$x = 0$ 时，$y(1) = 25$，$y(2) = 2$，并画出解的图形。

用 ode45 求解。首先建立函数文件 **myfun02.m**：

```
myfun02.m
function dx=myfun02(x,y)
dx=zeros(2,1);
dx(1)=y(1)*(1-0.1*y(2));
dx(2)=y(2)*(-0.5+0.02*y(1));
```

对微分方程求解：

```
%在命令行窗口输入如下命令
>> clc
>> clear all
>> [x,y]=ode45('myfun02',[0 15],[25 2]);
>> plot(x,y(:,1),'-',x,y(:,2),'*')        %画出 y(1)，y(2)的函数图
```

运行程序，输出结果如图 11-6 所示。

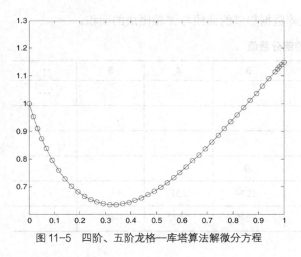

图 11-5 四阶、五阶龙格—库塔算法解微分方程

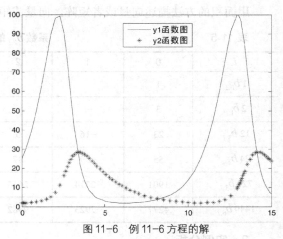

图 11-6 例 11-6 方程的解

11.1.5 亚当斯（Adams）外插法

1. 一般原理

Adams 外插法公式的一般形式为：$y_{m+1} = y_m + h\sum_{j=0}^{k-1} a_j \nabla^j f_m$；

式中，系数 a_j 的定义为：$a_j = (-1)^j \int_0^1 \begin{bmatrix} -\tau \\ j \end{bmatrix} d\tau, j = 0,1,2,\cdots$；

并且系数 a_j 满足如下的递推关系式：

$$a_j + \frac{1}{2}a_{j-1} + \frac{1}{3}a_{j-2} + \cdots + \frac{1}{j+1}a_0, j = 0,1,2,\cdots$$

表 11-4 列出了系数 a_j 的部分数值。

表 11-4 系数 a_j 的部分数值

j	0	1	2	3	4	5	⋯
a_j	1	1/2	5/12	3/8	251/720	95/288	⋯

又由于差分和函数值之间存在下列关系：$\nabla^j f_m = \sum_{i=0}^{j}(-1)^i \begin{bmatrix} -\tau \\ j \end{bmatrix} f_{m-i}$；

所以，外插法公式也可以表示成函数值和的形式：$y_{m+1} = y_m + h\sum_{j=0}^{k-1} b_{k,i} f_m$。

其中 $b_{k,i} = (-1)^i \sum_{j=0}^{k-1} a_j \begin{bmatrix} j \\ i \end{bmatrix}$，利用系数 a_j 的递推关系式，可计算出 $b_{k,i}$。

表 11-5 列出了 $b_{k,i}$ 的部分数值：

表 11-5 中 $b_{k,i}$ 左边的数字代表它的分母，右边的数字代表分子。

k 步线性多步法的局部截断误差是 $k+1$ 阶的。

```
area(Y)
area(X,Y)
area(⋯,basevalue)
area(⋯,'PropertyName',PropertyValue,⋯)
area(axes_handle,⋯)
```

用面积的方法描述向量或者矩阵，向量或矩阵数据形成的曲线与 X 轴围成的面积。

表 11-5　　　　　　　　　　　　　系数 $b_{k,i}$ 的部分数值

i	0	1	2	3	4	5	…
1 $b_{0,i}$	1						…
2 $b_{1,i}$	3	−1					
12 $b_{3,i}$	23	−16	5				
24 $b_{4,i}$	55	−59	37	−9			
720 $b_{5,i}$	1901	−2774	2616	−1274	251		
1440 $b_{6,i}$	4277	−7923	9982	−7298	2977	−475	

2. 实例分析

【实例 11.7】计算 $f = \int_{-1}^{1}\int_{0}^{1}\int_{0}^{\pi} y\sin x + z\cos x\, dxdydz$ 的定积分。

```
%三重积分法求解，在MATLAB命令行窗口中输入求解程序：
>> clc
>> clear all
>> Q=triplequad('y*sin(x)+z*cos(x)',0,pi,0,1,-1,1)
Q =
   2.0000
```

11.1.6　亚当斯（Adams）内插法

1. 一般原理

Adams 内插法公式的一般形式为：$y_{m+1} = y_m + h\sum_{j=0}^{k} a_j^* \nabla^j f_{m+1}$；

式中，系数 a_j^* 的定义为：$a_j^* = (-1)^j \int_{-1}^{0}\begin{bmatrix}-\tau \\ j\end{bmatrix}d\tau, j=0,1,2,\cdots$；

并且系数 a_j^* 满足如下的递推关系式：

$$a_j^* + \frac{1}{2}a_{j-1}^* + \frac{1}{3}a_{j-2}^* + \cdots + \frac{1}{j+1}a_0^* = \begin{cases}1, j=0 \\ 0, j>1\end{cases}。$$

表 11-6 列出了系数 a_j^* 的部分数值：

表 11-6　　　　　　　　　　　　　系数 a_j^* 的部分数值

j	0	1	2	3	4	5	…
a_j^*	1	−1/2	−1/12	−1/24	−19/720	−3/160	…

又由于差分和函数值之间存在下列关系：$\nabla^j f_m = \sum_{i=0}^{j}(-1)^i\begin{bmatrix}j \\ i\end{bmatrix}f_{m-i}$；

所以，外插法公式也可以表示成函数值和的形式：$y_{m+1} = y_m + h\sum_{i=0}^{k} b_{k,i}^* f_{m-i+1}$。

其中 $b_{k,i}^* = (-1)^i \sum_{j=0}^{k-1} a_j^* \begin{bmatrix} j \\ i \end{bmatrix}$，$0 \leq i \leq k$，利用系数 a_j^* 的递推关系式，可计算出 $b_{k,i}^*$。

表 11-7 列出了 $b_{k,i}^*$ 的部分数值：

表 11-7　　　　　　　　　　　　系数 $b_{k,i}^*$ 的部分数值

i	0	1	2	3	4	5	...
1 $b_{0,i}^*$	1						...
2 $b_{1,i}^*$	1	1					
12 $b_{2,i}^*$	5	8	−1				
24 $b_{3,i}^*$	9	19	−5	1			
720 $b_{4,i}^*$	251	646	−264	106	−19		
1440 $b_{5,i}^*$	475	1427	−798	428	−173	27	

表 11-7 中 $b_{k,i}^*$ 左边的数字代表它的分母，右边的数字代表分子。

Area 函数的格式如下：

```
area(Y)
area(X,Y)
area(…,basevalue)
area(…,'PropertyName',PropertyValue,…)
area(axes_handle,…)
```

用面积的方法描述向量或者矩阵，向量或矩阵数据形成的曲线与 x 轴围成的面积。

2. 实例分析

【实例 11.8】计算 $f = \int_{-1}^{1} \int_{0}^{1} \int_{0}^{\pi} y\sin x + z\cos x \, dxdydz$ 的定积分。

```
%三重积分法求解，在MATLAB命令行窗口中输入求解程序：
>> clc
>> clear all
>> Q=triplequad('y*sin(x)+z*cos(x)',0,pi,0,1,-1,1)

Q =

    2.0000
```

11.2　偏微分方程——有限差分法

有限差分法和有限元法是求解偏微分方程的两种主要数值方法，由于数字电子计算机只能存储有限个数据和进行有限次运算，所以，任何一种适用于计算机解题的方法，都必须把连续问题离散化。用差分法和有限元法将连续问题离散化的步骤是，首先，对求解区域进行网格剖分，用有限个网格节点代替连续区域；其次，将微分算子离散化，从而把微分方程的定解问题化为线性代数方程组的求解问题。

11.2.1　网格剖分

对于二维初值问题或者边值问题而言，网格剖分可以采用相互平行的两组直线形成的网格覆盖给定的区域，它们之间的交点成为网格节点，如初值问题：

$$\begin{cases} \alpha(x,t)\dfrac{\partial u}{\partial x} = \dfrac{\partial}{\partial x}\left(a(x,t)\dfrac{\partial u}{\partial x}\right) + b(x,t)\dfrac{\partial u}{\partial x} + c(x,t)u \\ u(x,0) = \psi_0(x), x \in R \end{cases};$$

其中 $\alpha(x,t) > 0$，$a(x,t) > 0$，$c(x,t) \geq 0$，它的网格可取为：

$$t_n = n\tau, \quad n = 0,1,2,\cdots,N, \quad N = [T/\tau];$$
$$x_j = jh, \quad j \in Z。$$

其中，h 和 τ 分别是 x 和 t 方向的网格步长，[*]表示取整，Z 是整数集合。通常称在 $t=0$ 上的节点为边界节点，称属于 Ω 内的网格节点为内部网格节点。

网格剖分通常又称为数值网格生成，它在微分方程的数值求解中是非常重要的，尤其是在不规则区域上数值求解二维或三维偏微分方程的定解问题时，网格剖分的量将直接影响数值解的精度，有限差分法就是在网格节点上计算微分方程近似解的一种方法。

11.2.2 数值微分

数值微分就是用网格节点上的函数值近似微分方程中的偏导数，假设 $u = u(x,t)$ 关于其自变量是充分可微的，则有 Taylor 级数为：

$$u(x_{j\pm1}, t_n) = \left[u \pm \dfrac{h}{1!}\dfrac{\partial u}{\partial x} + \dfrac{h^2}{2!}\dfrac{\partial^2 u}{\partial x^2} \pm \dfrac{h^3}{3!}\dfrac{\partial^3 u}{\partial x^3} + \cdots\right]_{(x_j,t_n)}。$$

如果 h 是充分小的数，那么 u 在 (x_j, t_n) 处对的一阶偏导数可以用以下三种表达式之一来近似：

$$\left(\dfrac{\partial u}{\partial x}\right)_{(x_j,t_n)} \approx \dfrac{u(x_{j+1},t_n) - u(x_j,t_n)}{h} =: \dfrac{\Delta_x u(x_j,t_n)}{h};$$

$$\left(\dfrac{\partial u}{\partial x}\right)_{(x_j,t_n)} \approx \dfrac{u(x_j,t_n) - u(x_{j-1},t_n)}{h} =: \dfrac{\nabla_x u(x_j,t_n)}{h};$$

$$\left(\dfrac{\partial u}{\partial x}\right)_{(x_j,t_n)} \approx \dfrac{u(x_{j+1},t_n) - u(x_{j-1},t_n)}{h} =: \dfrac{\mu_x \delta_x u(x_j,t_n)}{h}。$$

这里近似等号右边分别是函数 u 在 (x_j, t_n) 点处关于 x 的向前差商、向后差商和中心差商，而 Δ_x、∇_x、δ_x、μ_x 分别表示向前差分算子、向后差分算子、中心差分算子和平均算子，其中中心差分算子和平均差分算子的定义为：

$$\delta_x u(x_j, t_n) = u(x_{j+1/2}, t_n) - u(x_{j-1/2}, t_n);$$

$$\mu_x u(x_j, t_n) = \dfrac{1}{2}\left[u(x_{j+1/2}, t_n) - u(x_{j-1/2}, t_n)\right]。$$

同理也可以建立其他高阶导数的差分表达式，具体形式如下：

$$y'(x) = \dfrac{y(x+h) - 2y(x) + y(x-h)}{h^2};$$

$$y''(x) = \dfrac{-y(x+2h) + 16y(x+h) - 30y(x) + 16y(x-h) - y(x-2h)}{2h^3};$$

$$y'''(x) = \dfrac{y(x+2h) - 2y(x+h) + 2y(x-h) - y(x-2h)}{2h^3};$$

$$y^{(4)}(x) = \dfrac{y(x+2h) - 4y(x+h) + 6y(x) - 4y(x-h) + y(x-2h)}{h^4}。$$

11.3 PDE 工具箱

在科学技术各领域中，有很多问题都可以归结为偏微分方程问题。在物理专业的力学、热学、电学、光学、近代物理课程中都可遇见偏微分方程。

本节主要介绍使用 GUI 形式的偏微分方程求解工具（PDE TOOL）求解偏微分方程。

11.3.1 PDE 支持的方程

可采用 PDETOOL 求解的基本偏微分方程有椭圆型偏微分方程、抛物线型偏微分方程、双曲线型偏微分方程和特征值型偏微分方程。

1. 椭圆型偏微分方程

椭圆型偏微分方程形如：

$$-\nabla \cdot (c\nabla u) + au = f。$$

边界条件为：$hu = r$（Dirichlet 条件）或者 $n \cdot c\nabla u + qu = g$（广义黎曼条件）。

如果 u 是在矩形区域内的一个标量算子，则上述方程变为：

$$-c\left(\frac{\partial^2 u(x,y)}{\partial x^2} + \frac{\partial^2 u(x,y)}{\partial y^2}\right) + au(x,y) = f(x,y)。$$

2. 抛物线型偏微分方程

抛物线型偏微分方程形如：

$$-\nabla \cdot (c\nabla u) + au + d\frac{\partial u}{\partial t} = f。$$

在区域 Ω 上，取值范围为：$0 \leqslant t \leqslant T$。边界条件与上述椭圆型偏微分方程相同，初始条件为 $u(t_0)$。

3. 双曲线型偏微分方程

双曲线型偏微分方程形如：

$$-\nabla \cdot (c\nabla u) + au + d\frac{\partial^2 u}{\partial t^2} = f。$$

在区域 Ω 上，取值范围为：$0 \leqslant t \leqslant T$。边界条件与上述椭圆型偏微分方程相同，初始条件为 $u(t_0)/u'(t_0)$。

4. 特征值型偏微分方程

特征值型偏微分方程形如：

$$-\nabla \cdot (c\nabla u) + au = \lambda du。$$

边界条件同上述椭圆型偏微分方程。

PDE 工具箱还能处理如下类型的偏微分方程：

$$-\nabla \cdot (c_{11}\nabla u_1) - \nabla \cdot (c_{12}\nabla u_2) + a_{11}u_1 + a_{12}u_2 = f_1；$$
$$-\nabla \cdot (c_{21}\nabla u_1) - \nabla \cdot (c_{22}\nabla u_2) + a_{21}u_1 + a_{22}u_2 = f_2；$$

在区域 Ω 上，具有 Dirichlet 边值条件：

$$\begin{bmatrix} h_{11} & h_{12} \\ h_{21} & h_{22} \end{bmatrix} \begin{bmatrix} u_1 \\ u_2 \end{bmatrix} = \begin{bmatrix} r_1 \\ r_2 \end{bmatrix};$$

或者牛顿边值条件：
$$n \cdot (c_{11}\nabla u_1) + n \cdot (c_{12}\nabla u_2) + q_{11}u_1 + q_{12}u_2 = g_1;$$
$$n \cdot (c_{21}\nabla u_1) + n \cdot (c_{22}\nabla u_2) + q_{21}u_1 + q_{22}u_2 = g_2。$$

以及混合边界条件：
$$c = \begin{bmatrix} c_{11} & c_{12} \\ c_{21} & c_{22} \end{bmatrix}, \quad a = \begin{bmatrix} a_{11} & a_{12} \\ a_{21} & a_{22} \end{bmatrix}, \quad f = \begin{bmatrix} f_1 \\ f_2 \end{bmatrix}, \quad u = \begin{bmatrix} u_1 \\ u_2 \end{bmatrix},$$
$$h = \begin{bmatrix} h_{11} & h_{12} \\ h_{21} & h_{22} \end{bmatrix}, \quad r = \begin{bmatrix} r_1 \\ r_2 \end{bmatrix}, \quad q = \begin{bmatrix} q_{11} & q_{12} \\ q_{21} & q_{22} \end{bmatrix}, \quad g = \begin{bmatrix} g_1 \\ g_2 \end{bmatrix}。$$

11.3.2 PDE 使用说明

PDE 工具采用有限元法解偏微分方程，具体使用步骤如下。

（1）在 MATLAB 命令窗中输入 pdetool 命令，按回车键可以启动 PDE 工具箱。

此工具箱提供方便的用户交互命令，用户可以调整坐标的比例、网格线等各种显示参数。在 "Options" 菜单下选择 "Grid" 命令，打开网格。"'Aplication'" 选项可用于选择所要解的偏微分方程类型。

（2）在 Draw 模式下，使用 CSG 对话框创建区域 Ω。在下拉菜单中选择二维图形的类型，再拖动到指定位置，可用鼠标控制图形的大小。

（3）在 Boundary 模式下，在各个边界段上给出边界条件。

（4）在 PDE 模式下，可确定方程类型、系数，也可以在不同子区域上设置不同的系数。

（5）在 Mesh 模式下，可生成网格，自动控制网格参数。

（6）在 Solve 模式下，可解偏微分方程并输出结果。在解抛物线和双曲线时，需要设定初始条件和时间区间。

（7）在 Plot 模式下，可以选择作图选项，使用 Color, Height 和 Vector 等作图。对于抛物线型和双曲线型方程，还可以生成动画解。

下面通过一个实际例子说明工具的使用。

【实例 11.9】偏微分方程工具箱应用实例。利用偏微分方程工具，求解椭圆型微分方程的拉普拉斯形式：
$$\nabla^2 u(x,y) = \frac{\partial^2 u(x,y)}{\partial x^2} + \frac{\partial^2 u(x,y)}{\partial y^2} = 0。$$

其自变量取值范围 D 为：
$$0 \leqslant x \leqslant 4, \ 0 \leqslant y \leqslant 4。$$

边界条件为：
$$u(x,0) = x^2, \ u(x,4) = 16\cos(x),$$
$$u(0,y) = y^2, \ u(4,y) = 16\cos(y)。$$

第一步，输入命令 pdetool 打开工具，调整 x 坐标范围为 [0,5]，y 坐标范围为 [0,5]。通过 "options" 选项的 "Axes Limits" 设定，如图 11-7 所示。

第二步，设定矩形区域。点击工具栏中的按钮 ▭，拖动鼠标画出一矩形，并双击该矩形，设定矩形的大小，如图 11-8 所示。

第三步：设置边界条件。点击工具栏中的按钮 ?Ω，并双击矩形区域的相应的边线，在弹出的对话框中设定边界条件。如图 11-9

图 11-7　设定坐标范围

所示，为其中两条边的边界条件设定框，其余两条边的设定与此类似。

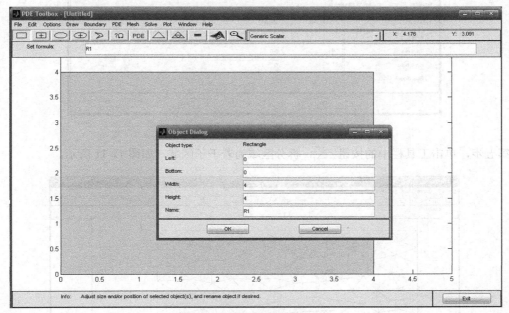

图 11-8 设定矩形区域边界

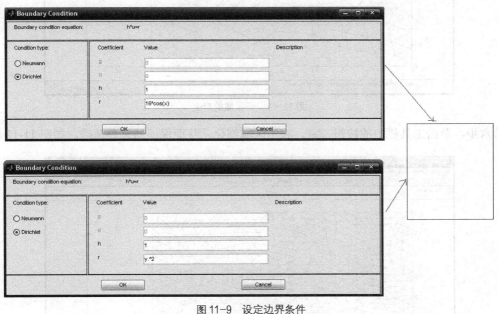

图 11-9 设定边界条件

> **注意**　图中的小矩形区域为第二步中设定的矩形区域，箭头指向的两边界分别为：
> n(t, 4)=16cost, n(0, y)=y2。

第四步，设定方程。单击工具栏中的按钮 PDE ，在 PDE 模式下选择方程类型，如图 11-10 所示，并在其中设定参数。

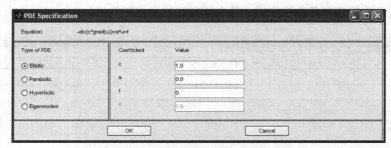

图 11-10 PDE 类型选定和参数设定

第五步，单击工具栏中的按钮 △，拆分区域为若干子区域，如图 11-11 所示。

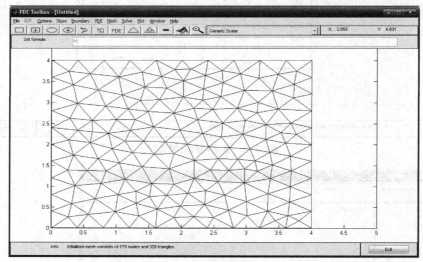

图 11-11 子区域的产生

第六步，单击工具栏中的按钮 △，将子区域细化，从而保证结果更精确，如图 11-12 所示。

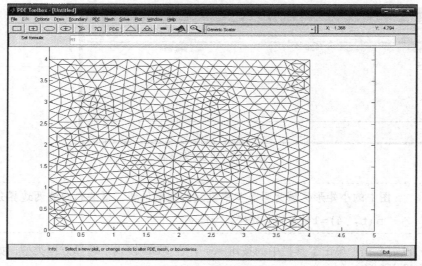

图 11-12 细化子区域

第七步,单击工具栏中的按钮 ![], 设置所画曲线的特性, 如图 11-13 所示, 并作出其解的三维图。

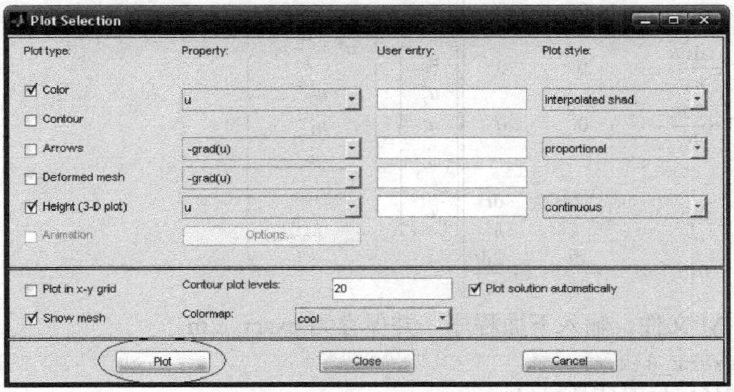

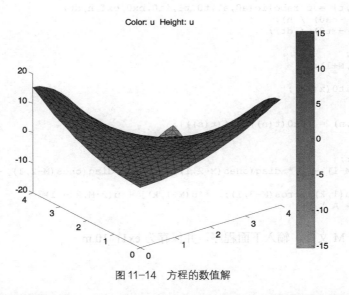

图 11-13 设置图形特性

第八步,单击图 11-13 中标出的 "plot" 按钮, 或点击工具栏中的按钮 =, 可作出解的三维图, 如 11-14 所示。

图 11-14 方程的数值解

11.4 综合实例

【实例 11.10】一维抛物型方程差分法求解。试用对时间向后差分、对空间中心差分的方法计算热传导方程初边值问题:

$$\begin{cases} \dfrac{\partial u}{\partial t} = \dfrac{\partial^2 u}{\partial x^2}, 0 < x < 1 \\ u(x,0) = \sin(\pi x), 0 \leqslant x \leqslant 1 \\ u(0,t) = u(1,t) = 0, t > 0 \end{cases}$$

在时间 t =0.005, 0.1, 0.2 时刻的数值解, 并与解析解 $u(x,t) = e^{-\pi^2 t} \sin(\pi x)$ 进行比较。

(1)首先将上述抛物型方程用差分法离散,建立相应的线性方程组,并加上边界条件。求解线性方程组得抛物型方程的近似解。这里的线性方程组形式如下:

$$\begin{bmatrix} 1+\dfrac{2dt}{h^2} & -\dfrac{dt}{h^2} & 0 & \cdots & 0 & 0 \\ -\dfrac{dt}{h^2} & 1+\dfrac{2dt}{h^2} & -\dfrac{dt}{h^2} & \cdots & 0 & 0 \\ 0 & -\dfrac{dt}{h^2} & 1+\dfrac{2dt}{h^2} & \cdots & 0 & 0 \\ & & & \vdots & & \\ 0 & 0 & 0 & \cdots & 1+\dfrac{2dt}{h^2} & -\dfrac{dt}{h^2} \\ 0 & 0 & 0 & \cdots & -\dfrac{dt}{h^2} & 1+\dfrac{2dt}{h^2} \end{bmatrix} \begin{bmatrix} u_1^k \\ u_2^k \\ u_3^k \\ \vdots \\ u_{M-2}^k \\ u_{M-1}^k \end{bmatrix} = \begin{bmatrix} u_1^k + \dfrac{dt}{h^2} u_0^k \\ u_2^{k-1} \\ u_3^{k-1} \\ \vdots \\ u_{M-2}^k \\ u_{M-1}^{k-1} + \dfrac{dt}{h^2} u_M^k \end{bmatrix}$$

(2)建立一个 M 文件,输入下面程序,并保存为 exact_8.m。

```
function u = exact_8(x,t)
u = zeros(size(x,1),size(t,1));
for i=1:size(x,1)
    u(i,:) = exp(- pi * pi * t(:,1)) .* sin(pi * x(i,1));
end
```

(3)建立一个 M 文件,输入下面程序,并保存为 parabolic.m。

```
function [u,x,t] = parabolic(a0,a1,t0,t1,it0,bx0,bxf,h,dt)
M = floor((a1 - a0) / h);
N = floor((t1 - t0) / dt);
x = (0:M)'*h;
t = (0:N)'*dt;
u = zeros(M+1,N+1);
for i = 1:M+1
    u(i,1) = it0(x(i));
end
for n = 1:N+1
    u([1 M+1],n) = [bx0(t(n));bxf(t(n))];
end
r = dt/h^2;
r2 = 1 + 2 * r;
A = r2 * eye(M-1) - r * diag(ones(M-2,1),1) - r * diag(ones(M-2,1),-1);
for k = 2:N+1
    b = [r * u(1,k);zeros(M-3,1);r * u(M+1,k)] + u(2:M,k - 1);
    u(2:M,k) = A \ b;
end
```

(4)建立一个 M 文件,输入下面程序,并保存为 ex11_10.m

```
a0 = 0;
a1 = 1;
t0 = 0;
t1 = 0.005;
it0 = inline('sin(pi*x)','x');
bx0 = inline('0');
bxf = inline('0');
h = 0.01;
dt = 0.0025;
[u,x,t] = parabolic(a0,a1,t0,t1,it0,bx0,bxf,h,dt);
disp(['t = 0.005 时刻的最大误差为: ',num2str(max(abs(u(:,size(t,1))-exact_8(x,t1))))]);
mesh(t,x,u);
xlabel('X')
ylabel('Y')
zlabel('U')
% figure
% mesh(t,x,exact_8(x,t));
% xlabel('X')
% ylabel('Y')
% zlabel('U')
```

```
t1 = 0.1;
[u,x,t] = parabolic(a0,a1,t0,t1,it0,bx0,bxf,h,dt);
disp(['t = 0.1 时刻的最大误差为: ',num2str(max(abs(u(:,size(t,1))-exact_8(x,t1))))]);
figure
mesh(t,x,u);
xlabel('X')
ylabel('Y')
zlabel('U')
t1 = 0.2;
[u,x,t] = parabolic(a0,a1,t0,t1,it0,bx0,bxf,h,dt);
disp(['t = 0.2 时刻的最大误差为: ',num2str(max(abs(u(:,size(t,1))-exact_8(x,t1))))]);
figure
mesh(t,x,u);
xlabel('X')
ylabel('Y')
zlabel('U')
```

（5）单击"运行"按钮，结果输出如下，图形显示如图 11-15、图 11-16、图 11-17 所示。

t = 0.005 时刻的最大误差为: 0.00057408
t = 0.1 时刻的最大误差为: 0.0045216
t = 0.2 时刻的最大误差为: 0.0033909

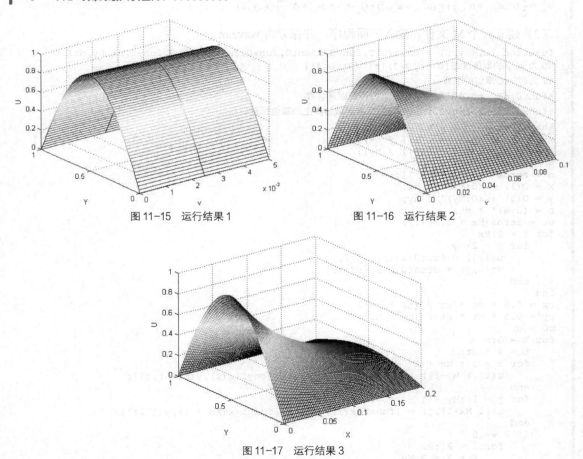

图 11-15 运行结果 1　　图 11-16 运行结果 2

图 11-17 运行结果 3

【实例 11.11】二维波动方程求解。用显式中心差分法求解以下二维波动方程：

$$\frac{\partial^2 u(x,y,t)}{\partial x^2}+\frac{\partial^2 u(x,y,t)}{\partial y^2}=2\frac{\partial^2 u(x,y,t)}{\partial t^2};$$

其中 $0 \leq x \leq 2$，$0 \leq y \leq 2$，$0 \leq t \leq 2$；
$u(0,y,t) = 0$，$u(2,y,t) = 0$；
$u(x,0,t) = 0$，$u(y,2,t) = 0$；
$u(x,y,0) = \cos(\pi y)\sin(\pi y)$，$\dfrac{\partial u}{\partial t}(x,y,0) = 0$。

（1）首先对方程用显式中心差分法进行离散，并加上边界条件。求解线性方程组抛物型方程的近似解。这里的差分离散后的形势如下：

$$\frac{u_{i+1,j}^{k} - 2u_{i,j}^{k} + u_{i-1,j}^{k}}{\Delta x^2} + \frac{u_{i,j+1}^{k} - 2u_{i,j}^{k} + u_{i,j-1}^{k}}{\Delta y^2} = \frac{u_{i,j}^{k+1} - 2u_{i,j}^{k} + u_{i,j}^{k-1}}{\Delta z^2}$$

变形为迭代式，即：

$$u_{i,j}^{k+1} = r_x(u_{i+1,j}^{k} + u_{i-1,j}^{k}) + 2(1 - r_x - r_y)u_{i,j}^{k} + r_y(u_{i,j+1}^{k} + u_{i,j-1}^{k}) - u_{i,j}^{k-1}$$

其中：$r_x = \dfrac{\Delta t^2}{\Delta x^2}$，$r_y = \dfrac{\Delta t^2}{\Delta y^2}$

迭代初始值为：

$$u_{i,j}^{1} = \frac{1}{2}(r_x(u_{i+1,j}^{0} + u_{i-1,j}^{0}) + r_y(u_{i,j+1}^{0} + u_{i,j-1}^{0})) + (1 - r_x - r_y)u_{i,j}^{0} + \Delta t \frac{\partial u}{\partial t}(x_i, y_i, 0)$$

（2）建立一个 M 文件，输入下面程序，并保存为 wave.m。

```
function [u,x,y,t] = wave(D,T,funt0,dfunt0,funx0,funxf,funy0,funyf,hx,hy,dt)
%D 为 x,y 的取值区域[D(1),D(2)]*[D(3),D(4)]
%T 为时间 t 取值的上界
%funt0,dfunt0 分别为边界 t=0 上的函数以及导数
%funx0,funxf,funy0,funyf 分别为在区域边界上的取值函数
%hx,hy,dt 分别为 x,y,t 方向上的步长
Mx = floor((D(2) - D(1)) / hx);
My = floor((D(4) - D(3)) / hy);
N = floor(T / dt);
u = zeros(Mx + 1,My + 1);
x = D(1) + (0:Mx)' * hx;
y = D(3) + (0:My)' * hy;
t = (0:N)' * dt;
ut = zeros(Mx + 1,My+1);
for i = 2:Mx
    for j = 2:My
        u(i,j) = funt0(x(i),y(j));
        ut(i,j) = dfunt0(x(i),y(j));
    end
end
rx = 0.5 * dt * dt / (hx * hx);
ry = 0.5 * dt * dt / (hy * hy);
u0 = u;
for k = 0:N
    t = k * dt;
    for i = 1 : Mx + 1
        u(i,[1 My+1]) = [funy0(x(i),y(1),t),funyf(x(i),y(My+1),t)];
    end
    for j = 1 :My + 1
        u([1 Mx+1],j) = [funx0(x(1),y(j),t),funxf(x(Mx + 1),y(j),t)];
    end
    if k == 0
        for i = 2 :Mx
            for j = 2:My
                u(i,j) = 1 / 2 * (rx * (u0(i-1,j) + u0(i+1,j)) +…
                    ry * (u0(i,j-1) + u0(i,j+1))) + (1- rx -ry) * u0(i,j)…
                    + dt * ut(i,j);
            end
        end
```

```
        else
            for i = 2:Mx
                for j = 2:My
                    u(i,j) = rx * (u0(i+1,j) + u0(i-1,j)) + ry * (u0(i,j+1)...
                        + u0(i,j-1)) + 2 * (1 - rx - ry) * u0(i,j) - u1(i,j);
                end
            end
        end
        u1 = u0;
        u0 = u;
end
```

（3）建立一个 M 文件，输入下面程序，并保存为 ex11_11.m。

```
funt0 = inline('cos(pi*x)*sin(pi*y)','x','y');
dfunt0 = inline('0','x','y');
funx0 = inline('0','x','y','t');
funxf = inline('0','x','y','t');
funy0 = inline('0','x','y','t');
funyf = inline('0','x','y','t');
D = [0 2 0 2];
T = 2;
hx = 0.05;
hy = 0.05;
dt = 0.05;
[u,x,y,t] = wave(D,T,funt0,dfunt0,funx0,funxf,funy0,funyf,hx,hy,dt);
mesh(x,y,u);
xlabel('X')
ylabel('Y')
zlabel('U')
```

（4）单击"运行"按钮，结果输出如下，图形显示如图 11-18 所示。

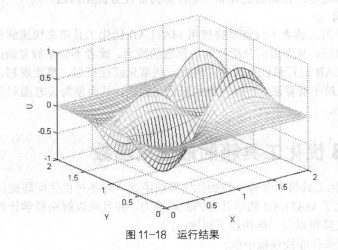

图 11-18 运行结果

第 12 章 MATLAB 优化计算

MATLAB 的优化计算是一种实践性很强的功能，最优化问题就是按照给定指标在某些约束条件下选取最优的解集过程。最优化指的是在一定条件下寻求使目标函数最大或最小的决策。最优化计算在实际中有着广泛的应用。可以利用 MATLAB 提供的优化工具箱中的函数进行最优化计算，也可以通过编程的方法实现相应的最优化计算。在优化问题中，根据变量、目标函数和约束函数的不同，可以将问题大致分为以下几点：

- 线性优化：目标函数和约束函数均为线性。
- 二次优化：目标函数为二次函数，而约束条件为线性方程。线性优化和二次优化统称为简单优化。
- 非线性优化：目标函数为非二次的非线性函数，或约束条件为非线性方程。
- 多任务目标优化：目标函数并非一个，称为多任务优化问题。

本章的知识结构

通过本章节的学习，读者不仅能掌握使用 MATLAB 优化工具箱来快速解决实际问题的方法，还能学会分析优化算法，从而提高分析和解决问题的能力。读者不必掌握复杂的各种优化算法，便可轻松地利用 MATLAB 进行最优化计算，解决一些常见线性规划、整数规划、贪心算法、遗传算法、模拟退火算法、粒子群算法、神经网络的最优化问题，从而使得读者面对各种不同的复杂问题时可以有更多的选择。

12.1 MATLAB 优化工具箱的最优化函数

MATLAB 的优化工具箱中含有一系列优化算法函数，对各种优化问题提供完整的解决方案。这些函数扩展和优化了 MATLAB 数学计算的处理能力，并且可以解决科学计算工程中的一些实际问题。优化工具箱主要可以用于解决以下问题：

- 求解无约束条件非线性极小值；
- 求解约束条件下非线性极小值，包括目标逼近问题、极大—极小值问题以及半无限极小值问题；
- 求解二次规划和线性规划问题；
- 非线性最小二乘逼近和曲线拟合；
- 非线性系统的方程求解；
- 约束条件下的线性最小二乘优化；
- 求解复杂结构的大规模优化问题；
- 多目标优化，包括目标达成问题的和极大（小）问题；
- 优化工具箱还提供求解非线性系统方程的函数。

12.1.1 优化工具箱

MATLAB 中有专用的优化工具箱（Optimization Toolbox），其包含处理各种最优化问题的函数。利用 MATLAB 的优化工具箱，可以求解线性规划、非线性规划和多目标规划问题。具体而言，包括线性、非线性最小化，最大最小化，二次规划，半无限问题，线性、非线性方程（组）的求解，线性、非线性的最小二乘问题。另外，该工具箱还提供了线性、非线性最小化，方程求解，曲线拟合，二次规划等问题中大型课题的求解方法，为优化方法在工程中的实际应用提供了更方便快捷的途径。

优化工具箱中的最优化函数主要分为：求最小值的函数、等式求解函数和最小二乘函数、实用函数、大型方法的演示函数和中型方法的演示函数，如表 12-1～表 12-6 所示。

表 12-1　　　　　　　　　　MATLAB 中求最小值的函数

	函 数 名	最优化问题描述
最小值的优化函数	bintprog	求解二进制整数规划问题，约束条件包含等式和不等式
	fgolattain	解决多目标实现问题
	fminbnd	在一个确定的区间上寻找单变量函数的最小值点
	fmincon	确定有约束、非线性、多变量函数的最小值点
	fminimax	求解最小最大值问题
	fminsearch	确定无约束、多变量函数的最小值点
	fminunc	确定无约束、多变量函数的最小值点
	fseminf	确定半无限、有约束、多变量、非线性函数的最小值点
	linprog	求解线性规划问题
	quadprog	求解二次规划问题

表 12-2　　　　　　　　　　MATLAB 中求解等式最优解的函数

	函 数 名	用 法
等式求解优化函数	\	用于矩阵左除，可解线性方程
	fsolve	求解非线性方程
	fzero	单变量连续方程的零解

表 12-3　　　　　　　　　　MATLAB 求最小二乘法拟合系数最优解的函数

	函 数 名	用 法
最小二乘优化函数	lsqcurvefit	在最小二乘意义下求解非线性曲线拟合问题
	lsqlin	求解有约束线性最小二乘问题
	lsqnonlin	求解非线性最小二乘问题
	lsqnonneg	求解非负最小二乘问题

表 12-4　　　　　　　　　　MATLAB 实用函数

	函 数 名	用 法
实用函数	optimset	设置参数
	optimget	获取参数

第 12 章 MATLAB 优化计算

表 12-5　　　　　　　　　MATLAB 大型方法的演示函数

	函　数　名	用　　法
大型方法的演示函数	circustent	马戏团帐篷问题——二次课题
	molecule	用无约束非线性最小化进行分子组成求解
	optdeblur	用有边界线性最小二乘法进行图形处理

表 12-6　　　　　　　　　MATLAB 中型方法的演示函数

	函　数　名	用　　法
中型方法的演示函数	bandemo	香蕉函数的最小化
	dfildemo	过滤器设计的有限精度
	goaldemo	目标达到举例
	optdemo	演示过程菜单

12.1.2　无约束最优化函数

1. 用 fminbnd 函数求定区间上单变量函数的最小值点

fminbnd 函数用于求解如下形式的最优化问题：

$$\min f(x);$$

约束条件：

$$x_1 < x < x_2 。$$

其调用形式如下：

```
x = fminbnd(fun,x1,x2)
x = fminbnd(fun,x1,x2,options)
```

- ❑ 参数 *fun* 为一元函数；
- ❑ 参数 *x*1，*x*2 分别为区间的上下界。

> **注意**　　函数 fminbnd 的算法基于黄金分割法和二次插值法，它要求目标函数必须是连续函数，并可能只给出局部最优解。

【实例 12.1】 求 π 的近似值。

```
%在命令行窗口输入如下命令
>> clc
>> clear all
>> fminbnd('cos',3,4)

ans =

    3.1416
```

【实例 12.2】 求 $f = 2e^{-x} \sin x$ 在 $0 < x < 8$ 中的最小值与最大值。

```
%在命令行窗口输入如下命令
>> clc
>> clear all
>> f='2*exp(-x).*sin(x)';
>> fplot(f,[0,8]);          %作图语句
>> [xmin,ymin]=fminbnd (f, 0,8)
>> f1='-2*exp(-x).*sin(x)';
>> [xmax,ymax]=fminbnd (f1, 0,8)
```

```
xmin =
    3.9270
ymin =
   -0.0279
xmax =
    0.7854
ymax =
   -0.6448
```

执行结果如图 12-1 所示。

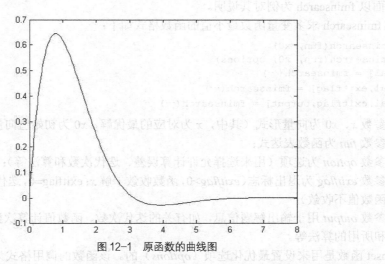

图 12-1　原函数的曲线图

【实例 12.3】 对边长为 3 米的正方形铁板，在 4 个角剪去相等的正方形以制成方形无盖水槽，问如何剪能使水槽的容积最大？

（1）设定如下：

%设剪去的正方形的边长为 x , 则水槽的容积为: $(3-2x^2)x$, 建立无约束优化模型为: $\min y = -(3-2x^2)x$; $0 < x < 1.5$

（2）先编写 M 文件 fminbndtest.m 如下：

```
function f=myfun(x)
  f=-(3-2*x).^2*x;
```

（3）主程序调用 fminbnd：

```
%在命令行窗口输入如下命令
>> clc
>> clear all
>> [x,fval]=fminbnd('fminbndtest',0,1.5);
>> xmax=x
xmax =
    0.5000
>> fmax=-fval
fmax =
    2.0000
```

运算结果为：xmax = 0.5000，fmax =2.0000。即剪掉的正方形的边长为 0.5 米时水槽的容积最大，最大容积为 2 立方米。

【实例 12.4】 计算函数式 $\dfrac{x^3 + \cos x + x \log x}{e^x}$ 在（0,1）范围内的最小值点。

```
%在命令行窗口输入如下命令
>> clc
>> clear all
```

```
>> fminbnd('(x^3+cos(x)+x*log(x))/exp(x)',0,1)
ans =
    0.5223
```

2. 利用函数 fminsearch 与 fminunc 求多变量函数的最小值点

MATLAB 工具箱中用于求解多变量无约束函数最小值的函数有 fminsearch 和 fminunc。其中 fminunc 是基于梯度的最优化算法，而 fminsearch 是根据 Nelder 算法编写的，该算法不涉及偏导的计算，下面以 fminsearch 为例对其说明。

利用 fminsearch 求多变量函数最小值的函数格式如下：

```
x = fminsearch(fun, x0)
x = fminsearch(fun, x0, options)
[x,fval] = fminsearch(…)
[x,fval,exitflag] = fminsearch(…)
[x,fval,exitflag,output] = fminsearch(…)
```

- 参数 *x*、*x0* 为向量形式（其中，*x* 为对应的最优解，*x0* 为初始值向量）；
- 参数 *fun* 为函数表达式；
- 参数 *option* 为选项（用来选择允许计算误差、迭代次数和算法等）；
- 参数 *exitflag* 为退出标志（exitflag>0，函数收敛于解 *x*；exitflag=0，迭代次数超过；exitflag<0，函数值不收敛）；
- 参数 *output* 用于输出解题信息，如有关的迭代次数、函数值计算次数、在 *x* 处的梯度范数和所用的算法等。

optimset 函数是用来设置最优化选项（*options*）的。该函数的调用格式为：

```
options=optimset('param1',value1, 'param2',value2,…)
```

- 参数式中，*param1*，*param2*，…为优化参数名；
- 参数 *value1*，*value2*，…为优化参数；
- 参数 *optimset* 为优化参数对应的值。

表 12-7 给出了常用优化参数说明。

表 12-7　　　　　　　　　　　常用优化参数说明

参 数 名	取 值	含 义
TolX	正值，如 1e-5	变量误差容限
TolFun	正值，如 1e-9	函数值误差容限
MaxIter	正整数，如 100	最大迭代次数

【实例 12.5】 采用 MATLAB 中的无约束最优化函数求如下最小值问题：

$$\min f(x) = (4x_1^2 + 2x_2^2 + 4x_1x_2 + 2x_2 + 1) \times \exp(x_1)$$

（1）先编写 M 文件 fun1.m 如下：

```
function f = fun1 (x)
    f = exp(x(1))*(4*x(1)^2+2*x(2)^2+4*x(1)*x(2)+2*x(2)+1);
```

（2）主程序调用 fun1：

```
%在命令行窗口输入如下命令
>> clc
>> clear all
>> x0 = [-1, 1];
>> x=fminunc('fun1',x0)
       x=     0.5000    -1.0000
```

```
>> y=fun1(x)
      y =    1.3029e-10
```

计算结果：$x = 0.5000 \quad -1.0000$、$y = 1.3029e-10$。

【实例 12.6】 采用 MATLAB 中的无约束最优化函数求如下最小值问题：

$$\min f(x_1, x_2) = 2x_1^3 + 4x_1x_2^2 - 8x_1x_2 + x_2^3。$$

```
%在命令行窗口输入如下命令
>> clc
>> clear all
>> [xos,yos]=fminsearch('2*x(1)^3+4*x(1)*x(2)^2-8*x(1)*x(2)+x(2)^3',[0 0])
%输出结果为:
xos =0.7883    0.7397

yos =-1.5551


%用 fminunc 求解，取初值为[0,0]，在 MATLAB 命令行窗口中继续输入：
>> [xom,yom]=fminunc('2*x(1)^3+4*x(1)*x(2)^2-8*x(1)*x(2)+x(2)^3',[0 0])
Warning: Gradient must be provided for trust-region method;
  using line-search method instead.
> In fminunc at 243
Optimization terminated at the initial point: the relative
 magnitude of the gradient at x0 less than options.TolFun.
输出结果为:
xom =0     0

yom = 0


%用 fminunc 求解，取初值为[0,1]，在 MATLAB 命令行窗口中继续输入：
>> [xom,yom]=fminunc('2*x(1)^3+4*x(1)*x(2)^2-8*x(1)*x(2)+x(2)^3',[0 1])
Warning: Gradient must be provided for trust-region method;
  using line-search method instead.
> In fminunc at 243
Optimization terminated: relative infinity-norm of gradient less than options.TolFun.
输出结果为:
xom =0.7884    0.7397

yom = -1.5551
```

可知 $f(x_1, x_2) = 2x_1^3 + 4x_1x_2^2 - 8x_1x_2 + x_2^3$ 在 $x_1 = 0.7884$，$x_2 = 0.7397$ 处取最小值，为 -1.5551。

易知，当选择的初值不同时会影响所得结果。这是由于 fminsearch 和 fminunc 在求得局部最小值时无法继续搜索全局最小值点，就会终止程序。采用模拟退火法或遗传算法可避免此不足。

3. 最小二乘问题（平方和最小）

最小二乘问题也是求最小值问题的一种。其对应的最小值问题是：

$$\min \sum_{n=1}^{N} f_n^2(x)。$$

MATLAB 优化工具箱的函数 lsqnonlin 可以给出上述问题的非线性最小二乘解，其调用格式为：

```
x = lsqnonlin(fun,x0)
x = lsqnonlin(fun,x0,lb,ub)
x = lsqnonlin(fun,x0,lb,ub,options)
```

❑ 参数 *fun* 为一个向量形式的函数或矩阵形式的函数；
❑ 参数 *x0* 为初值；
❑ 参数 *lb*，*ub* 可以用于设定解区间的上下限；
❑ 参数 *options* 用于设定误差容限、迭代次数、算法等。

【实例 12.7】 采用 lsqnonlin 函数求如下形式的最小值：

$$\min \sum_{k=1}^{10}(2+2k-\mathrm{e}^{kx_1}-\mathrm{e}^{kx_2})^2。$$

(1) 求最小二乘解，编写 f1511.m 文件：

```
function F=f1511(x)
k=1:10;
F=2+2*k-exp(k*x(1))-exp(k*x(2));
```

(2) 用 lsqnonlin 求解最小二乘问题：

```
>> clc
>> clear all
>> x0 = [0.3 0.4];                          % 初值点
>> [x,resnorm] = lsqnonlin(@f1511,x0)       % 调用最优化函数求得 x 与平方和残差
%运行结果为:
Optimization terminated: norm of the current step is less
 than OPTIONS.TolX.
x =

    0.2578    0.2578        %最小二乘解


resnorm =

    124.3622                %函数值
```

故 $f(x_1,x_2)=\sum_{k=1}^{10}(2+2k-\mathrm{e}^{kx_1}-\mathrm{e}^{kx_2})^2$ 在 $x_1=0.2578$、$x_2=0.2578$ 处取最小值，为 124.3622。

12.1.3 约束最优化函数

通常，约束最优化问题更复杂，也更难处理，所以此处不讨论函数的具体算法细节。首先引入 MATLAB 中求解约束最优化问题的功能强大的函数 fmincon。

此函数用于求解满足如下约束的最优化问题：

$$\min f(x)。$$

约束条件：

$$s \cdot t \cdot \begin{cases} Ax \leqslant b \\ A_{eq}x = b_{eq} \\ c(x) \leqslant 0 \\ c_{eq}(x) = 0 \\ l \leqslant x \leqslant u \end{cases}$$

MATLAB 优化工具箱的函数 fmincon 的具体用法如下所示：

```
[xo,fo] = fmincon('ftn', x0, A, b)
[xo,fo] = fmincon('ftn', x0, A, b, Aeq, beq)
[xo,fo] = fmincon('ftn', x0, A, b, Aeq, beq, l, u)
[xo,fo] = fmincon('ftn', x0, A, b, Aeq, beq, l, u, 'nlcon', options, p1, p2)
```

- 参数 *ftn* 表示目标函数 $f(x)$；x0 为解的初始估计值；
- 参数 A，b 为线性不等式约束 $Ax \leqslant b$；
- 参数 Aeq，beq：线性等式约束 $Aeq x = beq$；
- 参数 l，u：下限/上限量，使得 $l \leqslant x \leqslant u$；nlcon 非线性约束函数（如果不适用此类约束，则输入方括号 "[]"）；

12.1 MATLAB 优化工具箱的最优化函数

- 参数 *options*：用来设定显示参数；
- 参数 *xo* 为满足约束条件的在指定区域内的最小值点；
- 参数 *fo* 为函数在最小值处的值。

> **注意** 可以在 MATLAB 命令行窗口中输入 "help optimset" 进行帮助查询，下面以实例对函数的用法进行具体说明。

【实例 12.8】 约束最优化函数应用实例 1。采用约束最优化函数求解如下形式的最优化问题：

$$\min f(x) = e^{x_1}(4x_1^2 + 2x_2^2 + 4x_1x_2 + 2x_2 + 1)。$$

约束条件：

$$s \cdot t \cdot \begin{cases} 1.5 + x_1x_2 - x_1 - x_2 \leqslant 0 \\ x_1 + x_2 = 0 \\ -x_1x_2 \leqslant 10 \end{cases}$$

（1）编写函数 fcon1512.m，用来输出非线性约束。

```
%可知此最优化问题的约束分别为线性等式约束和非线性不等式约束。
function [c,ceq]=fcon1512(x)
c=[1.5+x(1)*x(2)-x(1)-x(2);-x(1)*x(2)-10];    %非线性不等式约束 c<=0
ceq=x(1)+x(2);                                 %非线性等式约束，ceq=0
```

（2）用函数 fmincon 求非线性约束最优化问题。

```
%在命令行窗口输入如下命令
>> clc
>> clear all
>> f=inline('exp(x(1))*(4*x(1)^2+2*x(2)^2+4*x(1)*x(2)+2*x(2)+1)','x');
>> x0=[-1 1];
>> [x,fval]=fmincon(f,x0,[],[],[],[],[],[],'fcon1512')
%输出有一些警告，但这不会影响本题的结果，输出的计算结果为：
x =

   -1.2247    1.2247

fval =

    1.8951
```

故 $f(x) = e^{x_1}(4x_1^2 + 2x_2^2 + 4x_1x_2 + 2x_2 + 1)$ 在约束条件为 $1.5 + x_1x_2 - x_1 - x_2 \leqslant 0$，$x_1 + x_2 = 0$，$-x_1x_2 \leqslant 10$ 的情况下，在 $x_1 = -1.2247$，$x_2 = 1.2247$ 处取最小值 1.8951。

【实例 12.9】 约束最优化函数应用实例 2。采用约束最优化函数求如下函数的最优化问题：

$$\min f(x) = -x_1x_2x_3。$$

约束条件：

$$s \cdot t \cdot \begin{cases} -x_1 - 2x_2 - 2x_3 \leqslant 0 \\ x_1 + 2x_2 + 2x_3 \leqslant 72 \end{cases}。$$

```
%在命令行窗口输入如下命令
>> clc
>> clear all
%用 fmincon 解线性约束的最优化
>> f=inline('-x(1)*x(2)*x(3)','x');
>> A=[-1,-2,-2;1,2,2];    %A*x<=b
>> b=[0;72];
>> x0=[10;10;10];
>> [x,fval]=fmincon(f,x0,A,b)
```

%输出有一些警告，但这不会影响本题的结果，输出的计算结果为：
x =

    24.0000
    12.0000
    12.0000

fval =

    -3.4560e+003

故 $f(x) = -x_1 x_2 x_3$ 在满足约束条件 $-x_1 - 2x_2 - 2x_3 \leqslant 0$、$x_1 + 2x_2 + 2x_3 \leqslant 72$ 的情况下，在 $x_1 = 24$、$x_2 = 12$、$x_3 = 12$ 处取最小值 $-3.4560e+003$。

1. fminimax——最小最大值函数

此函数主要是用来寻找一个点使得函数向量中的所有函数值的最大值最小，即解如下最优化问题：

$$\min_x \left\{ \max_n \{ f_n(x) \} \right\}。$$

约束条件：

$$s \cdot t \cdot \begin{cases} Ax \leqslant b \\ A_{eq} x = b_{eq} \\ c(x) \leqslant 0 \\ c_{eq}(x) = 0 \\ l \leqslant x \leqslant u \end{cases}。$$

其具体调用形式与 fmincon 相同。

2. lsqlin——有约束线性最小二乘函数

此函数用于求解如下最优化问题：

$$\min_x \| Cx - d \|^2。$$

约束条件：

$$Ax \leqslant b, \quad A_{eq} x = b_{eq}, \quad 且 \, l \leqslant x \leqslant u;$$

$$s \cdot t \cdot \begin{cases} -x_1 - 2x_2 - 2x_3 \leqslant 0 \\ x_1 + 2x_2 + 2x_3 \leqslant 72 \end{cases}。$$

其调用形式为：

```
[xo,fo] = lsqlin(C,d,A,b)
[xo,fo] = lsqlin(C,d,A,b,Aeq,beq)
[xo,fo] = lsqlin(C,d,A,b,Aeq,beq,l,u)
[xo,fo] = lsqlin(C,d,A,b,Aeq,beq,l,u,x0)
[xo,fo] = lsqlin(C,d,A,b,Aeq,beq,l,u,x0,options,p1,…)
```

- 参数 A，b 为线性不等式约束 $Ax \leqslant b$；
- 参数 A_{eq}，beq：线性等式约束 $Aeqx = beq$；
- 参数 l，u：下限/上限量，使得 $l \leqslant x \leqslant u$；nlcon 非线性约束函数（如果不适用此类约束，则输入方括号"[]"）；
- 参数 *options*：用来设定显示参数；
- 参数 *xo* 为满足约束条件的在指定区域内的最小值点；
- 参数 *fo* 为函数在最小值处的值。

12.2 线性规划

线性规划问题即目标函数和约束条件均为线性的问题，线性规划是处理线性目标函数和线性约束的一种较为成熟的方法，线性规划问题的标准形式如下：

$$\min f(x) = \sum_{j=1}^{n} c_j x_j \ ; \quad s \cdot t \cdot \begin{cases} \sum_{j=1}^{n} a_{ij} \leq b_i, i = 1, 2, \cdots, m \\ x_i \leq 0, j = 1, 2, \cdots, n \end{cases}。$$

写成矩阵的形式为：

$$\min_x f^T x \ ; \quad s \cdot t \cdot \begin{cases} A \cdot x \leq b \\ Aeq \cdot x \leq beq \\ lb \leq x \leq ub \end{cases}。$$

标准形式的线性优化问题简称为 LP（Linear Programming）问题。其他形式的线性优化问题经过适当变换均可以转化为标准型。由于形式简单、易用，线性优化/规划问题应用十分广泛。

linprog 线性优化的函数格式如下：

```
x = linprog(f,A,b)
x = linprog(f,A,b,Aeq,beq)
x = linprog(f,A,b,Aeq,beq,lb,ub)
x = linprog(f,A,b,Aeq,beq,lb,ub,x0)
x = linprog(f,A,b,Aeq,beq,lb,ub,x0,options)
x = linprog(problem)
[x,fval] = linprog(…)
[x,fval,exitflag] = linprog(…)
[x,fval,exitflag,output] = linprog(…)
[x,fval,exitflag,output,lambda] = linprog(…)
```

- 其中：f 即线性优化目标函数系数向量/矩阵；
- A 和 b 是线性不等式约束条件的系数矩阵和不等式右端向量；
- Aeq 和 beq 是线性等式约束条件的系数矩阵和不等式右端向量；
- lb 和 ub 分别是自变量值的下限和上限；
- x0 是初值点；
- options 是优化参数的数据结构；
- x 是返回的优化解；
- fval 是优化解处的目标函数值；
- exitflag 返回一个整数值，代表优化算法结束的原因。

【实例 12.10】 任务分配问题：某车间有甲、乙两台机床，可用于加工 3 种工件。假定这两台车床的可用台时数分别为 700 和 800，3 种工件的数量分别为 300、500 和 400，且已知用 3 种不同车床加工单位数量不同工件所需的台时数和加工费用如表 12-8 所示。问怎样分配车床的加工任务，才能既满足加工工件的要求，又使加工费用最低？

表 12-8 任务分配加工台时数和加工费用表

车床类型	单位工件所需加工台时数			单位工件的加工费用			可用台时数
	工件 1	工件 2	工件 3	工件 1	工件 2	工件 3	
甲	0.4	1.1	1.0	13	9	10	700
乙	0.5	1.2	1.3	11	12	8	800

（1）设在甲车床上加工工件1、2、3的数量分别为 x_1、x_2、x_3，在乙车床上加工工件1、2、3的数量分别为 x_4、x_5、x_6。可建立以下线性规划模型：

$$\min z = 13x_1 + 9x_2 + 10x_3 + 11x_4 + 12x_5 + 8x_6$$

$$s.t. \begin{cases} x_1 + x_4 = 300 \\ x_2 + x_5 = 500 \\ x_3 + x_6 = 400 \\ 0.4x_1 + 1.1x_2 + x_3 \leq 700 \\ 0.5x_4 + 1.2x_5 + 1.3x_6 \leq 800 \\ x_i \geq 0, i = 1, 2, \cdots, 6 \end{cases}$$

（2）在MATLAB命令行窗口输入：

```
%在命令行窗口输入如下命令
>> clc
>> clear all
>> f = [13;9;10;11;12;8];
>> A =  [0.4 1.1 1 0 0 0
         0 0 0 0.5 1.2 1.3];
>> b = [700; 800];
>> Aeq=[1 0 0 1 0 0
        0 1 0 0 1 0
        0 0 1 0 0 1];
>> beq=[300 500 400];
>> lb = zeros(6,1);
>> [x,fval,exitflag,output,lambda] = linprog(f,A,b,Aeq,beq,lb)
Optimization terminated.

x =

    0.0000
  500.0000
    0.0000
  300.0000
    0.0000
  400.0000


fval =

  1.1000e+004


exitflag =

     1


output =

        iterations: 4
         algorithm: 'large-scale: interior point'
      cgiterations: 0
           message: 'Optimization terminated.'
    constrviolation: 2.8422e-013

lambda =

    ineqlin: [2x1 double]
      eqlin: [3x1 double]
      upper: [6x1 double]
      lower: [6x1 double]
```

可见，在甲机床上加工 500 个工件 2，在乙机床上加工 300 个工件 1、加工 400 个工件 3 可在满足条件的情况下使总加工费最小。最小费用为 11000 元。收敛正常。

【实例12.11】求下面函数的最小值：

$$f(x) = -5x_1 - 4x_2 - 6x_3 ; \quad s \cdot t \cdot \begin{cases} x_1 - x_2 + x_3 \leq 20 \\ 3x_1 + 2x_2 + 4x_3 \leq 42 \\ 3x_1 + 2x_2 \leq 30 \\ 0 \leq x_1, 0 \leq x_2, 0 \leq x_3 \end{cases}$$

```
%在命令行窗口输入如下命令
>> clc
>> clear all
>> f = [-5; -4; -6];
>> A = [1 -1 1
        3 2 4
        3 2 0];
>> b = [20; 42; 30];
>> lb = zeros(3,1);
%调用函数[x,fval,exitflag,output,lambda] = linprog(f,A,b,[],[],lb);
>> [x,fval,exitflag,output,lambda] = linprog(f,A,b,[],[],lb);
Optimization terminated.
>> x, lambda.ineqlin, lambda.lower
x =
    0.0000
   15.0000
    3.0000
ans =
    0.0000
    1.5000
    0.5000
ans =
    1.0000
    0.0000
    0.0000
```

lambda 域中向量里的非零元素可以反映出求解过程中的主动约束。

【实例12.12】线性规划函数应用实例。采用线性规划函数求解如下形式的最优化问题：

$$\min f(x) = -5x_1 + 4x_2 + 2x_3$$

约束条件：

$$s \cdot t \cdot \begin{cases} 6x_1 - x_2 + x_3 \leq 8 \\ x_1 + 2x_2 + 4x_3 \leq 10 \\ -1 \leq x_1 \leq 3 \\ 0 \leq x_2 \leq 2 \\ x_3 \geq 0 \end{cases}$$

```
%在命令行窗口输入如下命令
>> clc
>> clear all
%解线性规划问题
%f(x)=-5x(1)+4x(2)+2x(3)
>> f=[-5,4,2];                    %函数系数
>> A=[6,-1,1;1,2,4];              %不等式系数
>> b=[8;10];                      %不等式右边常数项
>> l=[-1,0,0];                    %下限
```

```
>> u=[3,2,inf];                            %上限
%用linprog求解
>> [xol,fol]=linprog(f,A,b,[],[],l,u)
%用fmincon求解
>> x0=[0,0,0];
>> f1514=inline('-5*x(1)+4*x(2)+2*x(3)','x');
>> [xoc,foc]=fmincon(f1514,x0,A,b,[],[],l,u)
%输出有一些警告，但这不会影响本题的结果，输出的计算结果为：
Optimization terminated.
%linprog结果
xol =

    1.3333
    0.0000
    0.0000


fol =

   -6.6667


Active inequalities (to within options.TolCon = 1e-006):
  lower      upper     ineqlin   ineqnonlin
    2                     1
    3
%fmincon结果
xoc =

    1.3333         0         0


foc =

   -6.6667
```

故 $f(x) = -5x_1 + 4x_2 + 2x_3$ 在满足一定约束条件下在 $x_1 = 1.3333$，$x_2 = x_3 = 0$ 处取最小值 -6.6667。在此例中两种方法所得结果相同。

【**实例 12.13**】某车间生产 A 和 B 两种产品，为了生产 A 和 B，所需原料分别为 2 个和 3 个单位，而所需的工时分别为 4 个和 2 个单位，现在可以应用的原料为 100 个单位，工时为 120 个单位，每生产一台 A 和 B 分别可获得利润 6 元和 4 元，应当安排生产 A、B 各多少台，才能获得最大的利润？

$$\begin{cases} \max f(x) = 6x_1 + 4x_2 \\ \min f(x) = -6x_1 - 4x_2 \end{cases}; \quad s.t. \begin{cases} 2x_1 + 3x_2 \leq 100 \\ 4x_1 + 2x_2 \leq 120 \\ 0 \leq x_1, 0 \leq x_2 \end{cases}。$$

```
%在命令行窗口输入如下命令
>> clc
>> clear all
>> f = [-6 -4];
>> a = [2 3;4 2];
>> b = [100 120];
>> lb = [0 0 ;]

lb =

     0     0

>> lb = [0 0];
>> [x,fval] = linprog(f,a,b,[],[],lb,[])
```

```
Optimization terminated.

x =

    20.0000
    20.0000


fval =

  -200.0000
```

为了获益最大,可安排生产 A 和 B 各 20 个,最大收益是 200 元。

12.3　0-1 整数规划

0-1 整数规划的模型为:

$$\min f^T x\ ;\quad s.t. \begin{cases} Ax \leqslant b \\ A_E x = b_E \\ x_i = 0 或 x_i = 1 \end{cases}$$

其中:f,x,b,b_E,A 和 A_E 为矩阵。

求 0-1 整数规划问题的函数是 bintprog,调用的格式为:

```
x = bintprog(f)
x = bintprog(f,A,b)
x = bintprog(f,A,b,Aeq,beq)
x = bintprog(f,A,b,Aeq,beq,x0)
x = bintprog(f,A,b,Aeq,Beq,x0,options)
x = bintprog(problem)
[x,fval] = bintprog(…)
[x,fval,exitflag] = bintprog(…)
[x,fval,exitflag,output] = bintprog(…)
```

- A 和 b 是线性不等式约束条件的系数矩阵和不等式右端向量;
- Aeq 和 beq 是线性等式约束条件的系数矩阵和不等式右端向量;
- lb 和 ub 分别是自变量值的下限和上限;
- $x0$ 是初值点;
- $options$ 是优化参数的数据结构;
- x 是返回的优化解;
- $fval$ 是优化解处的目标函数值;
- $exitflag$ 返回一个整数值,代表优化算法结束的原因。

【实例 12.14】求解下面的 0-1 整数规划问题:

$$\min z = -3x_1 + x_2 - 4x_3\ ;\quad s\cdot t \cdot \begin{cases} x_1 + 3x_2 - 2x_3 \leqslant 4 \\ x_1 + 4x_2 + x_3 \leqslant 4 \\ 2x_1 + x_3 \leqslant 6 \\ x_1 + x_2 \leqslant 1 \\ x_1, x_2, x_3 = 0 或 1 \end{cases}$$

```
%在命令行窗口输入如下命令
>> clc
>> clear all
>> f = [-3; 1;-4 ];
```

```
>> A = [1 3 -2; 1 4 1; 0 2 1; 1 1 0];
>> b = [ 4; 6; 6; 1 ];
>> [ x, fval ] =bintprog (f, A , b )
Optimization terminated.
x =
     1
     0
     1
fval =
    -7
```

【实例 12.15】 求解下面的 0-1 整数规划问题：

$$\min f(x) = -9x_1 - 5x_2 - 6x_3 - 4x_4 ; \quad s.t. \begin{cases} \begin{bmatrix} 6 & 3 & 5 & 2 \\ 0 & 0 & 1 & 1 \\ -1 & 0 & 1 & 0 \\ 0 & -1 & 0 & 1 \end{bmatrix} \begin{bmatrix} x_1 \\ x_2 \\ x_3 \\ x_4 \end{bmatrix} \leqslant \begin{bmatrix} 9 \\ 1 \\ 0 \\ 0 \end{bmatrix} \\ x_1, x_2, x_3, x_4 = 0 \text{或} 1 \end{cases}$$

```
%在命令行窗口输入如下命令
>> clc
>> clear all
>> f = [-9; -5; -6; -4];
>> A = [6 3 5 2; 0 0 1 1; -1 0 1 0; 0 -1 0 1];
>> b = [9; 1; 0; 0];
>> x = bintprog(f,A,b)
Optimization terminated.
x =
     1
     1
     0
     0
```

12.4 二次规划

二次规划是非线性规划中一类特殊的数学规划问题，它的解是可以通过求解得到的。二次规划的一般形式为：

$$\min_x \frac{1}{2} x^T H x + f^T x ; \quad s \cdot t \cdot \{A \cdot x \leqslant b\}$$

其中 H 是对称矩阵。

MATLAB 优化工具箱提供了 quadprog 函数用来进行二次规划的优化求解，quadprog 函数格式如下：

```
x = quadprog(H,f,A,b)
x = quadprog(H,f,A,b,Aeq,beq)
x = quadprog(H,f,A,b,Aeq,beq,lb,ub)
x = quadprog(H,f,A,b,Aeq,beq,lb,ub,x0)
x = quadprog(H,f,A,b,Aeq,beq,lb,ub,x0,options)
x = quadprog(problem)
```

- ❑ *A* 和 *b* 是线性不等式约束条件的系数矩阵和不等式右端向量；
- ❑ *Aeq* 和 *beq* 是线性等式约束条件的系数矩阵和不等式右端向量；
- ❑ *lb* 和 *ub* 分别是自变量值的下限和上限；
- ❑ *x0* 是初值点；
- ❑ *options* 是优化参数的数据结构；
- ❑ *x* 是返回的优化解。

12.4 二次规划

【实例 12.16】 求下面函数的最小值：

$$f(x) = \frac{1}{2}x_1^2 + x_2^2 - x_1 x_2 - 2x_1 - 6x_2 ; \quad s \cdot t \cdot \begin{cases} x_1 + x_2 \leq 2 \\ -x_1 + 2x_2 \leq 2 \\ 2x_1 + x_2 \leq 3 \\ 0 \leq x_1, 0 \leq x_2 \end{cases}$$

（1）把上面的方程用矩阵形式表示：

$$f(x) = \frac{1}{2}x^T H x + f^T x ; \quad 其中\ H = \begin{bmatrix} 1 & -1 \\ -1 & 2 \end{bmatrix}、f = \begin{bmatrix} -2 \\ -6 \end{bmatrix}、x = \begin{bmatrix} x_1 \\ x_2 \end{bmatrix}$$

（2）在命令行窗口输入如下命令：

```
>> clc
>> clear all
>> H = [1 -1; -1 2];
>> f = [-2; -6];
>> A = [1 1; -1 2; 2 1];
>> b = [2; 2; 3];
>> lb = zeros(2,1);
%调用函数[x,fval,exitflag,output,lambda] = quadprog(H,f,A,b,[],[],lb)
>> [x,fval,exitflag,output,lambda] = …
    quadprog(H,f,A,b,[],[],lb)
Optimization terminated.
x =
    0.6667
    1.3333
fval =
   -8.2222
exitflag =
     1
output =
          iterations: 3
      constrviolation: 1.1102e-016
            algorithm: 'medium-scale: active-set'
         firstorderopt: []
          cgiterations: []
              message: 'Optimization terminated.'
lambda =
       lower: [2x1 double]
       upper: [2x1 double]
       eqlin: [0x1 double]
      ineqlin: [3x1 double]
```

exitflag=1 表示计算的退出条件是收敛于 *x* 的；*output* 中包含着优化信息的结构；*lambda* 返回了 *x* 处包含拉格朗日乘子的参数。

【实例 12.17】 求解如下二次优化问题。

$$\min f(x) = \frac{1}{2}\begin{bmatrix} x_1 & x_2 \end{bmatrix}\begin{bmatrix} 1 & -1 \\ -1 & 2 \end{bmatrix}\begin{bmatrix} x_1 \\ x_2 \end{bmatrix} - \begin{bmatrix} 2 & 6 \end{bmatrix}\begin{bmatrix} x_1 \\ x_2 \end{bmatrix} ; \quad s \cdot t \cdot \begin{cases} x_1 + x_2 \leq 2 \\ -x_1 + 2x_2 \leq 2 \\ 2x_1 + x_2 \leq 3 \\ 0 \leq x_1, 0 \leq x_2 \end{cases}$$

```
%在命令行窗口输入如下命令
>> clc
>> clear all
>> h=[1 -1;-1 2];
>> c = [-2;-6];
>> a = [1 1;-1 2;2 1];
>> b = [2;2;3];
>> [x,l]=quadprog(h,c,a,b)
```

```
> In quadprog at 291
Optimization terminated.

x =

    0.6667
    1.3333


l =

   -8.2222
```

【实例 12.18】 求解如下二次优化问题。

$$\min f(x) = x_1^2 + x_2^2 - 4x_1 + 4 \ ; \quad s \cdot t \cdot \begin{cases} x_1 - x_2 + 1 \leqslant 0 \\ -x_1 + x_2 - 1 \geqslant 0 \\ 0 \leqslant x_1, 0 \leqslant x_2 \end{cases}。$$

（1）将目标函数进行以下变换：

$$\min f(x) = \frac{1}{2}\begin{bmatrix} x_1 & x_2 \end{bmatrix}\begin{bmatrix} 2 & 0 \\ 0 & 2 \end{bmatrix}\begin{bmatrix} x_1 \\ x_2 \end{bmatrix} - \begin{bmatrix} 4 & 0 \end{bmatrix}\begin{bmatrix} x_1 \\ x_2 \end{bmatrix} + 4$$

（2）在命令行窗口输入如下命令：

```
>> clc
>> clear all
>> h = [2 0;0 2];
>> f = [-4 0];
>> a = [-1 1;1 -1];
>> b = [2;-1];
>> [x, fval, exitflag,output,lambda] = quadprog(h,f,a,b,[],[],[0 0], [])

> In quadprog at 291
Optimization terminated.

x =

    0.5000
    1.5000


fval =

    0.5000


exitflag =

     1


output =

          iterations: 2
      constrviolation: -1.1102e-016
            algorithm: 'medium-scale: active-set'
         firstorderopt: []
          cgiterations: []
              message: 'Optimization terminated.'


lambda =
```

```
    lower: [2x1 double]
    upper: [2x1 double]
    eqlin: [0x1 double]
  ineqlin: [2x1 double]
```

12.5 多目标规划

多目标规划的模型为：

$$\min F(x); \quad s \cdot t \cdot \begin{cases} c(x) \leqslant 0 \\ ceq(x) = 0 \\ Ax \leqslant b \\ A_E x = b_E \\ l \leqslant x \leqslant u \end{cases}.$$

其中：x，b，b_E，l 和 u 为向量，A 和 A_E 为矩阵，$c(x)$，$ceq(x)$ 和 $F(x)$ 是向量函数。

多目标规划有许多种解法，最常用的一种是目标达到法。目标达到法是设定目标值向量 $g = (F1, F2, \cdots, Fn)$，允许目标函数有正负偏差，偏差的大小由加权系数向量 $w = (w1, w2, \cdots, wn)$ 控制。于是，在设定目标值和加权系数后，多目标规划问题可以表示为下面的优化问题：

$$\min \gamma; \quad s \cdot t \cdot \begin{cases} F(x) - w \cdot \gamma \leqslant g \\ c(x) \leqslant 0 \\ ceq(x) = 0 \\ Ax \leqslant b \\ A_E x = b_E \\ l \leqslant x \leqslant u \end{cases}.$$

其中：γ 为达到因子，x、b、b_E、l 和 u 为向量，A 和 A_E 为矩阵，$c(x)$、$ceq(x)$ 和 $F(x)$ 是向量函数，$F(x)$ 是目标函数向量，w 是权值系数向量，用于控制对应的目标函数与用户定义的目标值的接近程度，g 为用户设计的与目标函数相应的目标函数值向量。其功能是求目标达到问题的解 x，目标函数值 *fval* 和达到因子 *attainfactor*，其中是 $x0$ 初始点（必须指定）。

用 fgoalattain 函数可以求解多目标规划问题。函数的调用格式为：

```
[ x, fval, attainfactor] = fgoalattain ( fun, x0, g, w, A , b, AE, bE, l, u, nonlcon)
```

- 权系数向量一般为目标的绝对值，即 $w = \text{abs}(g)$。
- 如果无边界时，$l=[\ ]$ 或 $u=[\ ]$；nonlcon 是一个 M 函数名，该函数包含函数 $c(x)$ 和 $ceq(x)$，例如，若 nonlcon='myfun'，则 M 文件 myfun.m 应该具有下面形式：
- function [c, ceq] = mycon (x)
- c = …% 即 $c(x)$的表达式
- ceq = …% 即 $ceq(x)$的表达式
- 达到因子的意义：$\gamma > 0$ 表示低于目标值，$\gamma < 0$ 表示超出目标值。

【实例 12.19】某化工厂拟生产两种新产品 A 和 B，其生产设备费用分别为：A 是 2 万元/吨；B 是 5 万元/吨。这两种产品均将造成环境污染，设由公害所造成的损失可折算为：A 是 4 万元/吨；B 是 1 万元/吨。由于条件限制，工厂生产产品 A 和 B 的最大生产能力各为每月 5 吨和 6 吨，而市场需要这两种产品的总量每月不少于 7 吨。试问工厂如何安排生产计划，在满足市场需要的前提下，使设备投资和公害损失均达最小。该工厂决策认为，这两个目标中环境污染优先考虑，设备投资的目标值为 20 万元，公害损失的目标为 12 万元。

(1) 设工厂每月生产产品 A 为 x_1 吨，B 为 x_2 吨，设备投资费为 $f_1(x)$，公害损失费为 $f_2(x)$，则这个问题可表达为多目标优化问题：

$$\begin{cases} \min f_1(x) = 2x_1 + 5x_2 \\ \min f_2(x) = 4x_1 + x_2 \end{cases} ; \quad s \cdot t \cdot \begin{cases} x_1 \leq 5 \\ x_2 \leq 6 \\ x_1 + x_2 \geq 7 \\ x_1, x_2 \geq 0 \end{cases}$$

(2) 编写目标函数的 M 文件 fg.m：

```
function f=fg(x)
f(1) =2*x+5*x(2)
f(2) =4*x(1)+x(2)
给定目标、权重和给出初值:
g = [20 12];
w = [20 12];
x0 = [2 5];
给出约束条件的系数:
A = [ 1 0 ; 0 1; -1 -1];
b = [5 6 -7];
l = zeros (2, 1);
[x, fval] = fgoalattain ( fg, x0, g, w, A, b, [], [], lb, [])
```

计算结果为：

```
x =
2.9167    4.0833
fval =
26.2500   15.7500
attaifactor =
0.3125
```

故工厂每月生产产品 A 为 2.9167 吨，B 为 4.0833 吨。设备投资费和公害损失费的目标值分别为 26.25 万元和 15.75 万元。达到因子为 0.3125。

【实例 12.20】某厂生产两种产品 A 和 B，已知生产 A 产品 100kg 需 8 个工时，生产 B 产品 100kg 需 10 个工时。假定每日可用的工时数为 40，且希望不雇临时工，也不加班生产。这两种产品每 100kg 均可获利 100 元。此外，有个顾客要求每日供应他 B 种产品 600kg。问应如何安排生产计划？

(1) 设生产 A、B 两种产品的数量分别为 x_1 和 x_2（均以 100kg 计），为了使生产计划比较合理，要求用人尽量少，获利尽可能多，另外 B 种产品的产量尽量多。由题意建立下面的数学模型：

$$\begin{cases} \min Z_1 = 8x_1 + 10x_2 \\ \min Z_2 = 100x_1 + 100x_2 \\ \min Z_3 = x_2 \end{cases} ; \quad s \cdot t \cdot \begin{cases} x_2 \geq 6 \\ x_1, x_2 \geq 0 \end{cases}$$

(2) 编写目标函数的 M 文件 fg2.m：

```
function f = fg2(x)
f(1) = 8*x(1)+10*x(2);
f(2) = -100*x(1)-100*x(2);
f(3) =-x(2);
```

建立 ex12_19.m 文件，给定目标，权重和初值：

```
%在命令行窗口输入如下命令
clc
clear all
w=[40 -80 -6];
x0=[2 2];
%给出约束条件的系数:
A = [8 10; 0 -1];
b = [40 -6];
```

```
lb = zeros(2, 1);
[x, fval, attainfactor] =fgoalattaion (fg2, x0, g, w, A, b, [], [], lb)
```
计算结果为:
```
x =
2.0429    1.9458
fval =
35.8007  -398.8648  -1.9458
attainfactor =
-0.0646
```

即生产 A、B 两种产品的数量各为 204.29kg 和 194.58kg。

12.6 贪心算法

所谓贪心算法是指,在对问题求解时,总是做出在当前看来是最好的选择。也就是说,不从整体最优上加以考虑,它所选择的仅是在某种意义上的局部最优解。

贪心算法没有固定的算法框架,算法设计的关键是贪心策略的选择。必须注意的是,贪心算法不是对所有问题都能得到整体最优解,选择的贪心策略必须具备无后效性,即某个状态以后的过程不会影响以前的状态,只与当前状态有关。

> **注意**　所以对所采用的贪心策略一定要仔细分析其是否满足无后效性。

1. **贪心算法的基本思路:**
   - 建立数学模型来描述问题;
   - 把求解的问题分成若干个子问题;
   - 对每一个子问题求解,得到子问题的局部最优解;
   - 把子问题的局部最优解合成原来问题的一个解。

2. **贪心算法适用的问题:**

   贪心策略适用的前提是:局部最优策略能导致产生全局最优解。

   实际上,贪心算法适用的情况很少。一般,对一个问题分析是否适用于贪心算法,可以先选择该问题下的几个实际数据进行分析,就可做出判断。

3. **贪心算法的实现框架:**

   ```
   从问题的某一个初始解出发;
   while (能朝给定总目标前进一步)
   {
           利用可行的决策,求出可行解的一个解元素;
   }
   由所有解元素组合成问题的一个可行解;
   ```

4. **贪心策略的选择:**

   因为用贪心算法只能通过解局部最优解的策略来达到全局最优解,因此,一定要注意判断问题是否适合采用贪心算法策略,找到的解是否一定是问题的最优解。

5. **例题分析**

   下面是一个可以试用贪心算法解的题目,贪心解的确不错,可惜不是最优解。

   【实例 12.21】 有一个背包,背包容量是 M=150。有 7 个物品,物品可以分割成任意大小。
   要求尽可能让装入背包中的物品总价值最大,但不能超过总容量。
   物品: A B C D E F G
   重量: 35 30 60 50 40 10 25

价值：10 40 30 50 35 40 30

分析：

目标函数：$\sum pi$ 最大。

约束条件是装入的物品总重量不超过背包容量：$\sum wi<=M$（M=150）。

（1）根据贪心的策略，每次挑选价值最大的物品装入背包，得到的结果是否最优？

（2）每次挑选所占重量最小的物品装入是否能得到最优解？

（3）每次选取单位重量价值最大的物品，成为解本题的策略。

值得注意的是，贪心算法并不是完全不可以使用，贪心策略一旦经过证明成立后，它就是一种高效的算法。

贪心算法还是很常见的算法之一，这是由于它简单易行，构造贪心策略不是很困难。

可惜的是，它被需要证明后才能真正运用到题目的算法中。

一般来说，贪心算法的证明围绕着：整个问题的最优解一定由在贪心策略中存在的子问题的最优解得来的。

对于例题中的3种贪心策略，都是无法成立（无法被证明）的，解释如下：

（1）贪心策略：选取价值最大者。反例：

W=30

物品：A B C

重量：28 12 12

价值：30 20 20

根据策略，首先选取物品A，接下来就无法再选取了，可是，选取B、C则更好。

（2）贪心策略：选取重量最小。它的反例与第一种策略的反例差不多。

（3）贪心策略：选取单位重量价值最大的物品。反例：

W=30

物品：A B C

重量：28 20 10

价值：28 20 10

根据策略，三种物品单位重量价值一样，程序无法依据现有策略做出判断，如果选择A，则答案错误。

【实例12.22】有旅行者要从n种物品中选取不超过b公斤的物品放入背包，要求总价值最大。设第i种物品的重量为a_i，价值为c_i（$i=1,2,\cdots,n$）。定义向量$[x_1,x_2,\cdots,x_n]$，当选第i种物品往背包放时取$x_i=1$，否则取$x_i=0$。于是所有选取的物品的总价值为$c_1x_1+c_2x_2+\cdots+c_nx_n$，总的重量为：$a_1x_1+a_2x_2+\cdots+a_nx_n$。问题可描述为：

$$\max z=c_1x_1+c_2x_2+\cdots+c_nx_n;$$

$$s\cdot t\cdot\begin{cases}a_1x_1+a_2x_2+\cdots+a_nx_n\leqslant b\\ x_i=1\text{或}0\end{cases}。$$

贪心算法意为见到好的就抓住不放，用贪心算法求解问题，一般可以获得比较好的求解速度。本问题的具体做法为：先计算物品的价值密度，并把物品按价值密度从大到小的顺序排列：

$$p_i=\frac{c_i}{a_i},\quad i=1,2,\cdots,n;\quad p_{k_1}\geqslant p_{k_2}\geqslant\cdots\geqslant p_{k_n}。$$

当选择第k_i件物品时，先判断背包是否超载，如果不超载，则放入背包，否则考虑下一件k_{i+1}。按照这种方式考虑所有物品，即能得到背包问题的一个近似最优解。

（1）创建backpack.m文件：

```
function [sch,tolval,tolwei]=backpack(maxwei,weight,value)
n=size(weight,2);sch=zeros(1,n);
p=value./weight;
[a,b]=sort(p);%a 从小到大排序后的向量,b 是对应元素原始下标
b=b(n:-1:1);tw=0;%已装入背包的物品重量
for i=1:n
    if (tw+weight(b(i)))<=maxwei
```

```
            tw=tw+weight(b(i));
            sch(b(i))=1;
        end
end
tolwei=tw;tolval=sum(value(find(sch)));
```

（2）在 MATLAB 命令行窗口下输入：

```
%在命令行窗口输入如下命令
clc
clear all
>> [s,v,t]=backpack(110,[1 10 20 40 45 22 30 55],[10 20 30 50 55 32 40 60])
s =
     1     1     1     0     0     1     1     0
v =   132                            t =    83
```

12.7 遗传算法

遗传算法（GA）是一种直接的随机搜索方法，它是在适者生存的自然进化过程中逐渐建立起来的。

1. 算法原理

类似于模拟退火算法，遗传算法也适用于寻找具有多个极值的目标函数的全局最小解。

2. 算法步骤

遗传算法的基本求解流程如图 12-2 所示。

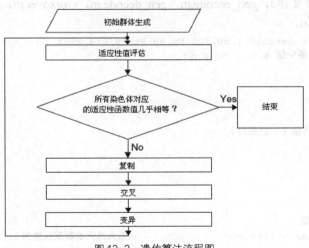

图 12-2 遗传算法流程图

流程图说明。

- 编码：GA 在进行搜索之前，先将解空间的解数据表示成遗传空间的遗传型串结构数据，这些串结构数据的不同组合便构成了不同的点。
- 初始群体的生成：随机产生 N 个初始串结构数据，每个串结构数据称为一个个体，N 个个体构成了一个群体。GA 以这 N 个串结构数据作为初始点开始迭代。
- 适应性值评估检测：适应性函数表明个体或解的优劣性。对于不同的问题，适应性函数的定义方式也不同。
- 选择性复制：选择的目的是为了从当前群体中选出优良的个体，使它们有机会作为父代为下一代繁殖子孙。

遗传算法通过选择过程体现这一思想，进行选择的原则是适应性强的个体为下一代贡献一个或多个后代的概率高。选择实现了达尔文的适者生存原则。

- 交叉：交叉操作是遗传算法中最主要的遗传操作。通过交叉操作可以得到新一代个体，新个体组合了其父辈个体的特性。交叉体现了信息交换的思想。
- 变异：变异首先在群体中随机选择一个个体，对于选中的个体以一定的概率随机地改变串结构数据中某个串的值。

同生物界一样，GA 中变异发生的概率很低，通常取值在 0.001~0.01 之间。变异为新个体的产生提供了机会。

3. 算法的 MATLAB 实现

在 MATLAB 中编程实现遗传算法的函数为：genetic，如表 12-9 所示：

表 12-9　　　　　　　　　　　genetic 遗传算法函数

函数	genetic
功能	用遗传算法求无约束最优化解
格式	[xo,fo] =genetic(f, x0, l, u, Np, Nb, Pc, Pm, eta, kmax)

其中，f 为函数名；$x0$ 为搜索初始值；l，u 为搜索区间的上、下限；Np 为群体大小；Nb 为每一个变量的遗传值（二进制数）；Pc 为交叉概率；Pm 为变异概率；eta 为学习率；$kmax$ 为最大迭代次数；xo 为最优化点值；fo 为函数在点 xo 处的函数值

遗传算法的 MATLAB 编程包括如下几个程序文件：

genetic.m（主程序文件），gen_encode.m，gen_decode.m，crossover.m，mutation.m，shuffle.m。

（1）编写 genetic.m。

```
function [xo,fo] = genetic(f,x0,l,u,Np,Nb,Pc,Pm,eta,kmax)
% 用遗传算法求 f(x) 最小值 s.t. l <= x <= u
%f: 为待求函数,
%x0: 初值,
%l, u: 上下限,
%Np: 群体大小,
%Nb: 每一个变量的遗传值（二进制数）
%Pc: 交叉概率,
%Pm: 变异概率,
%eta: 学习率,
%kmax: 最大迭代次数
N = length(x0);
%%%%%确定各变量默认值
if nargin < 10,kmax = 100; end                 %最大迭代次数默认值为100
if nargin < 9|eta > 1|eta <= 0,eta = 1; end    %学习率eta,(0 < eta < 1)
if nargin < 8,Pm = 0.01;end                    %变异概率默认值为0.01
if nargin < 7,Pc = 0.5;end                     %交叉概率默认值为0.5
if nargin < 6,Nb = 8*ones(1,N);end             %每一变量的遗传值（二进制数）
if nargin < 5,Np = 10;end                      %群体大小（染色体数）
%%%%%生成初始群体
NNb = sum(Nb);
xo = x0(:)'; l = l(:)'; u = u(:)';
fo = feval(f,xo);
X(1,:) = xo;
for n = 2:Np,X(n,:) = l + rand(size(x0)).*(u - l);end    %初始群体随机数组
P = gen_encode(X,Nb,l,u)                       %编码为二进制字串
for k = 1:kmax
    X = gen_decode(P,Nb,l,u);                  %解码为十进制数
```

```
        for n = 1:Np,fX(n) = feval(f,X(n,:));end
        [fxb,nb] = min(fX);                        %选择最适合的,函数值最小的
        if fxb < fo,fo = fxb;xo = X(nb,:);end
        fX1 = max(fxb) - fX;                       %将函数值转化为非负的适合度值
        fXm = fX1(nb);
        if fXm < eps,return;end                    %如果所有的染色体值相同,终止程序
        %%%%%复制下一代
        for n = 1:Np
            X(n,:)=X(n,:)+eta*(fXm-fX1(n))/fXm*(X(nb,:)-X(n,:));  %复制准则
        end
        P = gen_encode(X,Nb,l,u);                  %对下一代染色体编码
        %%%%%%随机配对/交叉得新的染色体数组
        is = shuffle([1:Np]);
        for n = 1:2:Np - 1
            if rand < Pc
                P(is(n:n + 1),:) = crossover(P(is(n:n + 1),:),Nb);
            end
        end
        %%%%%%变异
        P = mutation(P,Nb,Pm);
    end
```

(2) 编写 gen_encode.m。

```
function P = gen_encode(X,Nb,l,u)
%将群体 X 的状态编码为二进制数组 P
Np=size(X,1);                                      %群体大小
N = length(Nb);                                    %变量(状态)维数
for n = 1:Np
    b2 = 0;
    for m = 1:N
        b1 = b2+1;
        b2 = b2 + Nb(m);
        Xnm =(2^Nb(m) - 1)*(X(n,m) - l(m))/(u(m) - l(m));  %编码方程
        P(n,b1:b2) = dec2bin(Xnm,Nb(m));           %十进制转换为二进制
    end
end
```

(3) 编写 gen_decode.m。

```
function X = gen_decode(P,Nb,l,u)
% 将二进制数组 P 解码为群体 X 的状态矩阵
Np = size(P,1);                                    %群体大小
N = length(Nb);                                    %变量维数
for n = 1:Np
    b2 = 0;
    for m = 1:N
        b1 = b2 + 1;
        b2 = b1 + Nb(m) - 1;
        X(n,m) = bin2dec(P(n,b1:b2))*(u(m)-l(m))/(2^Nb(m)-1)+l(m);  %解码方程
    end
end
```

(4) 编写 crossover.m。

```
function chrms2 = crossover(chrms2,Nb)
%两个染色体间的交叉
Nbb = length(Nb);
b2 = 0;
for m = 1:Nbb
    b1 = b2 + 1;
    bi = b1 + mod(floor(rand*Nb(m)),Nb(m));
```

```
        b2 = b2 + Nb(m);
        tmp = chrms2(1,bi:b2);
        chrms2(1,bi:b2) = chrms2(2,bi:b2);
        chrms2(2,bi:b2) = tmp;
    end
```

（5）编写 mutation.m。

```
function P = mutation(P,Nb,Pm)
%变异
Nbb = length(Nb);
for n = 1:size(P,1)
    b2 = 0;
    for m = 1:Nbb
        if rand < Pm
            b1 = b2 + 1;
            bi = b1 + mod(floor(rand*Nb(m)),Nb(m));
            b2 = b2 + Nb(m);
            P(n,bi) = ~P(n,bi);
        end
    end
end
```

（6）编写 shuffle.m。

```
function is = shuffle(is)
%打乱染色体次序
N = length(is);
for n = N:-1:2
    in = ceil(rand*(n - 1));
    tmp = is(in);is(in) = is(n); is(n) = tmp;    %将第 n 个元素与第 in 个元素交换
end
```

4. 算法举例

【**实例 12.23**】遗传算法求解无约束最优化问题实例。采用遗传算法求函数的最小值：

$$f(x,y) = x^4 - 16x^2 - 5xy + y^4 - 16y^2 - 5y。$$

在 MATLAB 中编写函数 ex1507.m 来进行求解，具体代码如下所示。

```
%%%ex1507.m 遗传算法计算最优解
f = inline('x(1)^4-16*x(1)^2-5*x(1)*x(2)+x(2)^4-16*x(2)^2-5*x(2)','x');
l = [-5 -5];              %下限
u = [5 5];                %上限
x0 = [0 0];
Np = 30;                  %群体大小
Nb = [12 12];             %代表每个变量的二进制位数
Pc = 0.5;                 %交叉概率
Pm = 0.01;                %变异概率
eta = 0.8;                %学习率
kmax = 200;               %最大迭代次数
[xos,fos]=fminsearch(f,x0)
[xo_gen,fo_gen] = genetic(f,x0,l,u,Np,Nb,Pc,Pm,eta,kmax)
运行结果为：
xos =3.0453    3.1031

fos =-186.4878

xo_gen =2.9805    3.3150

fo_gen =-184.2604
```

由运算结果可知，用 MATLAB 优化工具箱的函数 fminsearch 计算时，当 $x = 3.0453$，$y = 3.1031$ 时函数取最小值−186.4878；用遗传算法求解时，当 x=2.9805，y=3.3150 时函数取最小值−184.2604。

12.8 模拟退火算法

上述讨论的几个最优化方法在寻求最小值点时，除非选定的初值非常接近最小值点，一般效率都不是很高。并且，用上面的几种方法得到的点可能是某一个局部最小值点，而一般很难确定结果是否正确。

虽然可以通过设定不同的初值，计算出不同的局部最小值点，再比较它们的函数值，最终选出全局最小值点。但是初值选取困难，以及计算量巨大，使得该过程几乎无法实现。

1. 算法原理

模拟退火法则可以完成这样的任务：通过在退火过程与求最小化的过程之间的模拟，并依照概率决定局部最小点的取舍，从而可以跳过局部最小点，最终可得到全局的最小值点。

2. 算法步骤

在 MATLAB 遗传算法和模式搜索工具箱中提供了 simulannealbnd 函数用来通过模拟退火算法搜索无约束或者具有边界约束的多变量最小问题的解。该函数的调用语法如下：

```
x = simulannealbnd(fun,x0)
x = simulannealbnd(fun,x0,lb,ub)
x = simulannealbnd(fun,x0,lb,ub,options)
x = simulannealbnd(problem)
[x,fval] = simulannealbnd(…)
[x,fval,exitflag] = simulannealbnd(…)
[x,fval,exitflag,output] = simulannealbnd(fun,…)
```

3. 算法的 MATLAB 编程实现

【实例 12.24】求 MATLAB 自带的测试函数 De Jong 第 5 函数的最小值。De Jong 第 5 函数是一个具有多个局部极小值的二维函数。可以在 MATLAB 命令输入 dejong5fcn 来查看 De Jong 第 5 函数的图形，如图 12-3 所示。

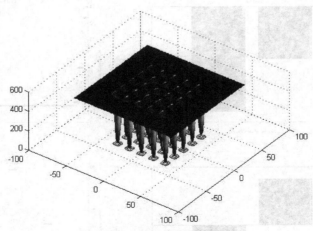

图 12-3　De Jong 第 5 函数的图形

（1）设搜索初始值为（0,0），在没有任何约束的情况下，相应的 MATLAB 模拟退火算法优化命令为：

```
%在命令行窗口输入如下命令
>> clc
>> clear all
>> dejong5fcn
```

```
>> x0 = [0 0];
>> [x,fval] = simulannealbnd(@dejong5fcn,x0)
Optimization terminated: change in best function value less than options.TolFun.
x =
    31.9430  -15.9723
fval =
9.8039
```

（2）另外在具有上下边界条件约束的情况下也可以调用 simulannealbnd 函数来求解。

```
>> x0 = [0 0];
>> lb = [-64 -64];
>> ub = [64 64];
>> [x,fval] = simulannealbnd(@dejong5fcn,x0,lb,ub)
Optimization terminated: change in best function value
                    less than options.TolFun.
x =
   -31.9652  -32.0286

fval =
    0.9980
```

【实例 12.25】在上题的基础上，最优化过程中同时可以绘图，显示最优点、最优值、当前点和当前值等优化信息。具体的 MATLAB 命令如下：

```
%在命令行窗口输入如下命令
>> clc
>> clear all
>> x0 = [0 0];
options = saoptimset('PlotFcns',{@saplotbestx,…
            @saplotbestf,@saplotx,@saplotf});
simulannealbnd(@dejong5fcn,x0,[],[],options)
Optimization terminated: change in best function value less than options.TolFun.
ans =
   -15.9370  -32.0410
```

执行的结果如图 12-4 所示。

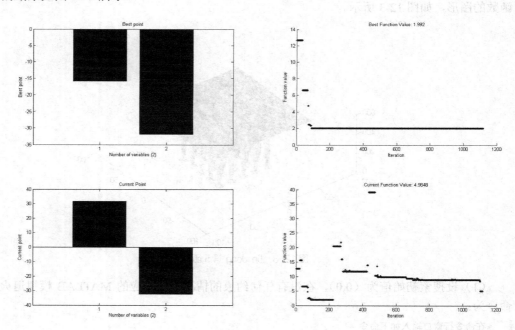

图 12-4　使用模拟退火算法优化 De Jong 第 5 函数的图形

12.9 粒子群算法

在实际科学计算过程中，常常需要表达 3 个变量之间的关系，并且要以最直观的视图方式来表达。使得使用者可以一目了然的看到数据量之间的变换趋势。下面这个小节将要讲解三维图形的相关函数。

12.10 综合实例

12.10.1 无约束最优化

【实例 12.26】最大利润问题综合实例。设某公司生产两种产品分别为 x、y 千克，其相应的成本满足如下函数：

$$C(x,y) = x^2 + 2xy + 2y^2 + 2000。$$

已知产品 x 的价格为 200 元每千克，产品 y 的价格为 300 元每千克，并假定两种产品全部售完，试求使公司获得最大利润的这两种产品的生产水平，公司获得的最大利润是多少？

（1）公司利润可以用如下公式表达：

$$G(x,y) = 200x + 300y - C(x,y) = 200x + 300y - x^2 - 2xy - 2y^2 - 2000$$

%故此最大利润问题等价于目标函数 $f(x,y) = -G(x,y)$ 在自变量大于零的区间上的最小值问题。

（2）首先编写目标函数文件 f1515.m：

```
function f=f1515(x)
%利润函数的相反数
f=-200*x(1)-300*x(2)+x(1)^2+2*x(1)*x(2)+2*x(2)^2+2000;
```

（3）分别用 MATLAB 优化工具箱的函数 fminunc 以及 fminsearch 求解。

```
%ex1515.m 求解最大利润问题
x0=[0,0];
[xo_s,yo_s]=fminsearch('f1515',x0)
[xo_m,yo_m]=fminunc('f1515',x0)
输出有一些警告，但这不会影响本题的结果，输出的计算结果为：
xo_s = 50.0000    50.0000
yo_s =-1.0500e+004
xo_m =50.0000    50.0000
yo_m =-1.0500e+004
```

由结果可知，当 $x = 50$、$y = 50$ 时，也就是两种产品分别生产 50 千克时，利润最大为 10 500 元。

【实例 12.27】最大容积问题综合实例。对边长为 4m 的正方形铁板，在 4 个角处剪去相等的正方形以制成方形无盖水槽，问何种剪法使水槽的容积最大？

（1）设减去的正方形边长为 x，则方形水槽的容积可用下式表示：

$$V(x) = (4-2x)^2 x$$

（2）求最大容积问题可等价于如下形式的最小值问题：

$$\min f(x) = -V(x) = -x(4-2x)^2, \ x \in (0,2)$$

（3）首先编写目标函数文件 f1516.m：

```
function f=f1516(x)
%例 15-16 目标函数
f=-x*(4-2*x)^2;
```

然后调用 fminbnd 函数求解，见 ex1516.m。

```
%ex1516.m 最大容积问题
[xo,fo]=fminbnd('f1516',0,2)
```
得到问题的解:
```
xo =0.6667

fo =-4.7407
```
由结果可知，当剪掉的正方形的边长为 0.5557m 时，水槽的容积最大为 4.7407 m³。

12.10.2 约束最优化

1. 线性规划问题（目标函数线性，约束线性）

【实例 12.28】裁料问题。在某建筑工程施工中需要制作 10000 套钢筋，每套钢筋由 2.9m、2.1m 和 1.5m 三种不同长度的钢筋各一根组成，它们的直径和材质不同。目前在市场上采购到的同类钢筋的长度每根均为 7.4m，问应购进多少根 7.4m 长的钢筋才能满足工程的需要？

首先分析共有多少种不同的套裁方法，该问题的可能材料方案如表 12-10 所示。

表 12-10　　　　　　　　　　　材料方案表

下料长度（m）	裁料方案编号 i							
	1	2	3	4	5	6	7	8
2.9	2	1	1	1	0	0	0	0
2.1	0	2	1	0	3	2	1	0
1.5	1	0	1	3	0	2	3	4
料头长度（m）	0.1	0.3	0.9	0	1.1	0.2	0.8	1.4

（1）设以 x_i ($i=1,2,\cdots,8$) 表示按第 i 种裁料方案下料的原材料数量，则可得该问题的数学模型为：

$$\min z = x_1 + x_2 + x_3 + x_4 + x_5 + x_6 + x_7 + x_8;\quad s\cdot t\cdot\begin{cases}2x_1 + x_2 + x_3 + x_4 = 10000\\ 2x_2 + x_3 + 3x_5 + 2x_6 + x_7 = 10000\\ x_1 + x_3 + 3x_4 + 2x_6 + 3x_7 + 4x_8 = 100000\\ x_j \geqslant 0, j=1,2,\cdots,8\end{cases}$$

（2）在 MATLAB 命令行窗口输入：

```
%在命令行窗口输入如下命令
>> clc
>> clear all
>> f = [1;1;1;1;1;1;1;1];
>> Aeq=[2 0 0 0 0 0 0 0
        0 2 1 0 3 2 1 0
        1 0 1 3 0 2 3 4];
>> beq=[10000 10000 10000];
>> lb = zeros(8,1);
%然后调用 linprog 函数:
>> [x,fval,exitflag,output,lambda] = linprog(f,[],[],Aeq,beq,lb)
Optimization terminated.
x =
   1.0e+003 *
    5.0000
    0.0000
    0.0000
    0.0000
    1.6667
    2.5000
    0.0000
    0.0000
```

```
fval =
   9.1667e+003
exitflag =
     1
output =
        iterations: 4
         algorithm: 'large-scale: interior point'
      cgiterations: 0
           message: 'Optimization terminated.'
    constrviolation: 1.8190e-012
lambda =
      ineqlin: [0x1 double]
        eqlin: [3x1 double]
        upper: [8x1 double]
        lower: [8x1 double]
```

所以最节省的情况需要 9167 根 7.4m 长的钢筋，其中第一种方案使用 5000 根，第五种方案使用 1667 根，第六种方案使用 2500 根。

【实例 12.29】 最优生产决策问题综合实例。某厂生产甲、乙两种产品，已知制成一吨产品甲需用资源 A 4 吨，资源 B 5m³，资源 C 2 个单位。制成一吨产品乙需用资源 A 2 吨，资源 B 4m³，资源 C 7 个单位。若一吨产品甲和乙的经济价值分别为 6 万元和 5 万元，3 种资源的限制量分别为 90 吨、200m³ 和 210 个单位，试问应生产这两种产品各多少吨才能使创造的总经济价值最高？

（1）令生产产品甲的数量为 $x1$，生产产品乙的数量为 $x2$。由题意可以建立下面的模型：

$$C(x_1, x_2) = 6x_1 + 5x_2$$

（2）约束条件：

$$4x_1 + 2x_2 \leq 90,\ 5x_1 + 4x_2 \leq 200,\ 2x_1 + 7x_2 \leq 210$$
$$6x_1 + 5x_2 \geq 0,\ x_1 \geq 0,\ x_2 \geq 0$$

（3）该模型中要求目标函数最大化，需要按照 MATLAB 的要求进行转换，即目标函数为：

$$f(x_1 + x_2) = -C(x_1, x_2) = -6x_1 - 5x_2$$

（4）此题属于线性规划问题，此处用 linprog 求解：

```
%ex1517.m 生产决策问题
f=[-5;-7];                            %线性方程系数
A=[4,2;5,4;2,7;-6,-5;];               %线性不等式约束系数矩阵
b=[90;200;210;0];
l=[0 0];                              %变量上限
[xo,fo,exitflag]=linprog(f,A,b,[],[],l)
所得结果为:
Optimization terminated.
xo =
    8.7500
   27.5000
fo =-236.2500

exitflag =1
```

由上可知，生产甲种产品 8.75 吨、乙种产品 27.5 吨可使创造的总经济价值最高。最高经济价值为 236.25 万元。exitflag=1 表示过程正常收敛于解 x 处。

【实例 12.30】 投资问题综合实例。某单位有一批资金用于 4 个工程项目的投资，用于各工程项目时所得到的净收益（投入资金的百分比）如表 12-11 所示。

表 12-11　　　　　　　　　　　　　　工程项目收益表

工程项目	A	B	C	D
收益（%）	20	12	9	14

由于某种原因，决定用于项目 A 的投资不大于其他各项投资之和；而用于项目 B 和项目 C 的投资要大于项目 D 的投资。试确定使该单位收益最大的投资分配方案。

（1）用 $x1$、$x2$、$x3$ 和 $x4$ 分别代表用于项目 A、B、C 和 D 的投资百分数，由于各项目的投资百分数之和必须等于 100%，所以：

$$x_1 + x_2 + x_3 + x_4 = 1$$

（2）据题意，可以建立下面的数学模型：

$$G(x_1,x_2,x_3) = 0.2x_1 + 0.12x_2 + 0.09x_3 + 0.14x_4$$

（3）约束条件：

$$\begin{cases} x_1 + x_2 + x_3 + x_4 = 1 \\ x_1 \leqslant x_2 + x_3 + x_4 \\ x_2 + x_3 \cdots + x_4 \\ 0 \leqslant x_1 \leqslant 1,\ 0 \leqslant x_2 \leqslant 1,\ 0 \leqslant x_3 \leqslant 1,\ 0 \leqslant x_4 \leqslant 1 \end{cases}$$

（4）将它转换为最小值形式，并将约束变换为标准形式如下：

$$f(x_1,x_2,x_3) = -G(x_1,x_2,x_3) = -0.2x_1 - 0.12x_2 - 0.09x_3 - 0.14x_4$$

（5）约束条件变换为如下：

$$\begin{cases} x_1 + x_2 + x_3 + x_4 = 1 \\ x_1 - x_2 - x_3 - x_4 \leqslant 0 \\ x_4 - x_2 - x_3 \leqslant 0 \\ 0 \leqslant x_1 \leqslant 1,\ 0 \leqslant x_2 \leqslant 1,\ 0 \leqslant x_3 \leqslant 1,\ 0 \leqslant x_4 \leqslant 1 \end{cases}$$

（6）用 MATLAB 求解如下所示：

```
%在命令行窗口输入如下命令
>> clc
>> clear all
%投资问题
>> f=[-0.2;-0.12;-0.09;-0.14];
>> A=[1,-1,-1,-1;0,-1,-1,1];
>> b=[0;0];
>> Aeq=[1,1,1,1];
>> beq=1;
>> l=[0 0 0];
>> u=[1 1 1];
>> [xo,yo,exitflag]=linprog(f,A,b,Aeq,beq,l,u)
%运行结果为:
Optimization terminated.
xo =
    0.5000
    0.2500
    0.0000
    0.2500
yo =-0.1650
exitflag =1
```

可见，4 个项目的投资百分数分别为 50%、25%和 25%时可使该单位获得最大的收益。最大收益为 16.5%，过程正常收敛。

2. 一般约束最优化问题（目标函数和约束非线性）

【实例 12.31】 最小费用问题综合实例。假设需要制造这样一个长方体盒子：它的长不大于宽的 3 倍，三边之和不大于 30，盒子的上下两面的材料是每平方厘米 10 元，盒子的其余面的材料是每平方厘米 6 元，且盒子的体积需要 50 立方厘米。求使盒子造价最低的长、宽、高。

（1）设盒子长、宽、高分别为 x、y、z，由题意可得如下最优化问题：

$$\min f(x,y,z) = 20xy + 12(xz + yz)$$

（2）约束条件：

$$x \leqslant 3y,\ xyz = 50,\ x+y+z \leqslant 30,\ x>0, y>0, z>0$$

（3）编写目标函数 f1519.m：

```
function f=f1519(x)
f=20*x(1)*x(2)+12*x(1)*x(3)+12*x(2)*x(3);
```

（4）用函数 fmincon 求解，由于其含有非线性约束，故需编写非线性约束函数文件 fcon1519.m：

```
function [c,ceq]=fcon1519(x)
%非线性约束条件
c=[x(1)+x(2)+x(3)-30;x(1)-3*x(2)];
ceq=x(1)*x(2)*x(3)-50;
```

（5）在命令行窗口输入如下命令：

```
%最小费用问题
>> clc
>> clear all
>> x0=[1,1,1];
>> l=zeros(1,3);
>> [xo,yo]=fmincon('f1519',x0,[],[],[],[],l,[],'fcon1519')
%输出有一些警告，但这不会影响本题的结果，输出的计算结果为：
xo =3.1072    3.1072    5.1787

yo = 579.2936
```

由上述结果可知，当长方体盒子的长、宽、高分别为 3.1072cm、3.1072cm、5.1787cm 时，所需费用最少，为 579.2936 元。

3. 最小最大值问题

【实例 12.32】 最佳定位问题综合实例。设某城市有某种物品的 10 个需求点，第 i 个需求点 Pi 的坐标为（ai,bi）（见表 12-12），道路网与坐标轴平行，彼此正交。现打算建一个该物品的供应中心，且由于受到城市某些条件的限制，该供应中心只能设在 x 界于[5,8]，y 界于[5,8]的范围内。问该中心应建在何处为好？

表 12-12   　　　　　　　　　　Pi 的坐标为（ai,bi）表

Pi	ai	1	4	3	5	9	12	6	20	17	8
	bi	2	10	8	18	1	4	5	10	8	9

（1）设供应中心的位置为（x,y），要求它到最远需求点的距离尽可能小。由于此处应采用沿道路行走的距离，可知用户 Pi 到该中心的距离为 $|x-a_i|+|y-b_i|$，从而可得目标函数如下：

$$\min \max(|x-a_i|+|y-b_i|)$$

（2）约束条件：

$$5 \leqslant x \leqslant 8,\ 5 \leqslant y \leqslant 8$$

（3）首先编写一个计算 x 处 10 个目标函数的 M 文件 f1520.m：

```
function f = f1520(x)
%输入各个点的坐标值，及目标函数值
a=[1 4 3 5 9 12 6 20 17 8];
b=[2 10 8 18 1 4 5 10 8 9];
```

```
f(1)  = abs(x(1)-a(1))+abs(x(2)-b(1));
f(2)  = abs(x(1)-a(2))+abs(x(2)-b(2));
f(3)  = abs(x(1)-a(3))+abs(x(2)-b(3));
f(4)  = abs(x(1)-a(4))+abs(x(2)-b(4));
f(5)  = abs(x(1)-a(5))+abs(x(2)-b(5));
f(6)  = abs(x(1)-a(6))+abs(x(2)-b(6));
f(7)  = abs(x(1)-a(7))+abs(x(2)-b(7));
f(8)  = abs(x(1)-a(8))+abs(x(2)-b(8));
f(9)  = abs(x(1)-a(9))+abs(x(2)-b(9));
f(10) = abs(x(1)-a(10))+abs(x(2)-b(10));
```

然后输入初值、约束条件，并调用优化过程进行计算(M 文件为 ex1520.m):

```
%ex1520.m 定位问题
x0 = [6; 6];            % 提供解的初值
l=[5,5]; %上界
u=[8,8]; %下界
[x,fval] = fminimax(@f1520,x0,[],[],[],[],l,u)
```

输出有一些告警，但这不会影响本题的结果，输出的计算结果为：

```
x =
     8
     8
fval =
    13    6    5   13    8    8    5   14    9    1
```

可见，在限制区域内的东北角设置供应中心，可以使该点到各需求点的最大距离最小。最大距离为 14 个距离单位。

第 13 章 C/C++与 MATLAB 混合编程

MATLAB 和外部程序的接口总体来说分为两大类：
- 关于如何在 MATLAB 内部调用其他语言编写的代码；
- 如何在其他语言程序里调用 MATLAB。

这些技术的出现，扩展了 MATLAB 的应用范围和领域。不仅仅给开发人员提供了方便，而且也提高了 MATLAB 的竞争力。

本章的知识结构

在本章节中，将会介绍 MATLAB 与 VC++混合编程的方法，包括 MATLAB 调用 C/C++、C/C++调用 MATLAB、使用动态链接库和一些综合实例。

13.1 C/C++与 MATLAB 混合调用的方法

本章节将会简单地介绍 VC++和 MATLAB 接口的几种方法，读者可以根据需要选择适合自己的方法。需要说明的是以下几种方法并不是相互独立的，而是有相互联系的。MATLAB 与 VC++混合编程的方法有多种，为了对混合编程有一个大概认识，将常用的几种方法中介绍一下。

- MATLAB 对 COM 的支持。

COM（Component Object Model）是一种通用的对象接口，MATLAB 6.5 新推出来的 combuilder 就是把用 MATLAB 编写的程序做成 COM 组件，供其他语言调用。MATLAB 的 COM 编译器能够把 MATLAB 函数转换、编译成 COM 对象，产生的 COM 对象可以在多种编译语言中使用。该方法实现简单，通用性强，而且几乎可以使用 MATLAB 的任何函数，因此在程序较大、调用工具箱函数或调用函数较多时推荐使用该方法。

- 通过 MATLAB 引擎方式。

MATLAB 引擎是指一组 MATLAB 提供的接口函数，支持 C 语言。MATLAB 引擎采用 C/S（客户机/服务器）模式，MATLAB 作为后台服务器，而 C 程序作为前台客户机，通过 Windows 的动态控件与服务器通信，向 MATLAB 引擎传递命令和数据信息，从 MATLAB 引擎接受数据信息。用户可以在前台应用程序中调用这些接口函数，实现对 MATLAB 引擎的控制。采用这种方法几乎能利用 MATLAB 全部功能，但是需要在机器上安装 MATLAB 软件，而且执行效率低。

> **注意**　在实际应用中不采用这种方法，在软件开发中也不可行，但是该方法适合个人使用或做演示用，因此只进行简单介绍。

- 直接调用 MATLAB 的 C/C++数学函数库。

MATLAB 中提供了可以供 C/C++语言调用的 C/C++数学函数库，其中包含了大量用 C/C++语言重新编写的 MATLAB 数学函数，这些函数涉及到线性代数、数值分析、傅立叶变换、多项式计算、解微分方程等，并且函数库中提供了大量矩阵操作函数，在 VC++中可以直接使用这些函数，通过这些函数可以在 VC++中方便地实现在 MATLAB 中矩阵运算功能。可以看出用这种方法可以很灵活地调用 MATLAB 来编写应用程序，但要求读者对 C/C++语言比较熟悉。

> **注意** 该方法主要适合对 C/C++语言比较熟悉的用户使用。

- 用 MATLAB 自带的 MATLAB Compiler：

MATLAB Compiler 的作用是将 M 文件转化成 C/C++代码（也就是通常所用的 mcc 命令），这种源代码需要用 C/C++编译器编译连接成独立应用程序，在将 M 文件转成独立应用程序的过程中生成的 C/C++文件，原则上是可以被其他的 C/C++代码调用的，编译器可以通过设置 mcc 命令的选项，将 M 文件编译成动态链接库文件、C/C++文件、可执行文件等一系列文件。

> **注意** 到 MATLAB R21.1 为止，MATLAB Compiler 的 M 程序转换成 C/C++代码的功能有很多限制：
> 不能转换脚本 M 文件，只能转换 M 函数；
> 不能使用 MATLAB 对象；
> 不能用 input 或者 eval 操作 MATLAB 空间变量；
> 不能动态地命名变量，然后用 load 或者 save 命令来操作；
> 不能处理具有嵌套调用其他 M 文件的 M 文件；
> 不能使用 MATLAB 内联函数。

- 使用 matcom 工具：

这是一个第三方控件，体积很小（8MB 多），原本属于 MathTool 公司，后来被 MathWorks 公司合并了。使用该工具可以将 M 脚本文件和 M 函数转化成相同功能的 C/C++文件，相比其他方法，使用 Matcom 具有如下优点：

（1）转换过程简单（由 Matcom 工具自动实现），容易实现；
（2）可以方便地生成动态链接库文件（DLL）和可执行文件（EXE）；
（3）不仅可以转换独立的脚本文件，也可以转换嵌套脚本文件；
（4）设置环境后，可以使用 MATLAB 的工具箱函数。

13.2 MATLAB 调用 C/C++

这里简单的介绍了 VC++和 MATLAB 接口的几种方法，读者可以根据需要选择适合自己的方法。需要说明的是以上几种方法并不是相互独立的，而是有相互联系的，直接调用函数库与使用编译器最终生成的代码可能相差不大，只不过一个是直接在 VC++中写 C/C++代码，一个是在 MATLAB 中写好 M 代码，然后通过编译器将 M 代码转化成相同功能的 C/C++代码，而在转化的过程中也需要调用相应的 C/C++函数库文件。

C/C++是一般用户最为常用的编程语言，用户经常需要在 MATLAB 中调用 C/C++程序以节省开发时间。本章节将介绍如何在 MATLAB 中调用 C/C++程序。

13.2.1 MATLAB 的 MEX 文件

1. MEX 文件说明

MEX 代表"MATLAB Executable",MEX 文件是一种特殊的动态链接库函数,它能够在 MATLAB 里面像一般的 M 函数那样来执行。MEX 文件必须导出一个特殊的函数,以作为在 MATLAB 中使用的接口,另外也包含一个或者多个用户自定义的函数。使用 MEX 文件,给用户提供了一种在 MATLAB 中使用其他编程语言的途径。

在各种操作系统平台上,MATLAB 能够自动检测到 MEX 文件的存在。和普通的 M 文件一样,只要 MEX 文件在 MATLAB 的搜索路径上,那么在 MATLAB 命令行键入某个 MEX 文件的文件名(不包含后缀),就能够执行相应的 MEX 文件。

MEX 文件是通过编译相应的 C/C++源程序而产生的。MATLAB 对 MEX 文件的支持是内置的,并不需要特殊的工具箱或者 MATLAB 编译器。不过 MATLAB 需要外部编译器来完成对源程序的编译。其他的编译 MEX 文件所需要的库函数等都由 MATLAB 来提供,MATLAB 软件本身就提供另一个 C 编译器——LCC 编译器。当然用户也可以自己安装并选用其他的编译器。

2. MEX 编译环境的配置

在安装完 MATLAB 和所需要的编译器后,需要配置 MEX 编译环境。MATLAB 编译 MEX 文件的函数是 mex。在使用 mex 函数编译前,需要在 MATLAB 命令行用 mex 函数配置编译环境:

```
>> mex -setup
```

此命令将会自动检测当前计算机上以及安装的 MATLAB 所支持的编译器,并把它们罗列出来供用户选择。这个配置过程完成后,mex 函数就能够读取相应的配置文件,并调用相应的编译器来编译 MEX 文件。VC++是一种在 Windows 平台使用极为广泛的 C/C++编译器,这里以 VC++用例来说明应用程序接口如何使用。下面将展示 MATLAB 中使用 mex –setup 函数来配置编译环境的全过程:

```
>> mex -setup
Please choose your compiler for building external interface (MEX) files:

Would you like mex to locate installed compilers [y]/n? y    %y 为用户输入

Select a compiler:
[1] Lcc-win32 C 2.4.1 in C:\PROGRA~1\MATLAB\R2010a\sys\lcc
[2] Microsoft Visual C++ 6.0 in C:\Program Files\Microsoft Visual Studio

[0] None

Compiler: 2

Please verify your choices:

Compiler: Microsoft Visual C++ 6.0
Location: C:\Program Files\Microsoft Visual Studio

Are these correct [y]/n? y

Trying to update options file: C:\Documents and Settings\Administrator\Application Data\MathWorks\MATLAB\R2010a\mexopts.bat
From template:               C:\PROGRA~1\MATLAB\R2010a\bin\win32\mexopts\msvc60opts.bat

Done . . .

**************************************************************************
    Warning: The MATLAB C and Fortran API has changed to support MATLAB
             variables with more than 2^32-1 elements. In the near future
             you will be required to update your code to utilize the new
```

API. You can find more information about this at:
http://www.mathworks.com/support/solutions/en/data/1-5C27B9/?solution=1-5C27B9
Building with the -largeArrayDims option enables the new API.

> **注意** 通过上面代码中的以下,内容可以看出选择了 Microsoft Visual C++ 6.0 作为编译器:
>
> ```
> Please verify your choices:
> Compiler: Microsoft Visual C++ 6.0
> Location: C:\Program Files\Microsoft Visual Studio.
> ```

13.2.2 C-MEX 文件的使用

一个 C/C++的 MEX 源程序通常包括以下 4 个部分,其中前面 3 个是必须包含的内容。至于第四个,则可根据所实现的功能灵活选用:

- #include "mex.h";
- MEX 文件的入口函数 mexFunction;
- mxArray;
- API 函数。

下面举例说明如何创建 MEX 文件。

【实例 13.1】创建一个 C 程序 ex02.cpp,内容如下:

```
// ex02.cpp : Defines the entry point for the console application.
//
#include "mex.h"

void mexFunction(int nlhs, mxArray *plhs[],
                 int nrhs, const mxArray *prhs[])
{
    mexPrintf("hello, Mex!\n");
}
```

(1) 把上面的 ex02.cpp 文件保存在 MATLAB 可以找到的目录下,然后用如下命令进行编译:

```
>> mex -v ex02.cpp
 This is mex, Copyright 1984-2007 The MathWorks, Inc.

-> Default options filename found in C:\Documents and Settings\Administrator\Application Data\MathWorks\MATLAB\R2010a
----------------------------------------------------------------
->    Options file           = C:\Documents and Settings\Administrator\Application Data\MathWorks\MATLAB\R2010a\mexopts.bat
      MATLAB                 = C:\PROGRA~1\MATLAB\R2010A
->    COMPILER               = cl
->    Compiler flags:
         COMPFLAGS           = /c /Zp8 /G5 /W3 /EHs /DMATLAB_MEX_FILE /nologo /MD
         OPTIMFLAGS          = /O2 /Oy- /DNDEBUG
         DEBUGFLAGS          = /Z7
         arguments           =
         Name switch         = /Fo
->    Pre-linking commands   =
->    LINKER                 = link
->    Link directives:
         LINKFLAGS           = /dll /export:mexFunction /LIBPATH:"C:\PROGRA~1\MATLAB\R2010A\extern\lib\win32\microsoft"  libmx.lib  libmex.lib  libmat.lib  kernel32.lib user32.lib gdi32.lib winspool.lib comdlg32.lib advapi32.lib shell32.lib ole32.lib oleaut32.lib uuid.lib odbc32.lib odbccp32.lib /MACHINE:IX86 /implib:"C:\DOCUME~1\ADMINI~1\LOCALS~1\TEMP\MEX_NB~1\templib.x" /MAP:"ex02.mexw32.map" /NOLOGO /INCREMENTAL:NO
```

```
                LINKDEBUGFLAGS        = /DEBUG /PDB:"ex02.mexw32.pdb"
                LINKFLAGSPOST         =
                Name directive        = /out:"ex02.mexw32"
                File link directive   =
                Lib. link directive   =
                Rsp file indicator    = @
    ->          Resource Compiler     = rc /fo "mexversion.res"
    ->          Resource Linker       =
    ----------------------------------------------------------------
```

(2) 执行编译的文件。

```
>> ex02.cpp
hello, Mex!
```

13.3 C/C++调用 MATLAB

Visual C++是当前主流的应用程序开发环境之一，开发环境强大，开发的程序执行速度快。但在科学计算方面函数库显得不够丰富，读取、显示数据图形不方便。MATLAB 是一款将数值分析、矩阵计算、信号处理和图形显示结合在一起，包含大量高度集成的函数可供调用，适合科学研究、工程设计等众多学科领域使用的一种简洁、高效的编程工具。

由于 MATLAB 使用的是解释性语言，大大限制了它的执行速度和应用场合。基于 VC++和 MATLAB 混合编程是很多熟悉 VC++编程而又需要进行科学计算、数据仿真的科研人员常用的一种方式。

13.3.1 C/C++调用引擎

除了 MATLAB 中调用 C/C++程序之外，很多情况下需要将这个顺序反过来，即在 C/C++中调用 MATLAB 引擎来进行计算。本文以下部分将详细介绍通过 VC++6.0 调用 MATLAB 引擎来达到 VC++与 MATLAB 数据共享编程的方法。

1. MATLAB 引擎

所谓 MATLAB 引擎（引擎），是指一组 MATLAB 提供的接口函数，支持 C/C++、Fortran 等语言，通过这些接口函数，用户可以在其他编程环境中实现对 MATLAB 的控制。如表 13-1 所示，MATLAB 引擎库包含表 13-1 所示的控制计算引擎函数，各个函数都以 "eng" 这 3 个字母作为前缀。

表 13-1　　　　　　　　　　MATLAB 提供的 C 语言计算引擎函数库

函　　数	说　　明	数 据 类 型	表 示 范 围
engOpen	启动 MATLAB 计算引擎	engOutputBuffer	创建 MATLAB 计算引擎输出文本的缓冲区
engClose	关闭 MATLAB 计算引擎	engOpenSingleUse	启动一个非共享的 MATLAB 引擎
engGetVariable	从 MATLAB 计算引擎获得数据	engGetVisible	检测 MATLAB 命令窗口是否可视
engPutVariable	向 MATLAB 计算引擎发生数据	engPutVisible	设置 MATLAB 命令窗口是否可视
engEvalVariable	在 MATLAB 计算引擎中执行命令		

关于这些函数的详细调用方式，可以参阅帮助文档。一般来说程序调用 MATLAB 计算引擎的主要功能有：

❑ 打开/关闭一个 MATLAB 对话；
❑ 向 MATLAB 环境发送命令字符串；
❑ 从 MATLAB 环境中读取数据；

❑ 向 MATLAB 环境中写入数据。

与其他各种接口相比，引擎所提供的 MATLAB 功能支持是最全面的。通过引擎方式，应用程序会打开一个新的 MATLAB 进程，可以控制它完成任何计算和绘图操作。对所有的数据结构提供 100%的支持。同时，通过引擎方式打开的 MATLAB 进程会在任务栏显示自己的图标，打开该窗口，可以观察主程序通过引擎方式控制 MATLAB 运行的流程，并可在其中输入任何 MATLAB 命令。

实际上，通过引擎方式建立的对话是将 MATLAB 以 ActiveX 控件方式启动的。在 MATLAB 初次安装时会自动执行一次。MATLAB/regserver 将自己在系统的控件库中注册。如果因为特殊原因，无法打开 MATLAB 引擎，可以在 Dos 命令提示符后执行上述命令，重新注册。

2. 引擎 API 详解

在调用 MATLAB 引擎之前，首先应在相关文件中加入一行：#include "enging.h"，该文件包含了引擎 API 函数的说明和所需数据结构的定义。

（1）可以在 VC++中调用的引擎函数。

engOpen——打开 MATLAB 计算引擎，函数声明：

```
Engine *engOpen(const char *startcmd);
```

❑ 参数 *startcmd*：是字符串，在 Windows 平台上，*startcmd* 中只能为 NULL；
❑ 返回值：一个引擎类型的指针，它是在"引擎.h"中定义的引擎数据结构。

EngClose——关闭 MATLAB 引擎，函数声明：

```
int engClose(Engine *ep);
```

❑ 参数 *ep*：代表要被关闭的引擎指针。
❑ 返回值：为 0 表示关闭成功，返回 1 表示发生错误。

【实例 13.2】通常用来打开/关闭 MATLAB 引擎的代码如下。

```
Engine *ep;    //定义 MATLAB 引擎指针
if (!(ep=engOpen(NULL)))    //测试是否启动 MATLAB 引擎成功。
{    MessageBox("Can't start MATLAB 引擎!" );
exit(1);
}
. ············
engClose(ep);    //关闭 MATLAB 引擎
```

（2）向 MATLAB 发送命令字符串。

engEvalString——发送命令让 MATLAB 执行，函数声明：

```
int engEvalString(Engine *ep, Const char *string);
```

❑ 参数 *ep*：为函数 engOpen 返回的引擎指针；
❑ 字符串 string 为要 MATLAB 执行的命令；
❑ 返回值：为 0 表示成功执行，返回 1 说明执行失败。

（3）获取 MATLAB 命令窗口的输出。

要在 VC++中获得函数 engEvalString 发送的命令字符串被 MATLAB 执行后在 MATLAB 窗口中的输出，可以调用 engOutputBuffer 函数，函数声明：

```
int engOutputBuffer(Engine *ep, char *p, int n);
```

❑ 参数 *ep*：为 MATLAB 引擎指针；
❑ 参数 *p*：为用来保存输出结构的缓冲区；
❑ 参数 *n*：为最大保存的字符个数，通常就是缓冲区 *p* 的大小。

> **注意** 该函数被执行后，接下来的 engEvalString 函数所引起的命令行输出结果会在缓冲区 p 中保存。如果要停止保存，只需调用代码：engOutputBuffer(ep, NULL, 0)。

（4）读写 MATLAB 数据。

从 MATLAB 引擎工作空间中获取变量：

```
mxArray *engGetVariable(Engine *ep, const char *name);
```

- 参数 *ep*：为打开的 MATLAB 引擎指针；
- 参数 *name*：为以字符串形式指定的数组名；
- 返回值：是指向 *name* 数组的指针，类型为 mxArray*。

向 MATLAB 引擎工作空间写入变量：

```
int engPutVariable(引擎 *ep, const char *name, const mxArray *mp);
```

- 参数 *ep* 为打开的 MATLAB 引擎指针；
- *mp* 为指向被写入变量的指针；
- *name* 为变量写入后在 MATLAB 引擎工作空间中的变量名；
- 函数返回值为 0 表示写入变量成功，返回值为 1 表示发生错误。

（5）调用引擎时显示/隐藏 MATLAB 主窗口。

默认情况下，以引擎方式调用 MATLAB 的时候，会打开 MATLAB 主窗口，可在其中随意操作。但有时也会干扰应用程序的运行，可用以下代码设置是否显示该窗口。

```
int engSetVisible(引擎 *ep, bool value);
```

- 参数 *ep* 为打开的 MATLAB 引擎指针；
- *value* 为是否显示的标志，取值 true（或 1）表示显示 MATLAB 窗口，取值 false（或 0）表示隐藏 MATLAB 窗口；
- 函数返回值为 0 表示设置成功，为 1 表示有错误发生。

要获得当前 MATLAB 窗口的显示/隐藏情况，可以调用函数：

```
int engGetVisible(引擎 *ep, bool *value);
```

- 参数 *ep* 为打开的 MATLAB 引擎指针；
- *Value* 为用来保存显示/隐藏情况的变量（采用指针方式传递）；
- 函数返回值为 0 表示获取成功，为 1 表示有错误发生。

3. 数据类型 mxArray 的操作

在上节的 MATLAB 引擎函数中，所有与变量有关的数据类型都是 mxArray 类型。mxArray 是一种很复杂的数据结构，与 MATLAB 中的 array 相对应，我们只需熟悉 MATLAB 的 array 类型和几个常用的 mxArray 函数即可。

> **注意** 在 VC++ 中，所有和 MATLAB 的数据交互都是通过 mxArray 来实现的。在使用 mxArray 类型的程序中，应包含头文件 "matrix.h"，不过在引擎程序中，一般会包含 "头文件引擎.h"，该文件里面已经包含了 "matrix.h"，因此无需重复包含。

（1）创建和清除 mxArray 型数据。

MATLAB 有很多种变量类型，对应于每种类型，基本上都有一个函数用于创建，但它们都有相同的数据结构，就是 mxArray。

数组的建立采用 mxCreatexxx 形式的函数，例如新建一个 double 类型数组，可用函数 mxCreateDoubleMatrix，函数形式如下：

```
mxArray *mxCreateDoubleMatrix(int m, int n, mxComplexity ComplexFlag);
```
- 参数 m 和 n 为矩阵的函数和列数；
- ComplexFlag 为常数，用来区分矩阵中元素是实数还是复数，取值分别为 mxREAL 和 mxCOMPLEX。

类似的创建函数还有：
```
mxArray *mxCreateString(const char *str);
```
- 创建一个字符串类型并初始化为 str 字符串。

> **注意** 一般的在 VC++与 MATLAB 交互中，使用以上两种类型就够了，其他类型数组的创建这里不再介绍。

（2）管理 mxArray 数据类型。

管理 mxArray 数据大小，要获得 mxArray 数组每一维上元素的个数，可以用 mxGetM 和 mxGetN 函数。其中 mxGetM 用来获得数组第一维的元素个数，对于矩阵来说就是行数。
```
int mxGetM(const mxArray *array_ptr);
```
- 返回 array_ptr 对应数组第一维的元素个数（行数）。

要获得某一特定维的元素个数，则要用函数：
```
const int *mxGetDimensions(const mxArray *array_ptr);
```
- 该函数返回 array_ptr 各维的元素个数保存在一个 int 数组中返回；
- 对于常用的矩阵来说，用 mxGetM 和 mxGetN 两个函数就可以了。

另外还可以通过 mxGetNumberOfDimensions 来获得数组的总的维数，用 mxSetM、mxSetN 设置矩阵的行数和列数，函数说明如下：
```
int mxGetNumberOfDimensions(const mxArray *array_ptr);  //返回数组的维数
void mxSetM(mxArray *array_ptr, int m);     //设置数组为m行
void mxSetN(mxArray *array_ptr, int n);     //设置数组为n列
```

判断 mxArray 数组类型。在对 mxArray 类型的变量进行操作之前，可以验证其中的数组的数据类型，比如是否为 double 数组、整数、字符串、逻辑值等，以及是否为某种结构、类、或者是特殊类型，比如是否为空数组，是否为 inf、NaN 等。常见的判断函数有：
```
bool mxIsDouble(const mxArray *array_ptr);
bool mxIsComplex(const mxArray *array_ptr);
bool mxIsChar(const mxArray *array_ptr);
bool mxIsEmpty(const mxArray *array_ptr);
bool mxIsInf(double value);
...
```

这些函数比较简单，意义自明，不再解释。

管理 mxArray 数组的数据。对于常用的 double 类型的数组，可以用 mxGetPr 和 mxGetPi 两个函数分别获得其实部和虚部的数据指针，这两个函数的声明如下：
```
double *mxGetPr(const mxArray *array_ptr); //返回数组 array_ptr 的实部指针
double *mxGetPi(const mxArray *array_ptr); //返回数组 array_ptr 的虚部指针
```

这样，就可以通过获得的指针对 mxArray 类型的数组中的数据进行读写操作。例如可以用函数 engGetVariable 从 MATLAB 工作空间读入 mxArray 类型的数组，然后用 mxGetPr 和 mxGetPi 获得数据指针，并对其中的数据进行处理，最后调用 engPutVariable 函数将修改后的数组重新写入到 MATLAB 工作空间。具体实现见本小节第 6 部分程序实例。

4. 配置编译器

要在 VC++中成功编译 MATLAB 引擎程序，必须包含引擎头文件"引擎.h|"并引入 MATLAB 对应的库文件 libmx.lib、libmat.lib、libeng.lib。具体地说，打开一个工程后，进行如下设置：

（1）通过菜单"Tools"，打开设置属性页"Options"，进入 Directories 页面，在目录下拉列表框中选择"Include files"，添加路径："C:\Program Files\MATLAB\R2010a\extern\include"。

（2）通过菜单"Tools"，打开设置属性页"Options"，进入 Directories 页面，在目录下拉列表框中选择"Include files"，添加路径："C:\Program Files\MATLAB\R2010a\toolbox\matlab\winfun\mwsamp"。

（3）选择"Library files"，添加路径："C:\Program Files\MATLAB\R2010a\extern\lib\win32\microsoft"。
选择"Library files"，添加路径："C:\Program Files\MATLAB\R2010a\extern\lib\win32\watcom"。

（4）通过菜单"Project"，打开"Project Settings"，进入"Link"页面，在"Object/library modules"编辑框中，添加文件名"libmx.lib libmat.lib libeng.lib libmex.lib"。

> **注意** 以上步骤（1）、（2）、（3）只需设置一次，而步骤（4）对每个工程都要单独设定。

5. 设置 MATLAB 库环境变量

要在 VC++中成功编译 MATLAB 引擎程序，必须设置电脑的环境变量，使其包含 MATLAB 链接库，"我的电脑"→"属性"→"高级"→"环境变量"，在 PATH 中加入路径：C:\Program Files\MATLAB\R2010a\bin\win32，单击"确定"按钮完成设置。环境变量设置完成后需要重启 C++编译器，如图 13-1、图 13-2 所示。

6. 程序实例

【实例 13.3】 对大部分软件研发人员来说，利用 VC++编程方便、高效，但是要显示数据图形就不那么容易了，这时候不妨借助 MATLAB 引擎辅助画图进行数据分析。下面通过实例演示如何利用 VC++调用 MATLAB 绘图，程序的主要功能是在 VC++中对数组 x 计算函数值 $y=\sin(x)\pm\log(x)$，然后调用 MATLAB 绘制 y 对 x 的图形。

图 13-1 添加环境变量

在 VC++中新建工程，编写代码如下：

```
// ex01.cpp : Defines the entry point for the console application.
//
#include "stdafx.h"
#include <iostream>
#include <math.h>
#include "engine.h"
using namespace std;

int main(int argc, char* argv[])
{
    const int N = 50;
    double x[N],y[N];
    int j = 1, i = 0;
    for (i=0; i<N; i++)      //计算数组 x 和 y
    {
```

```
        x[i]= (i+1);
        y[i] = sin(x[i]) + j * log(x[i]);    //产生-之间的随机数赋给xx[i]
        j *= -1;
    }
    Engine *ep;  //定义MATLAB引擎指针
    if (!(ep=engOpen(NULL)))  //测试是否启动MATLAB引擎成功
    {
        cout <<"Can't start MATLAB 引擎!" <<endl;
        exit(1);
    }
    //定义mxArray，为行，N列的实数数组
    mxArray *xx = mxCreateDoubleMatrix(1,N, mxREAL);
    mxArray *yy = mxCreateDoubleMatrix(1,N, mxREAL);    //同上
    memcpy(mxGetPr(xx), x, N*sizeof(double));  //将数组x复制到mxarray数组xx中
    memcpy(mxGetPr(yy), y, N*sizeof(double));  //将数组x复制到mxarray数组yy中

    engPutVariable(ep, "xx",xx);  //将mxArray数组xx写入到MATLAB工作空间，命名为xx
    engPutVariable(ep, "yy",yy);  //将mxArray数组yy写入到MATLAB工作空间，命名为yy

    //向MATLAB引擎发送画图命令。plot为MATLAB的画图函数，参见MATLAB相关文档
    engEvalString(ep, "plot(xx, yy); ");
    mxDestroyArray(xx);  //销毁mxArray数组xx和yy
    mxDestroyArray(yy);
    cout <<"Press any key to exit!" <<endl;
    cin.get();
    engClose(ep);  //关闭MATLAB引擎。

    printf("Hello World!\n");
    return 0;
}
```

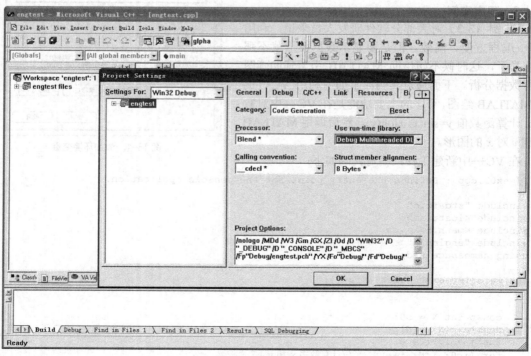

图13-2 设置运行库

编译并运行程序得结果如图 13-3。

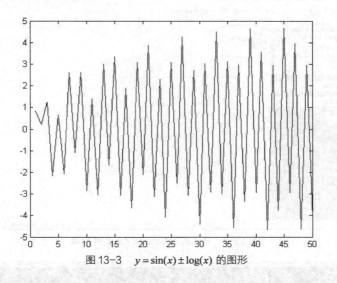

图 13-3　$y = \sin(x) \pm \log(x)$ 的图形

> **注意**　当然，利用 VC++编译的 MATLAB 引擎程序，运行环境中还必须有 MATLAB 的支持，如果要编译完全脱离 MATLAB 的程序，可采用其他方式，如利用第三方 Matcom 程序编译独立的可执行程序等。

13.3.2　C/C++调用 Matcom

Matcom 的矩阵运算部分是基于一个名为 Matrix 的 C++数学库，这个库提供了绝大多数的关于矩阵类、矩阵操作函数、数值计算函数、数学函数等的定义，在 Matcom 中是以 lib 目录下的"*.lib"以及"Windows/system/"对应名称的 DLL 文件提供的。Matcom 的另一大部分就是图形部分，它是用一种非常流行的绘图 OCX 控件 Teechart 来实现的，这种控件对于一般的绘图功能都可以实现，但也存在一定缺陷。在 Matcom 4.5 版本中使用的是 TeeChart3.0。绘图函数功能主要在 LIB 文件和"Window/system/ago*.dll"中定义的。

Matcom 编译".m"文件是先将".m"文件按照与 Matcom 的 CPP 库的对应关系，翻译为 CPP 源代码，然后用对应版本的 C 编译器将该 CPP 文件编译为 EXE 或 DLL 文件，所以，在第一次运行时必须指定 C Complier 的路径，否则将无法编译。指定好的 C Complier 的信息写在"Matcom/bin/matcom.ini"文件中。

1. Matcom 的安装

安装 Matcom 前要求已安装 VC++6.0（推荐将 VC++6.0 安装在 C 盘，否则可能会出现意想不到的错误而导致无法运行）。

安装步骤：

（1）将提前准备好的"matcom4.5.rar"安装包解压到指定目录下，可任意选择这个目录，硬盘空间足够即可。解压后，会出现图 13-4 所示的安装文件目录。

（2）双击 mat4501vc.exe 进行安装，出现图 13-5 所示的界面。因为考虑到存在没有网络的情况下，安装中选择使用"文件安装密钥（不需要 Internet 连接）"，单击"下一步"按钮如图 13-5 所示。

（3）在安装时需要你输入 Matcom 4.5 的口令，如图 13-6 所示。

第 13 章 C/C++与 MATLAB 混合编程

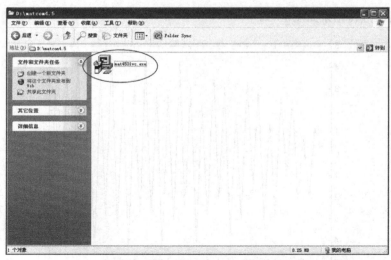

图 13-4 解压后的 Matcom 4.5 文件目录

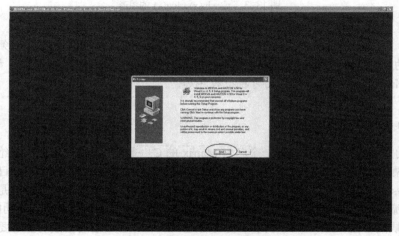

图 13-5 Matcom 4.5 安装界面

图 13-6 Matcom 4.5 的口令界面

13.3 C/C++调用MATLAB

（4）在安装过程中出现选择编译器对话框，选择"是"按钮，如图13-7所示。

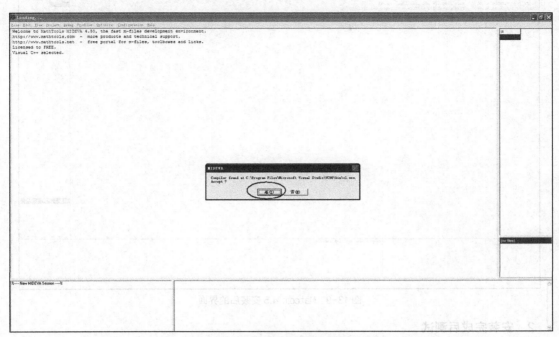

图13-7 Matcom 4.5询问安装编译器界面

（5）出现选择是否安装MATLAB时，选"否"按钮，如图13-8所示。

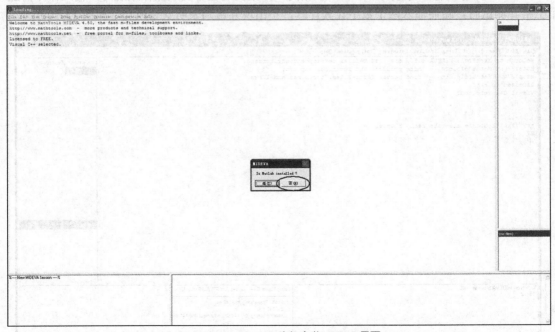

图13-8 Matcom 4.5询问安装MATLAB界面

（6）安装完成，如图13-9所示。

第 13 章　C/C++与 MATLAB 混合编程

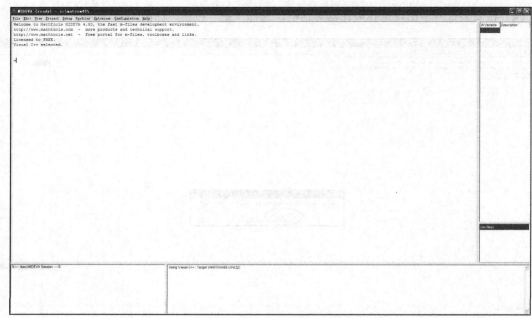

图 13-9　Matcom 4.5 安装后的界面

2. 安装完成后测试

安装完成后，启动界面 MIDEVA。MIDEVA 集成开发环境包括命令行窗口、变量列表窗口、命令列表窗口和编译链接信息窗口等几个部分，并有详细的帮助文档。

Matcom 命令的输入方法与 MATLAB 相同。如果安装在中文版操作系统时，输入命令前加一个空格。测试时，随便输入两个数字让其计算，不出现异常则表明安装成功，如图 13-10 所示。

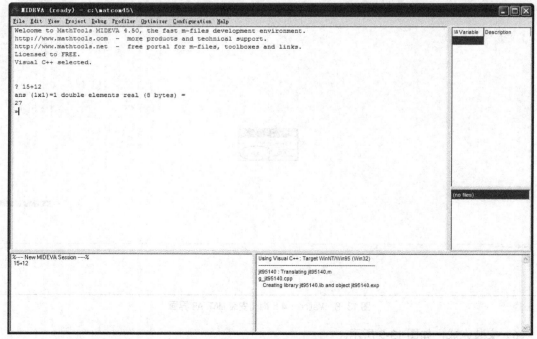

图 13-10　Matcom 4.5 测试界面

3. Visual Matcom 开发环境的配置

在这里介绍一种将 Matcom 集成到 VC++环境的方法，即安装 Visual Matcom 的方式，这种方式的操作更加简便易行，只需要熟悉 MATLAB 编程，经过简单的步骤就可以轻松实现在 VC++环境中调用 MATLAB。

Visual Matcom 开发环境的配置步骤：

（1）拷贝"C:\matcom45\bin\usertype.dat"文件到"C:\Program Files\Microsoft Visual Studio\COMMON \MSDev98\Bin"目录（指 VC++的安装路径）下。

（2）运行 Visual C++，从菜单条中选择"Tools"→"Customize"→"Add-ins and Macro Files"，选择"Browse"，如图 13-11 所示。

（3）改变文件类型为 Add-ins(.dll)，选定"C:\matcom45\bin\mvcide.dll"文件，确定。

（4）这样，可以在 Visual C++的开发环境中看到一个图 13-12 所示的 Visual Matcom 工具栏，表明安装成功。运行环境：Win2000、MATLAB70、Matcom4.5、Visual C++6.0。

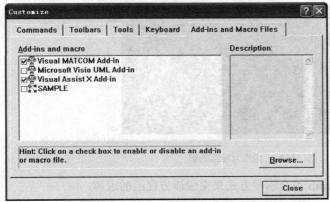

图 13-11 Customize 界面图

图 13-12 Visual Matcom 工具栏

4. VC++与 Matcom 解线性方程组的对比

在配置好 Visual Matcom 开发环境后，本节介绍单独使用纯 VC++与 VC++和 Matcom 混合编程方式分别求解线性方程组。

【实例 13.4】求解下列线形方程组：

$$\begin{cases} 1x+2y+3z=37 \\ 4x+5y+6z=85 \\ 7x+8y+1z=69 \end{cases}$$

在 C++控制台程序中使用 C++语言编写求解线性方程组的代码为：

```
#include "stdafx.h"
#include "iostream.h"

int main(int argc, char* argv[])
{
    /*三元一次方程组的求解示例：
    1*x + 2*y + 3*z = 37
    4*x + 5*y + 6*z = 85
    7*x + 8*y + 1*z = 69
    */
    double A[3][3]={{1,2,3},{4,5,6},{7,8,1}};
```

第 13 章　C/C++与 MATLAB 混合编程

```
        double B[3] = {37,85,69};
        double D,Dx,Dy,Dz;
        D = A[0][0]*A[1][1]*A[2][2] + A[1][0]*A[2][1]*A[0][2] + A[2][0]*A[0][1]*A[1][2]-
            A[0][2]*A[1][1]*A[2][0] - A[0][1]*A[1][0]*A[2][2] - A[0][0]*A[2][1]*A[1][2];
        Dx = B[0]*A[1][1]*A[2][2] + B[1]*A[2][1]*A[0][2] + B[2]*A[0][1]*A[1][2]-
            A[0][2]*A[1][1]*B[2] - A[0][1]*B[1]*A[2][2] - B[0]*A[2][1]*A[1][2];
        Dy = A[0][0]*B[1]*A[2][2] + A[1][0]*B[2]*A[0][2] + A[2][0]*B[0]*A[1][2]-
            A[0][2]*B[1]*A[2][0] - B[0]*A[1][0]*A[2][2] - A[0][0]*B[2]*A[1][2];
        Dz = A[0][0]*A[1][1]*B[2] + A[1][0]*A[2][1]*B[0] + A[2][0]*A[0][1]*B[1]-
            B[0]*A[1][1]*A[2][0] - A[0][1]*A[1][0]*B[2] - A[0][0]*A[2][1]*B[1];
        cout<<"x="<<Dx/D<<endl;
        cout<<"y="<<Dy/D<<endl;
        cout<<"z="<<Dz/D<<endl;
        return 0;
}
```

结果如图 13-13 所示。

图 13-13　线形方程组的解

【实例 13.5】使用 VC++与 Matcom 混合编程方式来完成该方程组的求解：

$$\begin{cases} 1x+2y+3z=37 \\ 4x+5y+6z=85 \\ 7x+8y+1z=69 \end{cases}。$$

（1）在 MATLAB 运行环境中编写程序 equation.m，并将其保存。其代码如下：

```
%equation 求解线性方程组的解
%线性方程组形如：A*X = B
function X = equation(A, B)
X = A\B;
```

（2）这里以一个简单的控制台程序为例，其他程序基本相同。在 VC++环境中建立一个名为 MatcomEquation 的 Win32 Console Application 工程。

（3）单击 Visual Matcom 工具栏上的 m++图标，选择保存过的 MATLAB 文件 "equation.m" 进行转化，如图 13-14 所示。

> **注意**　如果看到的转化信息提示没有错误，就可以观察到此时在 "FileView" 标签中多了 m-files、C++files created from m-files、Matrix 等文件。并且该工程目录下增加了 equation.h、equation.cpp、equation.mak、equation.r 等 4 个文件。这时会在 VC++中出现一个转换完毕的文件，文件中如果报告有错误就要考虑是否程序有问题，可以双击 "C++files" 文件夹下的 "equation.m" 进行修改，再重新转化直到没有错误报告为止。

13.3 C/C++调用MATLAB

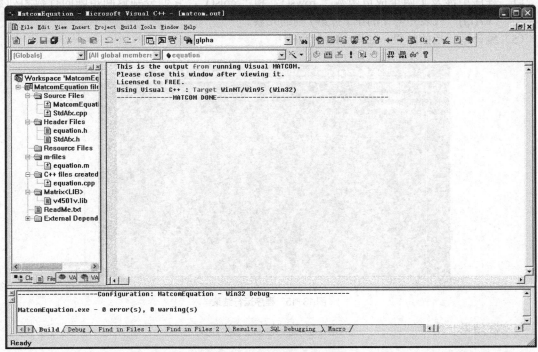

图 13-14 "equation.m" 转化图

（4）在 MatcomEquation 工程下建立一个文件 MatcomEquation.cpp 调用转化的 MATLAB 函数，代码为：

```cpp
#include "stdafx.h"
#include <stdio.h>
//提供转化后 C++代码中使用的数据类型，函数原型及常数
#include "matlib.h"
#include "equation.h"

int main(int argc, char* argv[])
{
    initM(MATCOM_VERSION);      //初始化 matlib 库
    Mm a,b,x;                   //使用矩阵类 Mm 构造矩阵 a,b,x
    a = (BR(1),2,3,semi,4,5,6,semi,7,8,1);
    b = zeros(3,1);             //初始化矩阵 b 为零矩阵 3 行 1 列
    b(1,1) = 37; b(2,1) = 85; b(3,1) = 69; //给矩阵 b 赋值
    x = equation(a,b);          //调用转化的函数，求解线性方程组的解
    for (int i = 1; i <= x.rows(); i++)
    {
        for (int j=1;j<=x.cols();j++)
            printf("x(%d,%d)=%f\n",i,j,x.r(i,j));
    }
    exitM();        //结束对 matlib 库的调用
    return 0;
}
```

❑ BR 是 Matrix 库的一个宏，用于定义一个矩阵的开始。

❑ semi 是库的一个常量，用于分隔不同行的矩阵元素。

- 程序中涉及了两个成员函数".rows()"和".cols()",它们分别返回矩阵的行数和列数；"x.r(i,j)"代表矩阵 x 的第 i 行第 j 列的元素。

(5) 编译运行后的结果, 如图 13-15 所示。

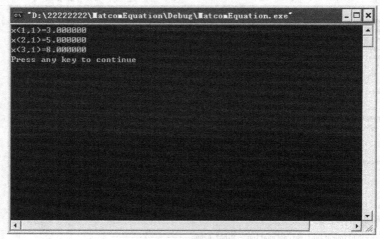

图 13-15　程序运行结果

与实际结果一致。

13.3.3　C/C++调用 COM

COM 是"component object module"的简称，它是一种通用的对象接口，任何语言只要按照这种接口标准就可以实现调用它。MATLAB 6.5 新推出来的 combuilder 就是把用 MATLAB 编写的程序做成 COM 组件，供其他语言调用。该方法实现简单，通用性强，而且几乎可以使用 MATLAB 的任何函数（注意：不支持脚本文件，脚本文件使用时要改为函数文件），因此在程序体积较大、调用工具箱函数或调用函数较多时推荐使用，这也是 MATLAB 公司（MATLAB 公司就是 MathWorks 公司）推荐的使用方法。

COM（Comppenent ObjectModel，组件对象模型）是一项比较复杂的技术，详细讲的话几本书也讲不完，所以在这里不进行介绍。

【实例 13.6】本文通过一个例子详细介绍如何在 MATLAB 中做 COM 组件，以及如何在 VC++ 中调用 COM 组件。

1. 在 MATLAB 中做 COM 组件

在安装完 MATLAB 和所需要的编译器后，需要配置 MEX 编译环境。MATLAB 编译 MEX 文件的函数式 mex。在使用 mex 函数编译前，需要在 MATLAB 命令行用 mex 函数配置编译环境：

```
>> mex -setup
```

首先在 MATLAB 编辑器里编辑 M 函数文件：启动 "MATLAB" → "File" → "New" → "M-file"，M-file 函数无输入输出参数，文件保存为 huatu.m。

```
function huatu()
x=-10:0.1:10;
y=sin(x);
plot(x,y);
```

（1）在 MATLAB 命令行窗口中输入如下命令：

```
>> deploytool
```

出现图 13-16 所示的界面。
（2）从"Target"下拉菜单选择"Generic COM Component"在"Name"中输入工程名（比如"com_test.prj"），如图 13-17 所示。

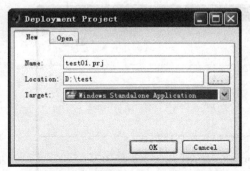

图 13-16 Deployment Project"对话框

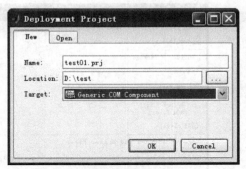

图 13-17 详细设置

（3）单击"OK"按钮，出现如图 13-18 所示的界面。

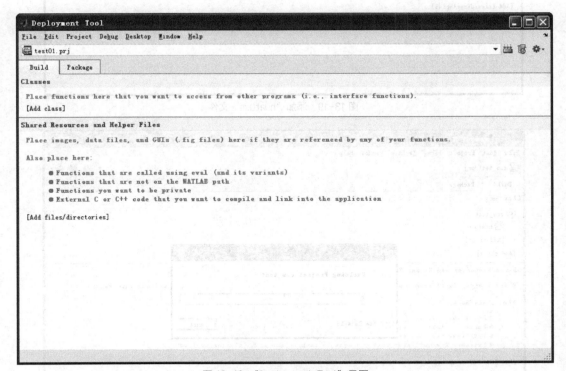

图 13-18 "Deployment Tool"示图

（4）可以将 class 改为合适的类名，选择"Add file"添加"huatu.m"文件（必须是函数文件）。添加后如图 13-19 所示。
（5）单击"Tools"→"Build"。
编辑中的界面如图 13-20 所示。
（6）编译完成后的界面如图 13-21 所示，显示成功信息。

（7）到此为止，COM 组件已经由 MATLAB 做好，默认地保存在工程目录下的 src 目录下，主要用到的文件为：mwcomtypes.h、com_test_idl.h 和 com_test_idl_i.c。生成的文件在工作目录"…\hello4\src"下，用到的主要是上述 3 个文件，工作目录下的文件界面如图 13-22 所示。

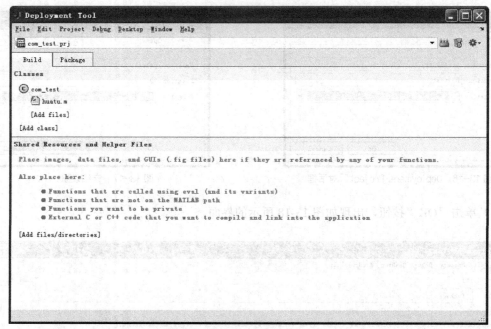

图 13-19　添加"huatu.m"文件

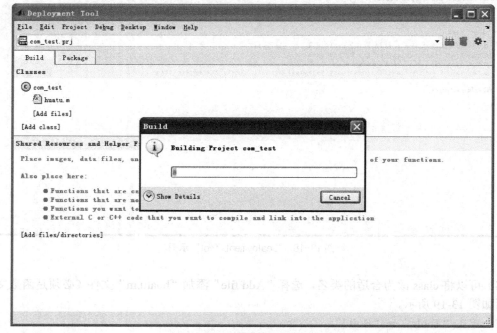

图 13-20　编译工程

13.3 C/C++调用 MATLAB

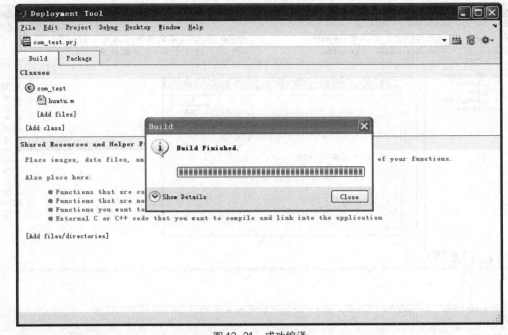

图 13-21 成功编译

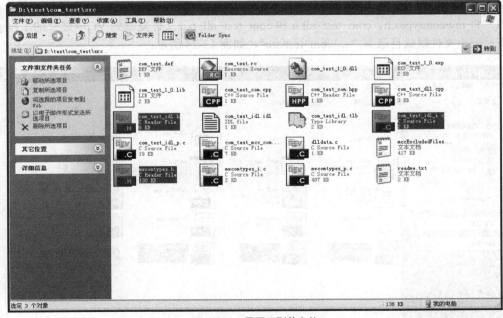

图 13-22 需要用到的文件

2. 开始记录 VC++中调用 COM 组件的方法

VC++中调用 COM 组件,步骤如下。

(1)在 VC++中建立名为 good1 的基于对话框的 MFC(EXE)。

(2)在面板上添加一个名为"画图"的 Button 按钮,如图 13-23 所示。

第 13 章 C/C++与 MATLAB 混合编程

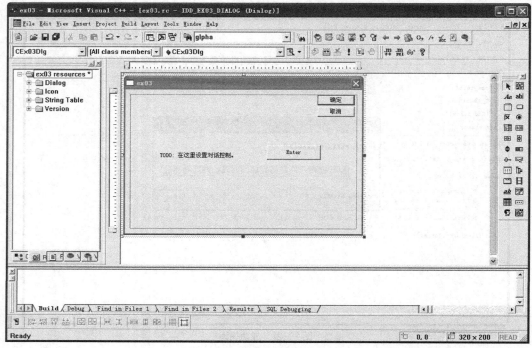

图 13-23　VC6.0

（3）将 mwcomtypes.h、com_test_idl.h 和 com_test_idl_p.c 文件复制到 VC++建立的工程 good1 目录下。三个文件默认目录为"…\com_test\src"，如图 13-24 所示。

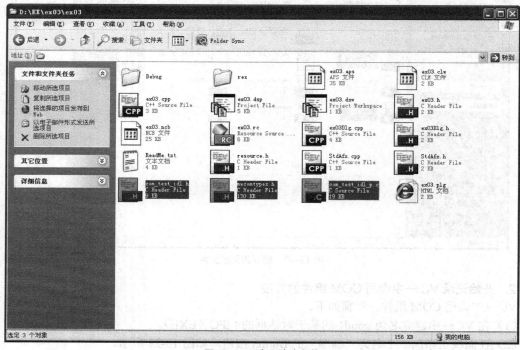

图 13-24　选取默认文件

13.3 C/C++调用 MATLAB

（4）将上面 3 个文件加入工程：选择"工程"→"添加工程"→"Files"命令，选择刚刚拷到目录下的 mwcomtypes.h、com_test_idl.h 和 com_test_idl_i.c 文件，如图 13-25 所示。

（5）为程序添加头文件 com_test_idl.h 和 mwcomtypes.h，如图 13-26 所示。

图 13-25 添加默认文件

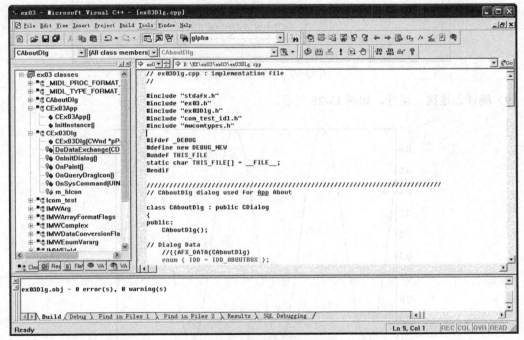

图 13-26 添加头文件

（6）按钮画图函数添加代码：

```
void CGood1Dlg::OnButton1()
{
    // TODO: Add your control notification handler code here
    CoInitialize(NULL);
com_testclass * pImyclass;
HRESULT
hr=CoCreateInstance(CLSID_com_testclass,NULL,CLSCTX_ALL,IID_Icom_testclass,(void
**)&pImyclass);
hr=pImyclass->huatu();
}
```

（7）函数代码的意义涉及到 COM，正在写 VC++调用 COM 组件所涉及到的有关 COM 方面的知识。

（8）设置预编译头文件：选择"工程"→"设置"命令（快捷键"Alt+F7"），选择 C/C++项中的"Precomplied Headers"：可以选择第一项或第二项。如图 13-27 所示。

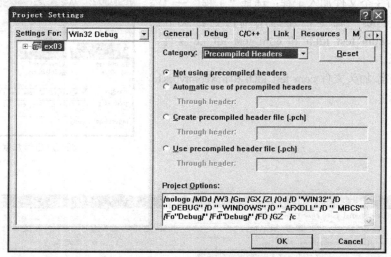

图 13-27 设置预编译头文件

（9）编译、连接、运行，如图 13-28 所示。

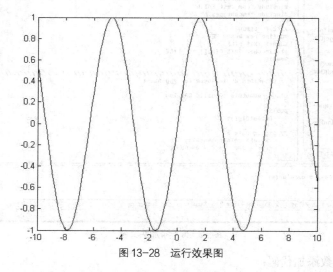

图 13-28 运行效果图

可以看出，利用 VC++调用 COM 组件的方式来调用 MATLAB 比较简单，而且几乎支持 MATLAB 所有的函数，在 M 文件体积较大、用 Matcom、调用 Math Library 或使用 MCC 方式无法实现的时候，推荐使用。需要说明的是，指以上程序拷到另一台机器上是无法直接运行的，因为 COM 组件没有在新机器上注册，如果要在另一台机器上使用的话，还需要打包安装 COM 组件。

13.3.4 C/C++调用动态链接库

C/C++调用 MATLAB 生成的 DLL 动态连接库：
- 设置 MATLAB 的编译器，使用外部的 VC 或者 GCC 等编译器；
- 编译 M 文件成 DLL；
- 设置 VC 的 include 路径和 lib 链接库的路径；
- 编写 C++调用 DLL。

13.3 C/C++调用MATLAB

【实例13.7】 下面通过一个例子详细介绍如何在MATLAB下做COM组件，以及如何在VC++中调用COM组件。

1. MATLAB设置步骤

（1）设置MATLAB的编译器。

在命令行窗口下，输入并执行如下命令：

```
>> mex -setup
%在出现的编译器中，选择VC++6.0
```

然后再输入命令：

```
>> mbuild -setup

Please choose your compiler for building standalone MATLAB applications:

Would you like mbuild to locate installed compilers [y]/n? y

Select a compiler:
[1] Lcc-win32 C 2.4.1 in C:\PROGRA~1\MATLAB\R2010a\sys\lcc
[2] Microsoft Visual C++ 6.0 in C:\Program Files\Microsoft Visual Studio

[0] None

Compiler: 2

Please verify your choices:

Compiler: Microsoft Visual C++ 6.0
Location: C:\Program Files\Microsoft Visual Studio

Are these correct [y]/n? y

Trying to update options file: C:\Documents and Settings\Administrator\Application Data\MathWorks\MATLAB\R2010a\compopts.bat
From template:       C:\PROGRA~1\MATLAB\R2010a\bin\win32\mbuildopts\msvc60compp.bat

Done . . .
```

（2）编写".m"文件。

如下函数是完成图像的分割，第一个参数是图像的文件名（路径），第二个参数是分割图像阈值的大小，完成分割后，将图像保存为"result.bmp"；返回值则是原图像的数据。

```
%创建improcess.m文件
function imagedata=improcess(filename,threshold);
imagedata=double(imread(filename));
newbuf=imagedata;
[M N]=size(imagedata);
for i=1:1:M
  for j=1:1:N
      if imagedata(i,j)>threshold
          newbuf(i,j)=255;
      else
          newbuf(i,j)=0;
      end
  end
end
imwrite(uint8(newbuf),'result.bmp');
return;
```

（3）编译".m"文件。

```
>> mcc -W cpplib:MatImprocess -T link:lib improcess
Robotics Toolbox for Matlab (release 8)
  (c) Peter Corke 1992-2008 http://www.petercorke.com
  installed in C:\Program Files\MATLAB\R2010a\toolbox\robot
```

- 其中"-W"是控制编译之后的封装格式；
- cpplib 是指编译成 C++的 lib；
- cpplib 冒号后面是指编译的库的名字；
- "-T"表示目标，"link:lib"表示要连接到一个库文件的目标，目标的名字即是".m"函数的名字。

> **注意** 编译完成之后，MatImprocess.h、MatImprocess.lib、MatImprocess.dll 这三个文件是我们在 C++中调用所需要的；这三个文件和我们用 C++编写 DLL 时，生成的三个文件是对应的。

2. VC++设置步骤

（1）设置 VC 环境。

将 MATLAB 的头文件路径和对应的库文件路径包含到 VC++6.0；在 VC++6.0 中，通过菜单"Tools"，打开设置属性页 Options，进入"Directories"页面，在目录下拉列表框中选择"Include files"，添加路径：

```
C:\Program Files\MATLAB\R2010a\extern\include
C:\Program Files\MATLAB\R2010a\toolbox\matlab\winfun\mwsamp
```

选择"Library files"，添加路径：

```
C:\Program Files\MATLAB\R2010a\extern\lib\win32\microsoft
C:\Program Files\MATLAB\R2010a\extern\lib\win32\watcom
```

分别如图 13-29 所示。

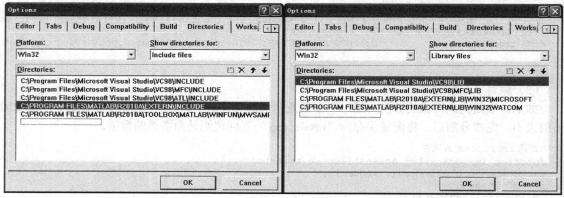

图 13-29 添加路径

新建一个基于控制台的 hello World 程序。

（2）添加必需的头文件和必需的静态链接库。

```
#pragma comment(lib,"mclmcrrt.lib")
#pragma comment(lib,"libmx.lib")
#pragma comment(lib,"libmat.lib")
#pragma comment(lib,"mclmcr.lib")
#include "mclmcr.h"
#include "matrix.h"
#include "mclcppclass.h"
```

（3）将 MATLAB 编译生成的 MatImprocess.h、MatImprocess.lib、MatImprocess.dll 文件拷贝到工程目录下；并将头文件和静态链接库添加到工程中，如图 13-30 所示。

13.3 C/C++调用MATLAB

```
#pragma comment(lib,"MatImprocess.lib")
#include "MatImprocess.h"
```

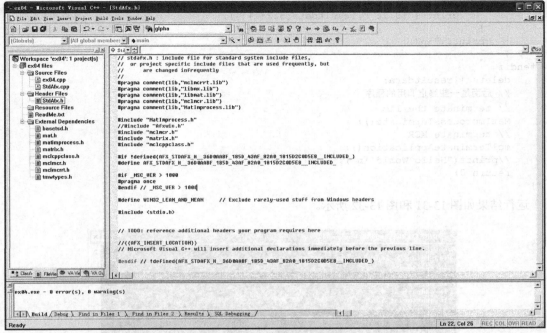

图 13-30 添加编译静态链接库

（4）编辑 main 函数，调用 improcess 函数。

```
// ex04.cpp : Defines the entry point for the console application.
//

#include "stdafx.h"

int main(int argc, char* argv[])
{
    //初始化
    if( !MatImprocessInitialize())
    {
        printf("Could not initialize !");
        return -1;
    }
    mwArray file_name(1,9, mxCHAR_CLASS);//'lenna.pgm'
    char f_name[10]="lenna.pgm";
    //必须将lenna.pgm图像,拷贝到工程目录下
    file_name.SetData(f_name,9);
    mwArray m_threshold(1,1, mxDOUBLE_CLASS);
    m_threshold(1,1)=128;//阈值为128
    mwArray ImageData(512,512, mxDOUBLE_CLASS);
    improcess(1,ImageData,file_name,m_threshold);
    //1,表示返回值的个数,ImageData用于接收返回值
    printf("\n 图像处理结束,已经图像以阈值 128 分割开！\n");
    double *resultdata=new double[512*512];
    ImageData.GetData(resultdata,512*512);
    printf("\n 已获得图像数据...\n");
#if 0
```

379

```
    for(int i=0;i<512;i++)
    {
        for(int j=0;j<512;j++)
        {
            printf("%0.1f ",resultdata[512*i+j]);
        }
        printf("\n");
    }
#endif
    delete []resultdata;
    // 后面是一些终止调用的程序
    // terminate the lib
    MatImprocessTerminate();
    // terminate MCR
    mclTerminateApplication();
    //printf("Hello World!\n");
    return 0;
}
```

运行结果如图 13-31 和图 13-32 所示。

图 13-31 运行结果打印

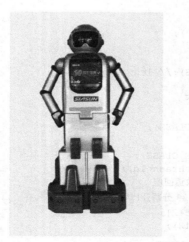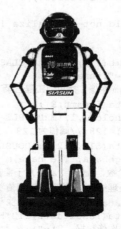

图 13-32 运行结果前后对比图

13.4 综合实例

【实例 13.8】 给定一个整数,判断是否是素数。编写 C-MEX 程序,并与 MATLAB 自带的函数 isprime 进行比较。

(1) 编写 C-MEX 程序,并保存为 prime.c,程序如下:

```c
#include "mex.h"

int prime(int x)
{
    int i;
    for (i = 2; i <= x/2; i++)
    {
        if (x % i == 0)
            return 0;
    }
    return 1;
}

void mexFunction(int nlhs, mxArray *plhs[],
                 int nrhs, const mxArray *prhs[])
{
    int mrows, ncols, m;
    double n, *p, y;

    if (nrhs != 1)
    {
        mexErrMsgTxt("One input required!\n");
    }
    else if (nlhs > 1)
    {
        mexErrMsgTxt("Too many output arguments!\n");
    }

    n = mxGetScalar(prhs[0]);
    m = n;
    mrows = mxGetM(prhs[0]);
    ncols = mxGetN(prhs[0]);

    if(m != n || mxIsComplex(prhs[0]) || !(mrows == 1 && ncols == 1))
    {
        mexErrMsgTxt("Input must be a noncomplex scalar integer!\n");
    }

    plhs[0] = mxCreateDoubleMatrix(1,1,mxREAL);
    p = mxGetPr(plhs[0]);
    y = prime(m);
    *p = y;
}
```

(2) 在 MATLAB 命令行窗口中输入如下编译命令:

```
>> mex prime.c
```

(3) 新建一个 M 程序文件,并保存为 testprime.m:

```
n = 4567321;
tic
prime(n)
toc
```

```
tic
isprime(n)
toc
```

（4）单击"运行"按钮，结果输出如下：

```
ans =
     0
Elapsed time is 0.000144 seconds.
ans =
     0
Elapsed time is 0.000438 seconds.
```

【实例 13.9】在 VC++中调用 Matcom 编译后的函数进行图形绘制。

程序开发步骤：

（1）在 VC++环境中建立一个名为 TestMatcom2 的基于对话框的 MFC（EXE）工程。按照 Visual Matcom 开发环境的配置方法配置。

（2）在 Matcom 中新建一个名为 drawsinx.m 文件，如图 13-33 所示。

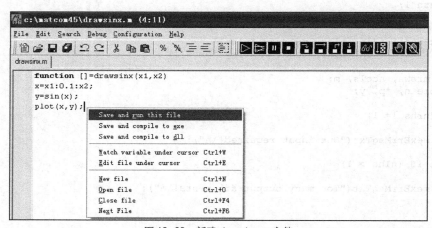

图 13-33　新建 drawsinx.m 文件

（3）单击右键，选择"Save and run this file"，经运行后，MATLAB 语言的语句会被转换为 C++语言的语句。

（4）将生成的 drawsinx.h、drawsinx.cpp（默认位置为安装目录:\matcom45\samples\Debug）和 matlib.h、v4501v.lib（默认位置为安装目录:\matcom45\lib）四个文件复制到建立的工程 TestMatcom2 目录下。

（5）将上一步复制的四个文件加入到 VC++工程中：选择"工程"→"添加工程"→"文件"命令，选择刚才复制到 TestMatcom2 目录下的四个文件。

（6）在 TestMatcom2.cpp 中添加头文件：

```
#include "matlib.h"
#include "drawsinx.h"
```

如图 13-34 所示。

（7）为工程建立界面：添加一个 Button 按扭控件；添加两个 Edit box 控件，用于显示数据；添加三个 Static text 控件，两个用于显示文字，一个用于显示图形，将显示图形的 Static text 的 ID 设置为 IDC_DRAWPIC。其他所有控件属性保持默认，如图 13-35 所示。

（8）按"Ctrl+W"组合键为控件添加变量。如图 13-36 所示。

13.4 综合实例

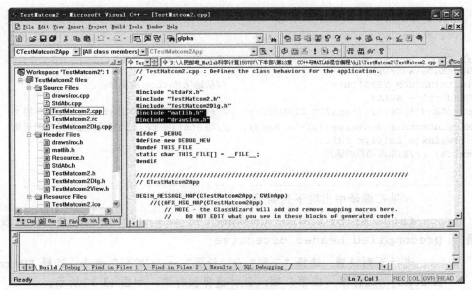

图 13-34 添加头文件

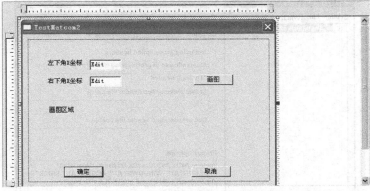

图 13-35 在界面添加控件

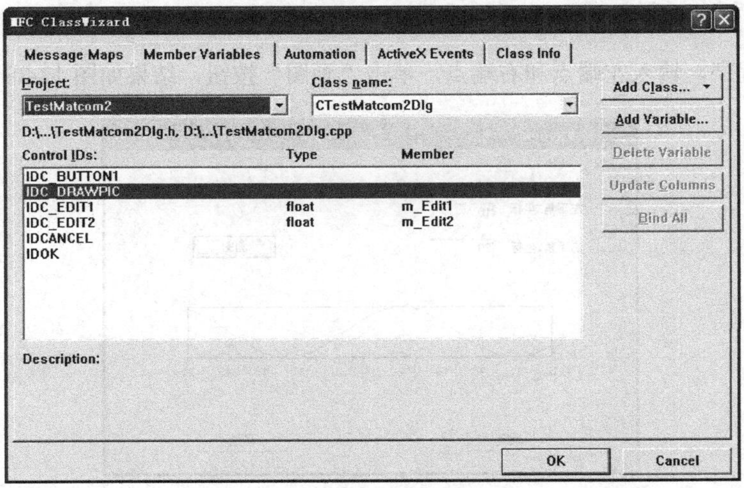

图 13-36 添加变量

（9）为 IDC_BUTTON1 按钮添加消息响应，代码如下：

```
void CTestMatcom2Dlg::OnButton1()
{
    // TODO: Add your control notification handler code here
    UpdateData(TRUE);
    initM(MATCOM_VERSION);                  //初始化 Matcom 库函数
    CWnd *p1 = NULL;
    p1=(CWnd *)GetDlgItem(IDC_DRAWPIC);     //得到用于显示图像 Static text 控件的 ID
    Mm plothandle = winaxes(p1->m_hWnd);    //将 Static text 的句柄设置赋给画图句柄
    drawsinx(m_Edit1,m_Edit2);
    exitM();//结束库函数的调用
}
```

> **注意**　如果在编译中出现下列错误：
>
> fatal error C1010: unexpected end of file while looking for precompiled header directive
>
> 进行下列设置：选择"工程"→"设置"→"C/C++"命令，选择"Precompiled Headers"，选择第一或第二项：自动选择预补偿，如图 13-37 所示。

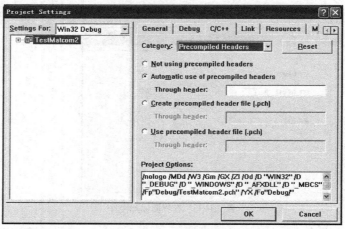

图 13-37　自动选择预补偿

（10）运行程序，输入左端点和右端点，单击"画图"按钮，结果如图 13-38 所示。

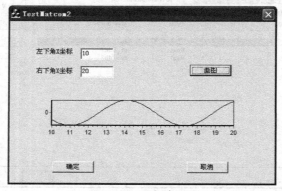

图 13-38　运行效果图

【实例 13.10】 利用 C-MEX 实现两个双精度实数型输入矩阵的乘积。

（1）编写程序并保存为 multi_mat.c：

```c
#include "mex.h"

void multi_mat(const int ma, const int na, const double *A,
               const int mb, const int nb, const double *B,
               double *C)
{
    int i, j, k;

    for (i = 0; i < ma; i++)
    {
        for (j = 0; j < nb; j++)
        {
            C[i + j * ma]= 0.0;
            for (k = 0; k < na; k++)
            {
                C[i + j * ma] = C[i + j * ma] + A[i + k * ma] * B[k + j * mb];
            }
        }
    }
}

void mexFunction(int nlhs, mxArray *plhs[],
                 int nrhs, mxArray *prhs[])
{
    double *A, *B, *C;
    int ma, na, mb, nb, mc, nc;

    if (nrhs != 2)
    {
        mexErrMsgTxt("Two inputs required!\n");
    }
    else if (nlhs > 1)
    {
        mexErrMsgTxt("Too many output arguments!\n");
    }

    if (!mxIsDouble(prhs[0]) || mxIsComplex(prhs[0]) ||
        !mxIsDouble(prhs[1]) || mxIsComplex(prhs[1]))
    {
        mexErrMsgTxt("Inputs must be noncomplex double matrix!\n");
    }

    ma = mxGetM(prhs[0]);
    na = mxGetN(prhs[0]);
    mb = mxGetM(prhs[1]);
    nb = mxGetN(prhs[1]);

    if (na != mb)
    {
        mexErrMsgTxt("Column of A should be equal to row of B!\n");
    }

    mc = ma;
    nc = nb;

    plhs[0] = mxCreateDoubleMatrix(mc, nc, mxREAL);
    A = mxGetPr(prhs[0]);
    B = mxGetPr(prhs[1]);
    C = mxGetPr(plhs[0]);

    multi_mat(ma, na, A, mb, nb, B, C);
    return;
}
```

（2）在 MATLAB 命令行窗口中输入如下编译命令：
```
>> mex multi_mat.c
```
（3）新建一个 M 程序文件，并保存为 testmulti.m：
```
clear
n = 4
A = magic(n)
B = randn(n,5)

C = multi_mat(A,B)
C = A * B
```
（4）单击"运行"按钮，结果输出如下：
```
A =
    16     2     3    13
     5    11    10     8
     9     7     6    12
     4    14    15     1
B =
    0.8998    1.0128   -1.0431    0.9835    0.9726
   -0.3001    0.6293   -0.2701   -0.2977   -0.5223
    1.0294   -0.2130   -0.4391    1.14766   0.1766
   -0.3451   -0.8657   -0,4087   -0.5316    0.9707
C =
   12.3992    5.5704  -23.8571   11.6613   27.6659
    8.7310    2.9310  -15.8371    8.8269    8.6498
    8.0330    1.8541  -18.8114    7.2507   17.8057
   14.4932    8.8010  -14.9342   16.3900    0.1982
D =
   12.3992    5.5704  -23.8571   11.6613   27.6659
    8.7310    2.9310  -15.8371    8.8269    8.6498
    8.0330    1.8541  -18.8114    7.2507   17.8057
   14.4932    8.8010  -14.9342   16.3900    0.1982
```

第 14 章 MATLAB 工程计算案例精粹

MATLAB 工程计算案例能够让读者对 MATLAB 软件平台、工具箱、高效率的数值运算及符号运算功能有更好的了解。

本章的知识结构

本章将介绍 MATLAB 工程计算案例精粹，包括 Delta 并联机器人建模、街头抽奖游戏解谜和柴油机故障诊断、零件参数的最优化设计。

14.1 Delta 并联机器人建模

14.1.1 背景介绍

运动学分析是理论力学的一个分支，研究对象是点或者刚体，它采用几何学的方法来研究物体的运动，一般忽略力和质量等因素的影响。

并联机器人具有结构简单、造价低、承载能力强、精度高和易于控制等特点，是国内外高新技术研究的重要组成部分。实现并联机器人运动学仿真的可视化也是机器人研究的一项很重要的内容，它涉及机器人机构学、运动学、零件建模、仿真的三维实现和运动控制。

并联机器人运动学主要解决并联机器人的正运动学和逆运动学两类问题。由于并联机构和串联机构的自身结构特点，决定了它们求解运动学问题的难易程度和求解方法的不同。串联机构的正运动学问题通过递推关系即可求得，由于达到相同的末端位姿存在不同的路径，因此串联机构的位置逆运动学并非唯一，在求解的过程中存在一定的困难。对于并联机构，其逆运动学问题利用约束方程可以轻松求得，但是对于其正运动学问题，由于并联机构的强耦合以及非线性等结构特点，求解的过程中存在着一定的难度。图 14-1 所示的机器人为需要研究的并联机器人的实例。

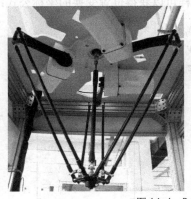

图 14-1 Delta 并联机器人

14.1.2 问题阐述

目前,并联机器人运动学正解的封闭解的问题还没有得到完美解决,现在最为流行的方法是采用广义几何法和方程组的数值解法。然而,这些方法的推导过程非常复杂,且在求解的过程中还存在解不唯一的问题。

1. 逆运动学

图 14-2 所示为三轴并联机器人的结构简图,$K-ABC$ 为动平台,3 个球形轴在同一平面上;$O-GHI$ 为固定平台,3 个转动轴在同一平面上,且三角形 ABC 和 GHI 为正三角形,3 条支链具有相同的结构形式。

$$\begin{cases} R = OG = OI = OH \\ r = KA = KB = KC \end{cases}。$$

假设动平台的几何中心为 K 点,其在 $o-xyz$ 坐标系中的坐标为 (x_k, y_k, z_k),在 $K-xyz$ 坐标系中设末端执行器中心的坐标为 $(x_{tcp}, y_{tcp}, z_{tcp})$,动平台的外接圆半径为 r,固定平台的外接圆半径为 R。其中 L_{ij}、θ_{ij} 分别为第 i 支链上的第 j 杆的杆长和转角。

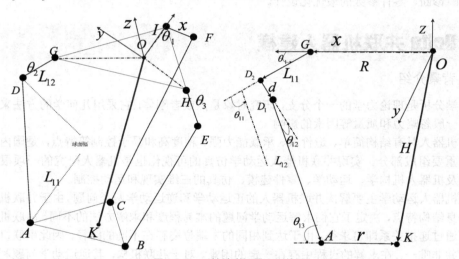

图 14-2 三轴并联机器人机构图

并联机器人逆运动学问题是已知动平台中心点在空间中的位姿求得各个驱动杆的转动角的问题。设末端执行器中心的坐标为 $(x_{tcp}, y_{tcp}, z_{tcp})$,这样可以获得位置变换的坐标公式:

$$\begin{bmatrix} c\gamma & -s\gamma & 0 \\ s\gamma & c\gamma & 0 \\ 0 & 0 & 1 \end{bmatrix} \begin{bmatrix} x_{tcp} \\ y_{tcp} \\ z_{tcp} \end{bmatrix} = \begin{bmatrix} x_k \\ y_k \\ z_k \end{bmatrix},$$

$$\begin{bmatrix} x_{tcp} \\ y_{tcp} \\ z_{tcp} \end{bmatrix} = \begin{bmatrix} x_k \\ y_k \\ z_k \end{bmatrix} \gamma = 0^o; \quad \begin{bmatrix} -\frac{1}{2}x_{tcp} + \frac{\sqrt{3}}{2}y_{tcp} \\ -\frac{\sqrt{3}}{2}x_{tcp} - \frac{1}{2}y_{tcp} \\ z_{tcp} \end{bmatrix} = \begin{bmatrix} x_k \\ y_k \\ z_k \end{bmatrix} \gamma = 120^o; \quad \begin{bmatrix} -\frac{1}{2}x_{tcp} - \frac{\sqrt{3}}{2}y_{tcp} \\ \frac{\sqrt{3}}{2}x_{tcp} - \frac{1}{2}y_{tcp} \\ z_{tcp} \end{bmatrix} = \begin{bmatrix} x_k \\ y_k \\ z_k \end{bmatrix} \gamma = 240^o。$$

因为并联机器人的 3 条支链基本一致，所以在动平台位姿一定的情况下分析第一支链便可得到其他各个支链的解，因此对第一支链矢量闭环有方程：

$$\begin{bmatrix} x_k \\ y_k \\ z_k \end{bmatrix} = \begin{bmatrix} R \\ 0 \\ 0 \end{bmatrix} + L_{11} \begin{bmatrix} c\theta_1 \\ 0 \\ -s\theta_1 \end{bmatrix} + \begin{bmatrix} 0 \\ d \\ 0 \end{bmatrix} + L_{12} \begin{bmatrix} c(\theta_1+\theta_{11})s\theta_{12} \\ c\theta_{12} \\ -s(\theta_1+\theta_{11})s\theta_{12} \end{bmatrix} + \begin{bmatrix} -r \\ 0 \\ 0 \end{bmatrix};$$

即 $\begin{cases} x_k = R - r + L_{11}c\theta_1 + L_{12}c(\theta_1+\theta_{11})s\theta_{12} \\ y_k = d + L_{12}c\theta_{12} \\ z_k = -L_{11}s\theta_1 - L_{12}s(\theta_1+\theta_{11})s\theta_{12} \end{cases}$。

根据上面第一支链的结论，可以得到并联机器人逆运动学的唯一解（通用解）：

总解：
$$\begin{cases} \theta_1 = 180^o k + A\tan 2(2x'_k L_{11}, 2z_k L_{11}) \backslash \\ \quad -A\tan 2(-\dfrac{x'^2_k + z^2_k + L^2_{11} - L^2_{12} + y^2_k}{2L_{11}\sqrt{x'^2_k + z^2_k}}, \pm\sqrt{1-(\dfrac{x'^2_k + z^2_k + L^2_{11} - L^2_{12} + y^2_k}{2L_{11}\sqrt{x'^2_k + z^2_k}})^2}) \\ (\theta_1 + \theta_{11}) = 180^o k + A\tan 2(2x'_k, 2z_k) \backslash \\ \quad -A\tan 2(-\dfrac{L^2_{11} - x'^2_k - z^2_k - L^2_{12} + y^2_k}{2\sqrt{x'^2_k + z^2_k}\sqrt{L^2_{12} - y^2_k}}, \pm\sqrt{1-(\dfrac{L^2_{11} - x'^2_k - z^2_k - L^2_{12} + y^2_k}{2\sqrt{x'^2_k + z^2_k}\sqrt{L^2_{12} - y^2_k}})^2}) \\ \theta_{12} = \arccos\dfrac{y_k}{L_{12}} \end{cases}$$

2. 正运动学

根据上面的结论，可以得到：

$$F(1) = -2z_k L_{11}s\theta_1 + 2x'_k L_{11}c\theta_1 - (x'^2_k + z^2_k + L^2_{11} - L^2_{12} + (y_k - d)^2) = 0;$$

其中：$\gamma_1 = 0^o$、$\begin{cases} x_{tcp}c\gamma_1 + y_{tcp}s\gamma_1 = x_k \\ -x_{tcp}s\gamma_1 + y_{tcp}c\gamma_1 = y_k \\ z_{tcp} = z_k \end{cases}$、$x'_k = x_k - (R-r)$。

$$F(2) = -2z_k L_{11}s\theta_1 + 2x'_k L_{11}c\theta_1 - (x'^2_k + z^2_k + L^2_{11} - L^2_{12} + (y_k - d)^2) = 0;$$

其中：$\gamma_2 = 120^o$、$\begin{cases} x_{tcp}c\gamma_1 + y_{tcp}s\gamma_1 = x_k \\ -x_{tcp}s\gamma_1 + y_{tcp}c\gamma_1 = y_k \\ z_{tcp} = z_k \end{cases}$、$x'_k = x_k - (R-r)$。

$$F(3) = -2z_k L_{11}s\theta_1 + 2x'_k L_{11}c\theta_1 - (x'^2_k + z^2_k + L^2_{11} - L^2_{12} + (y_k - d)^2) = 0;$$

其中：$\gamma_3 = 240^o$、$\begin{cases} x_{tcp}c\gamma_1 + y_{tcp}s\gamma_1 = x_k \\ -x_{tcp}s\gamma_1 + y_{tcp}c\gamma_1 = y_k \\ z_{tcp} = z_k \end{cases}$、$x'_k = x_k - (R-r)$。

整理上面公式：

$$F(n) = -2z_{tcp}L_{11}s\theta_1 + 2(x_{tcp}c\gamma + y_{tcp}s\gamma - (R-r))L_{11}c\theta_1 \backslash$$
$$-((x_{tcp}c\gamma + y_{tcp}s\gamma - (R-r))^2 + z_{tcp}^2 + L_{11}^2 - L_{12}^2 + (-x_{tcp}s\gamma + y_k c\gamma)^2) = 0;$$

综上所述：$\begin{cases} \gamma_1 = 0° \\ \gamma_2 = 120° \\ \gamma_3 = 240° \end{cases}$。

上面的正解公式，只能表示出每个关节转角和末端执行器位置的关系，不能根据已知每个关节的转角求得末端执行器位置，下面的实验例程就将解决这个问题。

14.1.3 实验例程

1. 构造牛顿下山迭代法

矩阵方程是位置(x_k, y_k, z_k)与输入构件转角($\theta_1, \theta_2, \theta_3$)之间的非线性方程组。由于并联机构的复杂性，位置正解采用解析法求解难度大，因此这里采用数值法求解该并联机构的位置正解。

牛顿法下山法的迭代公式为：
$$x^{n+1} = x^n - \omega(F'(x^n))^{-1}F(x^n) \text{。}$$

应用数值法编写 MATLAB 算法，其大体可分为如下 4 个部分：

（1）选择一个初始点 P，P 表示当输入角给定的情况下，假设动平台几何中心在绝对坐标系下的度量；

（2）利用反运动学验证所选择的初始点 P 是不是最优解，当不是时，先取 $\omega = 1$，根据 $x^{n+1} = x^n - \omega(F'(x^n))^{-1}F(x^n)$，求 x_{n+1}；

（3）判断是否满足下降条件 $|F(x_{n+1})| < |F(x_n)|$，不满足时，再取 $\lambda = \frac{1}{2}\lambda$；

（4）然后验证条件是否满足 $|F(x_{n+1})| < |F(x_n)|$，当满足此条件时，此时就可得出该并联机构的正解迭代过程终止；否则转入步骤（2）继续迭代，直到满足此条件得出该并联机构的位置正解。

2. 程序实例

【实例 14.1】根据上面问题阐述可以知道正运动学的最终表达公式如下所示，根据已知每个关节的转角求得末端执行器位置问题。

$$F(n) = -2z_{tcp}L_{11}s\theta_1 + 2(x_{tcp}c\gamma + y_{tcp}s\gamma - (R-r))L_{11}c\theta_1 \backslash$$
$$-((x_{tcp}c\gamma + y_{tcp}s\gamma - (R-r))^2 + z_{tcp}^2 + L_{11}^2 - L_{12}^2 + (-x_{tcp}s\gamma + y_k c\gamma)^2) = 0 \text{。}$$

（1）建立 main.m 验证算法程序：

```
%在命令行窗口输入如下命令
clc
clear all

global m_joint1;        %关节 1 角度值
global m_joint11;
global m_joint12;

global m_joint2;        %关节 2 角度值
global m_joint21;
global m_joint22;

global m_joint3;        %关节 3 角度值
global m_joint31;
```

```
global m_joint32;

%连杆参数
global R;
R = 40.0;

global r;
r = 20.0;

global L11;
L11= 20.0;

global L12;
L12 = 60.0;
j = 0;
m_px = 0.0;m_py = 0.0; m_pz = -69.282;        %位置初始化的值
for i = -35:(-69.282+35)/100:-69.282
    j = j + 1;
    m_px = sin(i);
    m_py = cos(i);
    m_pz = i;
    x1(j) = m_px;
    y1(j) = m_py;
    z1(j) = m_pz;
    InverseKinematics(m_px, m_py, m_pz);      %逆运动学
    [px,py,pz] = PositiveKinematics(m_joint1, m_joint2, m_joint3);   %正运动学
    x2(j) = px;
    y2(j) = py;
    z2(j) = pz;
end

figure;
plot3(x1,y1,z1,'--mo');
hold on
plot3(x2,y2,z2,':bs');
grid on
```

(2) 建立 InverseKinematics.m 反解算法程序：

```
function f = InverseKinematics(inpx, inpy, inpz)
global m_joint1;
global m_joint11;
global m_joint12;

global m_joint2;
global m_joint21;
global m_joint22;

global m_joint3;
global m_joint31;
global m_joint32;

i = 0;j = 0;
k1 = [0.0,0.0,0.0];k2 = [0.0, 0.0, 0.0];

joint1 = [0.0, 0.0, 0.0];joint11 = [0.0,0.0,0.0];joint12 = [0.0, 0.0, 0.0];
joint = [0.0,0.0,0.0];
 [gjoint, gjoint1, gjoint2] = InitPosition(inpx, inpy, inpz, 0);   %连杆 1
joint1(1) = gjoint;
joint11(1) = gjoint1 - gjoint;
joint12(1) = gjoint2;
[gjoint, gjoint1, gjoint2] = InitPosition(inpx, inpy, inpz, 120);   %连杆 2
joint1(2) = gjoint;
joint11(2) = gjoint1 - gjoint;
joint12(2) = gjoint2;
 [gjoint, gjoint1, gjoint2]  = InitPosition(inpx, inpy, inpz, 240);   %连杆 3
```

```
joint1(3) = gjoint;
joint11(3) = gjoint1 - gjoint;
joint12(3) = gjoint2;
for i = 1:1:3
    while abs(joint1(i)/90.0) > 1
        k1(i) = fix(-joint1(i)/90.0);
        joint1(i) = joint1(i) + 180.0*k1(i);
    end
    while abs(joint11(i)/90.0) > 1
        k2(i) = fix(-joint11(i)/90.0);
        joint11(i) =joint11(i) + 180.0*k2(i);
    end
end

m_joint1  =  joint1(1);
m_joint11 = joint11(1);
m_joint12 = joint12(1);

m_joint2  =  joint1(2);
m_joint21 = joint11(2);
m_joint22 = joint12(2);

m_joint3  =  joint1(3);
m_joint31 = joint11(3);
m_joint32 = joint12(3);
```

(3) 建立 InitPosition.m 反解算法程序：

```
function [gjoint,gjoint1,gjoint2] = InitPosition(fpx, fpy, fpz, theta)

global R;
global r;
global L11;
global L12;
RAD_ANGLE =  57.29577951;
ANGLE_RAD = 0.017453292;
xk = 0.0;
k1 = 0.0; k2 = 0.0; k3 = 0.0;

px =  fpx*cos(theta*ANGLE_RAD) + fpy*sin(theta*ANGLE_RAD);
py = -fpx*sin(theta*ANGLE_RAD) + fpy*cos(theta*ANGLE_RAD);
pz = fpz;

xk = px - (R - r);
k3 = (xk*xk + pz*pz + L11*L11 - L12*L12 + py*py)/(2*L11*sqrt(xk*xk+pz*pz));
k1 = atan2(2*xk*L11, 2*pz*L11)*RAD_ANGLE;
%k2 = atan2(k3, sqrt(1-k3*k3))*RAD_ANGLE;
k2 = atan2(k3, -sqrt(1-k3*k3))*RAD_ANGLE;
gjoint = (k1 - k2);%θi
k1 = atan2(2*xk, 2*pz)*RAD_ANGLE;
k3 = -(L11*L11 - xk*xk - pz*pz - L12*L12 + py*py)/(2*L12*sqrt(xk*xk+pz*pz));
k2 = atan2(k3, sqrt(1-k3*k3))*RAD_ANGLE;
%k2 = atan2(k3, -sqrt(1-k3*k3))*RAD_ANGLE;
gjoint1 = (k1 - k2);  %θi1
%calculate θi2
gjoint2 = acos(py/L12)*RAD_ANGLE; %θi2
```

(4) 建立 PositiveKinematics.m 反解算法程序：

```
function [px,py,pz] = PositiveKinematics(joint1, joint2, joint3)
syms x y z;
X=[x,y,z];
p = [0 0 -69.282];
global R;
global r;
global L11;
global L12;
joint1
joint2
```

```
joint3

theta1 = joint1*pi/180;
theta2 = joint2*pi/180;
theta3 = joint3*pi/180;

gama1 = 0*pi/180;
gama2 = 120*pi/180;
gama3 = 240*pi/180;

f(1)=(-2*z*L11*sin(theta1)+2*(x*cos(gama1)+y*sin(gama1)-(R-r))*L11*cos(theta1)-L11^2+
L12^2)-((x*cos(gama1)+y*sin(gama1)-(R-r))^2+z^2 + (-x*sin(gama1)+y*cos(gama1))^2);

f(2)=(-2*z*L11*sin(theta2)+2*(x*cos(gama2)+y*sin(gama2)-(R-r))*L11*cos(theta2)-L11^2+
L12^2)-((x*cos(gama2)+y*sin(gama2)-(R-r))^2+z^2 + (-x*sin(gama2)+y*cos(gama2))^2);

f(3)=(-2*z*L11*sin(theta3)+2*(x*cos(gama3)+y*sin(gama3)-(R-r))*L11*cos(theta3)-L11^2+
L12^2)-((x*cos(gama3)+y*sin(gama3)-(R-r))^2+z^2 + (-x*sin(gama3)+y*cos(gama3))^2);
f=[f(1);f(2);f(3)];
lamda=1;           %取λ=1
df=jacobian([f(1),f(2),f(3)],[x,y,z]);    %f的jacobi矩阵，即f的导数
q1=-lamda*(inv(df))*f;      %线性方程组df*Δx=-λ*f的解Δx的表达式
q2=subs(q1,X,p);            %用数值替代所有的变量，即得到Δx在初值下的数值
q=q2';
x=p+q;         %x(k+1)=x(k)+Δx(k)在k=0时候第一次迭代的值
f_shu=subs(f,X,p);      %f在初始值为p时的函数值
while 1                 %开始循环
    p=x;                      %开始进行迭代
    f_shu=subs(f,X,p);
    q1=-lamda*(inv(df))*f;
    q2=subs(q1,X,p);
    q=q2';
    x=p+q
    f_shu1=subs(f,X,x)
        if (norm(f_shu1)<norm(f_shu))&&norm(x-p)<10^(-8)    %进行判定，如果满足条件则跳出循环
            break
            else if norm(f_shu1)>=norm(f_shu)&&norm(x-p)<10^(-8)
                lamda=1/2*lamda
            end
        end
end
x=vpa(x,8);
px = x(1);
py = x(2);
pz = x(3);
```

  首先将机器人末端位置点以螺旋线的形式绘制出来，然后将位置点带入到逆运动学求取出的一系列关节值，最后将求取的机器人关节值代入正解运算公式中，求解出对应的一系列机器人末端位置值，绘制出曲线。

  如图 14-3 所示，图中蓝色曲线代表规划的螺旋线，红色曲线代表规划螺旋线经一次反解→正解后计算得到的螺旋线，从图中可看出两条曲线处于重合状态，证明了三轴并联机器人运动学计算的正确性。

  该算法与其他的方程组数值解法和几何求解法相比，巧妙地绕开了令人头疼的并联机器人运动学正解多解取舍问题，直接获得了工作空间内满足运动连续性的合理解。本例题根据一元非线性方程牛顿迭代法的思想，利用三元牛顿迭代推导出了三轴并联机器人运动学正解，并且给出了三元非线性方程组牛顿迭代方法的具体步骤。与传统的解析法有着很明显的不同，此方法避免了多解情况下的取舍问题，同时也解决了运动学正解封闭解问题，且迭代次数少，收敛速度快，显示出了极大

的优势,大大提高了系统的顽健性。图 14-4 为将此方法运用到实际应用工程当中的示意图。

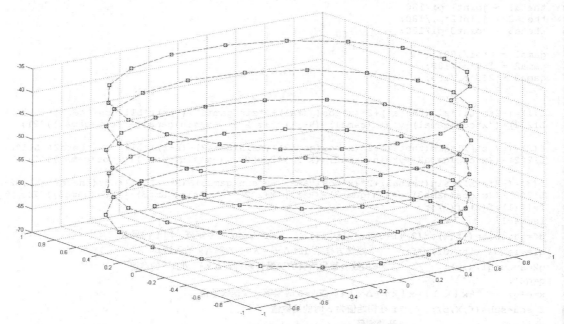

图 14-3 MATLAB 并联机器人正反解曲线图

石墨复合环码垛装箱生产线

马赛克瓷砖码垛生产线

冷饮装箱生产线

海鲜食品处理机包装系统

面包生产线

药品装箱生产线

瓷砖码垛装箱生产线

图 14-4 实际工程应用

14.2 柴油机故障诊断

14.2.1 问题阐述

随着科学与生产技术的发展,现代设备大多数集机电液于一体,结构越来越复杂,自动化程度越来越高,故障发生的概率也相对提高。在工作过程中,一旦出现故障不仅会造成经济损失,甚至会导致整个设备遭受灾难性的毁坏。

柴油机由于其本身的结构异常复杂，其系统的输入输出不明显，难以用比较完备准确的模型对其结构、功能以及其状态进行有效的完整性描述。鉴于此，给故障诊断带来了很大的麻烦。近年来，随着模式识别和神经网络理论的引入，对柴油机故障诊断技术有了突破性的发展。神经网络技术的出现，为故障诊断问题提供了一种新的解决途径，特别是对于柴油机故障诊断这类复杂问题。神经网络的输入输出非线性映射特性、信息的分布存储和并行处理，特别是其自组织和学习能力，逐渐成为故障诊断的一种有效方法和手段。燃油系统常见的故障有供油不足、针阀门卡死、支油孔阻塞、针阀泄漏及出油失效等集中故障。

14.2.2 实验例程

【实例14.2】 本例中柴油机故障的诊断是基于神经网络技术来进行的，主要有100%供油量T1、75%供油量T2、25%供油量T3、怠速油量T4、针阀卡死（小油量T5）、针阀卡死（标定油量T6）、针阀泄漏T7、出油阀失效T8。故障表见14-1给出了一个含有8个故障的数据集。每个故障样本有8个特征，分别是前面所提到过的P1~P8。对于燃油压力波形，最大压力P1、次最大压力P2、波形幅度P3、上升沿宽度P4、波形宽度P5、最大余波宽度P6、波形的面积P7、起喷压力P8等特征最能体现柴油机运行的状况，使用SOM网络进行故障诊断。

表14-1 柴油机故障列表

	P1	P2	P3	P4	P5	P6	P7	P8
T1	0.9325	1.0000	1.0000	-0.4526	0.3895	1.0000	1.0000	1.0000
T2	-0.4571	-0.2854	-0.9024	-0.9121	-0.0841	1.0000	-0.2871	0.5647
T3	0.5134	0.9413	0.9711	-0.4187	0.2855	0.8546	0.9478	0.9512
T4	0.1545	0.1564	-0.500	-0.6571	-0.3333	-0.6667	-0.3333	-0.5000
T5	0.1765	0.7648	0.1259	-0.6472	-0.0563	0.1726	0.5151	0.4212
T6	-0.6744	-0.4541	-0.8254	1.0000	-0.8614	-0.6714	-0.6279	-0.6785
T7	0.4647	0.5710	0.0712	-0.7845	-0.2871	0.8915	0.6553	0.6156
T8	0.6818	1.0000	-0.6350	-0.8426	-0.6215	-0.1574	1.0000	0.7782

1. **诊断柴油机故障的步骤**

应用SOM神经网络诊断柴油机故障的步骤如下：
- 选取标准故障样本；
- 对每一种标准故障样本进行学习结束后，对具有最大输出的神经元故障进行记号；
- 将待检样本输入到SOM神经网络中；
- 若输出神经元在输出层的位置与某标准故障样本的位置相同，说明待检样本发生了相应的故障；
- 若输出神经元在输出层的位置介于很多标准故障之间，说明这几种标准故障都有可能发生，且故障的程度与相应标准故障样本位置的欧氏距离确定。

2. **诊断柴油机故障的程序**

```
%在命令行窗口输入如下命令
>> clc
>> clear all
>> P=[0.9325    1.0000    1.0000    -0.4526    0.3895    1.0000    1.0000    1.0000;
-0.4571    -0.2854    -0.9024    -0.9121    -0.0841    1.0000    -0.2871    0.5647;
0.5134    0.9413    0.9711    -0.4187    0.2855    0.8546    0.9478    0.9512;
0.1545    0.1564    -0.500    -0.6571    -0.3333    -0.6667    -0.3333    -0.5000;
0.1765    0.7648    0.1259    -0.6472    -0.0563    0.1726    0.5151    0.4212;
```

```
   -0.6744    -0.4541    -0.8254     1.0000    -0.8614    -0.6714    -0.6279    -0.6785;
    0.4647     0.5710     0.0712    -0.7845    -0.2871     0.8915     0.6553     0.6156;
    0.6818     1.0000    -0.6350    -0.8426    -0.6215    -0.1574     1.0000     0.7782;
]
```
% 转置后符合神经网络的输入格式
```
>> P=P';
```
% 网络建立和训练
% newsom 建立 SOM 网络。minmax (P) 取输入的最大最小值。竞争层为 6*6=36 个神经元
```
>> net=newsom(minmax(P),[6 6]);
>> plotsom(net.layers{1}.positions)
```
% 5 次训练的步数
```
>> a=[10 30 50 100 200 500 1000];
```
% 随机初始化一个 1*10 向量。
```
yc=rands(7,8);
```
% 进行训练
% 训练次数为 10 次
```
>> net.trainparam.epochs=a(1);
```
% 训练网络和查看分类
```
>> net=train(net,P);
>> y=sim(net,P);
>> yc(1,:)=vec2ind(y);
>> plotsom(net.IW{1,1},net.layers{1}.distances)
```

% 训练次数为 30 次
```
>> net.trainparam.epochs=a(2);
```
% 训练网络和查看分类
```
>> net=train(net,P);
>> y=sim(net,P);
>> yc(2,:)=vec2ind(y);
>> plotsom(net.IW{1,1},net.layers{1}.distances)
```

% 训练次数为 50 次
```
net.trainparam.epochs=a(3);
```
% 训练网络和查看分类
```
>> net=train(net,P);
>> y=sim(net,P);
>> yc(3,:)=vec2ind(y);
>> plotsom(net.IW{1,1},net.layers{1}.distances)
```

% 训练次数为 100 次
```
>> net.trainparam.epochs=a(4);
```
% 训练网络和查看分类
```
>> net=train(net,P);
>> y=sim(net,P);
>> yc(4,:)=vec2ind(y);
>> plotsom(net.IW{1,1},net.layers{1}.distances)
```

% 训练次数为 200 次
```
>> net.trainparam.epochs=a(5);
```
% 训练网络和查看分类
```
>> net=train(net,P);
>> y=sim(net,P);
>> yc(5,:)=vec2ind(y);
>> plotsom(net.IW{1,1},net.layers{1}.distances)
```

% 训练次数为 500 次
```
>> net.trainparam.epochs=a(6);
```
% 训练网络和查看分类

```
>> net=train(net,P);
>> y=sim(net,P);
>> yc(6,:)=vec2ind(y);
>> plotsom(net.IW{1,1},net.layers{1}.distances)

% 训练次数为 1000 次
>> net.trainparam.epochs=a(7);
% 训练网络和查看分类
>> net=train(net,P);
>> y=sim(net,P);
>> yc(7,:)=vec2ind(y);
>> plotsom(net.IW{1,1},net.layers{1}.distances)
>> yc
yc =

     1    36     1    36     5    36     4     2
     1    24     1    36     3    36    13     7
    13    24    13    12     7    36    19     2
    25    28    31    24     9    36     1     6
     1     6     2    34    21    24     9    31
    18    33     6     7     4    25    16    36
    18     9     6    19    29     1    36    33

% 网络进行分类的预测
% 测试样本输入
>> t=[0.9512 1.0000 0.9458 -0.4215 0.4218 0.9511 0.9645 0.8941]';
% 用 sim( )来进行网络仿真
>> r=sim(net,t);
% 变换函数,将单值向量转变成下标向量。
>> rr=vec2ind(r)
rr =
    18
```

执行结果如图 14-5 所示。

3. 训练次数分类结果

将其整理为表格形式如表 14-2 所示。

如表 14-2 所示,当训练步数为 10 时,故障原因 1、3 为一类,2、4、6 为一类,5、7、8 单独为一类。

此时,网络已经对样本进行了初步的分类,这种分类有可能是不够精确的。当训练步数为 100 时,每个样本都被分为一类,这种分类结果已经细化了。这时再增加训练步数就是没有意义的了。

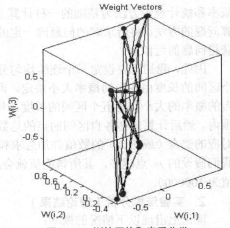

图 14-5 训练网络和查看分类

表 14-2 网络在不同训练次数下得到的分类结果

训练次数	结果							
10	1	36	1	36	5	36	4	2
30	1	24	1	36	3	36	13	7
50	13	24	13	12	7	36	13	7
100	25	28	31	12	7	36	19	2
200	1	6	2	34	21	24	9	31
500	18	33	6	7	4	25	16	36
1000	18	9	6	19	29	1	36	33

14.3 街头抽奖游戏解谜

14.3.1 问题阐述

街头有常见一类"摸球游戏",游戏规则是这样的:一袋装有 16 个大小形状相同的玻璃球,其中 8 个红色,8 个白色,游戏者从中一次摸出 8 个球。这 8 个球中,两种颜色出现以下比数时,摸球者可得到相应的"奖励"或"惩罚",如表 14-3 所示。

表 14-3　　　　　　　　　　　街头抽奖游戏的"奖励"或"惩罚"

可能结果	A	B	C	D	E
	8:0	7:1	6:2	5:3	4:4
奖金(罚金)/元	10	1	0.5	0.2	-3

1. 方法、步骤设计

第一个理论分析:游戏者一次游戏中得到的奖金(或罚金)的平均值,其实也就是求一次获得奖金(或罚金)的期望问题。根据概率论与数理统计中的期望值计算方法,首先算出各种可能结果的发生概率,然后分别乘以该可能结果下的奖金(或罚金)并相加即可得到期望,也就是一次结果的理论值,即游戏者一次游戏中得到奖金的平均值。

第二个问题求解:用蒙特卡洛方法求解。所谓的蒙特卡洛方法,就是一种随机模拟方法,是以概率和统计理论方法为基础的一种计算方法,是使用随机数(或更常见的伪随机数)来解决很多计算问题的方法。将所求解的问题同一定的概率模型相联系,用电子计算机实现统计模拟或抽样,以获得问题的近似解。

因此,我们需要设定一个连续均匀分布的随机数组,然后根据各个概率设置不同的区间,每一个区间的长度由各自的概率大小决定。即将数组设计为长度为"1"的线性数组,按照五种情况各自的概率的大小作为五个区间的长度。然后用 m 个总长度范围内的点去模拟,看落在哪个区间范围内。然后计算落在各自区间的点的总数目,用各自累计的数目除以 m,然后再分别乘以各自区间对应的奖金(或罚金)的数值并加总求和,得出来的值即为在蒙特卡洛方法下求得的平均值。而且我们假设的 m 点越多,其所得的值就会越来越接近我们求得的理论数值,因此在这里我们选择 m 值为 1000000。

2. 实验结果分析(理论结果)

理论上出现以下情况的概率:

8:0　　　　　概率:$2 \times C(8,8) \div C(16,8) = 1/6435$
7:1　　　　　概率:$2 \times C(8,7) \times C(8,1) \div C(16,8) = 64/6435$
6:2　　　　　概率:$2 \times C(8,6) \times C(8,2) \div C(16,8) = 784/6435$
5:3　　　　　概率:$2 \times C(8,5) \times C(8,3) \div C(16,8) = 3136/6435$
4:4　　　　　概率:$C(8,4) \times C(8,4) \div C(16,8) = 2450/6435$

理论上摸奖一次的平均值(期望):

$E(X) = 10*1/6435 + 1*64/6435 + 0.5*784/6435 + 0.2*3136/6435 - 3*2450/6435$
　　　$= -0.9723$。

14.3.2 实验例程

【实例 14.3】此游戏从表面上看,非常有吸引力,5 种可能出现的结果有 4 种可得到奖金,且最高奖金达 10 元，而只有一种情况会受罚，罚金只有 3 元，分析此游戏是否值得玩？理论分析解游戏者一次游戏中得到奖金的平均值是多少？正数为奖金，负数为罚金，请用蒙特卡洛方法求解。

1. 街头抽奖游戏的程序

建立 play.m 街头抽奖的程序：

```
%在命令行窗口输入如下命令
clc
clear all
n=1e6;
A=0;B=0;C=0;D=0;E=0;

for i=1:n
    examp=randperm(16);
    num=sum(examp(1:8)<=8);
    if num==0||num==8
        A=A+1;
    elseif num==1||num==7
        B=B+1;
    elseif num==2||num==6
        C=C+1;
    elseif num==3||num==5
        D=D+1;
    else
        E=E+1;
    end
end
t=10*A/n+1*B/n+0.5*C/n+0.2*D/n-3*E/n
```

运行 play.m 街头抽奖程序：

```
t =

   -0.9738
```

2. 实验结果分析（模拟结果）

为了使结果尽可能地精确，我们这里取 30 组结果如表 14-4 所示。

表 14-4　　　　　　　　　　　　　30 组实验结果

-0.9737	-0.9737	-0.9738	-0.9738	-0.9738
-0.9738	-0.9738	-0.9738	-0.9738	-0.9738
-0.9738	-0.9738	-0.9738	-0.9738	-0.9738
-0.9738	-0.9738	-0.9738	-0.9738	-0.9738
-0.9738	-0.9738	-0.9738	-0.9738	-0.9738
-0.9738	-0.9738	-0.9738	-0.9738	-0.9738

3. 结果分析

从我们得出的 30 组数据可以看出，这组数据结果与理论值误差不是很大，都固定在一定的范围内，而有一些甚至与理论值完全吻合，这与我们取了大量的点作为模拟计算的基础有很大的关联。想要使数据更加精确，我们可以选择更大的值作为基数来计算。

在本题中，我们可以计算得到的值为-0.9738，也就是说平均每次游戏要罚 0.9738 元，对游戏者是不利的，因此摸球游戏是不值得玩的。

14.4 零件参数的最优化设计

14.4.1 问题阐述

1. 问题的阐述

一件产品由若干零件组装而成，标志产品性能的某个参数取决于这些零件的参数。零件参数包括标定值和容差两部分。进行成批生产时，标定值表示一批零件该参数的平均值，容差则给出了参数偏离其标定值的容许范围。若将零件参数视为随机变量，则标定值代表期望值，在生产部门无特殊要求时，容差通常规定为均方差的 3 倍。

进行零件参数设计，就是要确定其标定值和容差。这时要考虑两方面因素：

- 当各零件组装成产品时，如果产品参数偏离预先设定的目标值，就会造成质量损失，偏离越大，损失越大；
- 零件容差的大小决定了其制造成本，容差设计得越小，成本越高。

2. 一般的零件参数设计方法

粒子分离器中某参数（记作 y）由 7 个零件的参数（记作 x_1、x_2、…、x_7）决定，经验公式为：

$$Y = 174.42 \times \left(\frac{x_1}{x_5}\right) \times \left(\frac{x_3}{x_2 - x_1}\right)^{0.85} \times \sqrt{\frac{1 - 2.62\left[1 - 0.36\left(\frac{x_4}{x_2}\right)^{-0.56}\right]^{3/2}\left(\frac{x_4}{x_2}\right)^{1.16}}{x_6 x_7}}$$

y 的目标值（记作 y_0）为 1.50。当 y 偏离 $y_0 \pm 0.1$ 时，产品为次品，质量损失为 1000 元；当 y 偏离 $y_0 \pm 0.3$ 时，产品为废品，损失为 9000 元。

零件参数的标定值有一定的容许范围；容差分为 A、B、C 三个等级与标定值的相对值表示，A 等为 ±1%，B 等为 ±5%，C 等为 ±10%。7 个零件参数标定值的容许范围，及不同容差等级零件的成本（元）如表 14-5 所示。

> **注意** 符号"/"表示无此等级零件。

表 14-5 零件参数标定值的容许范围与及不同容差等级零件的成本关系表

	标定值容许范围	C 等	B 等	A 等
x_1	[0.075,0.125]	/	25	/
x_2	[0.225,0.375]	20	50	/
x_3	[0.075,0.125]	20	50	200
x_4	[0.075,0.125]	50	100	500
x_5	[1.125,1.875]	50	/	/
x_6	[12,20]	10	25	100
x_7	[0.5625,0.935]	/	25	100

现进行成批生产，每批产量 1000 个。在原设计中，7 个零件参数的标定值为：

$x_1 = 0.1$、$x_2 = 0.3$、$x_3 = 0.1$、$x_4 = 0.1$、$x_5 = 1.5$、$x_6 = 16$、$x_7 = 0.75$。

容差均取最小的等级。

3. 问题的假设

- 假设在加工零件时，在确定了标定值的情况下，零件的误差服从正态分布且各个零件的误差是相互独立的；
- 假设制造零件的总费用只由零件的损失费用和成本组成，不必考虑其他外在因素；
- 假设题目所给的经验公式足够反映参数 x_1、x_2、x_3、x_4、x_5、x_6、x_7 对参数 y 的影响，而且经验公式有足够高的精度，即不考虑经验公式的误差。

4. 符号说明

符号说明如表 14-6 所示。

表 14-6 符号说明

符　号	符号说明
x_i	第 i 类零件参数的标定值（$i=1, 2, \cdots, 7$）
Δx_i	第 i 类零件参数的实际值相对目标值的偏差（$i=1, 2, \cdots, 7$）
r_i	第 i 类零件参数的容差（$i=1, 2, \cdots, 7$）
σ_i	第 i 类零件参数的方差（$i=1, 2, \cdots, 7$）
a_i, b_i	标定值 x_i 的上下限
y_0	离子分离器该参数的目标值
y	离子分离器某参数的实际值
$\bar{y}$	离子分离器某参数的均值
Δy	离子分离器某参数的实际值 y 相对平均值 $\bar{y}$ 的偏差
σ_y	离子分离器某参数的方差
P_1	一批产品中正品的概率
P_2	一批产品中次品的概率
P_3	一批产品中废品的概率
W	一批产品的总费用（包括损失和成本费）
C_{ij}	第 i 类零件对应容差等级为 j 的成本（j =A,B,C）单位：元/个

5. 模型的建立

由题意可以知道，容差如果变大，则生产产品的的成本会降低，但同时 y 偏离 y_0 的程度也增大，从而导致了损失的增加，由此我们要求出一个最优解，使得总费用最低。为了确定原设计中标定值[xi（$i=1, 2, 3, \cdots, 7$）的期望值] 及已给的容差对产品性能参数影响而导致的总损失 w，即确定 y 偏离目标值 y_0 所造成的损失和零件成本，先列出总费用的数学模型表达如下：

$$W = 1000 \times \left(\sum_{i=1}^{7} C_{ij} + 1000 P_2 + 9000 P_3 \right)。$$

为了确定总损失 w，必须知道 P_1, P_2, P_3（即正品、次品及废品的概率）。为此，用泰勒公式将经验公式在 $X = x_i$（$i=1, 2, 3, \cdots, 7$）处展开并略去高次项（原因：误差本来就在 0.01 级别，它的高阶无穷小完全可以忽略），后来研究 y 的概率分布，设 $y = f(x)$，则：

$$f(x) = y = f(x_i) + \sum_{i=1}^{7} \frac{\partial f}{\partial x_i} \Delta x_i \text{。}$$

将标定值 x_i（$i=1, 2, 3, \cdots, 7$）带入经验公式得 $\overline{y} = f(x_i)$ 得：

$$\Delta y = y - \overline{y} = \sum_{i=1}^{7} \frac{\partial f}{\partial x_i} \Delta x_i \text{。}$$

由于在加工零件时，在标定值已知的情况下，加工误差服从正态分布，即 $\Delta x \sim N(0, \sigma_i^2)$ 且 Δx_i 相互独立，由正态分布性质可知：

$$\Delta y \sim N(0, \sigma_y^2), \quad y \sim N(\overline{y}, \sigma_y^2)\text{。}$$

由误差传递公式得：

$$\sigma_y^2 = \sum_{i=1}^{7} \left(\frac{\partial f}{\partial x_i} \sigma_i\right)^2 = \sum_{i=1}^{7} \left(\frac{\partial f}{\partial x_i} x_i\right)^2 \left(\frac{\sigma_i}{x_i}\right)^2 \text{。}$$

由于容差均为方差的 3 倍，容差与标定值的比值为容差等级，则：

$$\left(\frac{3\sigma_i}{x_i}\right) = 0.01, 0.05, 0.1\text{。}$$

y 的分布密度函数为：

$$\psi(y) = \frac{1}{\sqrt{2\pi}\sigma_y} e^{-\frac{(y-\overline{y})^2}{\sigma_y^2}}\text{。}$$

产品为正品时 y 的范围是 $[1.2 \quad 1.6]$；

产品为次品时 y 的范围是 $[1.2 \quad 1.4]$ 和 $[1.6 \quad 1.8]$；

产品为废品时 y 的范围是 $(-\infty \quad 1.2]$ 和 $[1.8 \quad +\infty)$。

y 偏离 $y_0 \pm 0.1$ 的概率，即次品的概率为：

$$P_2 = \int_{1.2}^{1.4} \psi(y) d(y) + \int_{1.6}^{1.8} \psi(y) d(y)\text{。}$$

y 偏离 $y_0 \pm 0.3$ 的概率，即废品的概率为：

$$P_3 = \int_{-\infty}^{1.2} \psi(y) d(y) + \int_{1.8}^{+\infty} \psi(y) d(y)\text{。}$$

由于 y 偏离 y_0 越远，损失越大，所以在 σ_y 固定时，调整 y 使之等于目标值 y_0 可降低损失。取 $\Delta y = y - y_0$ 即 $\overline{y} = y_0$，则：

$$P_2 = \Phi\left(\frac{0.1}{\sigma_y}\right), \quad P_3 = \Phi\left(\frac{0.3}{\sigma_y}\right)\text{。}$$

$\Phi(t)$ 为标准正态分布函数。综合考虑 y 偏离 y_0 造成的损失和零件成本，设计最优零件参数的模型建立如下目标函数：

$$\min W = 1000 \times \left(\sum_{i=7}^{7} C_{ij} + 1000 P_2 + 9000 P_3\right)\text{。}$$

14.4.2 实验例程

【**实例 14.4**】本题中，对零件的参数最优化这一问题，综合考虑重新设计零件的参数（包括标定值和容差），并与原设计进行比较，得出最优化的数学模型，并对模型进行求解，最后用计算机模拟对模型的最优解进行检验。由题意知粒子分离器的参数 y 由零件参数 x_1、x_2、x_3、x_4、x_5、x_6、x_7 的参数决定，参数 x_i 的容差等级决定了产品的成本，y 偏离 y_0 的值决定了产品的损失，我们要做的就是寻找零件的最优标定值和最优等级搭配，使得批量生产时的总费用最少。综合考虑 y 偏离 y_0 造成的损失和零件成本，重新设计零件参数（包括标定值和容差），并与原设计比较，总费用降低了多少？

（1）编写 cost.m 文件，当标定值为 MU，容差等级为 B 时，求费用。

```
function f=cost(MU,B)
%当标定值为MU,容差等级为B时,求费用
f=25;
p=getP(MU,B);%求正品、次品、废品的概率

if(B(2)==2)
    f=f+50;
else
    f=f+20;
end;
switch (B(3))
    case 1
        f=f+200;
    case 2
        f=f+50;
    case 3
        f=f+20;
end;
switch (B(4))
    case 1
        f=f+500;
    case 2
        f=f+100;
    case 3
        f=f+50;
end;
f=f+50;
switch (B(6))
    case 1
        f=f+100;
    case 2
        f=f+25;
    case 3
        f=f+10;
end;
if(B(7)==1)
    f=f+100;
else
    f=f+25;
end;

f=f+p(2)*1000+p(3)*9000;
```

（2）编写 getcost.m 文件，在给定容差等级的情况下求最优的标定值，使得 Y 的均值为 y0 的情况下，方差最小。

```
function [f,x]=getcost(B)
%在给定容差等级的情况下求最优的标定值,使得Y的均值为y0的情况下,方差最小

MU=[0.1 0.3 0.1 0.1 1.5 16 0.75];%给定初始的标定值

options=optimset('LargeScale','off','Display','off');%,'Tolx',1.0000e-032);

[x,fval]=fmincon('getfcY',MU,[],[],[],[],[],[],'mycon',options,B);
```

```
x,B,f=cost(x,B)
```

（3）编写 geteveryP.m 文件，利用标定值 MU 和容错等级 B，进行随机取样，取样 "iter" 个。

```
function f=geteveryP(MU,B,iter)
%利用标定值MU和容错等级B,进行随机取样,取样iter个
%求出现正品、次品、废品的概率
f(1)=0;
f(2)=0;
f(3)=0;
for i=1:iter
    a=abs(Yfun(getparaX(MU,B))-1.5);
    if a<0.1
        f(1)=f(1)+1;
    end;
    if a<0.3 &a>=0.1
        f(2)=f(2)+1;
    end;
    if a>=0.3
        f(3)=f(3)+1;
    end;
end;
f(1)=f(1)/iter;
f(2)=f(2)/iter;
f(3)=f(3)/iter;
```

（4）编写 getfcY.m 文件，对于所给的标定值和容差求 Y 的方差。

```
function f=getfcY(MU,B)
%对于所给的标定值和容差求Y的方差

f=0;
B=int32(B);
for i=1:7
    if B(i)==1
        sigma(i)=MU(i)*0.01/3;
    end;
    if B(i)==2
        sigma(i)=MU(i)*0.05/3;
    end;
    if B(i)==3
       sigma(i)=MU(i)*0.1/3;
    end;
end;
x1=MU(1);x2=MU(2);x3=MU(3);x4=MU(4);x5=MU(5);x6=MU(6);x7=MU(7);
%求Y对各变量的偏导的评分与对应的方差乘积之和
f=(pd1(x1,x2,x3,x4,x5,x6,x7)*sigma(1))^2;f=f+(pd2(x1,x2,x3,x4,x5,x6,x7)*sigma(2))^2;
f=f+(pd3(x1,x2,x3,x4,x5,x6,x7)*sigma(3))^2;f=f+(pd4(x1,x2,x3,x4,x5,x6,x7)*sigma(4))^2
;
f=f+(pd5(x1,x2,x3,x4,x5,x6,x7)*sigma(5))^2;f=f+(pd6(x1,x2,x3,x4,x5,x6,x7)*sigma(6))^2
;
f=f+(pd7(x1,x2,x3,x4,x5,x6,x7)*sigma(7))^2;
f=abs(f^0.5);
```

（5）编写 jf2.m 文件，实现通过积分求出现废品的概率。

```
function f=jf2(u,a0)
%通过积分求出现废品的概率
f=-1125899906842624/5644425081792261*erf...
    (1/2*2^(1/2)*(-10+u)/a0)*2^(1/2)*pi^(1/2)+1125899906842624/...
    5644425081792261*erf(1/10*2^(1/2)*(-9+5*u)/a0)*2^(1/2)*pi^(1/2)-...
    1125899906842624/5644425081792261*erf(1/10*2^(1/2)*(-6+5*u)/a0)*2^...
    (1/2)*pi^(1/2)+1125899906842624/5644425081792261*erf(1/2*2^(1/2)*(10+u)/a0)*2^(1/
2)*pi^(1/2);
```

（6）编写 mycon.m 文件，求最优标定值时的约束条件。

```
function [c,ceq]=mycon(MU,B)
%求最优标定值时的约束条件
%c 为不等式约束
%ceq 为等式约束
c(1)=MU(1)-0.125;
c(2)=0.075-MU(1);
c(3)=MU(2)-0.375;
c(4)=0.225-MU(2);
c(5)=MU(3)-0.125;
c(6)=0.075-MU(3);
c(7)=MU(4)-0.125;
c(8)=0.075-MU(4);
c(9)=MU(5)-1.875;
c(10)=1.125-MU(5);
c(11)=MU(6)-20;
c(12)=12-MU(6);
c(13)=MU(7)-0.935;
c(14)=0.5625-MU(7);
ceq(1)=Yfun(MU)-1.5;
```

（7）编写 Yfun.m 文件，列出 Y 的表达式。

```
function f=Yfun(x)
%Y 的表达式
f=174.42*x(1)/x(5)*(x(3)/(x(2)-x(1)))^0.85*...
    ((1-2.62*(1-0.36*(x(4)/x(2))^(-0.56))^1.5*...
    (x(4)/x(2))^1.16)/x(6)/x(7))^0.5;
    (1-131/50*(1-9/25*(x4/x2)^(14/25))^(3/2)*(x4/x2)^(29/25))/x6/x7^2;
```

（8）编写 pd1.m 文件，实现 Y 对 $x1$ 的偏导。

```
function f=pd1(x1,x2,x3,x4,x5,x6,x7)
%Y 对 x1 的偏导
f=8721/50/x5*(x3/(x2-x1))^(17/20)*((1-131/50*(1-9/25/...
    (x4/x2)^(14/25))^(3/2)*(x4/x2)^(29/25))/x6/x7)^(1/2)+...
    148257/1000*x1/x5/(x3/(x2-x1))^(3/20)*((1-131/50*(1-9/25/(x4/x2)...
    ^(14/25))^(3/2)*(x4/x2)^(29/25))/x6/x7)^(1/2)*x3/(x2-x1)^2;
```

（9）编写 pd2.m 文件，实现 Y 对 $x2$ 的偏导。

```
function f=pd2(x1,x2,x3,x4,x5,x6,x7)
%Y 对 x2 的偏导
f=-148257/1000*x1/x5/(x3/(x2-x1))^...
    (3/20)*((1-131/50*(1-9/25/(x4/x2)^(14/25))^(...
    3/2)*(x4/x2)^(29/25))/x6/x7)^(1/2)*x3/(x2-x1)^...
    2+8721/100*x1/x5*(x3/(x2-x1))^(17/20)/((1-131/50*(1-9/25/...
    (x4/x2)^(14/25))^(3/2)*(x4/x2)^(29/25))/x6/x7)^(1/2)*(24759/31250*...
    (1-9/25/(x4/x2)^(14/25))^(1/2)/(x4/x2)^(2/5)*x4/x2^2+3799/1250*(1-9/25/...
    (x4/x2)^(14/25))^(3/2)*(x4/x2)^(4/25)*x4/x2^2)/x6/x7;
```

（10）编写 pd3.m 文件，实现 Y 对 $x3$ 的偏导。

```
function f=pd3(x1,x2,x3,x4,x5,x6,x7)
%Y 对 x3 的偏导
f=148257/1000*x1/x5/(x3/(x2-x1))^(3/20)*((1-131/50*...
    (1-9/25/(x4/x2)^(14/25))^(3/2)*(x4/x2)^(29/25))/x6/x7)^(1/2)/(x2-x1);
```

（11）编写 pd4.m 文件，实现 Y 对 $x4$ 的偏导。

```
function f=pd4(x1,x2,x3,x4,x5,x6,x7)
%Y 对 x4 的偏导
f=8721/100*x1/x5*(x3/(x2-x1))^(17/20)/((1-131/50*(1-9/25/(x4/x2)^(14/25))^...
    (3/2)*(x4/x2)^(29/25))/x6/x7)^(1/2)*(-24759/31250*(1-9/25/(x4/x2)^(14/25))^...
    (1/2)/(x4/x2)^(2/5)/x2-3799/1250*(1-9/25/(x4/x2)^(14/25))^(3/2)*(x4/x2)^(4/25)/x2
)/x6/x7;
```

（12）编写 pd5.m 文件，实现 Y 对 $x5$ 的偏导。

```
function f=pd5(x1,x2,x3,x4,x5,x6,x7)
```

%Y 对 x5 的偏导
```
f=-8721/50*x1/x5^2*(x3/(x2-x1))^(17/20)*((1-131/50*(1-9/25/(x4/x2)^(14/25))^(3/2)*(x4
/x2)^(29/25))/x6/x7)^(1/2);
```

（13）编写 pd6.m 文件，实现 Y 对 x6 的偏导。
```
function f=pd6(x1,x2,x3,x4,x5,x6,x7)
%Y 对 x6 的偏导
f=-8721/100*x1/x5*(x3/(x2-x1))^(17/20)/((1-131/50*(1-9/25/(x4/x2)^(14/25))^...
    (3/2)*(x4/x2)^(29/25))/x6/x7)^(1/2)*(1-131/50*(1-9/25/(x4/x2)^(14/25))^(3/2)*(x4/
x2)^(29/25))/x6^2/x7;
```

（14）编写 pd7.m 文件，实现 Y 对 x7 的偏导。
```
function f=pd7(x1,x2,x3,x4,x5,x6,x7)
%Y 对 x7 的偏导
f=-8721/100*x1/x5*(x3/(x2-x1))^(17/20)/((1-131/50*(1-9/25/...
    (x4/x2)^(14/25))^(3/2)*(x4/x2)^(29/25))/x6/x7)^(1/2)*...
    (1-131/50*(1-9/25/(x4/x2)^(14/25))^(3/2)*(x4/x2)^(29/25))/x6/x7^2;
```

（15）编写 simulation.m 文件，实现用随机法和计算的结果进行模拟比较。
```
function f=simulation(MU,B)
%用随机法和计算的结果进行模拟比较
for i=1:10000
    y(i)=Yfun(getparaX(MU,B));
end;
[f,xi] = ksdensity(y);
plot(xi,f);  % 画经验概率密度曲线
hold on;
y0=Yfun(MU);
fc=getfcY(MU,B);
x = normrnd(y0,fc,1,10000);
[f1,xj] = ksdensity(x);
plot(xj,f1,'r');
x0=min(y):0.01:max(y);
y=((2*pi)^0.5*fc)^(-1)*exp(-(x0-y0).^2/2/fc^2);

plot(x0,y,'r');
x=min(y):0.01:max(y);
yg=gaussmf(x,[fc,y0]);
plot(x,yg,'r');
title('对照图');
gtext('注:蓝线为对 x 随机取样求得的 y 分布');
gtext('红线为根据模型计算出的 y 分布');
xlabel('y');
ylabel('y 的概率密度');
hold off;
```

（16）编写 getparaX.m 文件，实现利用标定值 MU 和容错等级 B 随机求一组零件的参数。
```
function f=getparaX(MU,B)
%利用标定值 MU 和容错等级 B，随机求一组零件的参数
B=int32(B);
for i=1:7
    if B(i)==1
        sigma0(i)=MU(i)*0.01;
    end;
    if B(i)==2
        sigma0(i)=MU(i)*0.05;
    end;
    if B(i)==3
        sigma0(i)=MU(i)*0.1;
    end;
    f(i)=normrnd(MU(i),sigma0(i)/3);
end;
```

14.4 零件参数的最优化设计

（17）编写 **getP.m** 文件，实现当标定值为 MU，容差等级为 B 时，求正品、次品、废品的概率。

```
function f=getP(MU,B)
%当标定值为MU,容差等级为B时,求正品、次品、废品的概率
yb=Yfun(MU);
fc=getfcY(MU,B);

f(2)=jf1(yb,fc);
f(3)=jf2(yb,fc);
f(1)=1-f(2)-f(3);
f=double(f);

function f=jf1(u,a0)
%通过积分求出现次品的概率
f=-1125899906842624/5644425081792261*...
erf(1/10*2^(1/2)*(-9+5*u)/a0)*2^(1/2)*pi^(1/2)...
+1125899906842624/5644425081792261*erf(1/10*2^(1/2)*...
(-8+5*u)/a0)*2^(1/2)*pi^(1/2)-1125899906842624/5644425081792261*...
erf(1/10*2^(1/2)*(-7+5*u)/a0)*2^(1/2)*pi^(1/2)+1125899906842624/...
5644425081792261*erf(1/10*2^(1/2)*(-6+5*u)/a0)*2^(1/2)*pi^(1/2);
```

（18）编写 **main.m** 文件，实现穷举 108 种容错等级组合求解全局最优解。

```
function f=main
%穷举108种容错等级组合求解全局最优解

fval=inf;
tic
B(1)=2;
B(5)=3;
for i=2:3
    B(2)=i;
    for j=1:3
        B(3)=j;
        for t=1:3
            B(4)=t;
            for g=1:3
                B(6)=g;
                for m=1:2
                    B(7)=m;
                    [fv,x]=getcost(B);
                    if fv<fval
                        Xmin=x;
                        Bmin=B;
                        fval=fv;
                    end;
                end;
            end;
        end;
    end;
end;
f=fval,Xmin,Bmin,p=getP(Xmin,Bmin)
toc
simulation(Xmin,Bmin);%用随机法和计算的结果进行模拟比较
```

运行主程序：

```
%在命令窗口输入如下命令
>> clc
>> clear all
>> main
%前面的运行结果忽略,仅显示后面运行结果
x =

    0.0750    0.3351    0.1215    0.1250    1.3392   15.9925    0.5875
```

```
B =
    2    3    3    3    3    3    2

f =
  464.8494

f =
  421.7878

Xmin =
  0.0750   0.3750   0.1250   0.1200   1.2919   15.9904   0.5625

Bmin =
    2    2    2    3    3    2    2

p =
  0.8533   0.1467   0.0000

Elapsed time is 6.594067 seconds.

ans =
  421.7878
```

通过以上数据，与原设计方案所得结果相比较，总费用降低到 421.7878（元/个），降幅为 86.28%，结果是令人满意的。

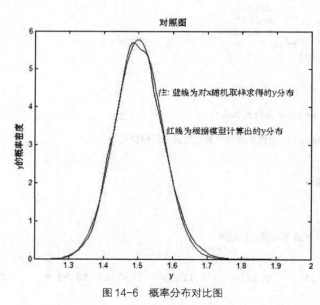

图 14-6　概率分布对比图

14.4 零件参数的最优化设计

程序见未指明，求解结果如表 14-7、表 14-8 所示：

表 14-7　　　　　　　　　　　零件种类参数容差等级

零件种类	1	2	3	4	5	6	7
零件参数	0.0750	0.3750	0.1250	0.1200	1.2919	15.9904	0.5625
容差等级	B	B	B	C	C	B	B

表 14-8　　　　　　　　　　　求解结果

正品率	次品率	废品率	总费用
0.8533	0.1476	0.0000	421.7878

欢迎来到异步社区！

异步社区的来历

异步社区（www.epubit.com.cn）是人民邮电出版社旗下 IT 专业图书旗舰社区，于 2015 年 8 月上线运营。

异步社区依托于人民邮电出版社 20 余年的 IT 专业优质出版资源和编辑策划团队，打造传统出版与电子出版和自出版结合、纸质书与电子书结合、传统印刷与 POD 按需印刷结合的出版平台，提供最新技术资讯，为作者和读者打造交流互动的平台。

社区里都有什么？

购买图书

我们出版的图书涵盖主流 IT 技术，在编程语言、Web 技术、数据科学等领域有众多经典畅销图书。社区现已上线图书 1000 余种，电子书 400 多种，部分新书实现纸书、电子书同步出版。我们还会定期发布新书书讯。

下载资源

社区内提供随书附赠的资源，如书中的案例或程序源代码。

另外，社区还提供了大量的免费电子书，只要注册成为社区用户就可以免费下载。

与作译者互动

很多图书的作译者已经入驻社区，您可以关注他们，咨询技术问题；可以阅读不断更新的技术文章，听作译者和编辑畅聊好书背后有趣的故事；还可以参与社区的作者访谈栏目，向您关注的作者提出采访题目。

灵活优惠的购书

您可以方便地下单购买纸质图书或电子图书，纸质图书直接从人民邮电出版社书库发货，电子书提供多种阅读格式。

对于重磅新书，社区提供预售和新书首发服务，用户可以第一时间买到心仪的新书。

用户账户中的积分可以用于购书优惠。100 积分 =1 元，购买图书时，在 使用积分 里填入可使用的积分数值，即可扣减相应金额。

特 别 优 惠

购买本书的读者专享异步社区购书优惠券。

使用方法：注册成为社区用户，在下单购书时输入 S4XC5 ，然后点击"使用优惠码"，即可在原折扣基础上享受全单9折优惠。（订单满39元即可使用，本优惠券只可使用一次）

纸电图书组合购买

社区独家提供纸质图书和电子书组合购买方式，价格优惠，一次购买，多种阅读选择。

社区里还可以做什么？

提交勘误

您可以在图书页面下方提交勘误，每条勘误被确认后可以获得100积分。热心勘误的读者还有机会参与书稿的审校和翻译工作。

写作

社区提供基于Markdown的写作环境，喜欢写作的您可以在此一试身手，在社区里分享您的技术心得和读书体会，更可以体验自出版的乐趣，轻松实现出版的梦想。

如果成为社区认证作译者，还可以享受异步社区提供的作者专享特色服务。

会议活动早知道

您可以掌握IT圈的技术会议资讯，更有机会免费获赠大会门票。

加入异步

扫描任意二维码都能找到我们：

异步社区　　微信服务号　　微信订阅号　　官方微博　　QQ群：436746675

社区网址：www.epubit.com.cn

投稿 & 咨询：contact@epubit.com.cn